Studienkurs Medien & Kommunikation

Lehrbuchreihe für Studierende der Medien- und Kommunikationswissenschaft, Public Relations, Medienmanagement/Medienwirtschaft sowie des Journalismus

Wissenschaftlich fundiert und in verständlicher Sprache führen die Bände der Reihe in die zentralen Forschungsgebiete, Theorien und Methoden aus dem Bereich Medien- und Kommunikationswissenschaft ein und vermitteln die für angehende Wissenschaftler:innen grundlegenden Studieninhalte. Die konsequente Problemorientierung und die didaktische Aufbereitung der einzelnen Kapitel erleichtern den Zugriff auf die fachlichen Inhalte. Bestens geeignet zur Prüfungsvorbereitung u.a. durch Zusammenfassungen, Wissens- und Verständnisfragen sowie Schaubilder und thematische Querverweise.

Ralf Hohlfeld

Crossmedia

Unter Mitarbeit von Sonja Bald, Lea S. Lehner und Michael Sengl

Onlineversion
Nomos eLibrary

Die Deutsche Nationalbibliothek verzeichnet diese Publikation in
der Deutschen Nationalbibliografie; detaillierte bibliografische
Daten sind im Internet über http://dnb.d-nb.de abrufbar.

ISBN 978-3-8487-8868-2 (Print)
ISBN 978-3-7489-2925-3 (ePDF)

1. Auflage 2025
© Nomos Verlagsgesellschaft, Baden-Baden 2025. Gesamtverantwortung für Druck und
Herstellung bei der Nomos Verlagsgesellschaft mbH & Co. KG. Alle Rechte, auch die des
Nachdrucks von Auszügen, der fotomechanischen Wiedergabe und der Übersetzung, vor-
behalten. Gedruckt auf alterungsbeständigem Papier.

Vorwort

Als der Nomos Verlag Anfang 2021 ein Lehrbuch zum Thema Crossmedia anfragte, war ich mir zunächst unsicher, ob das eine gute Idee sei – schließlich ist der Markt für Journalistik-bezogene Lehrbücher seit Jahren ziemlich gut bestückt, und das Qualitätsniveau ist hoch. Sinn ergibt ein solches Werk nur, wenn es eine Nische füllt, in der noch Nachfrage herrscht. Schnell aber wurde mir klar, dass diese Nische in der Verknüpfung von innovativen wissenschaftlichen Themen mit innovativer Didaktik liegt. Ein Lehrbuch, bei dem sich das Was und das Wie der Lehre auf Augenhöhe begegnen.

Die Erfahrung, die ich im Laufe der Jahre als Hochschullehrer und Journalistenausbilder mit workshop-basierter Lehre sammeln konnte, war sehr hilfreich. Studentinnen und Studenten mittels wissenschaftlichen Inputs nicht nur zu befähigen, komplexe Themen zu durchdringen, sondern zur Vertiefung des Wissens das Lernen durch Lehren in den Vordergrund zu rücken, führte zu Erfahrungen, die von beiden Seiten positiv bewertet wurden. Wenn Studentinnen und Studenten sich nicht nur als Empfängerinnen und Empfänger von Arbeitsaufträgen sehen, sondern selbst Arbeitsaufträge entwickeln und deren Ergebnisse überprüfen müssen, entsteht oft ein anderes Bekenntnis zum fachlichen Stoff. Besonders im Bereich des crossmedialen Wandels von Öffentlichkeit und Medien funktioniert dieses Prinzip gut, da die Studentinnen und Studenten meist zu den Adoptorinnen und Adoptoren gehören, die sich technische und soziale Innovationen schnell und unkompliziert aneignen. Deshalb sind sie qua Expertise schnell in der Lage, die Lösungen anderer mit ihrem Erwartungshorizont abzugleichen. Und das führt dann eben auch zum gewünschten Ergebnis: Diskussion und Reflexion.

Aber nicht nur didaktisch, auch inhaltlich ist das Lehrbuch ein Lehrstuhlprojekt. Es markiert nicht nur den Kern der wissenschaftlichen Lehre in den von mir mitgestalteten Medienstudiengängen, sondern einen inhaltlichen Schwerpunkt der empirischen Journalismus- und Redaktionsforschung des Lehrstuhls. Aus diesem Grund sind gerade die ersten Kapitel Wertstoffe von Dissertationsprojekten zur redaktionellen Konvergenz im digitalen Journalismus. Insofern haben Lea Sophia Lehner und Michael Sengl, die Kapitel 2 bis 5 und 7 verantworten, einen maßgeblichen Anteil am Zustandekommen des Bandes.

Vorwort

Dem speziellen Dank an die Lehrstuhlmitarbeiterinnen und -mitarbeiter schließt sich eine allgemeine Danksagung an die Studentinnen und Studenten des Bachelorstudiengangs *Journalistik und Strategische Kommunikation* an, die in den vergangenen Jahren bei mir das Modul *Crossmedialität und Medienwandel* besucht haben. Sie alle haben einen Beitrag geleistet: von der Literatursuche für die Gestaltung der Workshops über die Themensuche für Seminar- und Forschungsarbeiten bis hin zu ausgearbeiteten Papers, auf denen das Buch zum Teil aufbaut. Sonja Bald hat daraus sogar ein eigenes Kapitel geformt und zu diesem Buch beigetragen. Gleichsam ein kollektives Projekt, das sich über Jahre weiterentwickelt hat, schrittweise von Semester zu Semester. Das hat im Übrigen dazu beigetragen, dass durch die Fülle der verarbeiteten Literatur gleichsam eigenständige Bibliographien für die einzelnen Kapitel entstanden sind.

Mein Dank gilt schließlich auch dem Nomos Verlag für den langen Atem und die schier unendliche Geduld, die nur selten von stets dezenten Hinweisen unterbrochen wurde, dass es nun mal langsam an der Zeit sei, das Manuskript einzureichen. Zu meinem Glück waren und sind Alexander Hutzel und Fabiola Valeri mit reißfesten Geduldsfäden ausgestattet. Am Ende gebührt meine größte Dankbarkeit aber Carla Nyweide, die auf stets zurückhaltende Art, aber mit unbestechlichem Blick und ihrer propädeutischen Expertise das Lehrbuch redigiert und in Form gebracht hat.

Passau, im Juli 2025
Ralf Hohlfeld

Inhaltsverzeichnis

Abbildungsverzeichnis			13
1.	Zur Einführung und zum Gebrauch		15
	1.1	Didaktischer Hintergrund und Verwendungsvorschlag	20
	1.2	Workshop-basierte Lehre zum Thema Crossmedia	22
2.	Medienkonvergenz und Journalismuswandel: Rahmenbedingungen und Einflussgrößen		25
	2.1	Mediensystem im Wandel	25
	2.2	Medienkonvergenz	27
	2.3	Öffentlichkeit	28
	2.4	Plattformisierung	29
	2.5	Gatekeeper, Gatewatcher, Gateadvisor	30
	2.6	Marktkonzentration	31
	2.7	Medienkonzentrationskontrolle und Meinungsmacht	36
	Literaturverzeichnis		38
3.	Redaktionsorganisation im Wandel		42
	3.1	Definition der Begriffe und Konzepte	42
	3.2	Einsatzmöglichkeiten und Beispiele: Von der Ressortorientierung zum Newsroom	43
	3.3	Modelle zur Systematisierung der Redaktionsorganisation	46
	3.4	Vor- und Nachteile der zentralen Nachrichtensteuerung und Themenaufbereitung	49
	Literaturverzeichnis		52
4.	Die Eier legende Wollmilchsau am Newsdesk? Journalistische Kompetenzanforderungen im integrierten Newsroom		56
	4.1	Journalistische Kompetenzen	56

4.2	Entwicklungsbereiche journalistischer Kompetenzen	58
4.3	Multiskilling	62
	(1) Themen-Multiskilling	62
	(2) Medien-Multiskilling	63
	(3) Technik-Multiskilling	63
4.4	Chancen und Risiken von Multiskilling	64
4.5	Fazit	66
Literaturverzeichnis		68

5. **Arbeitsbedingungen im Newsroom: Belastung und Beanspruchung von Journalistinnen und Journalisten in crossmedialen Umgebungen** — 73

5.1	Ausgangslage	73
5.2	Relevanz von Arbeitsbedingungen im Journalismus	75
5.3	Definition von Arbeitsbedingungen	76
5.4	Arbeitsbedingungen als Kombination von Anforderungen, Kontrolle und Unterstützung	77
5.5	Forschungsstand zu Arbeitsbedingungen im Journalismus	81
	(1) Arbeitsanforderungen	81
	(2) Kontrolle am Arbeitsplatz	82
	(3) Soziale Unterstützung am Arbeitsplatz	84
	(4) Gesundheitliche Folgen	87
5.6	Fazit und Ausblick	88
Literaturverzeichnis		91

6. **Crossmediale Journalistenausbildung: Auf dem Weg zu einem neuen Qualitätsmodell?** — 100

6.1	Ausbildung für eine Zukunft in der Vergangenheit	100
6.2	Journalistische Kompetenzfelder	101
6.3	Mängel auf dem Weg in die digitale Moderne	104
6.4	Auf dem Weg zur Etablierung neuer Kompetenzen	106
6.5	Schlussbetrachtung	109

Literaturverzeichnis 113

7. **Social Media zwischen Feedback-Kanal und crossmedialer Inhalte-Plattform: Zwingt das Soziale im Internet den digitalen Journalismus auf Augenhöhe mit dem Publikum?** 116

    7.1 Begriffsdefinition Social Media 116
    7.2 Charakteristika und Vorteile sozialer Medien 119
    7.3 Einsatzmöglichkeiten sozialer Medien 120
    7.4 Forschungsstand zum Zusammenspiel von *Audience Metrics* und journalistischen Standards 122
    Literaturverzeichnis 127

8. **Paradise Lost? Partizipative Formate und Publikumseinbindung durch Nutzerkommentare** 130

    8.1 Fluch und Segen der Publikumsbindung 130
    8.2 Dialogische Kommunikation 132
    8.3 Von den Regeln des Leserdialogs zur Etablierung von Moderationsstrategien 134
    8.4 Publikumsbeobachtung 136
    8.5 Wer kommentiert warum? 138
    8.6 Wert und Qualität von Nutzerkommentaren 140
    8.7 Strategien der Medienunternehmen bezüglich der Moderation 143
    8.8 Fazit 144
    Literaturverzeichnis 147

9. **I, Robot? Formen und Funktionen des automatisierten Journalismus** 152

    9.1 Maschinelles Lernen und journalistische Innovationen 152
    9.2 Begriffe und Formen des automatisierten Journalismus 155
    9.3 Vorläufer und Ausprägungen des automatisierten Journalismus bzw. *Computational Journalism* 156

	9.4	Computer-Assisted-Reporting (CAR)	158
	9.5	Data Journalism	159
	9.6	Algorithmic Journalism	160
	9.7	Einsatzmöglichkeiten	163
	9.8	Fazit: Herausforderungen und Chancen des automatisierten Journalismus	167
	Literaturverzeichnis		172

10. Immersiver Journalismus: Innovation zwischen Story-Living und sozialen Halluzinationen — 177

	10.1	Zwischen Wirklichkeit und Fiktion	177
	10.2	Definitionen	178
	10.3	Formen und Phänomene des immersiven Journalismus	180
	10.4	Beispiele und Anwendungen des immersiven Journalismus	183
	10.5	Stand der Forschung zu immersivem Journalismus	185
	10.6	Ethische und normative Implikationen	187
	10.7	Fazit	193
	Literaturverzeichnis		195

11. Crossmedia und Qualitätsjournalismus: Welchen publizistischen Mehrwert generiert crossmedialer Journalismus für die Userinnen und User? — 199

	11.1	Crossmedialität als redaktionelles Werkzeug	199
	11.2	Qualität – Der Kampf mit den Windmühlen oder der Pudding an der Wand	200
	11.3	Perspektiven der Qualitätsforschung	202
	11.4	Crossmedialer Mehrwert	204
	11.5	Herausforderungen für die Qualität im crossmedialen Workflow	208
	11.6	Fazit	213

Literaturverzeichnis 216

12. „It's the economy, stupid!" Die Finanzierung journalistischer Leistung im digitalen Zeitalter 219

12.1 Ein 150 Jahre altes Geschäftsmodell wankt 219
12.2 Wirtschaftliche Situation 220
12.3 Geändertes Nutzungsverhalten 221
12.4 Bezahlabsicht und Zahlungsbereitschaft: Gratismentalität als Hürde für die Verlage 223
12.5 Finanzierungsansätze und Erlösmodelle 226
12.6 Marktgetriebene bzw. kommerzielle Ansätze und Erlösmodelle 227
Plattformjournalismus bzw. Kiosk-Angebote 229
12.7 Gesellschaftsbezogene Ansätze und alternative Finanzierungsformen 231
Förderung von Gemeinnützigkeit 236
Exkurs: Blockchain-Technologie 236
12.8 Droht eine Zweiklassengesellschaft im Informationsökosystem? 238
12.9 Fazit 239
Literaturverzeichnis 242

Register 249

Abbildungsverzeichnis

Abb. I.1:   Workshop-Konzept   24

Abb. II.1:   Formen der Medienkonzentration   33

Abb. III.1: Das Konvergenz-Kontinuum-Modell   47

Abb. III.2: Typisierung des Grads der redaktionellen Konvergenz   49

Abb. IV.1:   Journalistische Kompetenzen   57

Abb. IV.2:   Entwicklungsbereiche journalistischer Kompetenzen   59

Abb. V.1:   *Demand-Control*-Modell   78

Abb. V.2:   *Demand-Control-Support*-Modell   80

Abb. VI.1:   Modell journalistischer Kompetenzen   111

Abb. VII.1: Das Social-Media-Prisma 8.0   117

1. Zur Einführung und zum Gebrauch

„Crossmedia ist tot" (Jakubetz, 2014). Und das schon seit vielen Jahren. Einer der wichtigsten Autoren hat das Buzzword „Crossmedia" schon im Jahr 2014 beerdigt, es hatte kaum das Kleinkindalter erreicht. Dabei war Christian Jakubetz in Deutschland selbst einer der Geburtshelfer, der dieser seltsamen Wortschöpfung das Leben eingehaucht hatte, etwa in seinem gleichnamigen Lehrbuch, das 2008 in erster Auflage erschienen war. Was der Digitalfachmann gerade einmal sechs Jahre später zum Ausdruck bringen wollte, war ebenso schlicht wie wahr. Crossmedialität als mediales Konzeptions-, Produktions- und Distributions-Prinzip war durch die Digitalisierung und die flächendeckende Ausbreitung des Internets schon in den Zehnerjahren zur Selbstverständlichkeit geworden. Sobald es zu einer analogen Veröffentlichungsform – die „Tageszeitung im Internet!" – eine zusätzliche digitale Ausspielplattform gab, entstand Crossmedialität. Onlinejournalismus, aber auch jede andere Form der Online-Kommunikation, die eine analoge Ursprungsform besitzt, ist per definitionem crossmedial. Die Revolution frisst ihre Kinder.

Hinzu kommt, dass Crossmedia gewissermaßen ein verunglückter Anglizismus ist, der wie das Wort Handy nur im Deutschen gebräuchlich ist, im anglo-amerikanischen Sprachraum ist dagegen die Rede von „multiplatform publishing" oder von „newsroom convergence" (Hohlfeld, 2018). Internationale Anschlussfähigkeit? Fehlanzeige.

Kann man im Jahr 2025 ein Lehrbuch also mit „Crossmedia" betiteln? Man kann, zumindest dann, wenn man unter der Eigenschaftsbezeichnung Crossmedialität nicht nur das Ausspielen medialer Inhalte auf mindestens zwei Kanälen oder Plattformen versteht, sondern Crossmedia als Organisationsprinzip und Ordnungssystem des digitalen Journalismus schlechthin begreift. Wenn man also die technisch induzierte Medienkonvergenz als Treiber des Medienwandels betrachtet, der etwa im digitalen Journalismus seinen Ausdruck findet, aber eben dennoch eine ursprüngliche Verankerung im Analogen hat. Wenn man also der Entwicklung vom Analogen zum Digitalen Rechnung tragen will. Natürlich hätte man das vorliegende Lehrbuch auch „Digitaler Journalismus" nennen können. Das wäre phänomenologisch treffend und sprachlich zeitgemäßer. Aber es wäre gewissermaßen ahistorisch gewesen. Der Prozess des Übergangs zwischen der alten Welt, in der Journalismus überwiegend mit der guten alten Tageszeitung gleichgesetzt wurde und der neuen Welt, in der digitale Metriken die Aufmerksamkeit in der Nachrichtensphäre

1. Zur Einführung und zum Gebrauch

steuern und lenken, er wäre begrifflich ausgeblendet worden. Dagegen ein Lehrbuch mit dem Titel „Medienwandel"? Also bitte...

Crossmedia ist als Kernbegriff überdies an vielen Hochschulen und Universitäten unterdessen in vielen Lehrplänen verankert, das Wort bezeichnet diverse Module in den Curricula von Medienstudiengängen. Deshalb generiert es auch Aufmerksamkeit in der Verlagswelt. Und deshalb hat der Verlag Nomos ein solches Lehrbuch unter diesem Begriff angefragt. Und irgendwann wird aus einem Arbeitstitel dann eben ein Verlagstitel. *C'est ça.* So ist das.

Das Lehrbuch *Crossmedia* ist über die Jahre am Lehrstuhl für Kommunikationswissenschaft an der Universität Passau entwickelt worden, der für sich in Anspruch nimmt, die zentralen Lehrinhalte des dort betriebenen Journalistik-Studiengangs definiert zu haben. Deshalb haben an dem Buch neben dem Lehrstuhlinhaber auch wissenschaftliche Mitarbeiterinnen und Mitarbeiter, Doktorandinnen und Doktoranden und studentische Hilfskräfte mitgewirkt und neben der Verantwortung eigenständiger Kapitel, die ihre wissenschaftliche Expertise widerspiegeln, vielfältige Perspektiven in den Entstehungs- und Produktionsprozess eingebracht. Das Lehrbuch gibt einen Überblick über die Entwicklungen des crossmedialen und digitalen Journalismus, der sich seit der Etablierung des Internets, einer Vielzahl technischer Innovationen in den Redaktionssystemen bzw. Produktionsumgebungen und dem Siegeszug von Social Media herauskristallisiert hat. Es stützt sich inhaltlich und didaktisch auf curriculare Erfahrungen, die der Autor im vergangenen Jahrzehnt in der nationalen und internationalen universitären Medien- und Journalistenausbildung gesammelt hat. Dazu gehört neben der Entwicklung curricularer Module in deutschen Medien- und Journalistik-Studiengängen auch die Arbeit an der Erstellung von Master-Modulen für die Journalistenausbildung in der Ukraine und Moldawien im Rahmen eines dreijährigen EU-Projekts mit dem Titel *Crossmedia und Qualitätsjournalismus.*

Die Publikation besteht neben der Einführung aus elf inhaltlichen Kapiteln, die sich ergänzen, teils aber auch bewusst überlappen. Die Systematik der Abschnitte verläuft zunächst vom Allgemeinen zum Speziellen: Gleichsam von der Entstehung der digitalen Öffentlichkeit bis hin zu digitalen Techniken des journalistischen Handwerks. Am Ende des Lehrbuchs wird der Blick erneut geweitet und zwar in Richtung des publizistischen Outcomes, der Qualität, und der grundsätzlichen Frage nach der künftigen Finanzierung dieser Leistungen. Es hat damit dramaturgisch gesehen die Form eines Doppelkegels mit einer einschnürenden Mitte, quasi eine Art Sanduhr.

Kapitel 2 beschäftigt sich auf der Makroebene mit *Medienkonvergenz und Journalismuswandel: Rahmenbedingungen und Einflussgrößen.* Hier werden die Megatrends und Dynamiken beschrieben, die als Triebfedern für den Wandel der Öffentlichkeit gelten. In diese technischen, sozialen und ökonomischen Rahmenbedingungen werden die neuen digitalen Kommunikationsmodi eingepasst und es wird erläutert, welche kommunikationstheoretischen Folgen und medienökonomischen Strukturen daraus erwachsen: Wie haben sich in der jüngeren Vergangenheit Medienakteure und Medieninstitutionen an das veränderte Mediensystem angepasst, das dem Journalismus eine dreifache Krise beschert hat?

Kapitel 3 *Redaktionsorganisation im Wandel* taucht direkt in das Zentrum journalistischen Schaffens ein und vermittelt ein Verständnis für die Begriffe und Konzepte des Newsdesks, Newsrooms, der Medienkonvergenz und der Newsroomkonvergenz. Es zeichnet anhand von Beispielen die historische Entwicklung von Ressorts bzw. Redaktionen zu redaktionsübergreifenden Newsrooms nach und stellt relevante Modelle zur Systematisierung der Redaktionsorganisation vor. Unter Berücksichtigung des aktuellen Forschungsstandes werden auf der Mesoebene Vor- und Nachteile der zentralen Nachrichtensteuerung und Themenausbereitung diskutiert.

Auf diese Abschnitte aus der Vogelschau (Makro- und Mesobene des Mediensystems und der Medienorganisation) folgen Kapitel, die jeweils Nachaufnahmen der Folgen auf der Ebene individueller Kompetenzanforderungen bieten, denn die sich durch Digitalisierung, Ökonomisierung und Technologisierung verändernden Anforderungen erfordern eine ständige Anpassung und Weiterentwicklung der von Journalistinnen und Journalisten geforderten Kompetenzen. Diese Kapitel beschreiben die Auswirkungen auf die Arbeitsprozesse, die Arbeitsbedingungen und das Rollenselbstverständnis von Journalistinnen und Journalisten, aber auch die Konsequenzen der crossmedialen Anforderungen für die hochschulgebundene Journalistenausbildung.

In Kapitel 4 *Die Eier legende Wollmilchsau am Newsdesk? Journalistische Kompetenzanforderungen im integrierten Newsroom* wird deshalb ein Überblick über traditionelle Konzeptualisierungen journalistischer Kompetenzen sowie über aktuelle Anpassungen dieses Kompetenzkatalogs gegeben. Anschließend werden die Folgen des sich daraus ergebenden Kompetenzspektrums auf die Anforderungen an Journalistinnen und Journalisten im Newsroom diskutiert.

1. Zur Einführung und zum Gebrauch

Kompetenzen und Anforderungen wiederum bestimmen, was in den Redaktionen geleistet werden muss.

Kapitel 5 *Arbeitsbedingungen im Newsroom: Belastung und Beanspruchung von Journalistinnen und Journalisten in crossmedialen Umgebungen* erörtert auf der Basis der Herausforderungen und Krisen, die in den ersten Kapiteln beschrieben wurden, welchen Arbeitsbelastungen Journalistinnen und Journalisten in den modernen Newsrooms ausgesetzt sind. Dabei wird erläutert, wie Beanspruchung, Arbeitsanforderungen und journalistische Autonomie zusammenhängen und wie durch ausreichende Unterstützung und Kontrolle am Arbeitsplatz gleichwohl eine hohe Arbeitszufriedenheit entstehen kann.

Die zuvor beschriebenen Kompetenzen, die im digitalen Journalismus den Akteurinnen und Akteuren abverlangt werden, sind nicht vom Himmel gefallen. Sie sind das Ergebnis einer schrittweisen Evolution des Journalismus-Berufs im Übergang vom redaktionellen Journalismus zum redaktionstechnischen Journalismus.

In **Kapitel 6** *Crossmediale Journalistenausbildung* werden diese Kompetenzen (fach)historisch hergeleitet und um crossmediale Erfordernisse ergänzt. Es werden hier die Einflussfaktoren für ein neues Qualitätsmodell für die akademische Ausbildung von Journalistinnen und Journalisten zusammengeführt.

Zu den neuen Einflussfaktoren des crossmedialen und digitalen Journalismus zählt das veränderte Verhältnis der journalistischen Akteure zu seinen Publika. Zwei weitere Abschnitte widmen sich diesen Konsequenzen digitalen Publizierens und beschreiben die im digitalen Journalismus neu entstandenen Vermittlungsformen, die den redaktionellen Journalismus sozial revolutionieren und hin zu rezeptionsfreundlicheren Formaten transformieren.

Kapitel 7 *Social Media zwischen Feedback-Kanal und crossmedialer Inhalte-Plattform: Zwingt das Soziale im Internet den digitalen Journalismus auf Augenhöhe zum Publikum?* vermittelt ein Verständnis für die Prinzipien, Gesetzmäßigkeiten und Einsatzmöglichkeiten sozialer Medien und Nutzermetriken in Medienunternehmen. Wesentliche Forschungsergebnisse zu den Auswirkungen dieser *Audience Metrics* auf redaktionelle Praktiken und die journalistische Unabhängigkeit werden präsentiert und diskutiert. Dabei wird insbesondere die Beziehung zwischen Journalistinnen/Journalisten und ihren Publika beleuchtet.

Kapitel 8 *Paradise Lost? Partizipative Formate und Publikumseinbindung durch Nutzerkommentare* beleuchtet eine besondere Form von Metriken, und zwar die Formen des qualitativen Nutzerfeedbacks, die sowohl auf den Social-Media-Plattformen als auch in den Kommentarspalten von Onlinemedien zu finden sind. Diese Metriken werden unter dem Aspekt der dialogischen Kommunikation diskutiert und in Bezug auf Funktion, Nutzungsmotive und Qualität dargestellt. Es werden die Moderationsstrategien der Medienunternehmen verglichen und es wird analysiert, ob im crossmedialen Journalismus durch einen zielführenden Umgang mit Nutzerkommentaren eine Kommunikation auf Augenhöhe mit dem Publikum etabliert werden kann. Fluch und Segen der Publikumsbindung werden gleichermaßen diskutiert.

Die Antithese „Fluch und/oder Segen" lässt sich auch auf den Einsatz neuer Techniken und innovativer Ansätze der Nachrichtenproduktion beziehen, auf die ebenfalls zwei eigene Abschnitte in diesem Lehrbuch entfallen.

In Kapitel 9 *I, Robot? Formen und Funktionen des automatisierten Journalismus* wird auf die unterschiedlichen Formen der Automatisierung im Journalismus eingegangen, die diverse technische Innovationen mit sich bringen. Es wird zwischen *Computer-Assisted-Reporting* (CAR), Datenjournalismus und algorithmischem Journalismus unterschieden und ein Einblick in die journalistischen Einsatzbereiche gegeben. Dabei wird die Rolle von Algorithmen und Künstlicher Intelligenz in den Fokus genommen und es werden die Chancen und Herausforderungen für den redaktionellen Einsatz dieser Technologien im crossmedialen Journalismus diskutiert, insbesondere die Folgen für Authentizität und Glaubwürdigkeit bei den Nutzerinnen und Nutzern.

Kapitel 10 *Immersiver Journalismus: Innovation zwischen Story-Living und sozialen Halluzinationen* erörtert das Phänomen des Immersiven Journalismus, insbesondere die Nutzung von *Virtual Reality* (VR) und *Augmented Reality* (AR) im Nachrichtenwesen. Es wird ein Überblick gegeben über die technischen Grundlagen dieser Formate sowie über deren Chancen zur Steigerung von Nutzerengagement und Empathie. Gleichzeitig sollen auch hier die damit verbundenen ethischen Herausforderungen hinsichtlich Wirklichkeit, Wahrheit, Manipulation und mögliche psychologische Auswirkungen diskutiert werden. Anhand von Fallbeispielen wie *Project Syria* und *Clouds over Sidra* werden die praktischen Implikationen und Kontroversen des VR-Journalismus veranschaulicht, wobei auch die Notwendigkeit ethischer Richtlinien und die sich wandelnde Rolle der Journalistinnen und Journalisten im digitalen Zeitalter thematisiert werden.

Mit den letzten beiden Kapiteln weitet das Lehrbuch wieder seinen Blickwinkel. Es geht erneut um Gesichtspunkte des crossmedialen, digitalen Journalismus, deren Auswirkungen auf der gesellschaftlichen Ebene verortet werden können. Es werden schließlich die wirtschaftlichen und publizistischen Bedingungen der Crossmedialität zusammengefasst und es wird ein Schlaglicht auf die Folgen für die Qualität und Bezahlbarkeit des digitalen und crossmedialen Journalismus geworfen.

Kapitel 11 *Crossmedia und Qualitätsjournalismus: Welchen publizistischen Mehrwert generiert crossmedialer Journalismus für die Userinnen und User?* befasst sich mit den Auswirkungen crossmedialer Arbeitsweisen auf die journalistische Qualität. Auch wenn Qualität im Journalismus ein breit diskutiertes Forschungsfeld ist, lassen sich dennoch konkrete Aspekte ausmachen, die positiv und negativ auf den Journalismus wirken. Der Mehrwert der Crossmedialität lässt sich vor allem durch verbesserte Rezeptionsmöglichkeiten, aber auch Optimierungen in der journalistischen Arbeitsweise ausmachen. Dabei müssen Medienunternehmen darauf achten, ökonomische Potenziale nicht vor die publizistischen zu stellen.

Kapitel 12 *„It's the economy, stupid!" Die Finanzierung journalistischer Leistung im digitalen Zeitalter* zeigt auf, dass der entscheidende Faktor für die Entwicklung des digitalen und crossmedialen Journalismus in der Finanzierung und wirtschaftlichen Konsolidierung zu finden ist. Der Schwerpunkt liegt auf der Darstellung und Diskussion etablierter und neuer Erlösmodelle. Es wird das Dilemma beschrieben, dass ältere Nutzerinnen und Nutzer journalistischer Medien zwar gewillt sind, für Journalismus zu zahlen, aber nur eine geringe Bereitschaft aufbringen, das langjährige Printabonnement gegen ein Digitalabonnement einzutauschen, während jüngere Nutzerinnen und Nutzer eine höhere Zahlungsbereitschaft für Digitales aufbringen, aber nicht die notwendige Kaufkraft besitzen, journalistische Produkte ausreichend zu alimentieren. Zudem werden die sozialen Risiken dieser Situation beschrieben, die darin bestehen, dass eine solche Zahlungskluft eine Zweiklassengesellschaft hervorbringen könnte, die weiter in *information rich* und *information poor* zerfällt.

1.1 Didaktischer Hintergrund und Verwendungsvorschlag

Die elf inhaltlichen Kapitel dieses Lehrbuchs sind das Ergebnis langjähriger Kursentwicklung in Modulen, die an Universitäten und Hochschulen die berufspraktischen Auswirkungen des Medienwandels reflektieren. Es ist zwar primär für die universitäre Journalistenausbildung konzipiert, kann aber in

1.1 Didaktischer Hintergrund und Verwendungsvorschlag

fast allen Bereichen auch auf die Hochschulausbildung im Bereich der strategischen Kommunikation gemünzt werden, da vor allem die technischen und wirtschaftlichen Entwicklungen in der öffentlichen Kommunikation den gemeinwohlorientierten Journalismus und die interessengeleitete Public Relations gleichermaßen betreffen. Ob es die Rahmenbedingungen der konvergierenden technischen Infrastruktur sind oder die Arbeitsbedingungen im Newsroom, ob es die partizipativen Medienformate, das Multiskilling oder die digitalen Metriken der sozialen Medien betrifft – stets sind alle Akteurinnen und Akteure und Institutionen der öffentlichen Kommunikation davon berührt. Es versteht sich von selbst, dass es auch in rein forschungsorientierten kommunikationswissenschaftlichen und in medienwissenschaftlichen Studiengängen ohne expliziten Anwendungsbezug genutzt werden kann.

Mit dem vorliegenden Werk lassen sich Lehrveranstaltungen und Module – je nach Creditierung – über ein oder zwei Semester stimulieren und strukturieren. Je nach gewünschter Intensität und Zeitmanagement lassen sich die elf Abschnitte in Veranstaltungen mit zwei oder vier Semesterwochenstunden behandeln, sie lassen sich aber auch problemlos auf zwei Semester strecken. Wenn man dem nachfolgend skizzierten Vorschlag für die Einsatzpraxis folgen möchte, hat sich ein Format mit vier zusammenhängenden Stunden als besonders tragfähig und sinnvoll erwiesen. Das Buch ist als Vorschlag für die Gestaltung von Modulen mit der Thematik Crossmedialität gedacht, erhebt aber keinen Anspruch auf Vollständigkeit – wer könnte das schon in Zeiten derart rasanten Wandels? Es setzt Schwerpunkte und Akzente bei Entwicklungen und thematischen Komplexen, die sich als vergleichsweise robust erwiesen haben und für die sich prognostizieren lässt, dass sie Medienpraxis und Kommunikationsforschung noch lange begleiten werden; sie dürften entweder als Treiber oder getriebenes Element des Medienwandels lange Zeit überdauern. Ein Lehrbuch, das den Übergang vom analogen zum vollständig digitalen Journalismus beschreiben will, muss dabei der Versuchung widerstehen, jeden neuen kommunikativen Trend, jedes mediale Phänomen und jedes einzelne vielversprechende Software-Tool, das eine echte Innovation verheißt, zu etatisieren, d. h. in den Kanon der für die universitäre Journalistenausbildung relevanten Elemente einzugliedern. Nicht jede Sau, die durchs Dorf getrieben wird, endet auf dem Grill. Gleichwohl finden sich auch in diesem Buch, insbesondere in den eher technischen Abschnitten, Beschreibungen konkreter Anwendungen und medialer Produkte, deren Beständigkeit nicht gewiss ist und die deshalb nur als Beispiele für Strukturen zu verstehen sind, die sich herausgebildet haben.

Was das Buch keinesfalls will, ist einen fixen Syllabus zu etablieren, dem man als Lehrende/Lehrender oder Lernende/Lernender streng folgen muss. Weder ist die Abfolge der Lehreinheiten noch ist die im Folgenden beschriebene didaktische Umsetzung der Themenblöcke als obligatorisch zu betrachten. Sie sollen als Angebote verstanden werden, wie man die Thematik teilnehmeraktivierend, partizipativ, interaktiv und damit gewinnbringend umsetzen und für die Ausbildung von Kompetenzen fruchtbar machen kann.

1.2 Workshop-basierte Lehre zum Thema Crossmedia

Die Abschnitte sind so aufbereitet, dass sie einerseits in die Thematik einführen, andererseits Vertiefungen ermöglichen, indem sie den aktuellen Forschungsstand aufgreifen und die kritischen, teils auch ethischen Aspekte des digitalen, crossmedialen Arbeitens reflektieren. Beginnend mit einem kurzen Abstract, fortgeführt mit einem in das Thema einführenden Absatz, folgen die Kapitel einer inhaltlichen Struktur, die Definitionen, den Stand der Forschung und meist eine Diskussion der Chancen und Herausforderungen einschließt und mit einem Fazit abgeschlossen wird. Abschließend werden jeweils drei Vorschläge für Transferaufgaben formuliert. Diese sollen als Stimulation dienen, können entweder wie hier formuliert oder in abgewandelter Form für die Durchführung der einzelnen Workshops genutzt werden. Selbstverständlich lassen sich angelehnt an diese szenarienbasierten Aufgaben – je nach Seminargröße – weitere Workshops konzipieren. Am Ende werden ausführliche Quellenangaben verzeichnet, die einerseits die Aussagen wissenschaftlich belegen, andererseits zugleich als vollständige Literaturlisten zu den thematischen Abschnitten verstanden werden können, auf deren Basis im Schneeballverfahren weiterrecherchiert werden kann – etwa für eine schriftliche Abschlussarbeit.

Eine mögliche Seminargestaltung fußt auf dem Workshop-Prinzip, das in drei Phasen verläuft (→ Abb. I.1): Input, Throughput und Output. Jedes der elf Hauptkapitel kann dabei als inhaltliche Basis für den Input einer Seminarsitzung genutzt werden, um in die jeweilige Thematik einzuführen. Vorgeschlagen werden 30- bis 45-minütige Input-Präsentationen einer so genannten workshopleitenden Gruppe (zwei bis fünf Personen). Diese Gruppe formuliert zur Vertiefung des Stoffes und zur gleichzeitigen Anwendung der präsentierten Wissensbestände anschließend eine beliebige Anzahl von Workshop-Aufgaben für die übrigen Teilnehmerinnen und Teilnehmer. Die einzelnen Workshops und die Aufgabenstellungen, für die das Lehrbuch am Ende der Hauptkapitel

Vorschläge unterbreitet, werden in Gruppenarbeit organisiert – je nach Größe der Lehrveranstaltung bestünden die Gruppen ebenfalls aus zwei bis fünf Personen, es kommt also zu einem zwischenzeitlichen Split. Diese Kleingruppen (oder auch Respondentengruppen) haben für die Bewältigung der Aufgaben ca. 45 Minuten Zeit, in denen sie Ideen sammeln, Lösungen finden und diese stichwortartig und in Schaubildern fixieren. Die Througput-Phase endet damit, dass eine fünf- bis zehnminütige Kurzpräsentation vorbereitet wird, die im Anschluss an die getrennte Arbeitsphase wieder vor dem gesamten Seminar gehalten wird (Output-Phase). An die Kurzpräsentation kann sich dann womöglich eine Befragung der Respondentengruppe durch die workshopleitende Gruppe anschließen. Hier würde es sich anbieten, wenn die workshopleitende Gruppe, die das Input-Referat gehalten hat, vorab einen Erwartungshorizont für die Lösung der Vertiefungsaufgaben skizziert, den sie dann in der Diskussion mit der jeweiligen Respondentengruppe abgleicht. Danach kann die Diskussion für das Plenum geöffnet werden. Sind keine Fragen mehr offen und die Thesen hinreichend diskutiert, schließt die nächste Respondentengruppe mit den Lösungsvorschlägen für ihre Aufgabe an. Das geht so lange, bis alle Respondententeams ihre Lösungen präsentiert haben. Mit einem Wrap up und Fazit der workshopleitenden Gruppe schließt die Outputphase. Geht man von einer üblichen Seminargröße von 15 bis 25 Teilnehmerinnen und Teilnehmern aus, dürften pro Seminarsitzung drei bis vier Respondententeams aktiv werden, was eine entsprechende Anzahl von Workshop-Aufgaben erfordert. Als funktional haben sich Aufgaben herauskristallisiert, die mit fiktiven crossmedialen Szenarien und redaktionellen Rollenaufteilungen arbeiten und sich in Form von Pitches organisieren lassen. Wie gesagt: Das alles sind unverbindliche Vorschläge zur Nutzung dieses Lehrbuchs.

Abb. I.1: Workshop-Konzept

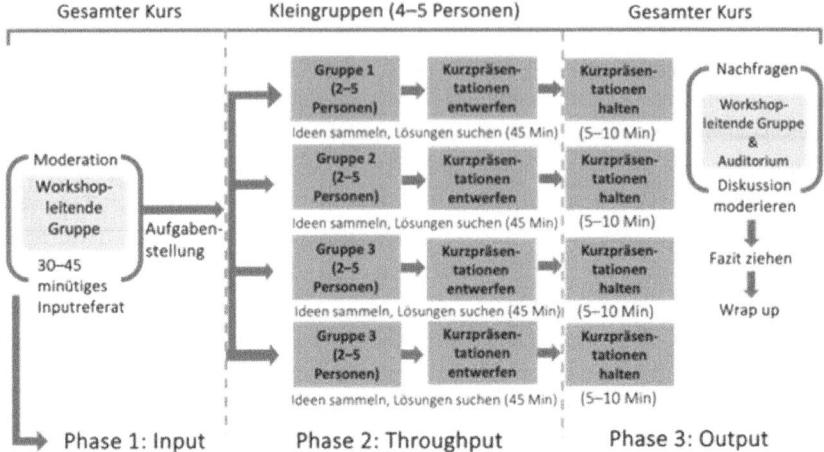

Quelle: eigene Abbildung.

Ralf Hohlfeld

2. Medienkonvergenz und Journalismuswandel: Rahmenbedingungen und Einflussgrößen

Überblick

Dieses Kapitel beschäftigt sich auf der Makroebene mit den Rahmenbedingungen für den Medienwandel. Es werden die Megatrends und Dynamiken beschrieben, die als Triebfedern für den Wandel der Öffentlichkeit gelten. In diese technischen, sozialen und ökonomischen Rahmenbedingungen werden die neuen digitalen Kommunikationsmodi eingebettet und es wird erläutert, welche kommunikationstheoretischen Folgen und medienökonomischen Strukturen daraus erwachsen: Wie haben sich in der jüngeren Vergangenheit Medienakteurinnen und -akteure und Medieninstitutionen an das veränderte Mediensystem angepasst?

Stichworte | Medienkonvergenz, Plattformisierung, Marktkonzentration, Öffentlichkeitswandel

2.1 Mediensystem im Wandel

Das deutsche Mediensystem unterliegt einem kontinuierlichen Veränderungs- und Anpassungsprozess, der in den letzten Jahrzehnten laut Beck (2018, S. 343–344, 375–377) insbesondere von vier zusammenhängenden Dynamiken getrieben war: Digitalisierung, Kommerzialisierung, Internationalisierung und Liberalisierung.

Der durch Entwicklungen der Kommunikations- und Medientechnik vorangetriebenen *Digitalisierung* wird teils eine monokausal anmutende Rolle bei der Veränderung des Mediensystems zugeschrieben. Auch wenn diese Zuspitzung so nicht zutrifft, ist die Bedeutung der Digitalisierung für das Mediensystem, aber auch seine Organisationen, Institutionen und Akteurinnen und Akteure, nicht zu unterschätzen (Beck, 2018, S. 344–345; Köhler, 2020, S. 13). Unmittelbar mit der Digitalisierung hängen etwa Konvergenzprozesse zusammen, also die Möglichkeit, Inhalte plattformneutral zu publizieren. Dadurch verschwimmen nicht nur die Grenzen traditionell separater Medien (z. B. Zeitung, Radio, Fernsehen) und Unternehmen, sondern auch Wertschöpfungsketten und Geschäftsmodelle werden in Frage gestellt. Diese Entgrenzungsprozesse stellen journalistische Organisationen aufgrund eines steigenden Wettbewerbs mit anderen journalistischen und branchenfremden Akteuren – insbesondere

2. Medienkonvergenz und Journalismuswandel: Rahmenbedingungen und Einflussgrößen

Plattformen wie Suchmaschinen oder sozialen Netzwerken – vor große Herausforderungen. Die deshalb nötigen Effizienzsteigerungen gefährden nicht nur Arbeitsplätze von Journalistinnen und Journalisten, sondern auch Qualität und Vielfalt der Berichterstattung (Altmeppen et al., 2023, S. 78–79; Beck, 2018, S. 349–351; Köhler, 2020, S. 14–15).

Hier zeigt sich die Schnittstelle zur *Kommerzialisierung*, also einer „Mediendynamik, bei der unternehmerische Gesichtspunkte und Strategien immer mehr an Bedeutung gegenüber der öffentlichen Aufgabe der Medien gewinnen" (Beck, 2018, S. 351). Dies bedeutet, dass Medienunternehmen immer stärker in einem Kostenwettbewerb statt in einem Qualitätswettbewerb stehen (von Rimscha & Siegert, 2015, S. 62–63). Während dies auf der Mesoebene einzelner Organisationen mit einem stärkeren Fokus auf Kostensenkungs- und Effizienzsteigerungsstrategien sowie der Entwicklung neuer Geschäfts- und Kooperationsmodelle einhergeht, sind die Auswirkungen auf der Makroebene des Mediensystems vor allem anhand der Medienkonzentration sichtbar (Altmeppen et al., 2023, S. 245–246; Beck, 2018, S. 352–356; Kvalheim & Barland, 2019, S. 2–3). Während Integration und Konzentration ökonomisch sinnvoll sind, ist diese Entwicklung publizistisch und demokratietheoretisch besorgniserregend, insbesondere aufgrund der potentiell vielfaltssenkenden Auswirkungen auf die Berichterstattung (Altmeppen et al., 2023, S. 245–247; Kvalheim & Barland, 2019, S. 10–11).

Diese Konzentrationsprozesse enden nicht an Landesgrenzen und sind deshalb ein Teil der dritten Dynamik des Mediensystems, der *Internationalisierung*. Nicht nur treten ausländische Medienunternehmen und Intermediäre in den deutschen Markt ein, auch deutsche Unternehmen expandieren international, um ihren Absatzmarkt zu erweitern und so Wettbewerbsvorteile zu erlangen (Altmeppen et al., 2023, S. 111–113, 117–118; Beck, 2018, S. 364; Pürer, 2015, S. 73–75). Darüber hinaus ist der deutsche Medienmarkt abhängig von der internationalen Medien- und Kommunikationspolitik, etwa in Form der Vertragswerke der Welthandelsorganisation oder in ganz besonderem Maße der europäischen Gesetzgebung (Beck, 2018, S. 366–372; Gundlach & Seufert, 2016, S. 147–148; Pürer, 2015, S. 140–143).

Nicht nur diese internationale, sondern auch die nationale *Governance* führen schließlich zu einer *Liberalisierung* des deutschen Mediensystems. Hier lässt sich in den letzten Jahrzehnten eine schwindende Bedeutung staatlicher Akteure und Steuerungsmechanismen zugunsten von diskursiven und marktwirtschaftlichen Anreizsystemen beobachten (Beck, 2018, S. 373; Gundlach &

Seufert, 2016, S. 372–373; von Rimscha & Siegert, 2015, S. 60–62). Heute lässt sich stattdessen ein System gesellschaftlicher *Governance* beobachten, in Form eines „Netzwerk[s] von staatlichen, öffentlichen bzw. zivilgesellschaftlichen und privaten Regulierungsakteuren, die gemeinsam eine Koregulierung oder (staatlich) regulierte Selbstregulierung etablieren" (Beck, 2018, S. 374).

Insgesamt haben die verbundenen Dynamiken der Digitalisierung, Kommerzialisierung, Internationalisierung und Liberalisierung dazu geführt, dass sich das deutsche Mediensystem in den letzten Jahrzehnten substanziell verändert hat. Dieses Kapitel diskutiert einige Folgen dieser veränderten Rahmenbedingungen für den Journalismus, insbesondere auf Makroebene.

2.2 Medienkonvergenz

Konvergenz ist ein vielschichtiger Begriff, der ganz allgemein Prozesse der Annäherung und Entgrenzung beschreibt und sich nicht nur auf digitalisierungsbedingte Veränderungen im Journalismus beschränkt (Jenkins, 2006). *Medienkonvergenz* bezieht sich spezifisch auf Annäherungs- und Integrationsprozesse, die vormals getrennte Medienunternehmen, -technologien, -gattungen und -plattformen betreffen, deren klare Trennung im digitalen Zeitalter zunehmend obsolet wird. Mit der Auflösung der Grenzen zwischen verschiedenen Medien im Internet verschwimmen auch die Abgrenzungen zwischen professionellen Kompetenzen, Formaten und Produktionsstrategien (Hohlfeld et al., 2010, S. 12). Medienkonvergenz schafft dadurch Raum für unternehmerische Strategien, die unter dem Begriff Crossmedia bzw. Crossmedialität gebündelt werden (Schneider & Ermes, 2013, S. 11). Medienkonvergenz ist zu einem zentralen Begriff geworden, mit dem rasche Entwicklungen in Medientechnologien, Medienmärkten sowie in den Bereichen Produktion, Inhalt und Rezeption beschrieben werden (Quandt & Singer, 2009, S. 130). Die Auswirkungen der Medienkonvergenz sind vielschichtig und zeigen sich auf unterschiedlichen Ebenen wie der Organisations-, Planungs-, Publikations- und Marketingebene. Zudem beeinflusst Medienkonvergenz journalistische Rollenbilder (Hohlfeld, 2018, S. 20; Killebrew, 2005; Micó et al., 2013, S. 119).

Medienkonvergenz ist daher als mehrdimensionales Konstrukt zu betrachten: Auf der Makroebene verändert die Konvergenz ganzer Medienhäuser, etwa durch strategische Fusionen, die Marktstruktur und führt zu einer stärkeren Marktkonzentration und einer Reduktion der Vielfalt der Berichterstattung (Röper, 2020). Auf der Mesoebene zeigt sich die Konvergenz innerhalb einzelner Unternehmen, wo sie die Organisation und Struktur der Redaktionen sowie Produktions- und Publikationsprozesse beeinflusst (Lischka, 2018, S. 277). Auf der Mikroebene betrifft die Konvergenz schließlich die individuellen Arbeitsprozesse von Journalistinnen und Journalisten und das Mediennutzungsverhalten der Rezipientinnen und Rezipienten (García Avilés, 2012; García-Avilés et al., 2014; Sehl et al., 2018).

Die folgenden Abschnitte geben einen Überblick über zentrale Konvergenzentwicklungen auf der Makroebene. Die angesprochenen Entwicklungen auf der Meso- und Mikroebene werden im Detail in den übrigen Kapiteln dieses Lehrbuchs besprochen.

2.3 Öffentlichkeit

In demokratischen Gesellschaften ist die Öffentlichkeit ein Ort der Diskussion und des Austauschs, der ein breites Spektrum an Themen und Positionen zusammenführt und so die Grundlage für die öffentliche Meinungsbildung schafft. Auf diese Weise können sich die Bürgerinnen und Bürger informieren und die Grundlage für ihre aktive Beteiligung an der Gestaltung der Gesellschaft schaffen, insbesondere durch die Beteiligung an politischen Entscheidungsprozessen. Politische Öffentlichkeit wird heute weitgehend über die Medien hergestellt (Eisenegger & Udris, 2019, S. 5; Jarren, 2021a, S. 118–119, 122; Jarren & Fischer, 2021, S. 365–367). Verlage, die den Journalismus institutionalisiert haben, waren traditionell zentral für die Herstellung von Öffentlichkeit. Sie nutzten ihre hohe Reichweite, um Informationen zu verbreiten, gesellschaftliche Entwicklungen zu beobachten, zu analysieren und zu bewerten, um so Komplexität zu reduzieren und Orientierung zu bieten (Jarren, 2021a, S. 121–122; Jarren & Fischer, 2021, S. 367). Dadurch hatte der Journalismus das Monopol, den Zugang zur Öffentlichkeit zu kontrollieren. Seine Aufgabe bestand darin, die Gesellschaft zu beobachten und zu entscheiden, welche Themen gesellschaftlich relevant und damit berichtenswert sind (Meier, 2018, S. 30–32; Neuberger, 2020, S. 120–121). Für die Öffentlichkeit diente der Journalismus als zentrale soziale Institution zur Beobachtung ihrer Umwelt über individuelle Erfahrungen hinaus. Folglich prägte der Journalismus die Realitätskonstruktion der Öffentlichkeit und synchronisierte die Gesellschaft durch seine aktuelle und periodische Berichterstattung (Jarren & Fischer, 2021, S. 369–370; Meier, 2018, S. 15–17, 35–36; Neuberger, 2020, S. 121–122).

2.4 Plattformisierung

Seit Mitte der 1990er Jahre hat die Digitalisierung die Rolle des Journalismus in der Gesellschaft erheblich verändert. Das standardisierte *One-to-Many*-Modell der Massenkommunikation wurde durch eine Netzwerkgesellschaft abgelöst, die von Plattformen wie Suchmaschinen, Nachrichtenaggregatoren, sozialen Netzwerken und Videoplattformen dominiert wird, die einen alternativen Zugang zur Öffentlichkeit bieten. Insbesondere Social-Media-Plattformen ermöglichen einfache Partizipation und Interaktion zwischen den Nutzerinnen und Nutzern, indem sie das Posten, Teilen, Kommentieren und Bewerten von Inhalten ermöglichen (Jarren & Fischer, 2021, S. 368; Lobigs & Neuberger, 2018, S. 35–39; Neuberger, 2020, S. 126–127).

Solche digitalen Öffentlichkeiten bestehen nicht länger aus einem großen, weitgehend passiven Publikum, sondern aus vielen parallelen Räumen, in denen spezifische Themen und Anliegen diskutiert werden. „Die Bedeutung der Medienöffentlichkeit scheint allmählich zu schrumpfen, Formen der Themen- und Versammlungsöffentlichkeit gewinnen qualitativ und quantitativ an Bedeutung, Muster der Öffentlichkeitsentstehung verlaufen vermehrt entlang von Bottom-up-Prozessen", konstatieren Hahn et al. (2015, S. 12). Im Gegensatz zu traditionellen Medien und ihrer linearen Einweg-Kommunikation ermöglichen digitale Öffentlichkeiten eine interaktive, netzartige und partizipative Kommunikation (Neuberger, 2009, S. 39). In der digitalen Themenöffentlichkeit entscheidet nicht mehr nur eine journalistische Elite, welche Themen gesellschaftlich relevant sind. Stattdessen werden Diskurse von vielfältigen Akteurinnen und Akteuren und Gruppen geprägt, teils mit widersprüchlichen Perspektiven. Durch die Niedrigschwelligkeit des Internets kann sich jede und jeder mit Zugang zu sozialen Netzwerken, Foren oder Blogs aktiv beteiligen, eigene Sichtweisen einbringen, neue Themen setzen und an Diskursen teilnehmen (Jarren, 2021b, S. 43–44).

Folglich sind traditionelle Massenmedien und professioneller Journalismus nun Teil einer von digitalen Plattformen dominierten Öffentlichkeit, die die sozialen Interaktionen der Nutzerinnen und Nutzer durch ihre Richtlinien und Algorithmen prägen (Jarren & Fischer, 2021, S. 373; Lobigs & Neuberger, 2018, S. 69, 277; Neuberger, 2020, S. 126–129). Plattformen können den Journalismus jedoch nicht ersetzen. Sie produzieren einerseits keine eigenen Inhalte, andererseits werden die verfügbaren Inhalte dekontextualisiert. Öffentliche und private Themen werden ebenso vermischt wie qualitativ hochwertige und minderwertige Inhalte oder redaktionelle Inhalte und Werbung. Den Nutzer-

2. Medienkonvergenz und Journalismuswandel: Rahmenbedingungen und Einflussgrößen

innen und Nutzern fehlt jedoch oft die nötige Medienkompetenz, um diese Unterschiede zu erkennen (Jarren, 2021a, S. 136–137; Jarren & Fischer, 2021, S. 374, 376). Daher bleibt der Journalismus weiterhin zentral für die Herstellung von Öffentlichkeit, wenn auch in geringerem Maß als früher. Seine neue Rolle lässt sich sehr gut am Wandel hin von der Funktion als Gatekeeper zum Gatewatcher und schließlich zum Gateadvisor beschreiben (Hohlfeld et al., 2020, S. 12–13).

2.5 Gatekeeper, Gatewatcher, Gateadvisor

Die Gatekeeping-Funktion des Journalismus unterliegt im digitalen Zeitalter einem fundamentalen Wandel. Während der Journalismus „im analogen Zeitalter noch die vollständige Kontrolle an der Eingangs-, Ausgangs- und Antwortstufe öffentlicher Kommunikation und damit eine Selektionshoheit besaß" (Hohlfeld et al., 2020, S. 12), können traditionelle Gatekeeping-Mechanismen im Digitalen umgangen werden. Senderinnen und Sender von Informationen sind online nicht mehr auf Vermittlungsinstanzen wie Journalistinnen und Journalisten angewiesen, sondern können sich direkt an ihr Publikum richten, wodurch das Gatekeeping an der Eingangsstufe ineffektiv wird. An der Ausgangsstufe von Informationen gibt es im Digitalen keine Umfangsbeschränkungen oder Vorgaben hinsichtlich der Platzierung von Nachrichten mehr, wodurch das Gatekeeping weniger relevant ist (Bruns, 2009, S. 111; Neuberger, 2009, S. 23–25). Nutzerinnen und Nutzer können auf diversen Plattformen und Kanälen gezielt die Inhalte auswählen, die sie interessieren – ob journalistisch oder nicht. Auch eine vollständige Kontrolle der Reaktionen des Publikums, also ein Gatekeeping auf der Antwortstufe, ist im Digitalen kaum mehr möglich. Während Journalistinnen und Journalisten früher entscheiden konnten, welche Leserbriefe oder Reaktionen sie veröffentlichen wollten, können Nutzerinnen und Nutzer im Internet ohne Selektion durch Journalistinnen und Journalisten sofort auf Medieninhalte reagieren, Kommentare hinterlassen und alternative Standpunkte verbreiten (Bruns, 2009, S. 113–114; Neuberger, 2009, S. 23–25).

Der Verlust der Gatekeeping-Funktion an der Eingangs-, Ausgangs- und Antwortstufe macht es für Journalistinnen und Journalisten jedoch umso relevanter, neue Funktionen als Gatewatcher (Bruns, 2009, S. 111–113) bzw. Gateadvisor (Hohlfeld et al., 2020, S. 12–13) zu übernehmen. Als Gatewatcher geht es auf der Eingangsstufe darum, Informationen aus verschiedenen Quellen zu überwachen und relevantes Material zu identifizieren. Auf der Ausgangsstufe müssen Journalistinnen und Journalisten ihren Nutzerinnen und Nutzern weiterhin wichtige Informationen liefern, wobei schnellere Publikationsrhythmen und Netzwerkdynamiken berücksichtigt werden müssen. Auf der Antwortstufe gilt es, nicht mehr nur Reaktionen des Publikums zu veröffentlichen, sondern in einen aktiven Austausch zu treten (Bruns, 2009, S. 113–114). Eine große mit der Digitalisierung einhergehende Herausforderung ist die Masse an im Internet kursierenden Inhalten, die zu einer Informationsüberflutung führt und es Rezipientinnen und Rezipienten erschwert, zwischen vertrauenswürdigen und unzuverlässigen Quellen zu unterscheiden. Journalistinnen und Journalisten kommt in diesem Kontext neben ihrer Beobachter-Funktion eine neue Rolle als Beraterinnen und Berater – Gateadvisor – zu. Sie warnen Nutzerinnen und Nutzer vor Desinformation und reagieren mit intensiver Recherche, Faktenchecks und Richtigstellungen auf Fake News. Häufig werden Faktenchecks auch in Kooperation mit Nutzerinnen und Nutzern durchgeführt. Generell rückt die Beziehung zum Publikum weiter in den Vordergrund, der Journalismus wird diskursiver. Journalistinnen und Journalisten gehen immer mehr dazu über, Rezipientinnen und Rezipienten ihre Arbeitsweisen so transparent wie möglich zu machen, um auf diese Weise Vertrauen zu gewinnen und Skepsis zu reduzieren (Hohlfeld et al., 2020, S. 12–13).

Digitalisierung und Plattformisierung haben somit die Struktur der Öffentlichkeit und damit auch der demokratischen Gesellschaft verändert (Hasenbrink, 2015, S. 41–42; Jarren, 2021a, S. 136–138; Jarren & Fischer, 2021, S. 368, 373). Und obgleich digitale Plattformen den Journalismus nicht vollständig ersetzen können, stellen die Veränderungen, die sie für den öffentlichen Raum bedeuten, den Journalismus vor erhebliche wirtschaftliche Herausforderungen und erhöhen für ihn den Druck, sich an seine neue Rolle in der Gesellschaft anzupassen (Jarren & Fischer, 2021, S. 375–377; Lobigs & Neuberger, 2018, S. 277–279). Diese ökonomischen Anpassungsprozesse lassen sich auf der Makroebene unter dem Stichwort Marktkonzentration diskutieren.

2.6 Marktkonzentration

Medienkonzentrationsprozesse lassen sich in drei Kategorien einteilen (→ Abbildung II.1). *Horizontale Konzentration* beschreibt Fusionen und Übernahmen von Medienunternehmen, die innerhalb einer Wertschöpfungsstufe einer Mediengattung zu Monopolen oder zumindest zu einer Kontrolle durch wenige Medienanbieter führen – etwa dann, wenn es zu einem Zusammenschluss zweier Zeitungshäuser kommt. Diese Konsolidierung führt zu Kosteneinsparungen und Skaleneffekten für die Verlage, was ihnen einen Wettbewerbsvorteil und höhere Renditen verschafft. So geben Verlage teils regionale Märkte auf und nehmen Marktanteilsverluste in Kauf, um Konkurrenz zu anderen Verlagen zu vermeiden und in den verbleibenden Verbreitungsgebieten eine Monopolstellung zu erreichen. *Vertikale Konzentration* bedeutet, dass bestimmte Teilleistungen der Wertschöpfungskette nicht mehr eingekauft, sondern selbst erbracht werden. Dadurch entfallen Drittanbieter und deren Profite. Gleichzeitig steigt die Kontrolle über die eigene Wertschöpfungskette. Die dritte Form der Konzentration ist die *diagonale Konzentration* über verschiedene Mediengattungen wie Zeitungen, Zeitschriften, Radio, Fernsehen und Online-Medien hinweg, wodurch sich crossmediale Effekte erzielen lassen. Dazu gehören insbesondere die kanalübergreifende Wiederverwendung von Inhalten und der Aufbau von Kundenbindung über verschiedene Mediengattungen hinweg (Altmeppen et al., 2023, S. 56–57, 228–229; Beck, 2018, S. 356–357; Helka, 2014, S. 49; Ollrog, 2014, S. 155–166; von Rimscha & Siegert, 2015, S. 78–80).

Aus pluralistischer Sicht sind Monopolstrukturen auf lokaler und regionaler Ebene problematisch, etwa dann, wenn es zu sogenannten Einzeitungskreisen kommt. Bisherige Erfahrungen zeigen, dass eingestellte Zeitungen nicht durch andere ersetzt werden, da Neugründungen meist scheitern. Einmal etablierte Zeitungsmonopole bleiben also langfristig bestehen (Beck, 2018, S. 166; Beck et al., 2010, S. 57–59; Röper, 2022, S. 295–296, 298–299; von Rimscha & Siegert, 2015, S. 77). Diese Entwicklungen unterstreichen den engen Zusammenhang zwischen wirtschaftlicher und publizistischer Konzentration: Wirtschaftliche Konzentration entsteht überall dort, wo Skaleneffekte wirksam werden und Unternehmensstrategien, in diesem Fall Verlagsstrategien, diese Kostenvorteile für sich nutzen. Wirtschaftliche Konzentration führt theoretisch nicht zwangsläufig zu publizistischer Konzentration, wenn es innerhalb eines Verlages noch zahlreiche unabhängige Redaktionen mit einem hohen Maß an innerer Pressefreiheit gibt. Aus wirtschaftlichen Gründen ist dieses Szenario jedoch unwahrscheinlich, da Konzentration aus Kostengründen ökonomisch sinnvoll ist. Kooperationen, die häufig die Vorstufe wirtschaftlicher Konzentration sind, lassen sich im Journalismus auf verschiedenen Produktionsstufen beobachten: Während Kooperationen in Bereichen wie Druck, Verwaltung, Vertrieb oder Werbung die Effizienz von Verlagen steigern können, ohne die redaktionelle Vielfalt zu gefährden, sind Kooperationen – und später häufig

Abb. II.1: Formen der Medienkonzentration

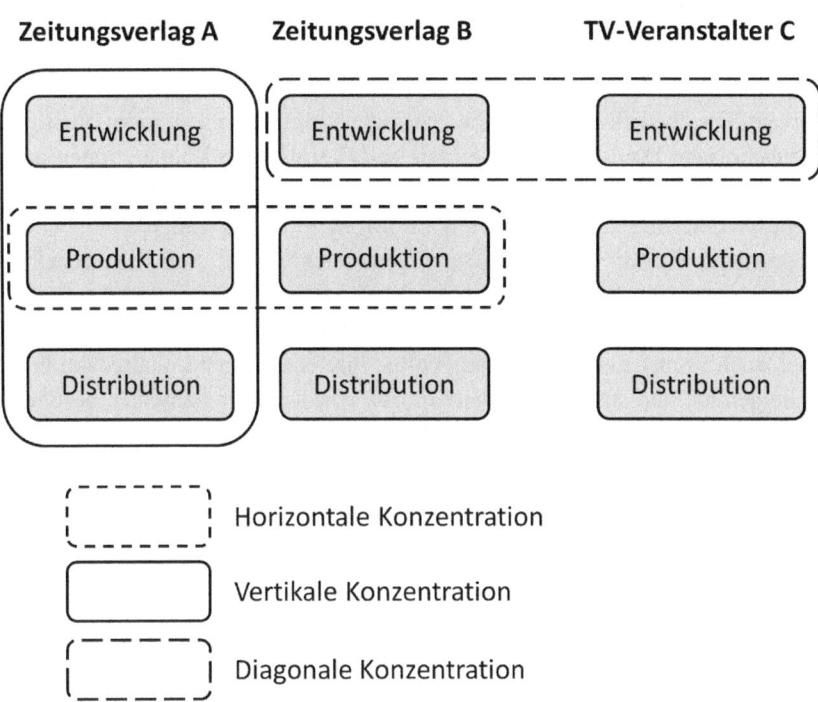

Quelle: eigene Abbildung in Anlehnung an von Rimscha & Siegert (2015, S. 80).

Fusionen – von Redaktionen aus journalistischer und demokratischer Sicht bedenklich (Altmeppen et al., 2023, S. 229–231; Beck, 2018, S. 160–161; Beck et al., 2010, S. 93–95; Ollrog, 2014, S. 59–60).

In der Praxis sind Verlage jedoch aufgrund des durch sinkende Einnahmen verursachten wirtschaftlichen Drucks immer wieder zu solchen Sparmaßnahmen gezwungen. Verlagsübergreifende redaktionelle Kooperationen, die Schließung von Redaktionen und die Einrichtung von Zentralredaktionen führen zu einer schwindenden Zahl an eigenständigen Vollredaktionen und zu Personalabbau. Während früher vor allem kleinere Zeitungen von Redaktionsschließungen betroffen waren, ist dies in den letzten Jahren immer häufiger auch bei größeren Redaktionen zu beobachten, selbst bei Zeitungstiteln mit Monopolstellung (die medienanstalten, 2022, S. 124–125; Helka, 2014, S. 49–50; Röper, 2018, S. 219–220, 2020, S. 331–333, 2022, S. 295–296). Ein prominentes Beispiel für eine zentrale Bereitstellung von Inhalten ist das *Re-*

daktionsNetzwerk Deutschland der *Madsack Mediengruppe*, das über 60 eigene und konzernfremde Tageszeitungen mit überregionalen Inhalten versorgt. Die Konvergenz von Inhalten beschränkt sich also nicht nur auf die Publikationen innerhalb einer Verlagsgruppe, sondern erstreckt sich auch auf Titel anderer Verlage. Dies betrifft nicht nur die jeweiligen Printmedien, sondern auch die dazugehörigen Digitalprodukte. Andererseits kann durch Kooperationen und den Zukauf von Inhalten sichergestellt werden, dass überregionale Artikel zu aktuellen Themen auch in kleineren Zeitungen zu finden sind, die möglicherweise nicht über die Ressourcen verfügen, solche Inhalte selbst zu erstellen (Altmeppen et al., 2023, S. 235; die medienanstalten, 2022, S. 124–125; Röper, 2018, S. 219–220, 2020, S. 332–333, 2022, S. 295–296). Im Lokalen werden jedoch auch immer mehr Zeitungstitel ohne ihre ehemaligen Lokalredaktionen weitergeführt und stattdessen lokale Inhalte von Konkurrenzmedien bezogen, sodass redaktionelle Vielfalt – wenn überhaupt – nur noch von lokalen Rundfunksendern und kleineren lokaljournalistischen Portalen gewährleistet wird. All diese Trends führen zu einer zunehmenden Verringerung der Medienvielfalt (die medienanstalten, 2022, S. 124–125; Röper, 2018, S. 219–220, 2020, S. 331–332, 2022, S. 295–296).

Bei Konzentrationsprozessen ist die strukturelle Vielfalt ein entscheidender Faktor. Walter J. Schütz hat zu diesem Zweck 1954 den Begriff der „publizistischen Einheit" definiert. Damit sind Tageszeitungsredaktionen gemeint, die den Mantelteil einer Zeitung eigenständig produzieren, also insbesondere die (Print-)Seiten 1 und 2 mit aktueller politischer Berichterstattung (Schütz, 2012a, S. 570). In Deutschland fand ein stetiger Prozess der strukturellen Pressekonzentration statt. 1954 gab es in Westdeutschland 225 dieser publizistischen Einheiten. Aufgrund der drastischen Auflagen- und Anzeigenverluste in den letzten 15 Jahren ist die Zahl der unabhängigen journalistischen Einheiten bis zum Jahr 2012 auf 130 gesunken (Schütz, 2012b, S. 594, 2012a, S. 571). Angesichts des Trends zu enger Zusammenarbeit zwischen Redaktionen wird es jedoch immer fraglicher, ob das Konzept der publizistischen Einheit noch sinnvoll ist, da deren Definition durch die zuvor beschriebenen Zentralredaktionen und Kooperationsmodelle in Frage gestellt oder sogar überstrapaziert wird. Durch redaktionelle Zusammenarbeit sollen Kosten vermieden werden, indem über nationale und internationale Themen nicht mehrfach und unabhängig voneinander recherchiert und berichtet wird, sondern zentral und einheitlich. In der Praxis dürfte die Zahl der redaktionell unabhängigen Tageszeitungstitel daher deutlich stärker zurückgegangen sein als die zuvor genannten 130 unabhängigen journalistischen Einheiten (Beck, 2018, S. 160–164; Dogruel et al., 2019). Michael Sengl, ein Autor dieses Beitrags, konnte im Rahmen des Sampling-Prozesses seiner Dissertationsschrift noch 54 verbleibende Redaktionen identifizieren, die die Kriterien einer publizistischen Einheit erfüllen, davon sieben Zentralredaktionen.

Um den Grad redaktioneller Zusammenarbeit differenzierter beschreiben zu können, schlagen Dogruel et al. (2019, S. 330) folgende Typologie vor:

(1) Kopftausch: stärkster Grad an „Kooperation", identische Zeitungen unter unterschiedlicher Marke.

(2) „Zombie-Zeitungen" ohne eigene Redaktion, Übernahme von Inhalten anderer Zeitungen unter eigener Marke.

(3) Vollständige Mantelübernahme von anderer Redaktion, lediglich der Lokalteil wird durch die eigene Redaktion erstellt.

(4) Mantelerstellung durch Zentralredaktion im Auftrag der Redaktion.

(5) Kollage: der Großteil der Inhalte wird von einer anderen Redaktion übernommen, die eigene redaktionelle Leistung umfasst nur die Selektion, Gewichtung und ggf. Kürzung oder Ergänzung von Artikeln.

(6) Agenturprinzip: Übernahme einzelner Artikel oder Beiträge von fremden Redaktionen in den eigenen Zeitungsmantel.

(7) Recherche und Redaktionskooperationen: geringster Grad an Kooperation, mehrere Redaktionen oder Medien kooperieren in nicht institutionalisierter Form.

(8) Vollständige Unabhängigkeit, keinerlei Zusammenarbeit mit anderen Redaktionen.

Mit dieser stärker abgestuften Differenzierung könnten Zeitungen, die in die Kategorien sieben und acht fallen, noch als selbstständige publizistische Einheiten bezeichnet werden, während die in die Kategorien eins und zwei fallenden Zeitungen eindeutig abhängig sind, da sie alle redaktionellen Aufgaben abgegeben haben. Die Zeitungen der Kategorien drei bis sechs sind teilweise abhängig, wobei die Kategorien fünf und sechs noch in der Lage sind, selbstständig zu arbeiten, wenn auch in begrenztem Umfang und die Kategorien drei und vier redaktionell so abhängig sind, dass sie nicht in der Lage wären, selbstständig zu funktionieren (Dogruel et al., 2019, S. 338–339). Vonbun-Feldbauer et al. (2020, S. 279–291) argumentieren, dass diese Formen der redaktionellen Zusammenarbeit, die nicht neu sind, aber durch die digitale Zeitungsproduktion erleichtert werden, nicht nur das Konzept der publizistischen Einheit in Frage stellen, sondern auch die publizistische Vielfalt in einzelnen Regionen verringern. Diese Reduktion von externer publizistischer Vielfalt, also der Möglichkeit, auf einem lokalen Zeitungsmarkt zwischen verschiedenen Titeln wählen zu können, ist vor allem auf die Übernahme von Mantelressorts und die verlagsinterne und -übergreifende Zweitverwertung von Inhalten zurückzuführen. Dies führt zwar nicht zwangsläufig zu einer höheren Themenkonzentration oder einer abnehmenden Vielfalt von Inhalten innerhalb der einzelnen Zeitung – umgekehrt wird der Verlust an externer Vielfalt aber auch nicht automatisch durch eine gesteigerte interne Vielfalt ausgeglichen.

2.7 Medienkonzentrationskontrolle und Meinungsmacht

Auch im Rundfunkbereich kann die Fusion von Medienunternehmen negative Konsequenzen für die publizistische Vielfalt haben. Aktuellen Zahlen zufolge ist der Zuschaueranteil im deutschen Fernsehen ungefähr hälftig zwischen privaten und öffentlich-rechtlichen Sendern aufgeteilt. 2023 erreichten die privaten Programme 49,7 Prozent, die öffentlich-rechtlichen Formate 50,3 Prozent (Kommission zur Ermittlung der Konzentration im Medienbereich, o. J.). Die Zuschaueranteile sind nach deutscher Rechtsprechung maßgeblich für die Bewertung einer vorherrschenden Meinungsmacht, die es zu vermeiden gilt. Nach dem Zuschauermarktanteilsmodell darf ein Unternehmen mehrere Fernsehsender besitzen, dabei jedoch nicht einen Zuschauermarktanteil von 30 Prozent überschreiten. Noch strenger wird die marktbeherrschende Stellung bewertet, wenn das Unternehmen in einem anderen „medienrelevanten verwandten Markt" (§ 60 MStV Abs. 2) eine Vorrechtsstellung innehat; dann liegt der Schwellenwert bei 25 Prozent. Ein prominentes Beispiel in diesem Kontext ist die beabsichtigte Übernahme der ProSiebenSat.1 Media AG durch die Axel Springer AG, die im Jahr 2006 von der Kommission zur Ermittlung der Konzentration im Medienbereich (KEK) und dem Bundeskartellamt verhindert wurde, um vorherrschende Meinungsmacht zu verhindern und die publizistische Vielfalt zu sichern (Lauf, 2009, S. 113).

Angesichts der voranschreitenden Digitalisierung und Internationalisierung des Medienmarkts besteht insbesondere Regulierungsbedarf für neue Player wie Intermediäre und soziale Netzwerkanbieter, die hohe Marktanteile verzeichnen und deren Geschäftspraktiken mitunter wettbewerbsrechtlich kritisiert werden (Just, 2017, S. 9).

Vor dem Hintergrund der Medienkonvergenz hinterfragen von Rimscha und Siegert (2015, S. 90-91), ob eine Bewertung der Medienkonzentration auf Gattungsebene noch zeitgemäß ist oder ob plattformübergreifend agierende Medienkonzerne stattdessen auf Basis allgemeiner kartellrechtlicher Vorgaben kontrolliert werden sollten. Andererseits sollte, so von Rimscha und Siegert (2015, S. 90-91), eine zeitgemäße Medienkonzentrationskontrolle zwischen den verschiedenen Wertschöpfungsstufen unterscheiden – wie oben erläutert hat insbesondere die Produktionsstufe eine besondere gesellschaftliche Relevanz, die etwa auf der Distributionsstufe nicht gegeben ist. Gerade angesichts der dominanten Rolle international agierender Intermediäre wie Social-Media-Plattformen oder Suchmaschinen muss zudem diskutiert werden, inwieweit Medienkonzentration auch in einem internationalen Wettbewerbsumfeld erfasst und kontrolliert werden kann.

Diese Debatte zeigt, dass die vier Dynamiken der Digitalisierung, Kommerzialisierung, Internationalisierung und Liberalisierung nicht nur in den letzten Jahren große Veränderungen für das Mediensystem mit sich gebracht haben, sondern das auch weiterhin tun werden. In den folgenden Kapiteln soll deshalb diskutiert werden, wie sich Medienorganisationen und -akteure an die veränderten Rahmenbedingungen angepasst haben und welche weiteren Entwicklungen zu erwarten sind.

Transferaufgaben für Workshops
Gruppe 1 (3–5 Teilnehmende)

Die Rolle des Journalismus hat sich im Zeitalter digitaler Öffentlichkeiten vom Gatekeeper über den Gatewatcher zum Gateadvisor gewandelt. Sie sind Formatentwicklerinnen und -entwickler in einer Redaktion und machen sich Gedanken darüber, wie Sie vor diesem Hintergrund die Berichterstattung Ihres Mediums ausrichten könnten. Welche traditionellen Formate verlieren an Bedeutung, welche neuen Angebote können und sollten Sie anbieten? Entwickeln Sie eine Zukunftsvision und bereiten Sie die dafür notwendigen Veränderungen in Form eines Pitch in der Redaktionskonferenz auf.

Gruppe 2 (3–5 Teilnehmende)

Neue, digitale Intermediäre verändern die Rolle des Journalismus in der Gesellschaft. Plattformen, insbesondere Suchmaschinen und soziale Netzwerke, spielen dabei eine zentrale Rolle. Sie sind die Redaktionsleitung und machen sich Gedanken darüber, wie Sie diese neuen Player in Zukunft in den Redaktionsalltag einbinden könnten.

Welche Schritte des Recherche-, Produktions-, Publikations- und Interaktionsprozesses sollten angepasst werden und wie? Und welche Auswirkungen haben diese Veränderungen auf das Geschäftsmodell Ihres Mediums? Sammeln Sie Ihre Ideen, diskutieren Sie Vor- und Nachteile und bereiten Sie Ihre Ergebnisse als Pitch für die Redaktionskonferenz auf.

Gruppe 3 (3–5 Teilnehmende)

Der ökonomische Druck im Journalismus führt insbesondere auf dem Tageszeitungsmarkt zu immer stärkeren Konsolidierungsprozessen. Sie arbeiten in einem Thinktank, der sich für die Pressevielfalt in Deutschland einsetzt und sollen Ideen entwickeln, wie man der immer stärkeren Medienkonzentration entgegenwirken kann. Diskutieren Sie wirtschaftliche und politische Maßnahmen und bereiten Sie eine Kurzpräsentation mit kurz- und langfristigen Optionen vor. Gehen Sie dabei auch auf die Vor- und Nachteile dieser Ideen ein.

Lea S. Lehner & Michael Sengl

Literaturverzeichnis

Altmeppen, Klaus-Dieter, Nölleke-Przybylski, Pamela, Klinghardt, Korbinian, & Zimmermann, Anna (2023). *Digitale Medienökonomie* (1. Aufl.). Nomos.

Beck, Klaus (2018). *Das Mediensystem Deutschlands* (2. Aufl.). Springer VS. https://doi.org/10.1007/978-3-658-11779-5

Beck, Klaus, Reineck, Dennis, & Schubert, Christiane (2010). *Journalistische Qualität in der Wirtschaftskrise*. Deutscher Fachjournalisten-Verband. https://www.dfjv.de/wp-content/uploads/DFJV-Studie-Journalistische-Qualitaet-Wirtschaftskrise.pdf

Bruns, Axel (2009). Vom Gatekeeping zum Gatewatching: Modelle der journalistischen Vermittlung im Internet. In Christoph Neuberger, Christian Nuernbergk, & Melanie Rischke (Hrsg.), *Journalismus im Internet. Profession – Partizipation – Technisierung* (S. 107–128). VS Verlag für Sozialwissenschaften. https://doi.org/10.1007/978-3-531-91562-3_3

die medienanstalten (2022). *Schriftenreihe der Landesmedienanstalten: Nr. 53. Zukunftsorientierte Vielfaltssicherung im Gesamtmarkt der Medien. Bericht der Kommission zur Ermittlung der Konzentration im Medienbereich (KEK) über die Entwicklung der Konzentration und über Maßnahmen zur Sicherung der Meinungsvielfalt im privaten Rundfunk.* https://www.kek-online.de/fileadmin/user_upload/KEK/Publikationen/Medienkonzentrationsberichte/Siebter_Konzentrationsbericht/Konzentrationsbericht_2022_Web.pdf

Dogruel, Leyla, Berghofer, Simon, Vonbun-Feldbauer, Ramona, & Beck, Klaus (2019). Die Publizistische Einheit als Auslaufmodell: Zur abnehmenden Validität eines pressestatistischen Standardmaßes. *Publizistik, 64*(3), 329–344. https://doi.org/10.1007/s11616-019-00505-2

Literaturverzeichnis

Eisenegger, Mark, & Udris, Linards (2019). Eine öffentlichkeitssoziologische Theorie des sozialen Wandels in der digitalen Gesellschaft. In Mark Eisenegger, Linards Udris, & Patrik Ettinger (Hrsg.), *Wandel der Öffentlichkeit und der Gesellschaft* (S. 3–28). Springer VS. https://doi.org/10.1007/978-3-658-27711-6_1

García Avilés, José A. (2012). Roles of Audience Participation in Multiplatform Television: From Fans and Consumers, to Collaborators and Activists. *Participations: Journal of Audience & Reception Studies, 9*(2), 429–447.

García-Avilés, José A., Kaltenbrunner, Andy, & Meier, Klaus (2014). Media Convergence Revisited: Lessons Learned on Newsroom Integration in Austria, Germany and Spain. *Journalism Practice, 8*(5), 573–584. https://doi.org/10.1080/17512786.2014.885678

Gundlach, Hardy, & Seufert, Wolfgang (2016). *Medienregulierung in Deutschland: Ziele, Konzepte, Maßnahmen* (2. Aufl.). Nomos. https://doi.org/10.5771/9783845262437

Hahn, Oliver, Hohlfeld, Ralf, & Knieper, Thomas (Hrsg.). (2015). *Schriftenreihe der DGPuK: Bd. 42. Digitale Öffentlichkeit(en)*. Herbert von Halem Verlag.

Hasenbrink, Uwe (2015). Kommunikationsrepertoires und digitale Öffentlichkeiten. In Oliver Hahn, Ralf Hohlfeld, & Thomas Knieper (Hrsg.), *Schriftenreihe der DGPuK: Bd. 42. Digitale Öffentlichkeit(en)* (S. 35–49). Herbert von Halem Verlag.

Helka, Natalie (2014). *Redaktionsschluss – warum Journalisten aussteigen*. Springer VS. https://doi.org/10.1007/978-3-658-03994-3

Hohlfeld, Ralf (2018). Crossmedialität im Journalismus. In Kim Otto & Andreas Köhler (Hrsg.), *Crossmedialität im Journalismus und in der Unternehmenskommunikation* (S. 17–42). Springer VS. https://doi.org/10.1007/978-3-658-21744-0_2

Hohlfeld, Ralf, Harnischmacher, Michael, Heinke, Elfi, Lehner, Lea S., & Sengl, Michael (2020). »Gates noch?« – Die Antwort auf den Systemfehler Desinformation könnte der Gateadvisor sein. In Ralf Hohlfeld, Michael Harnischmacher, Elfi Heinke, Lea S. Lehner, & Michael Sengl (Hrsg.), *Fake News und Desinformation: Herausforderungen für die vernetzte Gesellschaft und die empirische Forschung* (S. 9–20). Nomos. https://doi.org/10.5771/9783748901334-9

Hohlfeld, Ralf, Müller, Philipp, Richter, Annekathrin, & Zacher, Franziska (2010). Der Crossmedia-Zug rollt. Wer oder was bleibt auf der Strecke? In Ralf Hohlfeld, Philipp Müller, Annekathrin Richter, & Franziska Zacher (Hrsg.), *Passauer Schriften zur Kommunikationswissenschaft: Bd. 1. Crossmedia – Wer bleibt auf der Strecke? Beiträge aus Wissenschaft und Praxis* (S. 11–19). LIT.

Jarren, Otfried (2021a). Demokratie benötigt Journalismus und Medien: Zur anhaltenden Relevanz publizistischer Medien für die gesamtgesellschaftliche Kommunikation. In Melanie Magin, Uta Rußmann, & Birgit Stark (Hrsg.), *Demokratie braucht Medien* (S. 117–141). Springer VS. https://doi.org/10.1007/978-3-658-34633-1_7

Jarren, Otfried (2021b). Öffentlichkeitswandel durch Social Media – Auswirkungen der Plattformisierung auf die gesellschaftliche Vermittlungsstruktur. In Mark Eisenegger, Marlis Prinzing, Patrik Ettinger, & Roger Blum (Hrsg.), *Digitaler Strukturwandel der Öffentlichkeit* (S. 41–63). Springer VS. https://doi.org/10.1007/978-3-658-32133-8_3

Jarren, Otfried, & Fischer, Renate (2021). Die Plattformisierung von Öffentlichkeit und der Relevanzverlust des Journalismus als demokratische Herausforderung. In Martin Seeliger & Sebastian Sevignani (Hrsg.), *Ein neuer Strukturwandel der Öffentlichkeit?* (S. 365–382). Nomos. https://doi.org/10.5771/9783748912187-365

Jenkins, Henry (2006). *Convergence Culture: Where Old and New Media Collide*. New York University Press.

Just, Natascha (2017). Medienkonzentration: Problemstellung & Regulierung. In Jan Krone & Tassilo Pellegrini (Hrsg.), *Handbuch Medienökonomie* (S. 1–15). Springer VS. https://doi.org/10.1007/978-3-658-09632-8_70-2

Killebrew, Kenneth C. (2005). *Managing Media Convergence: Pathways to Journalistic Cooperation.* Blackwell.

Köhler, Tanja (2020). Chancen und Disruptionen des Nachrichtenjournalismus im Zeitalter der Digitalisierung. In Tanja Köhler (Hrsg.), *Fake News, Framing, Fact-Checking. Nachrichten im digitalen Zeitalter. Ein Handbuch* (S. 13–20). transcript Verlag. https://doi.org/10.14361/9783839450253

Kommission zur Ermittlung der Konzentration im Medienbereich (o. J.). *Entwicklung der Zuschaueranteile.* https://www.kek-online.de/medienkonzentration/mediennutzung/zuschaueranteile/

Kvalheim, Nina, & Barland, Jens (2019). Commercialization of Journalism. In *Oxford Research Encyclopedia of Communication.* Oxford University Press. https://doi.org/10.1093/acrefore/9780190228613.013.788

Lauf, Edmund (2009). Medienrelevante Märkte und die Messung von Meinungsmacht. In Christina Holtz-Bacha, Gunter Reus, & Lee B. Becker (Hrsg.), *Wissenschaft mit Wirkung* (S. 113–126). VS Verlag für Sozialwissenschaften. https://doi.org/10.1007/978-3-531-91756-6_9

Lischka, Juliane A. (2018). Nachrichtenorganisation: Umbrüche durch Konvergenz, Crossmedialität, Multikanal- und Innovationsfähigkeit. In Christian Nuernbergk & Christoph Neuberger (Hrsg.), *Journalismus im Internet. Profession – Partizipation – Technisierung* (2. Aufl., S. 273–293). Springer VS. https://doi.org/10.1007/978-3-531-93284-2_10

Lobigs, Frank, & Neuberger, Christoph (2018). *Schriftenreihe der Landesmedienanstalten: Nr. 51. Meinungsmacht im Internet und die Digitalstrategien von Medienunternehmen: Neue Machtverhältnisse trotz expandierender Internet-Geschäfte der traditionellen Massenmedien-Konzerne.* Vistas. https://www.kek-online.de/fileadmin/user_upload/KEK/Publikationen/Gutachten/Meinungsmacht_im_Internet_ALM51_web_2018.pdf

Meier, Klaus (2018). *Journalistik* (4. Aufl.). utb.

Micó, Josep L., Masip, Pere, & Domingo, David (2013). To Wish Impossible Things*: Convergence as a Process of Diffusion of Innovations in an Actor-Network. *International Communication Gazette, 75*(1), 118–137. https://doi.org/10.1177/1748048512461765

Neuberger, Christoph (2009). Internet, Journalismus und Öffentlichkeit. Analyse des Medienumbruchs. In Christoph Neuberger, Christian Nuernbergk, & Melanie Rischke (Hrsg.), *Journalismus im Internet. Profession – Partizipation – Technisierung* (1. Aufl., S. 19–105). VS-Verlag für Sozialwissenschaften. https://doi.org/10.1007/978-3-531-91562-3_2

Neuberger, Christoph (2020). Journalismus und digitaler Wandel: Krise und Neukonzeption journalistischer Vermittlung. In Otfried Jarren & Christoph Neuberger (Hrsg.), *Gesellschaftliche Vermittlung in der Krise* (S. 119–154). Nomos. https://doi.org/10.5771/9783748909729-119

Ollrog, Marc-Christian (2014). *Medienökonomie: Bd. 6. Regionalzeitungen 2015. Geschäftsmodelle für die Medienkonvergenz.* Nomos.

Pürer, Heinz (2015). *Medien in Deutschland: Presse – Rundfunk – Online* (1. Aufl.). utb. https://doi.org/10.36198/9783838542621

Quandt, Thorsten, & Singer, Jane B. (2009). Convergence and Cross-Platform Content Production. In Karin Wahl-Jorgensen & Thomas Hanitzsch (Hrsg.), *The Handbook of Journalism Studies* (S. 130–144). Routledge. https://doi.org/10.4324/9780203877685

von Rimscha, Bjørn, & Siegert, Gabriele (2015). *Medienökonomie: Eine problemorientierte Einführung*. Springer VS. https://doi.org/10.1007/978-3-531-18802-7

Röper, Horst (2018). Zeitungsmarkt 2018: Pressekonzentration steigt rasant. *Media Perspektiven, 5/2018*, 216–234. https://www.ard-media.de/fileadmin/user_upload/media-perspektiven/pdf/2018/0518_Roeper_2018-12-18.pdf

Röper, Horst (2020). Daten zur Konzentration der Tagespresse im I. Quartal 2020: Tageszeitungen 2020: Schrumpfender Markt und sinkende Vielfalt. *Media Perspektiven, 6/2020*, 331–352. https://www.ard-media.de/fileadmin/user_upload/media-perspektiven/pdf/2020/0620_Roeper_20-07-20.pdf

Röper, Horst (2022). Zeitungsmarkt 2022: Weniger Wettbewerb bei steigender Konzentration. *Media Perspektiven, 6/2022*, 295–318. https://www.ard-media.de/fileadmin/user_upload/media-perspektiven/pdf/2022/2206_Roeper.pdf

Schneider, Martin, & Ermes, Christoph (2013). Einleitung: Management von Medienunternehmen zwischen Konvergenz und Crossmedia. In Martin Schneider (Hrsg.), *Management von Medienunternehmen: Digitale Innovationen – crossmediale Strategien* (S. 9–27). Springer Gabler. https://doi.org/10.1007/978-3-8349-4256-2_1

Schütz, Walter J. (2012a). Deutsche Tagespresse 2012. Ergebnisse der aktuellen Stichtagssammlung. *Media Perspektiven, 11/2012*, 570–593. https://www.ard-media.de/fileadmin/user_upload/media-perspektiven/pdf/2012/11-2012_Schuetz_1.pdf

Schütz, Walter J. (2012b). Redaktionelle und verlegerische Struktur der deutschen Tagespresse. *Media Perspektiven, 11/2012*, 594–603. https://www.ard-media.de/fileadmin/user_upload/media-perspektiven/pdf/2012/11-2012_Schuetz_2.pdf

Sehl, Annika, Cornia, Alessio, Graves, Lucas, & Nielsen, Rasmus K. (2018). Newsroom Integration as an Organizational Challenge: Approaches of European Public Service Media From a Comparative Perspective. *Journalism Studies, 20*(9), 1238–1259. https://doi.org/10.1080/1461670X.2018.1507684

Vonbun-Feldbauer, Ramona, Grüblbauer, Johanna, Berghofer, Simon, Krone, Jan, Beck, Klaus, Steffan, Dennis, & Dongruel, Leyla (2020). *Regionaler Pressemarkt und Publizistische Vielfalt: Strukturen und Inhalte der Regionalpresse in Deutschland und Österreich 1995–2015*. Springer VS. https://doi.org/10.1007/978-3-658-28965-2

3. Redaktionsorganisation im Wandel

Überblick

Das Kapitel vermittelt ein Verständnis für die Begriffe und Konzepte des Newsdesks, Newsrooms, der Medienkonvergenz und der Newsroomkonvergenz. Es zeichnet anhand von Beispielen die historische Entwicklung von Ressorts bzw. Redaktionen zu redaktionsübergreifenden Newsrooms nach und stellt relevante Modelle zur Systematisierung der Redaktionsorganisation vor. Unter Berücksichtigung des aktuellen Forschungsstandes werden einige Vor- und Nachteile der zentralen Nachrichtensteuerung und Themenausbereitung diskutiert, bevor mithilfe von Übungs- und Transferaufgaben das erlernte Wissen gefestigt und angewendet werden soll.

Stichworte | Modelle der modernen Redaktionsorganisation, redaktionelle Konvergenz, Vor- und Nachteile der zentralen Nachrichtensteuerung und Themenaufbereitung

3.1 Definition der Begriffe und Konzepte

Im Zentrum moderner Modelle der Redaktionsorganisation stehen Newsdesks und Newsrooms, die redaktions- und *medienübergreifendes* Arbeiten erleichtern und verstärken sollen. Meier (2016) beschreibt den *Newsdesk* als „eine Koordinations- und Produktionszentrale, in der alles zusammenläuft, was die Redaktion an Material zur Verfügung hat" (S. 207). Während an Newsdesks in Zeitungsredaktionen u. a. die Koordination der Seiten verschiedener Ressorts oder Lokalredaktionen bewerkstelligt wird, stimmen Redakteurinnen und Redakteure unterschiedlicher Gewerke (z. B. Fernsehen, Radio, Internet) eines Rundfunkunternehmens beispielsweise medienübergreifende Inhalte am Newsdesk ab. Die Anzahl an Redakteurinnen und Redakteuren, die an einem Newsdesk sitzt, ist von Medienhaus zu Medienhaus unterschiedlich und variiert zwischen einer Redakteurin oder einem Redakteur und über einem Dutzend (Meier, 2016, S. 207).

Der Newsdesk bildet für gewöhnlich das Herzstück des *Newsrooms* – ein Großraumbüro, in dem Redakteurinnen und Redakteure aller Gewerke vereint sind. Architektonische Maßnahmen, wie das Einreißen von Wänden *zwischen* Ressorts und Redaktionen oder der Neubau medienübergreifender Redaktionsräume, sollen es den Journalistinnen und Journalisten verschiedener Gewerke erleichtern, die „Mauern" (Meier, 2016, S. 207) in ihren Köpfen einzureißen und traditionelle, monomediale Arbeits- und Denkweisen zu überwinden. Auf diese Weise sollen „neue redaktionelle Konzepte des ressort- und medienübergreifenden Planens und Arbeitens" (Meier, 2006, S. 210) erprobt werden und Synergieeffekte im Bereich der Recherche, Produktion und Distribution von Inhalten entstehen.

Die Annäherung und Entgrenzung verschiedener Mediengattungen und Redaktionen wird unter den Begriffen Medienkonvergenz respektive *redaktionelle Konvergenz* diskutiert. *Medienkonvergenz* beschreibt das Zusammenwachsen ehemals getrennter Medienunternehmen, -gattungen, -plattformen und Medientechnologien durch das sukzessive Aufgehen im Internet (Hohlfeld et al., 2010, S. 12).

Redaktionelle Konvergenz meint die Auflösung von *Redaktions-* (z. B. Print-, Fernseh-, Radio-, Onlineredaktionen) und *Ressortgrenzen* (z. B. Wirtschafts-, Politik-, Lokal-, Sportressort etc.) zugunsten von gemeinsamen Redaktionen, die für mehrere Medien und Themengebiete zuständig sind.

Die Konvergenz von Medien und Redaktionen hat weitreichende gesellschaftliche Auswirkungen auf der Makro-, Meso- und Mikroebene. So können etwa strategische Fusionen von Medienunternehmen aus ökonomischer Sicht erfolgsversprechend sein, parallel dazu jedoch auch zu einer steigenden Marktkonzentration auf Makroebene führen, wodurch die publizistische Vielfalt sinken kann. Auf Mesoebene beeinflusst die Zusammenlegung von Redaktionen nicht nur die *Redaktionsorganisation* und *-struktur*, sondern auch die Produktions- und Veröffentlichungsprozesse (Lischka, 2018, S. 277). Auf Mikroebene führt die Konvergenz der Medien und Redaktionen zu einem veränderten Mediennutzungsverhalten und neuen Arbeitsweisen der Journalistinnen und Journalisten (→ Kapitel 4–6).

3.2 Einsatzmöglichkeiten und Beispiele: Von der Ressortorientierung zum Newsroom

Zu den Pionieren der Newsroomintegration zählen US-amerikanische Medienunternehmen, die bereits in den 1990er Jahren Konvergenzprozesse vollzogen, die später weltweit nachgeahmt wurden (Deuze, 2007, S. 148; Wilczek, 2018, S. 16). Mit der Jahrtausendwende begannen Medienunternehmen weltweit damit, Redaktionen konsequent zu integrieren und ihre Angebote auf das Internet auszuweiten (Neuberger, 2018, S. 62; Quinn, 2005, S. 35–36). Aufgrund rückläufiger Leserzahlen und einer zunehmenden Verlagerung der Mediennutzung ins Internet sahen sich insbesondere Zeitungsverlage weltweit gezwungen, innovative und effizientere Redaktions-, Produktions- und Erwerbsmodelle zu schaffen und redaktionelle Konvergenz voranzutreiben, um auf dem Medienmarkt bestehen zu können (Breyer-Mayländer, 2015). In Deutschland sinkt die Gesamtauflage der Zeitungen beispielsweise „seit Anfang der 1990er Jahre kontinuierlich jedes Jahr um etwa zwei bis drei Prozent" (Weichert et al., 2015, S. 31). Sowohl auf dem Publikumsmarkt als auch auf dem traditionellen Anzeige- und Werbemarkt verlieren gedruckte Zeitungen und Publikumszeitschriften damit an Bedeutung (z. B. Röper, 2020; Vogel, 2014, 2020; von Borstel, 2015).

Klaus Meier (2019) prognostizierte in einer Trendberechnung, dass die letzte gedruckte Tageszeitung schon 2033 erscheinen werde. Ausschlaggebend für das Aussterben der Printzeitung sind die rückläufigen Abonnements und Einzelverkäufe der Tageszeitungen (Keller et al., 2020, S. 8). Zusätzlich führen die steigenden Zustellungskosten – einer Studie der Schickler GmbH (2020, S. 57–59) im Auftrag des Bundesverbands Digitalpublisher und Zeitungsverleger (BDVZ) zufolge – dazu, dass es sich aus wirtschaftlicher Sicht bereits zum Zeitpunkt der Untersuchung in zehn Prozent aller deutschen Gemeinden nicht mehr rentiert, Zeitungen zuzustellen. Im Jahr 2025 würden Zeitungen in 40 Prozent aller deutschen Gemeinden nicht mehr zustellbar sein, ohne dass daraus wirtschaftliche Verluste resultierten. In den betroffenen 4.396 Gemeinden würde es dann für die Verlage günstiger sein, auf Abonnentinnen und Abonnenten zu verzichten, wodurch rund 4,3 Millionen Personen von einem Print-Abonnement ihrer Tageszeitung ausgeschlossen würden; immer vorausgesetzt, die Verlage würden sich dazu entscheiden, den Zustelldienst aufgrund ökonomischer Erwägungen einzustellen.

Obgleich einer Befragung deutscher Zeitungsverlegerinnen und -verleger zufolge die gedruckte Zeitung für Verlage aus heutiger Sicht immer noch unverzichtbar ist und mit ihr nach wie vor über 90 Prozent der Vertriebserlöse erwirtschaftet werden, werden *E-Paper* und *Paid Content* immer *relevanter* (Keller et al., 2020, S. 9, 15). Die Studie *Trends der Zeitungsbranche 2021* kam in einer Befragung von 129 deutschen Geschäftsführerinnen, Verlegern, Chefredakteurinnen und Digitalpublishern zu dem Ergebnis, dass sich der Anteil des digitalen Kerngeschäfts am Gesamtumsatz, laut Einschätzung der Befragten, bei den Verlagen bis 2024 verdoppeln werde. 58 Prozent der Befragten waren der Meinung, dass die rückläufigen Erlöse im Printbereich im Jahr

3.2 Einsatzmöglichkeiten und Beispiele: Von der Ressortorientierung zum Newsroom

2026 durch digitale Erlöse kompensiert werden könnten (BDZV & Schickler GmbH, 2021, S. 18–19). Auch werde der Fokus der Vertriebsstrategie dann bei nahezu allen (95 %) großen Verlagen (> 100.000 Auflage) im Digitalen liegen (BDZV & Schickler GmbH, 2021, S. 13).

Die Prognosen verdeutlichen, wie wichtig es insbesondere für Verlage und private Medienunternehmen ist, effizientere Arbeitsweisen, Organisationsformen und neue Erlösmodelle zu etablieren. Zu namhaften Zeitungshäusern aus dem anglo-amerikanischen Raum, deren Redaktionen bereits früh crossmedial aufgestellt wurden, zählen etwa *The New York Times*, *The Guardian*, *Financial Times* und *The Daily Telegraph* (Dupagne & Garrison, 2006). *The Daily Telegraph* verfügt seit Ende 2006 über einen 6.300 Quadratmeter großen Newsroom in London, in dessen Mitte verschiedene Plattformen an einem Newsdesk koordiniert werden (Meier, 2007, S. 359). Im gleichen Jahr zog in Deutschland die *Welt*-Gruppe des Axel-Springer-Verlags in einen neuen crossmedialen Newsroom in Berlin ein, in dem fortan die Online- und Printausgaben der Tageszeitung nach der *„digital to print"*-Strategie produziert werden (Meier, 2016, S. 206).

Doch nicht nur in Printunternehmen (z. B. Sengl et al., 2023), sondern auch bei Nachrichtenagenturen (z. B. Meier, 2007, S. 358), privaten Hörfunkunternehmen (z. B. Lehner & Hohlfeld, 2021) und öffentlich-rechtlichen Rundfunkanbietern sind redaktionelle Integrationsprozesse im Gange (z. B. Sehl et al., 2018). Obgleich redaktionelle Konvergenz bei Letzteren nicht primär ökonomisch motiviert ist, ist eine erfolgreiche Onlinestrategie auch für Öffentlich-Rechtliche unumgänglich, da sie nur auf diese Weise weiterhin alle Bevölkerungsgruppen erreichen und ihre demokratische, kulturelle und soziale Aufgabe im Internet erfüllen können (Burri, 2017; Donders, 2019, S. 1011–1012).

Die Beispiele zeigen, dass die Verzahnung unterschiedlicher Redaktionen in gemeinsamen Newsrooms und das crossmediale *Publizieren* über Mediengrenzen hinweg längst keine Seltenheit mehr sind. Im Gegenteil, immer mehr Medienunternehmen erweitern ihr Angebot in neuen Arbeitsfeldern:

> Klassische Printunternehmen verlassen ihr angestammtes Metier und steigen in die Bewegtbild- und Audioproduktion ein: BILD macht Fernsehen, Der Spiegel, Die Zeit, Frankfurter Allgemeine, Süddeutsche Zeitung und andere bieten Podcasts an. Auch die Verbreitung von Fernsehinhalten im Radio ist möglich: Die ‚Tagesschau' ist auf Radiowellen und in der ARD Audiothek zu hören. Umgekehrt werden Musiktitel auf dem Videoportal YouTube gehört. (Breunig et al., 2020, S. 410).

3.3 Modelle zur Systematisierung der Redaktionsorganisation

Zur Systematisierung redaktioneller Konvergenz bemühten sich verschiedene Wissenschaftlerinnen und Wissenschaftler schon früh um den Entwurf von Modellen zur Einordnung von Konvergenz. Zu den Resultaten zählt die Differenzierung nach Gordon (2003, S. 63–71), der fünf verschiedene Formen von Konvergenz unterscheidet:

(1) Konvergenz des Eigentums (*ownership convergence*): die Fusion und Übernahme von Medienunternehmen, wodurch mehrere Vertriebskanäle in den Besitz eines Unternehmens gelangen.

(2) Taktische Konvergenz (*tactical convergence*): das gegenseitige Teilen von Inhalten und Marketingstrategien sowie Crosspromotion zwischen Medienunternehmen.

(3) Strukturelle Konvergenz (*structural convergence*): der Wandel von Zuständigkeiten und Organisationsstrukturen innerhalb eines Newsrooms, zugunsten einer Leistungsmaximierung.

(4) Informationsbeschaffungskonvergenz (*information gathering convergence*): mehrmediale Zuständigkeiten von Reporterinnen und Reportern innerhalb einer Redaktion.

(5) Storytelling Konvergenz (*storytelling convergence*): die Berichterstattung über mehrere Ausspielwege hinweg, unter der Berücksichtigung medienspezifischer Eigenheiten.

Dailey, Demo und Spillman (2005, S. 153) entwarfen zwei Jahre später ein Modell, das Konvergenz als ein Kontinuum versteht. Der Grad an Konvergenz nimmt dabei mit jeder Stufe zu und mündet in die vollständige Newsroomintegration (→ Abb. III.1). Die Überlappung der Kreise verdeutlicht, dass sich die Charakteristika einer Phase auch in anderen Phasen wiederfinden können. Die Pfeile visualisieren, dass sich die Position von Medienunternehmen und Redaktionen auf dem Kontinuum in die eine oder andere Richtung verändern kann.

Wie Gordon beschränken sich die Autorinnen und Autoren in ihrer Analyse jedoch nicht nur auf die *redaktionelle Konvergenz*, sondern berücksichtigten auch Kooperationen und Zusammenschlüsse verschiedener Medienunternehmen auf Makroebene.

Abb. III.1: Das Konvergenz-Kontinuum-Modell

Convergence Continuum

[Diagramm: Cross Promotion – Cloning – Coopetition – Content Sharing – Convergence]

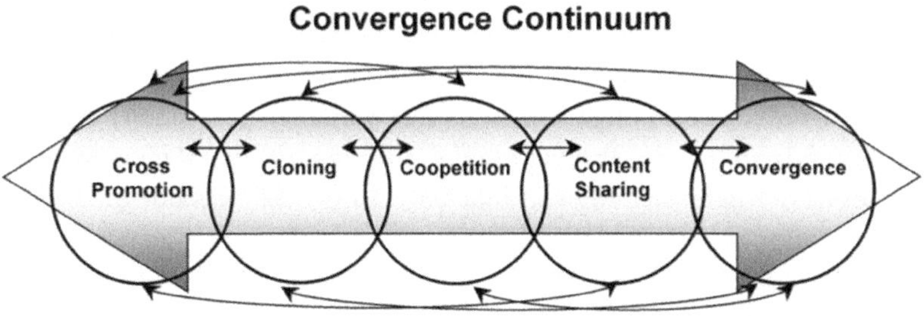

Quelle: Dailey et al. (2005, S. 153).

Das Konvergenz-Kontinuum-Modell umfasst fünf Phasen: *Cross Promotion, Cloning, Coopetition, Content Sharing* und *Convergence*. Jede Phase ist durch spezifische Charakteristika und Resultate gekennzeichnet (Dailey et al., 2005, S. 153–154). In der Phase der *Cross Promotion* existiert die *geringste* Interaktion zwischen den Medienpartnern. Die Beitragserstellung erfolgt separat, während Inhalte medienübergreifend beworben werden. *Cloning* bezeichnet die Reproduktion und Veröffentlichung von Beiträgen einer Redaktion durch Medienpartner, wobei die Produktion der Inhalte nach wie vor getrennt erfolgt. *Coopetition* meint eine partielle gegenseitige Unterstützung zwischen Unternehmen, obwohl sie in Konkurrenz zueinanderstehen. Bei *Content Sharing* treffen sich die Medienpartner regelmäßig, um Ideen auszutauschen und an speziellen Projekten zusammenzuarbeiten. Die Inhalte werden jedoch für gewöhnlich separat produziert. Von *Convergence* ist die Rede, wenn ein gemeinsamer Newsdesk existiert, an dem Redakteurinnen und Redakteure Inhalte medienübergreifend recherchieren, planen und produzieren. Geschichten werden dabei unter Berücksichtigung verschiedener Elemente über mehrere Mediengattungen hinweg erzählt.

Mehrere Forscherinnen und Forscher, darunter z. B. García Avilés und Carvajal (2008, S. 225) und Stark und Kaltenbrunner (2013, S. 367), äußerten Kritik an dem linearen Verständnis von Konvergenz nach Dailey et al. (2005), das die *Vollintegration* von Newsrooms als höchste Evolutionsstufe versteht und Konvergenzprozesse beim Erreichen der letzten Stufe als vollendet betrachtet.

Auch Gago et al. (2009) verstehen Konvergenz nicht als ein Kontinuum, sondern als einen offenen Prozess, bei dem viele unterschiedliche Ergebnisse erzielt werden können. Sie näherten sich der Herausforderung, *Newsroomkon-*

vergenz messbar zu machen, auf neue Weise, indem sie eine Formel zur Berechnung eines Konvergenzindexes entwarfen. Ein Index von 100 bezeichnet dabei den maximalen und 0 den minimalen Konvergenzgrad. Die Berechnung basiert auf verschiedenen Variablen, denen jeweils Punkte zugeordnet werden, die in die Kalkulation miteinfließen. Zu den Variablen gehören (1) die Art der Zusammenarbeit bei der Produktion von Inhalten, (2) die Medienpolyvalenz, (3) die Art der Bereitstellung von Inhalten und (4) die Beziehungen zwischen den Redaktionen (minimale Beziehung, separierte Bereiche, gemeinsame Bereiche, integrierte Newsrooms).

Die Autorinnen und Autoren schlagen vor, Konvergenz auf Basis der Dimensionen *Bereitstellung mehrerer Plattformen, Fachkräfte mit multimedialen Fachkenntnissen* und *integrierte Produktion* zu strukturieren, die jeweils verschiedene Phasen des Prozesses klassifizieren und sich sowohl auf berufliche als auch auf inhaltliche Aspekte beziehen. Die Formel soll es ermöglichen, relevante Variablen in Zusammenhang mit Konvergenz in einem Index zusammenzufassen und die Konvergenz verschiedener Redaktionen leichter miteinander vergleichen zu können.

Das wohl bekannteste Konvergenzmodell stammt von García Avilés et al. (2009, 2014), die in zwei aufeinander aufbauenden Veröffentlichungen ein Modell entwarfen, bei dem der Grad der redaktionellen Konvergenz ebenfalls mit *jeder* Stufe zunimmt. Anders als Dailey et al. (2005) betrachten die Autorinnen und Autoren jedoch alle Ebenen des Modells als gleichrangig und die letzte Stufe der Typisierung – die vollständige Integration von Newsrooms – nicht als begehrenswerteste Konvergenzform. Ziel der Typisierung ist es, ein vertieftes Verständnis für die Organisations- und Handlungsvariationen in verschiedenen Redaktionen zu fördern und diese besser systematisieren zu können. Zur Kategorisierung der redaktionellen Konvergenz dienen die Parameter (1) Marktsituation, (2) Redaktionsorganisation, (3) Arbeitsabläufe und Inhalte, (4) Change Management, Fertigkeiten und Training sowie (5) Beteiligung des Publikums, anhand derer eine Einteilung in eine der drei Konvergenzstufen *eigenständige Plattformen, Cross-media* und *vollständige Integration* vorgenommen werden soll (→ Abb. III.2, García Avilés et al., 2014, S. 579–580). Jede der Stufen enthält idealtypische Charakteristika, die in der Realität nicht in dieser Reinform auftreten müssen. In der Praxis sind demnach auch Mischformen möglich.

Abb. III.2: Typisierung des Grads der redaktionellen Konvergenz

Eigenständige Plattform   Cross-media   Vollständige Integration

Quelle: eigene Abbildung in Anlehnung an García Avilés et al. (2014, S. 579–580).

Redaktionen, die der Stufe *eigenständige Plattformen* zugeschrieben werden können, sind monomedial *ausgerichtet* und erstellen nur in Ausnahmefällen crossmediale Inhalte, ohne dabei eine systematische Strategie zur Produktion und Distribution crossmedialer Inhalte zu verfolgen. Redakteurinnen und Redakteure, die für eine *Cross-media*-Redaktion tätig sind, arbeiten primär für einen Ausspielweg bzw. eine Plattform, allerdings gibt es Koordinationsstellen (z. B. einen zentralen Newsdesk oder eine verantwortliche Person), die die crossmediale Zusammenarbeit der Redaktionen organisieren. In einer *vollständig integrierten Redaktion* arbeiten die Redakteurinnen und Redakteure für alle Ausspielwege und Plattformen. Die Redaktionen sitzen in einem gemeinsamen Newsroom und verfügen über einen zentralen Newsdesk, an dem Inhalte crossmedial organisiert bzw. gesteuert werden (García Avilés et al., 2014, S. 579–580).

3.4 Vor- und Nachteile der zentralen Nachrichtensteuerung und Themenaufbereitung

Mit integrierten Newsrooms versuchen Medienunternehmen dem Bedürfnis der Nutzerinnen und Nutzer nach vielfältigen, crossmedialen und zeitgemäßen Inhalten gerecht zu werden. Newsrooms und Newsdesks sollen den Redaktionen dabei helfen, flexibler und effizienter auf aktuelle Ereignisse reagieren, Inhalte schneller produzieren und verbreiten sowie die Stärken verschiedener Ausspielwege optimal nutzen zu können. Bisherige Studien zeigen: Crossmedialität kann Doppelarbeit vermeiden und Arbeitsprozesse effizienter gestalten (z. B. Lehner & Hohlfeld, 2021, S. 451–453; Schweiger, 2002, S. 126). Die Zusammenarbeit im Newsroom soll außerdem den Austausch von Wissen, Ideen und Ressourcen zwischen den Redakteurinnen und Redakteuren fördern.

Parallel dazu wird jedoch auch diskutiert, ob Konvergenzprozesse nicht primär dem Motiv folgen, Ressourcen zu sparen (Saridou et al., 2017). Neben positiven Aspekten der Newsroomkonvergenz werden in der Literatur auch

3. Redaktionsorganisation im Wandel

negative Auswirkungen, etwa eine weniger vielfältige Berichterstattung, debattiert (Hofstetter & Schönhagen, 2014, S. 232–233; Singer, 2004, S. 15; Wallace, 2013, S. 109). US-amerikanische Journalistinnen und Journalisten, die in integrierten Redaktionen arbeiteten, äußerten bei einer Befragung beispielsweise Bedenken, die crossmediale Zusammenarbeit der Redaktionen könne durch den Einfluss der Fernseh- und Onlineberichterstattung zu einer stärker an *Soft News* orientierten Berichterstattung im Printbereich führen (Singer, 2006, S. 42).

Der aufgrund des Zeitdrucks und begrenzter Personal- und Finanzressourcen vor allem im Onlinesegment praktizierte *„cut-and-paste journalism"* (Erdal, 2009, S. 228) könne zu einer schnellen Reproduktion von Inhalten ohne angemessene Aufbereitung und Überprüfung führen. Behmer und Müller (2013) verweisen auf den eigentlichen Sinn und Zweck crossmedialer Zusammenarbeit und betonen, dass „crossmediales Publizieren mehr beinhalten [sollte] als die Reproduktion bestimmter Angebote in unterschiedlichen Kanälen in Form eines ‚more of the same'" (S. 26). Schließlich geht eine Steigerung von Publikationskanälen nicht zwingend mit einer Zunahme der publizistischen Vielfalt einher (Müller, 2013, S. 26).

Inhaltsanalysen, die die Auswirkungen von Newsroomintegration auf die Vielfalt der Berichterstattung untersucht haben, kommen zu verschiedenen Schlüssen. Rinsdorf (2011) konnte mithilfe einer quantitativen Inhaltsanalyse feststellen, dass die Einführung eines zentralen Newsdesks der *WAZ*-Gruppe für die Mantelberichterstattung von *Neue Ruhr Zeitung (NRZ)*, *Westdeutsche Allgemeine Zeitung (WAZ)* und *Westfälische Rundschau* zu einem Vielfaltsverlust auf regionaler Ebene geführt hat, indem Artikel unverändert übernommen und Themen ähnlich gewichtet wurden. In Puncto Aktualität und Korrektheit war hingegen keine Verschlechterung festzustellen.

Berghofer et al. (2014) fanden in ihrer inhaltsanalytischen Untersuchung der Online- und Print-Wirtschaftsberichterstattung vier deutscher Boulevardmedien keinen direkten Zusammenhang zwischen redaktioneller Konvergenz und der Verwertungsstrategie von Beiträgen. Die Autorinnen und Autoren schlussfolgern, dass „Untersuchungen der Organisationsstrukturen allein somit keine Schlüsse auf die Verwertung der Inhalte zulassen und umgekehrt" (S. 27).

Auch Sengl et al. (2023, S. 1) konnten in einer aktuellen Mixed-Methods-Studie (qualitative Leitfadeninterviews und quantitative Inhaltsanalyse der Berichterstattung dreier deutscher Tageszeitungen zu einem vorkonvergenten und

3.4 Vor- und Nachteile der zentralen Nachrichtensteuerung und Themenaufbereitung

einem konvergenten Zeitpunkt) keinen direkten Einfluss der redaktionellen Konvergenz auf die Vielfalt der Berichterstattung feststellen. Trotz redaktioneller Integrationsprozesse blieb die Vielfalt der Nachrichteninhalte der drei untersuchten Zeitungen (*Straubinger Tagblatt*, *Passauer Neue Presse* und *Mittelbayerische*) unverändert hoch.

Der weitestgehend heterogene Forschungsstand zum Einfluss redaktioneller Konvergenz auf die Vielfalt der Berichterstattung lädt zu Folgestudien ein. Dabei böte es sich an, nicht nur die Auswirkungen der Newsroomintegration auf die Vielfalt im Speziellen, sondern auch auf die Qualität der Berichterstattung im Allgemeinen zu untersuchen. Ein Forschungsfeld, das nicht zuletzt aus demokratietheoretischer Perspektive enorme Relevanz besitzt.

Transferaufgaben für Workshops

Gruppe 1 (3–5 Teilnehmende)

Sie sind Geschäftsführung und Redaktionsleitung (in Personalunion) des *Ratzeburger Merkur*, einem fiktiven traditionellen Zeitungshaus im ländlichen Schleswig-Holstein (Gesamtauflage 70.000) mit klassischer Ressortstruktur. Der Verleger beschließt nun nach vielen Jahren, sein Medienunternehmen zeitgemäß aufzustellen. Er verkauft dazu die hauseigene Druckerei, so dass eine bemerkenswerte Liquidität für den Umbau in ein crossmedial operierendes Medienhaus vorhanden ist. Sie stellen dem Altverleger ein Konzept für ein modernes, konvergentes Nachrichtenmedium vor, das Aussagen über die Redaktionsorganisation (Grad der Konvergenz, Desk-Struktur), die künftigen Ausspielkanäle, die Arbeitsprozesse und die redaktionellen Rollen gibt. Nutzen Sie Zeichnungen, Grafiken, Tabellen und Stichworte für die Veranschaulichung des Konzepts.

Gruppe 2 (3–5 Teilnehmende)

Sie sind eine Gruppe von jungen, mediengeschulten Entrepreneurinnen und Entrepreneuren, die von einer Investorengruppe Geld erhalten hat, um ein digitales Nachrichtenmagazin mit dezidierten politischen Inhalten (vergleichbar etwa mit *Politico*) in Deutschland aufzuziehen, das den Nachrichtenmagazinen und überregionalen Zeitungen Konkurrenz machen soll. In der Wahl des Standortes, der Redaktionsorganisation und des Personals haben Sie vollkommen freie Hand. Skizzieren Sie einen kurzen Plan, der wesentliche Aussagen über die Redaktionsstrukturen, Hierarchien, Desk-Modelle und das Qualifikations- und Kompetenzprofil der Mitarbeiterinnen und Mitarbeiter trifft. Bitte geben Sie zudem an, für welche Zielgruppe(n)

3. Redaktionsorganisation im Wandel

Sie kanalspezifische Angebote planen. Nutzen Sie Zeichnungen, Grafiken, Tabellen und Stichworte für die Veranschaulichung des Konzepts.

Gruppe 3 (3–5 Teilnehmende)

Ein Gedankenexperiment – Nach einem Brand ist ein Chemiewerk explodiert. Etliche Gebäude im Umkreis von 25 Kilometer wurden zerstört, es gibt zahlreiche Vermisste, Verletzte und auch einige Tote wurden bereits geborgen. Um die Geschichte bestmöglich über viele Kanäle abzudecken, plant die Redaktion die Produktion plattformübergreifender Multi-, Cross- und Transmediastorys. Jetzt sind Sie gefragt: Wie sollte die Story am besten produziert und publiziert werden, um eine möglichst große Reichweite zu erzielen? Welche Kanäle sollten bedient werden? Wie wird die Produktion strukturiert und wer muss – ressortübergreifend – für die Planung mit ins Boot geholt werden? Sie schlüpfen in die Rolle von Redakteurinnen und Redakteuren sowie Reporterinnen und Reportern einer vollständig integrierten Redaktion. Überlegen Sie sich eine Struktur bzw. einen Plan, wie sich die Geschichte am besten in Teams produzieren und vermarkten lässt. Bedenken Sie, dass Redaktionen immer auch Zeit- und Finanzierungsdruck haben. Sie brauchen dafür eine einfache und dennoch effektive, plattformübergreifende Struktur. Nutzen Sie Zeichnungen, Grafiken, Tabellen und Stichworte für die Veranschaulichung des Konzepts.

Lea S. Lehner

Literaturverzeichnis

BDZV & Schickler GmbH (2021). *Trends der Zeitungsbranche 2021: BDZV/SCHICKLER-Trendumfrage.* Bundesverband Digitalpublisher und Zeitungsverleger e. V. https://www.bdzv.de/fileadmin/content/6_Service/6-1_Presse/6-1-2_Pressemitteilungen/2021/PDFs/BDZV_Schickler_Trendumfrage_2021_Praesentation_2021-02-09.pdf

Behmer, Markus, & Müller, Holger (2013). Warum crossmedial arbeiten? In Markus Kaiser (Hrsg.), *Innovation in den Medien: Crossmedia, Storywelten, Change Management* (2. Aufl., S. 24–38). Verlag Dr. Gabriele Hooffacker.

Berghofer, Simon, Greyer, Janine, & Dogruel, Leyla (2014). Medienkonvergenz im deutschen Boulevard: Eine Organisations- und Inhaltsanalyse von Verwertungsstrategien am Beispiel der Wirtschaftsberichterstattung. *Publizistik, 59*(1), 27–44. https://doi.org/10.1007/s11616-013-0195-8

Literaturverzeichnis

von Borstel, Dirk (2015). Zeitungsmedien im Werbegeschäft – Die veränderte Rolle der regionalen Zeitungsmedien im Werbegeschäft. In Thomas Breyer-Mayländer (Hrsg.), *Vom Zeitungsverlag zum Medienhaus* (S. 137–145). Springer Fachmedien Wiesbaden. https://doi.org/10.1007/978-3-658-04100-7_13

Breunig, Christian, Handel, Marlene, & Kessler, Bernhard (2020). Ergebnisse der ARD/ZDF-Langzeitstudie Massenkommunikation 1964-2020: Mediennutzung im Langzeitvergleich. *Media Perspektiven, 7-8*, 410–432. https://www.ard-media.de/fileadmin/user_upload/media-perspektiven/pdf/2020/070820_Breunig_Handel_Kessler.pdf

Breyer-Mayländer, Thomas (Hrsg.). (2015). *Vom Zeitungsverlag zum Medienhaus: Geschäftsmodelle in Zeiten der Medienkonvergenz*. Springer Gabler. https://doi.org/10.1007/978-3-658-04100-7

Burri, Mira (2017). *Public Service Broadcasting 3.0. Legal Design for the Digital Present*. Routledge.

Dailey, Larry, Demo, Lori, & Spillman, Mary (2005). The Convergence Continuum: A Model for Studying Collaboration Between Media Newsrooms. *Atlantic Journal of Communication, 13*(3), 150–168. https://doi.org/10.1207/s15456889ajc1303_2

Deuze, Mark (2007). *Media Work*. Polity Press.

Donders, Karen (2019). Public Service Media Beyond the Digital Hype: Distribution Strategies in a Platform Era. *Media, Culture & Society, 41*(7), 1011–1028. https://doi.org/10.1177/0163443719857616

Dupagne, Michel, & Garrison, Bruce (2006). The Meaning and Influence of Convergence: A Qualitative Case Study of Newsroom Work at the Tampa News Center. *Journalism Studies, 7*(2), 237–255. https://doi.org/10.1080/14616700500533569

Erdal, Ivar J. (2009). Cross-Media (Re)Production Cultures. *Convergence: The International Journal of Research into New Media Technologies, 15*(2), 215–231. https://doi.org/10.1177/1354856508105231

Gago, Manuel, López, Xosé, Pereira, Xosé, Portilla, Idoia, Tournal, Carlos, Limia, Moisés, & de la Hera, Teresa (2009). *Creating an Index to Calculate the Level of Convergence of a Medium*. 10tg International Symposium on Online Journalism, Austin, Texas, USA.

García Avilés, José A., & Carvajal, Miguel (2008). Integrated and Cross-Media Newsroom Convergence: Two Models of Multimedia News Production – The Cases of Novotécnica and La Verdad Multimedia in Spain. *Convergence: The International Journal of Research into New Media Technologies, 14*(2), 221–239. https://doi.org/10.1177/1354856507087945

García Avilés, José A., Kaltenbrunner, Andy, & Meier, Klaus (2014). Media Convergence Revisited: Lessons Learned on Newsroom Integration in Austria, Germany and Spain. *Journalism Practice, 8*(5), 573–584. https://doi.org/10.1080/17512786.2014.885678

García Avilés, José A., Meier, Klaus, Kaltenbrunner, Andy, Carvajal, Miguel, & Kraus, Daniela (2009). Newsroom Integration in Austria, Spain and Germany: Models of Media Convergence. *Journalism Practice, 3*(3), 285–303. https://doi.org/10.1080/17512780902798638

Gordon, Richard (2003). The Meanings and Implications of Convergence. In Kevin Kawamoto (Hrsg.), *Digital Journalism: Emerging Media and the Changing Horizons of Journalism* (S. 57–73). Rowman & Littlefield.

Hofstetter, Brigitte, & Schönhagen, Philomen (2014). Wandel redaktioneller Strukturen und journalistischen Handelns. *Studies in Communication | Media, 3*(2), 228–252. https://doi.org/10.5771/2192-4007-2014-2-228

3. Redaktionsorganisation im Wandel

Hohlfeld, Ralf, Müller, Philipp, Richter, Annekathrin, & Zacher, Franziska (2010). Der Crossmedia-Zug rollt. Wer oder was bleibt auf der Strecke? In Ralf Hohlfeld, Philipp Müller, Annekathrin Richter, & Franziska Zacher (Hrsg.), *Passauer Schriften zur Kommunikationswissenschaft: Bd. 1. Crossmedia – Wer bleibt auf der Strecke? Beiträge aus Wissenschaft und Praxis* (S. 11–19). LIT.

Keller, Dieter, Stavenhagen, Liane, & Eggert, Christian (2020). *Zur wirtschaftlichen Lage der Deutschen Zeitungen 2020*. Bundesverband Digitalpublisher und Zeitungsverleger e. V. https://www.bdzv.de/fileadmin/content/7_Alle_Themen/Marktdaten/Bericht_Umsatzerhebung_Herr_Keller_V2.pdf

Lehner, Lea S., & Hohlfeld, Ralf (2021). „Das System heißt Mensch": Eine Studie zum crossmedialen Arbeiten in den Redaktionen lokaler Radiosender in Niederbayern. In Markus Behmer & Vera Katzenberger (Hrsg.), *Vielfalt vor Ort: Die Entwicklung des privaten Rundfunks in Bayern* (S. 435–456). University of Bamberg Press. https://doi.org/10.20378/irb-49753

Lischka, Juliane A. (2018). Nachrichtenorganisation: Umbrüche durch Konvergenz, Crossmedialität, Multikanal- und Innovationsfähigkeit. In Christian Nuernbergk & Christoph Neuberger (Hrsg.), *Journalismus im Internet* (S. 273–293). Springer Fachmedien. https://doi.org/10.1007/978-3-531-93284-2_10

Meier, Klaus (2006). Newsroom, Newsdesk, crossmediales Arbeiten: Neue Modelle der Redaktionsorganisation und ihre Auswirkung auf die journalistische Qualität. In Siegfried Weischenberg, Wiebke Loosen, & Michael Beuthner (Hrsg.), *Medien-Qualitäten: Öffentliche Kommunikation zwischen ökonomischem Kalkül und Sozialverantwortung* (S. 203–222). UVK.

Meier, Klaus (2007). „Cross Media": Konsequenzen für den Journalismus. *Communicatio Socialis*, 40(4), 350–364. https://ejournal.communicatio-socialis.de/index.php/cc/article/view/435/430

Meier, Klaus (2016). Crossmedialität. In Klaus Meier & Christoph Neuberger (Hrsg.), *Journalismusforschung: Stand und Perspektiven* (2. Aufl., S. 201–226). Nomos. https://doi.org/10.5771/9783845271422-201

Meier, Klaus (2019, 19. März). *DuMont, Funke und Co.: Die letzte gedruckte Zeitung erscheint 2033 – was müssen Verlage bis dahin tun?* Meedia. https://meedia.de/news/beitrag/4521-dumont-funke-und-co-die-letzte-gedruckte-zeitung-erscheint-2033-was-muessen-verlage-bis-dahin-tun.html

Neuberger, Christoph (2018). Kommunikationswissenschaftliche Analyse der Meinungsbildung, Meinungsmacht und Vielfalt im Internet. In Frank Lobigs & Christoph Neuberger (Hrsg.), *Meinungsmacht im Internet und die Digitalstrategien von Medienunternehmen: Neue Machtverhältnisse trotz expandierender Internet-Geschäfte der traditionellen Massenmedien-Konzerne* (S. 19–90). Vistas.

Quinn, Stephen (2005). Convergence's Fundamental Question. *Journalism Studies*, 6(1), 29–38. https://doi.org/10.1080/1461670052000328186

Rinsdorf, Lars (2011). Kooperation: Fluch oder Segen? Auswirkungen eines gemeinsamen Newsdesk auf Qualität und Vielfalt der Berichterstattung. In Jens Wolling, Andreas Will, & Christina Schumann (Hrsg.), *Medieninnovationen: Wie Medienentwicklungen die Kommunikation in der Gesellschaft verändern* (S. 25–45). UVK.

Röper, Horst (2020). Daten zur Konzentration der Tagespresse im I. Quartal 2020: Tageszeitungen 2020: Schrumpfender Markt und sinkende Vielfalt. *Media Perspektiven*, 6, 331–352. https://www.ard-media.de/fileadmin/user_upload/media-perspektiven/pdf/2020/0620_Roeper_20-07-20.pdf

Saridou, Theodora, Spyridou, Lia-Paschalia, & Veglis, Andreas (2017). Churnalism on the Rise? Assessing Convergence Effects on Editorial Practices. *Digital Journalism*, *5*(8), 1006–1024. https://doi.org/10.1080/21670811.2017.1342209

Schickler GmbH (2020). *Standortanalyse der Zustellung für Tageszeitungen in Deutschland.* Bundesverband Digitalpublisher und Zeitungsverleger e. V. https://www.bdzv.de/fileadm in/content/6_Service/6-1_Presse/6-1-2_Pressemitteilungen/2020/Anhaenge/SCHICKLE R_Standortanalyse_Zeitungszustellung_-_Bericht_.pdf

Schweiger, Wolfgang (2002). Cross-Media zwischen Fernsehen und Web. Versuch einer theoretischen Fundierung des Crossmedia-Konzepts. In Helga Theunert & Ulrike Wagner (Hrsg.), *Medienkonvergenz: Angebot und Nutzung. Eine Fachdiskussion veranstaltet von BLM und ZDF* (S. 123–235). Fischer.

Sehl, Annika, Cornia, Alessio, Graves, Lucas, & Nielsen, Rasmus K. (2018). Newsroom Integration as an Organizational Challenge: Approaches of European Public Service Media From a Comparative Perspective. *Journalism Studies*, *20*(9), 1–22. https://doi.org/1 0.1080/1461670X.2018.1507684

Sengl, Michael, Lehner, Lea S., & Hohlfeld, Ralf (2023). Editorial Convergence Equals Lower News Content Diversity? A Mixed-Methods-Study Assessing Organization and Reporting of German Newspapers. *Journalism Practice*, *19*(2), 1–20. https://doi.org/10.108 0/17512786.2023.2187860

Singer, Jane B. (2004). Strange Bedfellows? The Diffusion of Convergence in Four News Organizations. *Journalism Studies*, *5*(1), 3–18. https://doi.org/10.1080/1461670032000174 701

Singer, Jane B. (2006). Partnerships and Public Service: Normative Issues for Journalists in Converged Newsrooms. *Journal of Mass Media Ethics*, *21*(1), 30–53. https://doi.org/10.120 7/s15327728jmme2101_3

Stark, Birgit, & Kaltenbrunner, Andy (2013). There is No Such Thing as a 'Convergence Continuum': Aiming Towards the Perfect Solution. *Participations: Journal of Audience & Reception Studies*, *10*(1), 365–370. https://www.participations.org/10-01-22-stark.pdf

Vogel, Andreas (2014). *Talfahrt der Tagespresse: Eine Ursachensuche – Der Auflagenrückgang der Regionalzeitungen.* Friedrich-Ebert-Stiftung. https://library.fes.de/pdf-files/akademie /10790.pdf

Vogel, Andreas (2020). Publikumszeitschriften 2020: Konsolidierung und Rückgang der Titelzahl. *Media Perspektiven*, *6*, 353–378. https://www.ard-media.de/fileadmin/user_upl oad/media-perspektiven/pdf/2020/0620_Vogel_2020-11-4.pdf

Wallace, Sue (2013). The Complexities of Convergence: Multiskilled Journalists Working in BBC Regional Multimedia Newsrooms. *The International Communication Gazette*, *75*(1), 99–117. https://doi.org/10.1177/1748048512461764

Weichert, Stephan A., Kramp, Leif, & Welker, Martin (2015). *Die Zeitungsmacher: Aufbruch in die digitale Moderne.* Springer VS. https://doi.org/10.1007/978-3-658-02104-7

Wilczek, Bartosz (2018). *Reduktion von Komplexität und Unsicherheit: Eine organisationsökonomische Untersuchung am Beispiel der Newsroom-Konvergenz.* Springer VS. https://d oi.org/10.1007/978-3-658-20160-9

4. Die Eier legende Wollmilchsau am Newsdesk? Journalistische Kompetenzanforderungen im integrierten Newsroom

Überblick

Die sich durch Digitalisierung, Ökonomisierung und Technologisierung verändernden Anforderungen erfordern eine ständige Anpassung und Weiterentwicklung der von Journalistinnen und Journalisten geforderten Kompetenzen (Dernbach, 2022a, S. 95–97; Nölleke-Przybylski et al., 2020, S. 142). In den folgenden Abschnitten wird ein Überblick über traditionelle Konzeptualisierungen journalistischer Kompetenzen sowie über aktuelle Anpassungen dieses Kompetenzkatalogs gegeben. Anschließend werden die Folgen des sich daraus ergebenden Kompetenzspektrums auf die Anforderungen an Journalistinnen und Journalisten im Newsroom diskutiert.

Stichworte | Kompetenzen, Multiskilling, Technik, Management

4.1 Journalistische Kompetenzen

Bereits frühe Konzeptualisierungen journalistischer Kompetenzen aus den 1990er Jahren enthalten Dimensionen, die im Journalistenberuf bis heute relevant sind (Weischenberg, 1990, S. 21–26): Fachkompetenz umfasst Fachwissen über Kommunikationswissenschaft und Medienökonomie, -politik, -recht, -geschichte und -technik sowie praktische journalistische Fähigkeiten in den Bereichen Recherche, Selektion, Redigieren, Organisation und Technik. Sachkompetenz umfasst dagegen eine breite Allgemeinbildung sowie Kenntnisse über die Gesellschaft, Quellen, (sozial-)wissenschaftliches Arbeiten und insbesondere fundiertes Orientierungswissen im jeweiligen Spezialgebiet der Journalistin oder des Journalisten. Dazu kommt Vermittlungskompetenz als Schnittstelle zwischen Fach- und Sachkompetenz, die sich auf den Wissenstransfer bezieht und etwa Wissen über journalistische Darstellungsformen, Artikulationsfähigkeit sowie eine themen- und rezipientenorientierte Präsentation von Inhalten umfasst. Ergänzt werden diese Fähigkeiten typischerweise um soziale Orientierungsfähigkeiten wie das Bewusstsein der eigenen gesellschaftlichen Funktion, Reflexionsfähigkeit, Berufsethik und Autonomiebewusstsein.

Mehrere Autorinnen und Autoren haben seitdem auf diesem Konzept aufgebaut (z. B. Meier, 2018, S. 234–235; Nölleke-Przybylski et al., 2020, S. 143; Nowak, 2007, S. 80–82). Kritik an Weischenbergs (1990) Modell bezieht sich etwa auf eine unzureichende Konzeptualisierung von Fachkompetenz sowie den Fokus auf das Schreiben als zentrale journalistische Aufgabe. Andere wesentliche Aufgaben wie Recherche und Organisation würden vernachlässigt (Nowak, 2007, S. 91–92). Daher schlägt Nowak (2007, S 91–97) ein Modell (→ Abb. IV.1) vor, das Fach- und Sachkompetenzen beibehält, die Kombination dieser beiden Bereiche jedoch als Handlungskompetenz versteht, die journalistischen Arbeitstechniken und Schlüsselkompetenzen umfasst, die in früheren Modellen teils unter Fachkompetenz eingeordnet wurden. Darüber hinaus erweitert sie das Modell um Basiskompetenzen. Diese bilden die Grundlage für Fach-, Sach- und Handlungskompetenz und sind keine Spezifika des Journalismus.

Abb. IV.1: Journalistische Kompetenzen

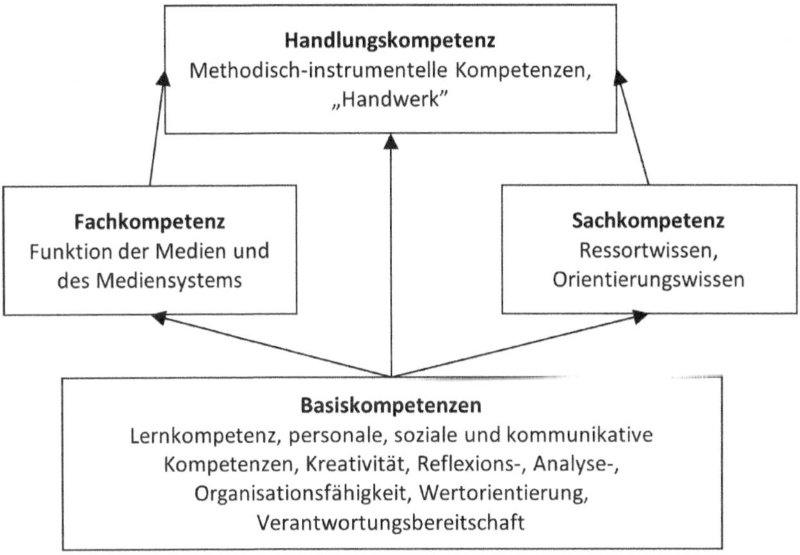

```
                    ┌─────────────────────────────────────┐
                    │        Handlungskompetenz           │
                    │  Methodisch-instrumentelle Kompetenzen, │
                    │             „Handwerk"              │
                    └─────────────────────────────────────┘
                         ↑                      ↑
        ┌────────────────────────┐      ┌────────────────────────┐
        │     Fachkompetenz      │      │     Sachkompetenz      │
        │  Funktion der Medien und │      │     Ressortwissen,     │
        │    des Mediensystems   │      │   Orientierungswissen  │
        └────────────────────────┘      └────────────────────────┘
              ↑                                   ↑
        ┌──────────────────────────────────────────────────────┐
        │                 Basiskompetenzen                     │
        │  Lernkompetenz, personale, soziale und kommunikative │
        │    Kompetenzen, Kreativität, Reflexions-, Analyse-,  │
        │         Organisationsfähigkeit, Wertorientierung,    │
        │              Verantwortungsbereitschaft              │
        └──────────────────────────────────────────────────────┘
```

Quelle: eigene Abbildung in Anlehnung an Nowak (2007, S. 225).

Die nun enger gefasste Fachkompetenz beschreibt das Wissen über die Funktionsweise der Medien und des Mediensystems. Dies ermöglicht es Journalistinnen und Journalisten, Entwicklungen auf dem Medienmarkt, im Bereich der journalistischen Produktion, der eigenen Arbeit und des Medienumfelds zu kontextualisieren und zu bewerten. Konkret benötigen sie Kenntnisse über die Kommunikationswissenschaft und ihren aktuellen Forschungsstand, Wissen über das Mediensystem einschließlich seiner Geschichte, Politik, Wirtschaft,

Gesetze und Ethik sowie Kenntnisse über Medienorganisationen und -produktion, einschließlich ihrer Prozesse, Technologien, ihrer Wirtschaft und ihres Managements (Nowak, 2007, S. 93–94). Sachkompetenz hingegen bezieht sich auf das Wissen über den Gegenstand der Berichterstattung. Unabhängig von der Redaktionsstruktur spezialisieren sich Journalistinnen und Journalisten oft auf bestimmte Themenbereiche. Zur Sachkompetenz gehört daher ein fundiertes ressortspezifisches Wissen, einschließlich wissenschaftlicher Methoden und Fachkenntnisse in diesem Spezialgebiet. Journalistinnen und Journalisten müssen dabei nicht die besseren Expertinnen und Experten sein, sondern sollten in der Lage sein, Expertinnen und Experten auf diesem Gebiet zu verstehen und zu hinterfragen. Darüber hinaus ist ein solides und breites Allgemeinwissen erforderlich, um Informationen kontextualisieren zu können (Nowak, 2007, S. 94–95). Handlungskompetenz bezieht sich auf die Fähigkeit, Fach- und Sachkompetenz anzuwenden. Sie umfasst methodisch-instrumentelle Kompetenzen wie journalistische Arbeitstechniken, d. h. Recherche, Selektion, Redigat, Vermittlung, Medientechnik, Darstellungsformen oder Gestaltung, sowie Schlüsselkompetenzen, d. h. Handlungsrollen, Arbeitsorganisation, journalistische Kommunikation oder kritische Reflexion (Nowak, 2007, S. 95). Basiskompetenzen dienen schließlich als Grundlage für die anderen Kompetenzbereiche. Sie sind nicht spezifisch für den Journalismus, sondern spielen bei vielen Berufen eine wichtige Rolle. Sie umfassen Lernfähigkeit, Kreativität, Werteorientierung und Verantwortungsbereitschaft, soziale und kommunikative Kompetenzen, Reflexions-, Organisations- und Analysefähigkeit (Nowak, 2007, S. 95–97).

4.2 Entwicklungsbereiche journalistischer Kompetenzen

Doch auch Nowaks (2007, S. 91–97) neueres Modell journalistischer Kompetenzen muss weiter angepasst und aktualisiert werden, um aktuellen Entwicklungen auf dem Medienmarkt Rechnung zu tragen. So identifizieren Nölleke-Przybylski et al. (2020, S. 143–144) drei Bereiche, in denen sich journalistische Kompetenzanforderungen derzeit weiterentwickeln: Technik-, Management- und unternehmerische Kompetenz (→ Abb. IV.2).

Im Bereich der Basiskompetenzen gewinnen Managementfähigkeiten wie Führungskompetenz, Verhandlungsgeschick, Zeitmanagement sowie Koordinationsfähigkeit (Nölleke-Przybylski et al., 2020, S. 166) zunehmend an Bedeutung (Gossel & Kalka, 2015, S. 155–157). Dasselbe gilt für unternehmerische Kompetenz, die Selbstvermarktung, Marketingwissen, Kostenmanagement sowie innovatives und strategisches Denken umfasst (Nölleke-Przybylski et al., 2020, S. 166). Diese Kompetenz ist zwar besonders für Freiberuflerinnen und Freiberufler von entscheidender Bedeutung, gewinnt aber auch im organisationalen Kontext zunehmend an Relevanz, z. B. wenn Arbeitgeber versuchen, in ihrer Redaktion einen Start-up-Spirit einzuführen. Schließlich spielen Technikkompetenzen wie Kenntnisse in der Nutzung und Programmierung medienspezifischer Software und digitaler Tools eine größere Rolle als in der Vergangenheit, insbesondere vor dem Hintergrund einer intensivierten Publikumsorientierung und digitaler Arbeitsprozesse. Daher argumentieren Nölleke-Przybylski et al. (2020, S. 143–144, 166), dass Technikkompetenz als Teil der Handlungskompetenz eine prominentere Rolle spielen sollte. Bei diesen Ergänzungen handelt es sich nicht um eine Revision des von Nowak (2007, S. 91–97) vorgeschlagenen Kompetenzmodells für den Journalismus, sondern um eine stärkere Betonung bestimmter Aspekte, die in letzter Zeit an Bedeutung gewonnen haben und daher in den jeweiligen Bereichen des Modells stärker berücksichtigt werden sollten.

Abb. IV.2: Entwicklungsbereiche journalistischer Kompetenzen

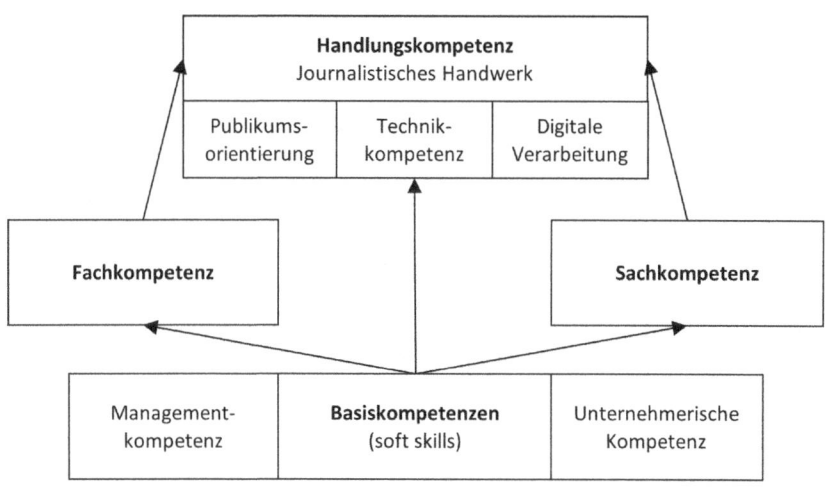

Quelle: eigene Abbildung in Anlehnung an Nölleke-Przybylski et al. (2020, S. 143–144).

Diese theoretischen Konzeptentwicklungen werden von empirischen Befunden gestützt. Quantitative Inhaltsanalysen journalistischer Stellenausschreibungen werden seit Längerem genutzt, um indirekt auf die Anforderungen

4. Die Eier legende Wollmilchsau am Newsdesk?

an Journalistinnen und Journalisten schließen zu können (Altmeppen & Scholl, 1990, S. 250–253; Nölleke-Przybylski et al., 2020, S. 142). So nutzen Nölleke-Przybylski et al. (2020, S. 146–150) diese Methode, um zu überprüfen, ob die im zuvor vorgestellten Kompetenzmodell definierten Anforderungen den Status quo des Journalismus adäquat widerspiegeln. Mehr als die Hälfte der analysierten Stellenausschreibungen aus dem Jahr 2018 enthielt entweder Anforderungen an digitale Fähigkeiten oder technische Fertigkeiten, während die Zielgruppenorientierung eine etwas geringere Rolle spielte. Neben diesen praktischen Kompetenzen wurden in fast drei Vierteln der Stellenausschreibungen auch Sachkompetenzen genannt, d. h. spezifisches Wissen über den Gegenstand der Berichterstattung sowie Allgemeinwissen. Dagegen spielte die Fachkompetenz mit nur einem Drittel der Stellenausschreibungen eine vergleichsweise geringe Rolle. Ebenso wurden unternehmerische und Managementkompetenzen als Untergruppe der Basiskompetenzen in weniger als einem Drittel der Stellenausschreibungen abgefragt. Die Kompetenztrends im Bereich Technik, Management und Unternehmertum lassen sich eher bei Crossmedia- oder Social-Media-Stellen als bei traditionellen Print- und Rundfunk-Stellenausschreibungen feststellen, was einen Hinweis auf zukünftige journalistische Kompetenz-Standards liefern dürfte (Nölleke-Przybylski et al., 2020, S. 146–148, 150).

Die Veränderungen der journalistischen Kompetenzanforderungen im Laufe der Jahre werden besonders im Längsschnitt-Vergleich deutlich. Eine vergleichbare Analyse von Stellenausschreibungen aus den Jahren 1977 bis 1987 durch Altmeppen und Scholl (1990, S. 250–253) zeigt, dass Sach- (damals 62 %, heute 73 %) und Basiskompetenzen (damals 75 %, heute 91 %) in der vordigitalen Zeit deutlich seltener explizit gefordert waren[1]. Vor allem aber ist die Zahl der Stellenausschreibungen, in denen nach Technologiekompetenzen (12 % damals, 52 % heute) gefragt wird, erheblich gestiegen (Altmeppen & Scholl, 1990, S. 250–253; Nölleke-Przybylski et al., 2020, S. 147). Auch internationale Studien, wie eine Analyse journalistischer Stellenangebote in den USA aus dem Jahr 2017 von Guo und Volz (2019, S. 1308–1309), untermauern dieses Bild eines nach wie vor hohen Wertes traditioneller journalistischer Kompetenzen, die aufgrund des Fokus auf digitale Produkte und Publikumsbeteiligung zunehmend durch Anforderungen an technologische, unternehmerische und Managementkompetenzen ergänzt werden.

---

1 Die Rolle der Fach- und Kommunikationskompetenz ist leider nicht direkt mit der Konzeptualisierung und Analyse von Fach- und Handlungskompetenz durch Nölleke-Przybylski et al. (2020, S. 146–150) vergleichbar.

Ein konkretes Beispiel für diese Kompetenzdebatte aus der Medienpraxis ist die Kontroverse um die ehemalige Chefredakteurin der *Süddeutschen Zeitung*, Julia Bönisch. Diese sorgte mit einem Gastbeitrag im Magazin *journalist* (Meedia-Redaktion, 2019b) für Aufruhr in der Redaktion, in dem sie forderte, dass sich redaktionelle Führungskräfte stärker als Produktmanagerinnen und -manager verstehen sollten, die nicht mehr nur Formate und Texte, sondern auch Workflows und Prozesse im Blick haben. Anstatt die Journalistinnen und Journalisten, die die besten Inhalte produzieren, in redaktionelle Führungspositionen zu befördern, schlug sie vor, Personen mit ausgeprägten Managementfähigkeiten in diese Positionen zu bringen, sowohl aus personalpolitischer als auch aus wirtschaftlicher Perspektive. Zu diesem unternehmerischen Denken gehöre auch, die Barrieren zwischen Redaktion, Verlag, IT und Produktmanagement abzubauen und die Zusammenarbeit in interdisziplinären Teams zu fördern, in denen Journalistinnen und Journalisten nicht mehr die alleinige Entscheidungsbefugnis über Inhalte haben (Bönisch, 2019). Diese letztgenannte Aussage wurde als besonders kontrovers angesehen (Meedia-Redaktion, 2019a) und war einer der Gründe, warum Bönisch ihre Position als eine der Chefredakteurinnen der *Süddeutschen Zeitung* verlor (Meedia-Redaktion, 2019b). Dennoch unterstreichen diese Argumente den zunehmenden Trend, dass unternehmerisches Denken und Managementkompetenzen für Journalistinnen und Journalisten immer wichtiger werden. Diese Tendenz spiegelt sich auch in der Forschung wider, zumindest seit den späten 2000er Jahren (Baines & Kennedy, 2010, S. 109; Örnebring & Mellado, 2018, S. 452–453), wobei Wissenschaftlerinnen und Wissenschaftler Management- und unternehmerische Kompetenzen sowie eine Offenheit gegenüber Innovationen als wesentliche journalistische Kompetenzen fordern (Bakker, 2014, S. 599–600; Konieczny, 2013, S. 37–39; Lischka, 2018, S. 284–285, 2020, S. 528–530; Matthes, 2006, S. 84–86). Interdisziplinäre Teams, wie sie von Bönisch (2019) vorgeschlagen werden, setzen voraus, dass Journalistinnen und Journalisten in der Lage sind, innerhalb eines Teams zu kommunizieren und zusammenzuarbeiten, wie es im Rahmen der Basiskompetenzen von Nölleke-Przybylski et al. (2020, S. 166) beschrieben wird. Dies stellt eine Abkehr vom traditionellen Ansatz dar, dass Journalistinnen und Journalisten in deutschen Redaktionen weitgehend eigenständig arbeiten, was bedeutet, dass sie ihr Kompetenzspektrum in diesem Bereich erweitern müssen (Blöbaum et al., 2011, S. 57–59; Bro et al., 2016, S. 1010; Hillebrecht, 2015; Matthes, 2006, S. 86–87).

4.3 Multiskilling

Die These eines erweiterten journalistischen Kompetenzspektrums taucht in der kommunikationswissenschaftlichen Literatur immer wieder auf, oft unter dem Begriff „Multiskilling" (z. B. García-Avilés et al., 2014, S. 581; Hohlfeld, 2018, S. 34; Meier, 2023, S. 163). Domingo et al. (2007, S. 8) identifizieren drei Dimensionen des Multiskilling, die in der Literatur immer wieder aufgegriffen werden: (1) Themen-Multiskilling bezieht sich auf die Fähigkeit, über Ereignisse aus verschiedenen Themenbereichen zu berichten. (2) Medien-Multiskilling bedeutet, Inhalte für verschiedene Medien produzieren zu können. Schließlich bedeutet (3) Technik-Multiskilling, dass Journalistinnen und Journalisten für die meisten Produktionsaufgaben verantwortlich sind.

(1) Themen-Multiskilling

In der Forschung zu Multiskilling wird immer wieder deutlich, dass Journalistinnen und Journalisten umfassendere Sachkompetenzen benötigen, um in ihrer Arbeit ein breiteres Themenspektrum abzudecken (Bro et al., 2016, S. 1012; Nikunen, 2014, S. 875–878; Wallace, 2013, S. 107–108). Gerade der Trend zur Auflösung von Ressorts in crossmedial arbeitenden Redaktionen führt dazu, dass Journalistinnen und Journalisten ein weniger klar definiertes Themengebiet verantworten als früher: Während traditionelle Ressorts einerseits die Struktur der Publikation bestimmten, dienten sie andererseits der redaktionellen Gruppierung von Journalistinnen und Journalisten, die an diesen Themen arbeiteten. Damit boten sie eine klare Struktur für die systematische Erfassung und Verarbeitung von Ereignissen und deren Integration in den redaktionellen Arbeitsprozess. Journalistinnen und Journalisten hatten dadurch einen klar vorgegebenen Themenbereich, in dem Sachkompetenz von ihnen verlangt wurde (Grubenmann, 2017, S. 460; Meier, 2002, S. 136–142; Moss, 1998, S. 116–119, 123–126; Nowack, 2009, S. 103–105; Rühl, 1979, S. 233). Redaktionen werden heute meist nicht mehr in starre Ressorts, sondern flexiblere *Desks* eingeteilt. Diese erlauben es der *Desk*-Leitung, Themen einzelnen Journalistinnen und Journalisten oder ad hoc zusammengestellten Gruppen von Journalistinnen und Journalisten zuzuweisen. Zwar haben die meisten Journalistinnen und Journalisten nach wie vor ein oder mehrere Themengebiete, auf die sie sich spezialisiert haben, dennoch sind die Anforderungen an die Breite ihrer Sachkompetenz hoch: Mehr als 40 Prozent der deutschen Journalistinnen und Journalisten bezeichnen sich als Generalistinnen und Generalisten (Josephi et al., 2019, S. 87). Der Redaktion als Ganzes ermöglicht diese Struktur, komplexe Themen in einer zunehmend vernetzten Welt zu behandeln (Grubenmann, 2017, S. 461; Konieczny, 2013, S. 18–22; Meier, 2004, S. 97–98, 103, 2018, S. 176–177).

(2) Medien-Multiskilling

Aus technischer Sicht erleichtert die Umstellung von Ressorts auf *Desks* auch die crossmediale Produktion von Inhalten. Die neue Organisationsstruktur fördert die Zusammenarbeit von Journalistinnen und Journalisten, die in verschiedenen Bereichen wie Print, Online oder audiovisuellen Medien sozialisiert wurden, sowie die Arbeit in Teams aus Journalistinnen, Fotografen, Datenanalystinnen, Programmierern und anderen Spezialistinnen (Bakker, 2014, S. 597–598; Grubenmann, 2017, S. 461–462; Konieczny, 2013, S. 21–22; Meier, 2004, S. 97–98, 103, 2018, S. 176–177). Dies bedeutet nicht zwingend, dass alle Journalistinnen und Journalisten Expertinnen und Experten für jede Plattform sein müssen – nach wie vor gibt es oft Spezialistinnen und Spezialisten für Text, Video oder Audio. Allerdings wird erwartet, dass sie zumindest ein grundlegendes Verständnis für die Funktionsweise verschiedener Plattformen haben sollten, um effektiv in einem heterogenen Team zusammenarbeiten zu können (Hillebrecht, 2015, S. 44–46; Meier, 2004, S. 106; Valero-Pastor et al., 2024, S. 150–151).

(3) Technik-Multiskilling

Mit redaktionellen Konvergenzprozessen geht meist ein Wandel von klassischen Redakteurinnen und Redakteuren, die den gesamten Selektions-, Recherche-, Schreib- und Produktionsprozess abdecken, hin zur Differenzierung in Reporterinnen/Reporter und Editorinnen/Editoren einher. Reporterinnen und Reporter sind dabei für die Recherche und Erstellung von Inhalten verantwortlich, während Editorinnen und Editoren in der Regel die Produktion, das Layout und gelegentlich die Zusammenarbeit zwischen verschiedenen Plattformen verantworten. Diese Differenzierung bietet dadurch organisatorische und ökonomische Vorteile, dass sich Reporterinnen und Reporter auf Inhalte konzentrieren können, während Editorinnen und Editoren ihre Zeit vollständig der Koordination, Planung und Präsentation von Themen widmen. Durch den flexibleren Einsatz journalistischer Ressourcen erhoffen sich Redaktionen, Produktivität, Effizienz und Qualität zu steigern. Für Journalistinnen und Journalisten ist diese Spezialisierung einer der wenigen Faktoren, der die Anforderungen an das technische Multiskilling verringern kann (Griebeler-Kollmann, 2019, S. 113–116; Klein et al., 2019, S. 19–20; Konieczny,

2013, S. 48–49, 58; Meier, 2002, S. 239, 2023, S. 171; Rühl, 1979, S. 258–262). Auf technischer Ebene beeinflussen unter anderem Publikumsmetriken (*Audience Metrics*), Daten im Allgemeinen und Datenjournalismus im Besonderen, Redaktionssoftware und in jüngster Zeit auch KI den Arbeitsalltag von Journalistinnen und Journalisten in zunehmendem Maß und erfordern breitere technische Kompetenzen. Auch Publikumsbeteiligung und Community-Management, insbesondere über soziale Medien, gehören immer öfter zu den Aufgabenfeldern von Journalistinnen und Journalisten – in einigen Fällen als eigenes Berufsfeld, in anderen Redaktionen als Aufgabe regulärer Journalistinnen und Journalisten (Bakker, 2014, S. 597–599; Guo & Volz, 2019, S. 1298–1299; Larrondo et al., 2016, S. 290–291; Lischka et al., 2020, S. 517–519, 527–529; Paulussen, 2012, S. 197–199; Spyridou & Veglis, 2016, S. 103–109).

In Bezug auf die wachsende Rolle von KI und Automatisierung in der Redaktion argumentieren einige Autoren (z. B. Graefe, 2016, S. 33–36; Graßl et al., 2022, S. 18–20; van Dalen, 2012, S. 654–656), dass diese Tools es Journalistinnen und Journalisten erlauben, sich auf anspruchsvolle Aufgaben zu konzentrieren. Dies führe dazu, dass neben technischen Kompetenzen auch Grundkompetenzen wie Persönlichkeit, Kreativität und analytisches Denken sowie Handlungskompetenzen wie Recherche und komplexes Schreiben an Bedeutung gewinnen. Zudem erfordert insbesondere das Erkennen von Fake News und Fact-Checking ethische Überzeugungen und Handlungskompetenzen wie Recherche (Guo & Volz, 2019, S. 1298–1299).

4.4 Chancen und Risiken von Multiskilling

Redaktionelle Konvergenz wird oft als Weg gesehen, die Zusammenarbeit in der Redaktion zu fördern, ineffiziente Doppelstrukturen zu reduzieren und komplexen gesellschaftlichen Zusammenhängen gerecht zu werden, die sich über mehrere traditionelle Ressorts erstrecken. Zudem ermöglichen sie eine bessere Nutzung von plattformübergreifenden Synergien, da Inhalte nur einmal produziert, dann aber für mehrere Kanäle genutzt werden, was redaktionelle Komplexität reduziert. Theoretisch können Redaktionen dadurch schnell und effizient hochwertige Inhalte produzieren. Wirtschaftliche Aspekte wie Standardisierung, Geschwindigkeit, Effizienz, Synergien, Flexibilisierung oder Rationalisierung spielen dabei oft eine wesentliche Rolle. Dies deutet schon auf einen der zentralen Vorteile für Medienunternehmen hin: das Potenzial für Kosteneinsparungen (Griebeler-Kollmann, 2019, S. 87, 91–93; Hofstetter,

2017, S. 203–204; Hofstetter & Schönhagen, 2014, S. 232–233; Hohlfeld, 2018, S. 22). Nicht zuletzt aus diesem Grund geht mit der Debatte um konvergente und crossmediale Strukturen und Inhalte eine Debatte um publizistische Qualität einher. Einerseits betonen Wissenschaftlerinnen und Wissenschaftler das Potenzial des crossmedialen Journalismus, die Qualität der Berichterstattung zu verbessern, indem plattformspezifische Vorteile ausgeschöpft werden und so die Berichterstattung über ein bestimmtes Thema insgesamt profitiert (Hofstetter & Schönhagen, 2014, S. 234; Hohlfeld, 2018; Konieczny, 2013, S. 50–57; Meier, 2007, S. 15, 19). Andere argumentieren, dass der Druck auf Journalistinnen und Journalisten, Inhalte für mehrere Plattformen in kürzerer Zeit zu produzieren, Arbeitsbelastung und Zeitdruck erhöhe, was zu Lasten der Qualität der Inhalte gehe, etwa aufgrund mangelnder Kapazität für gründliche Recherche. Zudem seien die Mehrfachverwendung identischer Inhalte auf verschiedenen Plattformen sowie eine größere Abhängigkeit von Nachrichtenagenturen und Pressemitteilungen zu kritisieren (Blöbaum et al., 2011, S. 57–58; Dupagne & Garrison, 2006, S. 247–249; Erdal, 2019, S. 5; Hofstetter & Schönhagen, 2014, S. 233; Sadrozinski, 2013, S. 85–86; Singer, 2004, S. 11; Weichert et al., 2015, S. 60).

Diese Kritik bezieht sich nicht nur auf konvergente Strukturen und Prozesse im Allgemeinen, sondern auch auf Multiskilling im Speziellen. Zwar erlauben es diese Fähigkeiten Journalistinnen und Journalisten, Inhalte auf einer Vielzahl von Plattformen in unterschiedlichen Formaten zu veröffentlichen, was größere Freiheit und mehr Raum für Kreativität zulässt (Anthon, 2015, S. 56, 58; Hofstetter & Schönhagen, 2014, S. 55; Nygren, 2014, S. 81, 88). Andererseits können die gestiegenen Arbeitsanforderungen ein Stressfaktor für Journalistinnen und Journalisten sein (Cohen, 2019, S. 581; Guo & Volz, 2019, S. 1308–1309; Paulussen, 2012, S. 197–198; Puppis et al., 2014, S. 14–16; Weichert et al., 2015, S. 121, 142). Zudem kann Multiskilling aufgrund einer breiteren Bandbreite potenziell konfligierender Verantwortlichkeiten zu einer Intensivierung von Rollenkonflikten führen (Dupagne & Garrison, 2006, S. 247–248; Grubenmann, 2017, S. 469; Hofstetter & Schönhagen, 2017, S. 52, 54–55; Nygren, 2014, S. 85–86; Ternes et al., 2018, S. 504; Wallace, 2013, S. 105–106, 109–110). Diese und weitere Veränderungen der Arbeitsbedingungen von Journalistinnen und Journalisten werden ausführlicher in → Kapitel 5 diskutiert.

Insgesamt werden die Auswirkungen von redaktioneller Konvergenz und Multiskilling auf die Arbeitszufriedenheit ambivalent eingeordnet, in einigen Studien negativ (z. B. Bro et al., 2016, S. 1013; Smith et al., 2007, S. 566), in anderen positiv (z. B. Anthon, 2015, S. 55; Meier, 2007, S. 12). Dies legt nahe, dass andere Faktoren wie die journalistische Ausbildung (→ Kapitel 6), berufliche Weiterbildung und gelungenes Change Management entscheidend für crossmediale Transformationsprozesse sind (García-Avilés et al., 2014, S. 581; Griebeler-Kollmann, 2019, S. 101–102, 131–132; Schmidt et al., 2022, S. 52; Singer, 2004, S. 11; Wyss, 2013, S. 178).

4.5 Fazit

Insgesamt lässt sich zusammenfassen, dass Journalistinnen und Journalisten heute mit zahlreichen zusätzlichen Aufgaben konfrontiert sind, die ein breiteres Kompetenzspektrum erfordern als in der Vergangenheit. Während dieser Trend Nachrichtenorganisationen im Rahmen des Konvergenzprozesses wirtschaftliche Vorteile bietet, etwa durch erhöhte Effizienz, Produktivität und Wettbewerbsfähigkeit, können sich veränderte journalistische Rollen und Berufspraktiken auf die Arbeitsleistung und Zufriedenheit der Journalistinnen und Journalisten auswirken und möglicherweise zu Spannungen unter den Mitarbeiterinnen und Mitarbeitern führen. Andererseits können Journalistinnen und Journalisten, die über ein breiteres Kompetenzspektrum verfügen, sowohl von einem größeren Spielraum für inhaltliche Kreativität als auch von besseren Aufstiegschancen profitieren (Bro et al., 2016, S. 1011–1014; Hillebrecht, 2015, S. 50; Hofstetter & Schönhagen, 2014, S. 245–246; Lischka et al., 2020, S. 518–520; Nygren, 2014, S. 93; Paulussen, 2012, S. 198–200; Singer, 2011, S. 103–105; Spyridou & Veglis, 2016, S. 109). Um diese neuen, breiter gefächerten Kompetenzen zu entwickeln, müssen sowohl die internen Ausbildungsprogramme von Nachrichtenorganisationen als auch die journalistischen Ausbildungsprogramme an Universitäten ständig an die sich ändernden Marktanforderungen angepasst werden (Dernbach, 2022a, S. 10–11, 2022b, S. 100–101; Hohlfeld et al., 2022, S. 71–72; Larrondo & Peña Fernández, 2018, S. 886–889).

Transferaufgaben für Workshops
Gruppe 1 (3–5 Teilnehmende)

Sie arbeiten als Redaktionsleitung einer Regionalzeitung. Die Printauflage ging in den vergangenen Jahren kontinuierlich zurück und auch die Werbeerlöse steuern einen geringeren Beitrag zum Gesamterlös bei als in der Vergangenheit. Deshalb haben Verlag und Chefredaktion gemeinsam beschlossen, dass die ökonomische Zukunft in digitalen Abonnements liegt. Das selbst gesteckte Ziel ist, die Redaktion innerhalb der nächsten fünf bis acht Jahre vollständig aus digitalen Vertriebserlösen finanzieren zu können. Grundlage dafür sind zwei Voraussetzungen: Exzellente Qualität der digitalen Inhalte sowie effiziente Strukturen und Workflows in der Redaktion. Sie sind Teil einer Arbeitsgruppe, die ein Qualifizierungsprogramm für die Redakteurinnen und Redakteure erarbeitet, welche aktuell noch über ein recht heterogenes Spektrum digitaler Qualifikationen verfügen. Über welche Fähigkeiten müssen Reporterinnen und Reporter sowie Editorinnen und Editoren verfügen, um die gemeinsamen Ziele zu erreichen? Und wie sollte das dafür notwendige Qualifizierungsprogramm gestaltet sein? Legen Sie gemeinsam Zielkriterien für das zukünftige Kompetenzspektrum der Mitarbeiterinnen und Mitarbeiter fest und erarbeiten Sie ein Konzept für ein in den Redaktionsalltag implementierbares und erfolgreiches Weiterbildungsprogramm. Bereiten Sie Ihre Ergebnisse in Form eines Pitchs für Chefredaktion und Verlagsleitung vor.

Gruppe 2 (3–5 Teilnehmende)

Sie sind Mitglied der Chefredaktion in der Redaktion einer Boulevardzeitung, die ihre Arbeitsprozesse in den letzten Jahren in Richtung *digital first* umgestellt hat. Dadurch hat sich in der Redaktion eine Konfliktlinie zwischen jüngeren, digitalaffinen, und älteren, print-sozialisierten Journalistinnen und Journalisten ergeben. Die erfahreneren Mitarbeiterinnen und Mitarbeiter argumentieren, sie hätten durch die schnelleren digitalen Publikationsrhythmen zu wenig Zeit, um ihren eigenen Ansprüchen an fundierte Recherche gerecht zu werden. Zudem fühlen sie sich teils überfordert von der Vielzahl digitaler Tools, die sie einsetzen müssen. Einige kritisieren zudem den Einfluss digitaler Publikumsmetriken auf die Themenauswahl und Produktentwicklung. Die jüngeren Journalistinnen und Journalisten sind frustriert über die aus ihrer Perspektive aus der Zeit gefallenen Kolleginnen und Kollegen und drängen auf eine weitere Digitalisierung des Produktportfolios. Sie argumentieren, dass dies die Zukunft des Journalismus wäre und nur so gesichert sei, dass sie auch in fünf bis zehn Jahren noch in der Redaktion arbeiten könnten. Ältere Kolleginnen und Kollegen müssten sich entweder anpassen oder zur Seite treten. Ihre Aufgabe als Chefredaktion ist es, die innerredaktionellen Konflikte zu befrieden. Entwickeln Sie ein Vorgehen, wie sie auf die beiden Gruppen einwirken können, um Streitigkeiten zu reduzieren und Zusammenhalt und Kooperation in der Redaktion zu stärken. Überlegen Sie zudem, welchen Stellenwert digitale und analoge Produkte im zukünftigen Portfolio haben sollen. Gehen Sie dabei insbesondere auf die zuvor formulierten Sorgen und Wünsche der Journalistinnen und Journalisten ein.

Gruppe 3 (3–5 Teilnehmende)

Sie sind Chefredakteurinnen und -redakteure einer Redaktion, die in den kommenden Jahren das Printprodukt zugunsten eines rein digitalen Geschäftsmodells einstellen möchte. Um diesen tiefgreifenden Transformationsprozess voranzutreiben, suchen Sie junge Journalistinnen und Journalisten, die die Redaktion in eine rein digitale Zukunft führen sollen. Konzipieren Sie hierfür eine Stellenausschreibung. Folgende Elemente sollten in dieser Ausschreibung enthalten sein:

- Kurzprofil Ihres Mediums und Ihrer Redaktion
- Aufgaben der Mitarbeiterinnen und Mitarbeiter
- Profil/Anforderungen an die Mitarbeiterinnen und Mitarbeiter

Präsentieren Sie die Stellenausschreibung anschließend und begründen Sie Ihre Entscheidungen für die Auswahl von Aufgaben und Anforderungen.

Michael Sengl

Literaturverzeichnis

Altmeppen, Klaus-Dieter, & Scholl, Armin (1990). Allround-Genies gesucht! Rekrutierungspraxis der Medienbetriebe I: Stellenanzeigen für Journalisten. In Siegfried Weischenberg (Hrsg.), *Journalismus & Kompetenz: Qualifizierung und Rekrutierung für Medienberufe* (S. 243–259). Westdeutscher Verlag. https://doi.org/10.1007/978-3-322-94174-9_10

Anthon, Kaye E. C. (2015). *Arbeiten im Newsroom: Wie wirkt sich Konvergenz auf Journalisten aus?* Diplomica Verlag.

Baines, David, & Kennedy, Ciara (2010). An Education for Independence: Should Entrepreneurial Skills Be an Essential Part of the Journalist's Toolbox? *Journalism Practice*, 4(1), 97–113. https://doi.org/10.1080/17512780903391912

Bakker, Piet (2014). Mr. Gates Returns: Curation, Community Management and Other New Roles for Journalists. *Journalism Studies*, 15(5), 596–606. https://doi.org/10.1080/1461670X.2014.901783

Blöbaum, Bernd, Kutscha, Annika, Bonk, Sophie, & Karthaus, Anne (2011). Immer mehr und immer schneller – Journalistische Handlungen in innovativen Redaktionsstrukturen. In Jen Wolling, Andreas Will, & Christina Schumann (Hrsg.), *Medieninnovationen: Wie Medienentwicklungen die Kommunikation in der Gesellschaft verändern* (S. 43–60). UVK.

Bönisch, Julia (2019, 07. Mai). *Wir brauchen gute Manager an der Spitze von Redaktionen.* journalist. https://www.journalist.de/startseite/detail/article/wir-brauchen-gute-manager-an-der-spitze-von-redaktionen

Bro, Peter, Hansen, Kenneth R., & Andersson, Ralf (2016). Improving Productivity in the Newsroom? Deskilling, Reskilling and Multiskilling in the News Media. *Journalism Practice, 10*(8), 1005–1018. https://doi.org/10.1080/17512786.2015.1090883

Cohen, Nicole S. (2019). At Work in the Digital Newsroom. *Digital Journalism, 7*(5), 571–591. https://doi.org/10.1080/21670811.2017.1419821

van Dalen, Arjen (2012). The Algorithms Behind the Deadlines: How Machine-Written News Redefines the Core Skills of Human Journalists. *Journalism Practice, 6*(5–6), 648–658. https://doi.org/10.1080/17512786.2012.667268

Dernbach, Beatrice (2022a). Ausbildung für Journalismus. In Martin Löffelholz & Liane Rothenberger (Hrsg.), *Handbuch Journalismustheorien* (S. 1–13). Springer VS. https://doi.org/10.1007/978-3-658-32153-6_44-1

Dernbach, Beatrice (2022b). Lernen und Lehren: (Social-Media-) Kompetenzen in der journalistischen Ausbildung. In Jonas Schützeneder & Michael Graßl (Hrsg.), *Journalismus und Instagram* (S. 89–103). Springer VS. https://doi.org/10.1007/978-3-658-34603-4_7

Domingo, David, Salaverría, Ramón, Aguado Terrón, Juan M., Cabrera, M. Ángeles, Edo Bolós, Concha, Masip, Pere, Meso Ayerdi, Koldobika, Palomo, M. Bella, Sádaba, Charo, Orihuela Colliva, José L., Portilla, Idoia, Díaz Noci, Javier, Larrañaga, José, Larrondo Ureta, Ainara, López, Xosé Pereira, Xosé, Gago Mariño, Manuel, Otero, Marita, Fernández Rivera, Celina, ... Giménez, Elea (2007). *Four Dimensions of Journalistic Convergence: A Preliminary Approach to Current Media Trends at Spain* [Konferenzbeitrag]. 8th International Symposium on Online Journalism, Austin, Texas.

Dupagne, Michael, & Garrison, Bruce (2006). The Meaning and Influence of Convergence: A Qualitative Case Study of Newsroom Work at the Tampa News Center. *Journalism Studies, 7*(2), 237–255. https://doi.org/10.1080/14616700500533569

Erdal, Ivar J. (2019). Convergence in/of Journalism. In *Oxford Research Encyclopedia of Communication.* Oxford University Press. https://doi.org/10.1093/acrefore/9780190228613.013.793

García-Avilés, José A., Kaltenbrunner, Andy, & Meier, Klaus (2014). Media Convergence Revisited: Lessons Learned on Newsroom Integration in Austria, Germany and Spain. *Journalism Practice, 8*(5), 573–584. https://doi.org/10.1080/17512786.2014.885578

Gossel, Britta M., & Kalka, Romy (2015). Entrepreneurial Journalism—JournalistInnen als UnternehmerInnen? Eine empirische Bestandsaufnahme von Entrepreneurship Education im Rahmen der Journalistenausbildung in Deutschland. In Sven Pagel (Hrsg.), *Schnittstellen (in) der Medienökonomie* (1. Aufl., S. 145–163). Nomos.

Graefe, Andreas (2016). *Guide to Automated Journalism.* Tow Center for Digital Journalism. https://academiccommons.columbia.edu/doi/10.7916/D80G3XDJ

Graßl, Michael, Schützeneder, Jonas, & Meier, Klaus (2022). Künstliche Intelligenz als Assistenz. *Journalistik, 5*(1), 3–27. https://doi.org/10.1453/2569-152X-12022-12021-de

Griebeler-Kollmann, Jaqueline (2019). *Nomos Universitätsschriften – Medien und Kommunikation: Bd. 6. Strukturinnovationen im Journalismus. Die Auswirkung unternehmensstrategischer Entscheidungsprämissen auf das journalistische Handeln.* Nomos.

Grubenmann, Stephanie (2017). Matrix Organisation: The Design of Cross-Beat Teamwork in Newsrooms. *Journalism Practice, 11*(4), 458–476. https://doi.org/10.1080/17512786.2016.1140588

Guo, Lei, & Volz, Yong (2019). (Re)defining Journalistic Expertise in the Digital Transformation: A Content Analysis of Job Announcements. *Journalism Practice*, 13(10), 1294–1315. https://doi.org/10.1080/17512786.2019.1588147

Hillebrecht, Steffen (2015). Herausforderung Personalentwicklung im Zeitungsverlag – Von der Einzelkompetenz zur Teamkompetenz. In Thomas Breyer-Mayländer (Hrsg.), *Vom Zeitungsverlag zum Medienhaus* (S. 43–51). Springer Gabler. https://doi.org/10.1007/978-3-658-04100-7_4

Hofstetter, Brigitte (2017). Konvergente Redaktionen: Wenn Tempo und Effizienz die Regeln diktieren. In Werner A. Meier (Hrsg.), *Abbruch—Umbruch—Aufbruch* (S. 201–224). Nomos. https://doi.org/10.5771/9783845276663-201

Hofstetter, Brigitte, & Schönhagen, Philomen (2014). Wandel redaktioneller Strukturen und journalistischen Handelns. *SCM Studies in Communication and Media*, 3(2), 228–252. https://doi.org/10.5771/2192-4007-2014-2-228

Hofstetter, Brigitte, & Schönhagen, Philomen (2017). When Creative Potentials Are Being Undermined by Commercial Imperatives: Change and Resistance in Six Cases of Newsroom Reorganisation. *Digital Journalism*, 5(1), 44–60. https://doi.org/10.1080/21670811.2016.1155966

Hohlfeld, Ralf (2018). Crossmedialität im Journalismus. In Kim Otto & Andreas Köhler (Hrsg.), *Crossmedialität im Journalismus und in der Unternehmenskommunikation* (S. 17–42). Springer VS. https://doi.org/10.1007/978-3-658-21744-0_2

Hohlfeld, Ralf, Lehner, Lea S., & Sengl, Michael (2022). Journalismus und PR: Zwei Seiten einer Medaille, geprägt in einem integrativen Studiengang. *Communicatio Socialis*, 55(1), 71–76. https://doi.org/10.5771/0010-3497-2022-1-71

Josephi, Beate, Hanusch, Folker, Oller Alonso, Martin, Shapiro, Ivor, Andresen, Kenneth, de Beer, Arnold, Hoxha, Abit, Moreira, Sonja V., Rafter, Kevin, Skjerdal, Terje, Splendore, Sergio, & Tandoc, Edson C. (2019). Profiles of Journalists. Demographic and Employment Patterns. In Thomas Hanitzsch, Folker Hanusch, Jyotika Ramaprasad, & Arnold de Beer (Hrsg.), *Worlds of Journalism: Journalistic Cultures Around the Globe* (S. 67–102). Columbia University Press. https://doi.org/10.7312/hani18642-005

Klein, Tim, Fondren, Elisabeth, & Apcar, Leonard M. (2019). News Editing and the Editorial Process. In *Oxford Research Encyclopedia of Communication*. Oxford University Press. https://doi.org/10.1093/acrefore/9780190228613.013.802

Konieczny, Olivia (2013). *Arbeiten im Newsroom: Vor- und Nachteile der Neuorganisation von Zeitungsredaktionen*. Diplomica Verlag.

Larrondo, Ainara, Domingo, David, Erdal, Ivar J., Masip, Pere, & Van den Bulck, Hilde (2016). Opportunities and Limitations of Newsroom Convergence: A Comparative Study on European Public Service Broadcasting Organisations. *Journalism Studies*, 17(3), 277–300. https://doi.org/10.1080/1461670X.2014.977611

Larrondo, Ainara, & Peña Fernández, Simón (2018). Keeping Pace with Journalism Training in the Age of Social Media and Convergence: How Worthwhile Is It to Teach Online Skills? *Journalism*, 19(6), 877–891. https://doi.org/10.1177/1464884917743174

Lischka, Juliane A. (2018). Nachrichtenorganisation: Umbrüche durch Konvergenz, Crossmedialität, Multikanal- und Innovationsfähigkeit. In Christian Nuernbergk & Christoph Neuberger (Hrsg.), *Journalismus im Internet* (2. Aufl., S. 273–293). Springer VS. https://doi.org/10.1007/978-3-531-93284-2_10

Lischka, Juliane A., Sokic, Manda, & Lattmann, Julien N. (2020). News Nerds in der Redaktion: »Von Superjournalist*innen, die zaubern können«. In Tanja Köhler (Hrsg.), *Fake News, Framing, Fact-Checking: Nachrichten im digitalen Zeitalter* (S. 517–536). transcript Verlag. https://doi.org/10.14361/9783839450253-027

Literaturverzeichnis

Matthes, Achim (2006). *Convergence Journalism. Die Auswirkungen der Medienkonvergenz auf den praktischen Journalismus*. VDM Verlag Dr. Müller.

Meedia-Redaktion (2019a, 14. Mai). *Trennung von Redaktion und Verlag infrage gestellt: SZ-Digitalchefin Julia Bönisch hat Ärger im eigenen Haus*. MEEDIA. https://www.meedia.de/publishing/trennung-von-redaktion-und-verlag-infrage-gestellt-sz-digitalchefin-julia-boenisch-hat-aerger-im-eigenen-haus-f762778b204400ad40c7d266c13ce240

Meedia-Redaktion (2019b, 28. Oktober). *Digital-Chefredakteurin Julia Bönisch verlässt die „Süddeutsche Zeitung" „in gegenseitigem Einvernehmen"*. MEEDIA.

Meier, Klaus (2002). *Forschungsfeld Kommunikation: Bd. 14. Ressort, Sparte, Team: Wahrnehmungsstrukturen und Redaktionsorganisation im Zeitungsjournalismus*. UVK.

Meier, Klaus (2004). Redaktionen: Organisation, Strukturen und Arbeitsweisen. In Heinz Pürer, Meinrad Rahofer, & Claus Reitan (Hrsg.), *Praktischer Journalismus: Presse, Radio, Fernsehen, Online* (5. Aufl., S. 95–109). UVK.

Meier, Klaus (2007). Innovations in Central European Newsrooms: Overview and Case Study. *Journalism Practice*, 1(1), 4–19. https://doi.org/10.1080/17512780601078803

Meier, Klaus (2018). *Journalistik* (4. Aufl.). utb.

Meier, Klaus (2023). Crossmedialität. In Klaus Meier & Christoph Neuberger (Hrsg.), *Aktuell. Studien zum Journalismus: Bd. 1. Journalismusforschung. Stand und Perspektiven* (3. Aufl., S. 157–181). Nomos. https://doi.org/10.5771/9783748928522-157

Moss, Christoph (1998). *Die Organisation der Zeitungsredaktion: Wie sich journalistische Arbeit effizient koordinieren läßt*. Westdeutscher Verlag. https://doi.org/10.1007/978-3-322-89165-5

Nikunen, Kaarina (2014). Losing my Profession: Age, Experience and Expertise in the Changing Newsrooms. *Journalism*, 15(7), 868–888. https://doi.org/10.1177/1464884913508610

Nölleke-Przybylski, Pamela, Evers, Tanja, & Altmeppen, Klaus-Dieter (2020). In Catch me, if you can—Eine Kompetenzperspektive auf Journalismus als Berufsfeld und Forschungsgegenstand. In Jonas Schützenender, Klaus Meier, & Nina Springer (Hrsg.), *Neujustierung der Journalistik/Journalismusforschung in der digitalen Gesellschaft: Proceedings zur Jahrestagung der Fachgruppe Journalistik/Journalismusforschung der Deutschen Gesellschaft für Publizistik- und Kommunikationswissenschaft 2019* [Konferenzband] (S. 140 166). DGPuK, Eichstätt, Deutschland. https://doi.org/10.21241/SSOAR.70830

Nowack, Timo (2009). Redaktionen und Ressorts. In Steffen Burkhardt (Hrsg.), *Praktischer Journalismus* (1. Aufl., S. 103–127). De Gruyter. https://doi.org/10.1524/9783486846720.103

Nowak, Eva (2007). *Qualitätsmodell für die Journalistenausbildung. Kompetenzen, Ausbildungswege, Fachdidaktik* [Dissertation, Universität Dortmund]. https://d-nb.info/997731125/34

Nygren, Gunnar (2014). Multiskilling in the Newsroom – De-Skilling or Re-Skilling of Journalistic Work? *The Journal of Media Innovations*, 1(2), 75–96. http://dx.doi.org/10.5617/jmi.v1i2.876

Örnebring, Henrik, & Mellado, Claudia (2018). Valued Skills Among Journalists: An Exploratory Comparison of Six European Nations. *Journalism*, 19(4), 445–463. https://doi.org/10.1177/1464884916657514

Paulussen, Steve (2012). Technology and the Transformation of News Work: Are Labor Conditions in (Online) Journalism Changing? In Eugenia Siapera & Andreas Veglis (Hrsg.), *The Handbook of Global Online Journalism* (S. 192–208). Wiley-Blackwell. https://doi.org/10.1002/9781118313978.ch11

Puppis, Manuel, Schönhagen, Philomen, Fürst, Silke, Hofstetter, Brigitte, & Meissner, Mike (2014). *Arbeitsbedingungen und Berichterstattungsfreiheit in journalistischen Organisationen*. Departement für Kommunikationswissenschaft und Medienforschung, Universität Freiburg.

Rühl, Manfred (1979). *Die Zeitungsredaktion als organisiertes soziales System* (2. Aufl.). Universitätsverlag.

Sadrozinski, Jörg (2013). Zwischen Beruf und Berufung Wie sich das Bild des Journalisten wandelt. In Leif Kramp, Leonard Novy, Dennis Ballwieser, & Karsten Wenzlaff (Hrsg.), *Journalismus in der digitalen Moderne. Einsichten – Ansichten – Aussichten* (S. 81–95). Springer VS. https://doi.org/10.1007/978-3-658-01144-4_5

Schmidt, Burkhard, Nübel, Rainer, Mack, Simon, & Rölle, Daniel (2022). *OBS-Arbeitspapier: Nr. 55. Arbeitsdruck – Anpassung – Ausstieg. Wie Journalist:innen die Transformation der Medien erleben*. Otto Brenner Stiftung. https://www.otto-brenner-stiftung.de/fileadmin/user_data/stiftung/02_Wissenschaftsportal/03_Publikationen/AP55_Medienmacher_innen.pdf

Singer, Jane B. (2004). Strange Bedfellows? The Diffusion of Convergence in Four News Organizations. *Journalism Studies*, 5(1), 3–18. https://doi.org/10.1080/1461670032000174701

Singer, Jane B. (2011). Journalism in a Network. In Mark Deuze (Hrsg.), *Managing Media Work* (S. 103–109). SAGE Publications.

Smith, Laura K., Tanner, Andrea H., & Duhe, Sonya F. (2007). Convergence Concerns in Local Television: Conflicting Views From the Newsroom. *Journal of Broadcasting & Electronic Media*, 51(4), 555–574. https://doi.org/10.1080/08838150701626354

Spyridou, Lia-Paschalia, & Veglis, Andreas (2016). Convergence and the Changing Labor of Journalism: Towards the 'Super Journalist' Paradigm. In Artur Lugmayr & Cinzia Dal Zotto (Hrsg.), *Media Convergence Handbook—Vol. 1* (S. 99–116). Springer. https://doi.org/10.1007/978-3-642-54484-2_6

Ternes, Brock, Peterlin, Laveda J., & Reinardy, Scott (2018). Newsroom Workers' Job Satisfaction Contingent on Position and Adaptation to Digital Disruption. *Journalism Practice*, 12(4), 497–508. https://doi.org/10.1080/17512786.2017.1318712

Valero-Pastor, José M., Schützeneder, Jonas, & Carvajal, Miguel (2024). New Organizational Forms and Teams. In Klaus Meier, José A. García-Avilés, Andy Kaltenbrunner, Colin Porlezza, Vinzenz Wyss, Renée Lugschitz, & Korbinian Klinghardt (Hrsg.), *Innovations in Journalism* (1. Aufl., S. 144–152). Routledge. https://doi.org/10.4324/9781032630410-18

Wallace, Sue (2013). The Complexities of Convergence: Multiskilled Journalists Working in BBC Regional Multimedia Newsrooms. *International Communication Gazette*, 75(1), 99–117. https://doi.org/10.1177/1748048512461764

Weichert, Stephan, Kramp, Leif, & Welker, Martin (2015). *Die Zeitungsmacher*. Springer VS. https://doi.org/10.1007/978-3-658-02104-7

Weischenberg, Siegfried (1990). Das „Prinzip Echternach". Zur Einführung in das Thema „Journalismus und Kompetenz". In Siegfried Weischenberg (Hrsg.), *Journalismus & Kompetenz: Qualifizierung und Rekrutierung für Medienberufe* (S. 11–41). Westdeutscher Verlag. https://doi.org/10.1007/978-3-322-94174-9_1

Wyss, Vinzenz (2013). Das Prekariat des Schweizer Journalismus. In Kurt Imhof, Roger Blum, Heinz Bonfadelli, & Otfried Jarren (Hrsg.), *Stratifizierte und segmentierte Öffentlichkeit* (S. 167–185). Springer VS. https://doi.org/10.1007/978-3-658-00348-7_10

5. Arbeitsbedingungen im Newsroom: Belastung und Beanspruchung von Journalistinnen und Journalisten in crossmedialen Umgebungen

Überblick

Die in Kapitel 4 diskutierten Kompetenzanforderungen zeigen, wie sehr sich der Journalismus als Beruf verändert. Der folgende Abschnitt erörtert auf der Basis der Herausforderungen und Krisen, die in den ersten Kapiteln beschrieben wurden, unter welchen Bedingungen Journalistinnen und Journalisten in modernen Newsrooms arbeiten. Dabei wird aus arbeitswissenschaftlicher Sicht erläutert, wie Belastung und Beanspruchung zusammenhängen und wie soziale Unterstützung und Autonomie am Arbeitsplatz dazu beitragen können, dennoch gute Arbeitsbedingungen zu schaffen.

Stichworte | Arbeitsbedingungen, Anforderungen, Kontrolle, Unterstützung, Gesundheit

5.1 Ausgangslage

Die Entwicklungen der Digitalisierung, Kommerzialisierung und Plattformisierung, die in → Kapitel 2 ausführlich beschrieben wurden, haben zu einer dreifachen Krise des Journalismus geführt. Die ökonomische Krise ist besonders offensichtlich. Nachrichten und politische Informationen werden zunehmend online abgerufen, insbesondere über soziale Medien (Newman et al., 2023, S. 10–14, 17). Das gängige Geschäftsmodell dieser Plattformen bietet den Nutzerinnen und Nutzern kostenlosen Zugang im Austausch für ihre persönlichen Daten. Das stellt den Journalismus, der sich traditionell aus einer Kombination aus Verkaufs- und Werbeeinnahmen finanziert, vor große Herausforderungen. Der kostenlose Zugang zu Informationen auf Plattformen verringert die Bereitschaft, für journalistische Dienstleistungen zu bezahlen. Darüber hinaus können Werbetreibende ihre Budgets auf Plattformen effizienter einsetzen, indem sie die Nutzerdaten für zielgerichtete Werbung nutzen. Folglich gefährden Plattformen beide Säulen des journalistischen Geschäftsmodells und bringen Verlage, insbesondere Tageszeitungen, in finanzielle Bedrängnis (Jarren & Fischer, 2021, S. 373–376; Lobigs, 2016, S. 73–77, 94–117; Neuberger, 2020, S. 129–130). Zweitens hat sich die Identitätskrise des Journalismus verschärft. Die Grenzen, etwa zwischen unabhängigem Journa-

5. Arbeitsbedingungen im Newsroom

lismus und Werbung oder zwischen Produzentinnen/Produzenten und Konsumentinnen/Konsumenten, verschwimmen zunehmend. Diese Unklarheit erschwert es dem Publikum, zu erkennen, was Journalismus ausmacht und ob Inhalte journalistischen Qualitätsstandards entsprechen (Bruns, 2005, S. 23, 2010; Neuberger, 2020, S. 130). Schließlich wird trotz mangelnder empirischer Belege immer wieder behauptet, der Journalismus befinde sich in einer Qualitätskrise – eine mitunter politisch motivierte These (Neuberger, 2020, S. 130–131).

Diese Krisen betreffen nicht nur den Journalismus als Institution, sondern auch einzelne journalistische Organisationen (Jarren, 2021, S. 126–127; Jarren & Fischer, 2021, S. 371). Um sinkenden Einnahmen entgegenzuwirken, versuchen Redaktionen kontinuierlich, ihre Effizienz zu steigern (Griebeler-Kollmann, 2019, S. 87, 91–93; Hofstetter, 2017, S. 203–204; Hofstetter & Schönhagen, 2014, S. 232–233; Hohlfeld, 2018, S. 22). Zu den Maßnahmen gehören die Einführung von Newsrooms (Beiler & Gerstner, 2019, S. 96–97; Griebeler-Kollmann, 2019, S. 187; Meier, 2016, S. 207), die Entwicklung hin zu konvergenteren Formen der Redaktionsorganisation mit zentraler Themenplanung (Hohlfeld, 2018, S. 22–24; Meier, 2023, S. 162), die Auflösung ehemals getrennter Ressorts (Grubenmann, 2017, S. 461–462; Hohlfeld, 2018, S. 22–23; Meier, 2004, S. 97–98, 103, 2018, S. 176–177), oder eine Differenzierung von Journalistinnen und Journalisten in Reporterinnen/Reporter und Editorinnen/Editoren (Griebeler-Kollmann, 2019, S. 113–114; Meier, 2002, S. 239, 2023, S. 171). Diese neuen Organisationsstrukturen sollen nicht nur die redaktionelle Effizienz steigern, sondern auch dazu dienen, immer mehr Inhalte für verschiedene Kanäle zu produzieren. Für Zeitungen bedeutet das, dass sie sich nicht mehr nur auf das Printprodukt konzentrieren, sondern Inhalte online veröffentlichen, sowohl auf ihrer Website als auch auf Social-Media-Plattformen. Diese Inhalte beschränken sich nicht nur auf Text und Bilder, sondern umfassen nun auch Audio, Video oder interaktive Elemente. Diese steigenden Anforderungen verändern die redaktionellen Workflows erheblich und gehen oft in Richtung eines plattformneutralen Ansatzes, der sich auf den Inhalt und nicht auf das Medium der Veröffentlichung konzentriert (García-Avilés et al., 2014, S. 580; Hohlfeld, 2018, S. 32; Meier, 2023, S. 166–170). Digitale Kanäle erfordern auch, dass sich der Journalismus an deren Logik anpasst und das nun messbare Publikumsinteresse in die redaktionelle Entscheidungsfindung einbezieht (Cherubini & Nielsen, 2016, S. 9–11; Hohlfeld, 2016, S. 268–269, 272–275), Inhalte für Suchmaschinen optimiert (Giomelakis et al., 2019, S. 4; Giomelakis & Veglis, 2016, S. 382–384; Lopezosa et al., 2020, S. 69–

71), oder Social-Media-Logiken adaptiert (Lischka, 2021, S. 431–433; Walters, 2022, S. 1482–1483). In diesem zunehmend kompetitiven Umfeld sehen sich Journalistinnen und Journalisten nicht nur mit steigenden quantitativen Anforderungen und Zeitdruck konfrontiert (Lauerer et al., 2019, S. 77–79; Loosen et al., 2023, S. 13–15), sondern müssen auch über breitere Kompetenzen verfügen, um ein weiteres Themenspektrum abdecken zu können, neue Technologien einzusetzen oder Management- und unternehmerische Fähigkeiten unter Beweis zu stellen (Domingo et al., 2007, S. 7–10; García-Avilés et al., 2014, S. 581; Nölleke-Przybylski et al., 2020, S. 146–148). Verlage müssen neue, digitale Geschäftsmodelle entwickeln (Altmeppen et al., 2023, S. 181–189; Brandstetter, 2017, S. 150–154; Kansky, 2015, S. 87–91; Lobigs, 2016, S. 100–117) und ihre Organisation entsprechend ausrichten, was häufig zu kulturellen Konflikten in den Redaktionen führt, die es zu lösen gilt (Filak, 2016, S. 302; Singer, 2004b, S. 10). Aktuell steht der Journalismus durch den zunehmenden Einsatz künstlicher Intelligenz vor weiteren grundlegenden Veränderungen, auf die er sich einstellen muss (Goldhammer et al., 2019, S. 28–32; Graßl et al., 2022, S. 13–14).

5.2 Relevanz von Arbeitsbedingungen im Journalismus

Journalismus befindet sich also in einem ständigen Zustand des Wandels, der Anpassung und der Ungewissheit über die Zukunft. Veränderungen in der Gesellschaft und der Öffentlichkeit, insbesondere durch die Prozesse der Digitalisierung und Plattformisierung, wirken sich nicht nur auf den Journalismus als Institution aus, sondern auch auf journalistische Organisationen, die ihre Strukturen, Arbeitsabläufe und Geschäftsmodelle an dieses neue Umfeld anpassen müssen. Diese Veränderungsprozesse wiederum wirken sich erheblich auf die Arbeitsbedingungen von Journalistinnen und Journalisten in diesen Organisationen aus (Jarren, 2021, S. 126–127; Jarren & Fischer, 2021, S. 371). Arbeitsbedingungen sind nicht nur ein entscheidender Faktor für die Gesundheit und das Wohlbefinden der oder des Einzelnen, sondern auch für das individuelle Leistungsvermögen, das sich wiederum auf die Leistungsfähigkeit des gesamten Unternehmens auswirkt (Gilboa et al., 2008; Rosen et al., 2010). Für Redaktionen ist es daher eine wirtschaftlich sinnvolle Strategie, die Arbeitsbedingungen ihrer Mitarbeiterinnen und Mitarbeiter zu verbessern (Gelade & Ivery, 2003; Schneider et al., 2003), was aber auch die institutionelle Leistungsfähigkeit des Journalismus insgesamt erhöht, damit dieser seine gesellschaftliche Rolle erfüllen kann. Insgesamt sind die Evaluation und

Optimierung der Arbeitsbedingungen im Journalismus von entscheidender Bedeutung für einzelne Journalistinnen und Journalisten, für journalistische Organisationen, für den Journalismus als Institution, aber auch – im oben beschriebenen Sinne – für die Gesellschaft als Ganzes.

5.3 Definition von Arbeitsbedingungen

Aber was ist unter dem Begriff Arbeitsbedingungen eigentlich zu verstehen? In der Arbeitssoziologie werden Arbeitsbedingungen vor allem über die zwei Dimensionen, Belastung (*Stress*) und Beanspruchung (*Strain*), definiert. Dabei wird im Allgemeinen zwischen Belastung als externem Faktor, der als unabhängige Variable dient, und Beanspruchung als abhängige Folge dieses Stresses unterschieden. Gemäß der Norm DIN EN ISO 10075 bezieht sich psychische Belastung auf „die Gesamtheit aller erfassbaren Einflüsse, die von außen auf den Menschen zukommen und psychisch auf ihn einwirken", während psychische Beanspruchung die „unmittelbare (nicht langfristige) Auswirkung der psychischen Belastung im Individuum in Abhängigkeit von seinen jeweiligen [...] Voraussetzungen, einschließlich der individuellen Bewältigungsstrategien" (Bundesanstalt für Arbeitsschutz und Arbeitsmedizin, 2010, S. 9–10) beschreibt.

Belastung und Beanspruchung bei der Arbeit können aus verschiedenen Perspektiven betrachtet werden. Wird der Fokus auf Umweltstressoren gelegt, wie es häufig für interaktionale Stressmodelle der Fall ist, ist zu berücksichtigen, dass es für eine umfassende Analyse der Folgen von arbeitsbedingtem Stress nicht ausreicht, sich nur auf diese objektiven Faktoren zu konzentrieren. Die individuellen Eigenschaften einer Person, die diesen Umweltfaktoren ausgesetzt ist, spielen eine zentrale Rolle, was in transaktionalen Stressmodellen betont wird. Zwei Personen, die derselben Situation ausgesetzt sind, können etwa abhängig von ihrem *Coping*-Verhalten sehr unterschiedliche Belastungen erfahren. Beide Ansätze, die Bewertung von Umweltbedingungen am Arbeitsplatz und die Untersuchung intraindividueller Prozesse, schließen sich weder gegenseitig aus noch sind sie unvereinbar. Brief und George (1991, S. 17–19) argumentieren, dass individuelle Unterschiede im Umgang mit Arbeitsstress zwar für ein präzises Verständnis des Phänomens von zentraler Bedeutung sind, es jedoch pragmatisch sei, diejenigen Arbeitsbedingungen zu ermitteln, die mit hoher Wahrscheinlichkeit die meisten Arbeitnehmerinnen und Arbeitnehmer negativ beeinflussen (Cooper et al., 2001, S. 8; Harris, 1991, S. 24–25).

5.4 Arbeitsbedingungen als Kombination von Anforderungen, Kontrolle und Unterstützung

Das von Karasek (1979) entwickelte *Demand-Control*-Modell (DCM) ist ein beliebtes Modell zur Konzeptualisierung von Stress am Arbeitsplatz aus psychologischer Perspektive. Es versteht Stress als unabhängige Variable und Belastung als abhängige Variable. Das Konzept erklärt psychische Belastung durch die gemeinsamen Auswirkungen von Anforderungen am Arbeitsplatz (*demand*) und individueller Entscheidungsfreiheit (*control*) bei der Bewältigung dieser Anforderungen. Hohe Anforderungen wirken sich negativ auf die Belastung am Arbeitsplatz aus, während ein hohes Maß an Kontrolle diesen Effekt abschwächen kann.

Arbeitsanforderungen lassen sich in psychische und physische Anforderungen unterteilen (Karasek & Theorell, 1990, S. 63–66). Psychische Anforderungen sind aufgrund der Vielfalt der beteiligten Teilkomponenten schwer zu erfassen und zu messen. Die Autoren nennen beispielsweise die Angst vor Jobverlust, obsolet werdende Fähigkeiten, Rollenüberlastung und mentale Arbeitsbelastung als potenzielle Quellen psychischer Anforderungen. Physische Anforderungen lassen sich in körperliche Anstrengungen wie schweres Heben, wiederholte Bewegungen oder unbequeme Körperhaltungen und den Kontakt mit beispielsweise toxischen Substanzen unterteilen.

Entscheidungsfreiheit besteht aus zwei Subkategorien: Aufgabenvielfalt beschreibt die Bandbreite der bei einer Tätigkeit einsetzbaren Fähigkeiten während Entscheidungsbefugnis sich auf die soziale Autorität bezieht, Entscheidungen über die eigene Arbeit zu treffen (Karasek & Theorell, 1990, S. 58–59). Der Entscheidungsspielraum wirkt als Moderator zwischen Belastung und Beanspruchung (Frese & Semmer, 1991, S. 137–138).

Ausgehend von diesen Definitionen beschreibt Karasek vier typische Kombinationen von Anforderungen und Kontrolle in Bezug auf ihre Auswirkungen auf die Belastung, wie in → Abb. V.1 dargestellt.

5. Arbeitsbedingungen im Newsroom

Abb. V.1: Demand-Control-Modell

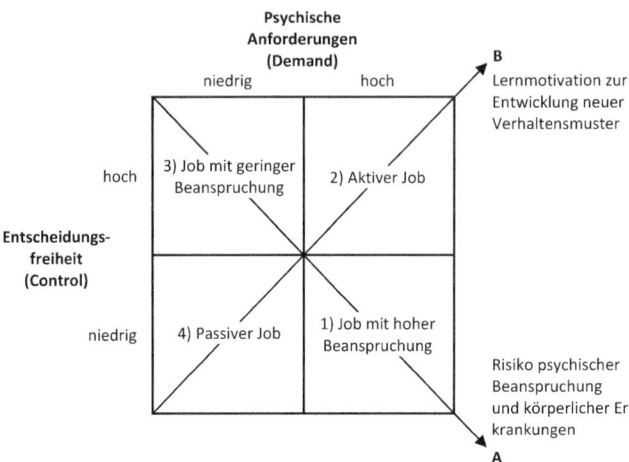

Quelle: eigene Abbildung in Anlehnung an Karasek und Theorell (1990, S. 32).

Ein *Job mit hoher Beanspruchung* (1) ist durch hohe Arbeitsanforderungen und geringen Entscheidungsspielraum bei der Arbeit gekennzeichnet und führt zur stärksten psychischen Belastung, verbunden mit Symptomen wie Müdigkeit, Angstzuständen, Depressionen oder körperlichen Erkrankungen (Karasek & Theorell, 1990, S. 33–34).

Jobs mit geringer Beanspruchung (3) mit geringen Anforderungen und hohem Entscheidungsspielraum ermöglichen es der oder dem Einzelnen, auf die wenigen Herausforderungen, denen sie oder er begegnet, optimal zu reagieren (Karasek & Theorell, 1990, S. 36). Allerdings fehlt diesen Jobs im Vergleich zu aktiven Jobs ein entscheidender Faktor:

Ein *aktiver Job* (2) zeichnet sich durch hohe Anforderungen in Kombination mit einem ebenso hohen Entscheidungsspielraum aus. Auch wenn die Arbeitssituation anspruchsvoll sein kann, haben die Mitarbeiterinnen und Mitarbeiter somit die Freiheit, alle ihre Fähigkeiten einzusetzen. Dies führt nicht nur zu einer hohen Arbeitszufriedenheit ohne die Belastungssymptome eines Jobs mit hoher Belastung, sondern bringt zusätzliche Lerneffekte mit sich (Karasek & Theorell, 1990, S. 35).

Der *passive Job* (4) befindet sich am anderen Ende des Spektrums. Er ist gekennzeichnet durch geringe Anforderungen und geringen Entscheidungs-

5.4 Arbeitsbedingungen als Kombination von Anforderungen, Kontrolle und Unterstützung

spielraum. Diese Art von Job hat nicht die gleichen positiven Eigenschaften wie ein Job mit geringer Belastung, da er mit antriebslosen, apathischen Reaktionen verbunden ist, manchmal sogar mit einem allmählichen Rückgang der erlernten Fähigkeiten und Fertigkeiten, was langfristig zu einem Schwund von Arbeitsmotivation und Produktivität führt (Karasek & Theorell, 1990, S. 37–38).

Die Linien A und B im Diagramm veranschaulichen zwei unterschiedliche Spektren: Linie A beschreibt das steigende Risiko psychischer Belastungen bei zunehmenden Arbeitsanforderungen und abnehmendem Entscheidungsspielraum. Linie B zeigt das Spektrum von einer passiven, lethargischen Tätigkeit mit minimalen Anforderungen und Entscheidungsfreiheit bis hin zu einer anspruchsvollen, aber auch kontrollierbaren Arbeitsumgebung, die zur weiteren persönlichen Entwicklung anregt.

Aufbauend auf Karaseks *Demand-Control*-Modell schlagen Johnson und Hall (1988) eine Weiterentwicklung des Konzepts vor, das *Demand-Control-Support*-Modell (DCSM). Dieses überarbeitete Modell adressiert Kritik am DCM, einen in mehreren Studien nachgewiesenen Zusammenhang zwischen unzureichender sozialer Unterstützung bzw. sozialer Interaktion am Arbeitsplatz und negativen Gesundheitszuständen nicht ausreichend abzubilden. Soziale Unterstützung würde dazu beitragen, die Auswirkungen von wahrgenommenem Stress und beruflicher Belastung auf die körperliche und geistige Gesundheit zu mildern (Johnson & Hall, 1988, S. 1336). Das Modell ist in → Abb. V.2 dargestellt, wobei die Variable der sozialen Unterstützung dichotomisiert zwischen kollektiven (hohe Unterstützung) und isolierten (geringe Unterstützung) Arbeitsumfeldern unterscheidet.

Abb. V.2: Demand-Control-Support-Modell

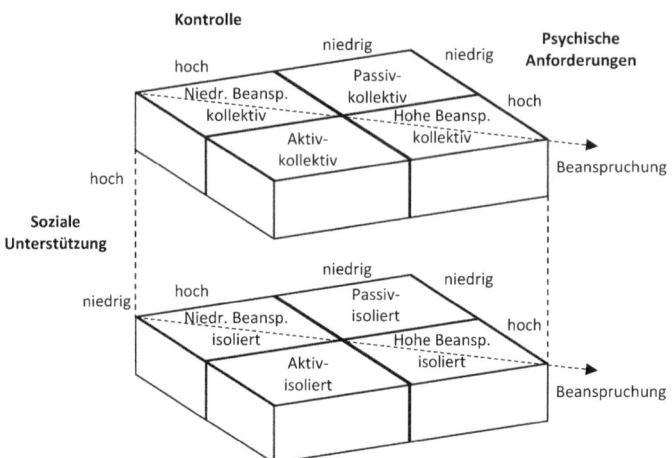

Quelle: eigene Abbildung in Anlehnung an Johnson und Hall (1988, S. 1336).

Während Johnson und Hall (1988) nur eine vage Definition von sozialer Unterstützung vorlegen, identifiziert House (1981, S. 22–26) vier verschiedene Typen:

(1) Emotionale Unterstützung (z. B. Wertschätzung, Vertrauen, Anteilnahme)

(2) Unterstützung bei der Urteilsbildung (z. B. Bestätigung, Feedback, sozialer Vergleich)

(3) Informative Unterstützung (z. B. Ratschläge, Vorschläge, Anweisungen)

(4) Instrumentelle Unterstützung (z. B. Sachleistungen, Geld, Zeit)

Die meisten Studien zur sozialen Unterstützung untersuchen insbesondere emotionale und instrumentelle Unterstützung (Cooper et al., 2001, S. 143). Zapf and Frese (1991, S. 169–170) weisen darauf hin, dass das soziale Arbeitsumfeld nicht nur als neutraler oder positiver, sondern auch als negativer Moderator betrachtet werden sollte. Konflikte am Arbeitsplatz, Schwierigkeiten bei der Zusammenarbeit mit Kolleginnen und Kollegen oder ein schlechtes soziales Klima können andere Arbeitsstressoren verstärken.

5.5 Forschungsstand zu Arbeitsbedingungen im Journalismus

Im Folgenden wird der aktuelle Forschungsstand zu Arbeitsbedingungen im Journalismus zusammengefasst, sowohl in Bezug auf Arbeitsanforderungen, Kontrolle am Arbeitsplatz und soziale Unterstützung als auch die möglichen gesundheitlichen Folgen dieser Belastung.

(1) Arbeitsanforderungen

Schon in Zeiten, als Zeitungsverlage noch solide finanziert und Transformationsprozesse ein Fremdwort waren, wurden hohe Anforderungen an Journalistinnen und Journalisten gestellt, damals vor allem an das Recherchieren und Schreiben (Endres, 1988, S. 3, 5; Neverla, 1979, S. 178; Scholl & Weischenberg, 1998, S. 94; Weischenberg et al., 1994, S. 157–159). Seitdem kamen immer mehr organisatorische und technische Aufgaben hinzu, Publikumsbeteiligung und Community-Management sowie Multiskilling sind zur Norm geworden. Insgesamt hat sich das Spektrum der journalistischen Anforderungen drastisch erweitert (Cohen, 2019, S. 581; Paulussen, 2012, S. 197–198, 200). Aber nicht nur die Bandbreite der Anforderungen, sondern auch die Belastung insgesamt, das Arbeitstempo und die emotionalen Anforderungen sind gestiegen (Hofstetter, 2017, S. 214–217; Loosen et al., 2023, S. 13, 15; Mombelli & Beck, 2023, S. 173; Puppis et al., 2014, S. 14–16), etwa aufgrund von Personalabbau, schnelleren digitalen Publikationsrhythmen, oder dem Einfluss von Publikumsmetriken (Cohen, 2019, S. 578–581; Fürst et al., 2017, S. 224–226; Hofstetter & Schönhagen, 2017, S. 52; van den Bulck & Tambuyzer, 2013, S. 64). Ein Teil des Stresses, den die Erweiterung des Aufgabenspektrums mit sich bringt, könnte möglicherweise durch eine bessere Qualifizierung der Journalistinnen und Journalisten für diese zusätzlichen Aufgaben reduziert werden (Singer, 2004b, S. 11).

Konvergentere Redaktionsstrukturen, die dazu dienen sollen, eine Bandbreite von Kanälen mit unterschiedlichen Publikationsrhythmen zu bespielen, am besten in flexibler Teamarbeit, spielen eine wichtige Rolle für die Arbeitsanforderungen von Journalistinnen und Journalisten. Der erhöhte Koordinationsaufwand in konvergenten Redaktionen verringert einerseits die Zeit für Recherche und Schreiben, was die Anforderungen insgesamt erhöht (Bro et al., 2016, S. 1010; Griebeler-Kollmann, 2019, S. 134; Grubenmann, 2017, S. 466, 469). Andererseits fördern diese integrierten Strukturen, insbesondere in Kombination mit einem offenen Newsroom, den Kommunikations- und Informationsfluss zwischen den Journalistinnen und Journalisten, und verringern so den Aufwand (Beiler & Gerstner, 2019, S. 96–97; Griebeler-Kollmann, 2019, S. 134; Puppis et al., 2014, S. 14; van den Bulck & Tambuyzer, 2013, S. 70–71).

Die Forschung zu physischen Arbeitsanforderungen von Journalistinnen und Journalisten konzentriert sich auf die Redaktionsräume, wobei meist die Lautstärke durch intensive Kommunikation in Großraumbüros im Zentrum steht – im deutschsprachigen Raum gerade, weil diese im Gegensatz steht zur traditionellen Arbeitsweise in mehreren kleinen Büros. Der erhöhte Lärmpegel im Newsroom ist ein Stressfaktor für Journalistinnen und Journalisten und beeinträchtigt ihren Fokus bei der Arbeit, was letztlich die Arbeitszufriedenheit senkt (Beiler & Gerstner, 2019, S. 97; Griebeler-Kollmann, 2019, S. 109, 125, 187; van den Bulck & Tambuyzer, 2013, S. 71). Die negativen Auswirkungen von Lärm können in einem sorgfältig konzipierten Newsroom mit angemessener Schalldämmung und Rückzugsräumen reduziert werden (Meier, 2007, S. 12). Auch die Klimatisierung im Newsroom ist von entscheidender Bedeutung, da ein gut temperiertes Arbeitsumfeld Produktivität und Mitarbeiterzufriedenheit steigern kann (Griebeler-Kollmann, 2019, S. 83; Mari, 2023, S. 401–402; Meier, 2007, S. 12). Darüber hinaus wurden unzureichende Beleuchtung und Luftqualität als potenzielle Stressfaktoren im Newsroom identifiziert, für die architektonische Lösungen erforderlich sind, wie etwa individuell verstellbare Beleuchtung oder Schreibtische (Griebeler-Kollmann, 2019, S. 83; Meier, 2007, S. 12).

Zusammenfassend lässt sich sagen, dass die bestehende Forschung zu den Anforderungen bei der Arbeit im Journalismus einstimmig zu dem Schluss kommt, dass die Anforderungen hoch sind und in nahezu allen Aspekten weiter steigen. Die räumliche Gestaltung des Nachrichtenredaktionsraums ist ein entscheidender Faktor für die körperlichen Anforderungen bei der Arbeit, die Journalistinnen und Journalisten erleben. Ein hoher Lärmpegel, der durch die ständige Kommunikation im Großraumbüro entsteht, ist ein wichtiger Faktor, der unbedingt berücksichtigt werden muss.

(2) Kontrolle am Arbeitsplatz
Repräsentative Befragungen von Journalistinnen und Journalsiten in Deutschland (z. B. Hanitzsch, Seethaler, et al., 2019; Loosen et al., 2023) betrachten im Bereich der Kontrolle am Arbeitsplatz vor allem journalistische Unabhängigkeit, also verschiedene Einflüsse, die die Kontrolle über redaktionelle Ent-

scheidungen und den Inhalt der Berichterstattung beeinflussen (Reyna, 2021, S. 118–119). Journalistinnen und Journalisten empfinden in der Regel ein hohes Maß an externer Autonomie – also zu entscheiden, *worüber* sie berichten – und ein sehr hohes Maß an interner Autonomie – also zu entscheiden, *wie* sie berichten. Vor allem Zeitdruck, redaktionelle Ressourcen, ethische Bedenken, Informationszugang, persönliche Werte und Überzeugungen sowie unmittelbare Vorgesetzte beeinflussen diese Autonomie (Hanitzsch, Seethaler, et al., 2019, S. 109, 132; Loosen et al., 2023, S. 12–13). Diese Kontrolle über ihre Arbeit betrachteten Journalistinnen und Journalisten schon immer als sehr hoch (Neverla, 1979, S. 179; Weischenberg et al., 1994, S. 166) und auch wenn in letzter Zeit Faktoren wie soziale Medien, Publikumsorientierung und zunehmende ökonomische Konkurrenz an Einfluss gewonnen haben (Hanitzsch, Hanusch, et al., 2019, S. 265–266; Hanitzsch, Seethaler, et al., 2019, S. 226; Kramp & Weichert, 2012, S. 107–111), wird die Autonomie im Journalismus insgesamt nur als leicht rückläufig im Vergleich zu früheren Studien eingeschätzt (Fürst et al., 2017, S. 230–231; Steindl et al., 2017, S. 418–419; Weaver et al., 2019, S. 115).

Als Faktor für diesen Rückgang werden unter anderem integrierte Newsrooms identifiziert, in denen Editorinnen und Editoren die zentrale Themenkoordination am Newsdesk übernehmen (García Avilés et al., 2009, S. 295; Griebeler-Kollmann, 2019, S. 113–114). Auch die gestiegenen qualitativen und quantitativen Anforderungen in konvergenten Redaktionen haben sich als negativer Faktor für die Kontrolle von Journalistinnen und Journalisten über ihre Arbeitszeit erwiesen. Sowohl die Zahl von Überstunden als auch die Verfügbarkeit außerhalb der Arbeitszeiten nimmt zu (Cohen, 2019, S. 581–582; Hanitzsch, Seethaler, et al., 2019, S. 224–225; Hanitzsch & Rick, 2021, S. 12; Mombelli & Beck, 2023, S. 173). Die Work-Life-Balance wird daher meist als niedrig angesehen (Beiler & Stascheit, 2017, S. 94–95; Hanitzsch & Rick, 2021, S. 12; Schmidt et al., 2022, S. 46, 52), insbesondere von Freischaffenden, Frauen und jüngeren Journalistinnen und Journalisten (Gollmitzer, 2014, S. 834; Schwenk, 2006).

Ein weiterer negativer Faktor, gerade für die Kontrolle der Journalistinnen und Journalisten über Themenauswahl und -präsentation, sind technologische Entwicklungen wie die Orientierung an Publikumspräferenzen unter Verwendung von Social-Media- und Website-Metriken (Cohen, 2019, S. 576–580; Peterson-Salahuddin & Diakopoulos, 2020, S. 35; Walters, 2022, S. 1494).

5. Arbeitsbedingungen im Newsroom

Die Produktion von crossmedialen Inhalten ist eng mit Multiskilling verbunden. Während Multiskilling aufgrund der gestiegenen Arbeitsanforderungen als Stressfaktor für Journalistinnen und Journalisten kritisiert wurde, sind die Auswirkungen auf den Einfluss bei der Arbeit hingegen positiv. Die Möglichkeit, Inhalte auf einer Vielzahl von Plattformen in unterschiedlichen Formaten zu veröffentlichen, wird von Journalistinnen und Journalisten als Freiheit und Raum für Kreativität gesehen (Hofstetter & Schönhagen, 2017, S. 55; Nygren, 2014, S. 81, 88).

Die Möglichkeiten zur beruflichen Weiterbildung und persönlichen Weiterentwicklung im Journalismus werden jedoch als unzureichend eingeschätzt, insbesondere von Journalistinnen und Journalisten in kleineren Redaktionen (Ruggiero et al., 2022, S. 317, 320; Schmidt et al., 2022, S. 52; Weichert et al., 2015, S. 152; Wyss, 2013, S. 178) – und das, obwohl gerade jüngere Journalistinnen und Journalisten Wert auf Fortbildungsmöglichkeiten legen, um ihre Karriere voranzutreiben (Pak, 2017, S. 485; Singer, 2004b, S. 7). Dies ist besorgniserregend, da lebenslanges Lernen ein entscheidender Wirtschaftsfaktor für Organisationen ist (Nikunen, 2014, S. 884–885). Unzureichende Schulungsmaßnahmen in wichtigen Bereichen wie der konvergenten Nachrichtenproduktion (Singer, 2004a, S. 847), *Big Data* oder KI (Ruggiero et al., 2022, S. 320) können daher die Fähigkeit von Journalistinnen und Journalisten beeinträchtigen, in einer zunehmend digitalen Umgebung zu arbeiten.

Zusammenfassend lässt sich sagen, dass konvergente Redaktionsstrukturen den historisch hohen Grad an journalistischer Kontrolle teilweise einschränken, wenngleich Multiskilling es Journalistinnen und Journalisten ermöglicht, Inhalte frei und kreativ über verschiedene Plattformen hinweg zu produzieren. Die wachsende Bandbreite an Anforderungen schränkt jedoch die dafür verfügbare Zeit ein und zwingt Journalistinnen und Journalisten zu Überstunden, was ihre Kontrolle einschränkt. Zudem verringern technologische Entwicklungen wie die zunehmende Bedeutung von Publikumsmetriken die Kontrolle über Themenauswahl und -präsentation. Unzureichende Weiterbildungsangebote beeinträchtigen die Anpassungsfähigkeit der Journalistinnen und Journalisten.

(3) Soziale Unterstützung am Arbeitsplatz

Die soziale Unterstützung in Redaktionen wird in Studien meist als hoch eingestuft (Goyanes & Cañedo, 2023, S. 393; Šimunjak & Menke, 2023, S. 9–10), wenngleich die Unterstützung durch Kolleginnen und Kollegen ausgeprägter ist als durch Vorgesetzte (Flores, 2019, S. 17; Schmidt et al., 2022, S. 52; Weischenberg et al., 2006b, S. 355). Obwohl Unterstützung von Seiten des Arbeitgebers ein wesentliches Element der sozialen Unterstützung am Arbeitsplatz ist, ist sie in deutschen Redaktionen weder institutionalisiert, noch wird sie als ausreichend wahrgenommen. Vorgesetzte reagieren hauptsächlich auf außergewöhnliche Vorfälle und vernachlässigen alltägliche emotionale Herausforderungen wie lange und unregelmäßige Arbeitszeiten, prekäre Arbeitsbedingungen, Zeitdruck oder emotional anspruchsvolle Publikumsinteraktion (Schmidt et al., 2022, S. 26, 52; Šimunjak & Menke, 2023, S. 10–11). Redaktionen mit mehr Frauen in Führungspositionen schneiden bei genau dieser Art von sozialer Unterstützung besser ab, etwa durch einen Fokus auf die Vereinbarkeit von Beruf und Privatleben, *Mentoring*-Möglichkeiten, oder eine effizientere, kollegialere und kooperativere Kommunikations- und Arbeitskultur (Assmann & Eckert, 2024, S. 578). Insgesamt fordern Journalistinnen und Journalisten mehr Unterstützung durch ihre Arbeitgeber sowie Schulungen zum Umgang mit Stress, auch damit Vorgesetzte ihre Mitarbeiterinnen und Mitarbeiter bei diesem Thema besser unterstützen können (Hughes et al., 2021, S. 987; Šimunjak, 2023, S. 73–74; Šimunjak & Menke, 2023, S. 12). Solche Maßnahmen würden auch das Problem der mangelnden Wertschätzung in Redaktionen adressieren (Everbach & Flournoy, 2007, S. 59; Schmidt et al., 2022, S. 52).

Spannungen in der Redaktion können struktureller, prozessualer oder kultureller Art sein. Strukturelle Spannungen entstehen durch die formale Organisationsstruktur, z. B. zwischen der Print- und der Online-Redaktion. Prozessuale Spannungen betreffen Arbeitsabläufe und deren Koordination, z. B. zwischen Redaktions- und Verlagsmitarbeiterinnen und -mitarbeitern. Kulturelle Spannungen schließlich ergeben sich aus den Unterschieden zwischen verschiedenen Berufsgruppen, z. B. zwischen Editiorinnen/Editoren und Reporterinnen/Reportern oder Print- und Online-Journalistinnen und -Journalisten (Achtenhagen & Raviola, 2009, S. 38–39). Spannungen können beispielsweise entstehen, wenn sich die Machtverhältnisse in der Redaktion von älteren Print-Traditionalistinnen und -Traditionalisten hin zu jüngeren, digital orientierten und auf Publikumsmetriken fokussierten Kolleginnen und Kollegen verschieben (Robinson, 2011, S. 1134–1138; Schmidt et al., 2022, S. 33–34, 38–39). Intergruppenbezogene Vorurteile sind dabei eine häufig untersuchte Konfliktquelle, etwa aufgrund der Sozialisierung in verschiedenen Plattformen wie Print, Rundfunk oder Online. So werden beispielsweise Vorschläge in Veränderungsprozessen, die aus der eigenen *In-Group* stammen, gegenüber solchen bevorzugt, die aus der anderen *Out-Group* kommen. Um die Akzeptanz von Veränderungen zu fördern, sollten Mitarbeiterinnen und Mitarbeiter deshalb davon überzeugt werden, dass die eigene Gruppe in den Prozess eingebunden ist (Filak, 2004, S. 229; Griebeler-Kollmann, 2019, S. 101–102, 131–132). In diesem Sinne ist *Change Management* entscheidend, um Spannungen unter den Mitarbeiterinnen und Mitarbeitern abzubauen und potenzielle Konflikte zu vermeiden (Gade, 2004, S. 41–42; Singer, 2004b, S. 13).

Trotz redaktioneller Konvergenz und der damit verbundenen Verschmelzung von Gruppen bleiben gruppenbezogene Vorurteile oft bestehen, wenngleich im Zeitverlauf eine allmähliche Abnahme der Vorurteile beobachtet wird, da Journalistinnen und Journalisten aus verschiedenen Berufskulturen miteinander kommunizieren, zusammenarbeiten und lernen, ihre jeweils unterschiedlichen Fähigkeiten zu schätzen (Filak, 2004, 2016, S. 309–310; Kaltenbrunner & Luef, 2017, S. 20; Singer, 2004b, S. 10).

Konflikte in der Redaktion lassen sich jedoch nicht allein auf Voreingenommenheit zwischen Gruppen zurückführen, sondern betreffen auch die wahrgenommene Gerechtigkeit und das Vertrauen in die Organisation. Wirtschaftlicher Druck, hohe Arbeitsbelastung und Zeitdruck verschärfen zudem die Spannungen am Arbeitsplatz (Rick & Hanitzsch, 2024, S. 13; Schmidt et al., 2022, S. 33, 37). In der Forschung wurden verschiedene Konfliktquellen untersucht, etwa der Übergang von Einzelarbeit zu Teamwork (Grubenmann, 2017, S. 467; Singer, 2004b, S. 10–11, 2004a, S. 848), politische Differenzen zur redaktionellen Linie (Steffan, 2015, S. 264), eine ungleiche Verteilung von Aufgaben (Anthon, 2015, S. 60–61), oder Gehalts- und Statusunterschiede zwischen verschiedenen Gruppen in der Redaktion (Assmann, 2023, S. 6–7; Klinenberg, 2005, S. 56; Pak, 2017, S. 488–489). Ein besonders großer Bereich organisatorischer Ungerechtigkeit und Konflikte betrifft geschlechtsspezifische Unterschiede. Nationale und internationale Studien haben übereinstimmend ein geschlechtsspezifisches Lohngefälle nachgewiesen, wobei Journalistinnen weniger verdienen als ihre männlichen Kollegen (Hanitzsch, Seethaler, et al., 2019, S. 94; Hanitzsch & Rick, 2021, S. 7; Rick & Laurer, 2024, S. 15). Außerdem sind Frauen in redaktionellen Führungspositionen systematisch unterrepräsentiert (Hanitzsch & Rick, 2021, S. 7; Steindl et al., 2017, S. 417). Aktuelle Umfragedaten aus Deutschland zeigen, dass 16 Prozent der Befragten aller Geschlechter Mobbing am Arbeitsplatz erlebt haben, neun Prozent Stalking und sieben Prozent sexuelle Belästigung oder Übergriffe. Frauen sind dabei wesentlich häufiger betroffen als Männer (Loosen et al., 2023, S. 15).

Zuletzt spielt Arbeitsplatzsicherheit eine wichtige Rolle. Während deutsche Journalistinnen und Journalisten in den 1990er Jahren von einem hohen Maß an Jobsicherheit berichteten (Weischenberg et al., 1994, S. 159), sank diese Bewertung Mitte der 2000er Jahre ab (Weischenberg et al., 2006b, S. 355) und hat heute ein niedriges Niveau erreicht (Hanitzsch & Rick, 2021; Schmidt et al., 2022, S. 33, 42, 51). Mehr als 10 Prozent der deutschen Journalistinnen und Journalisten haben konkret Angst, in den nächsten 12 Monaten ihren Job zu verlieren (Loosen et al., 2023, S. 15). Diese Wahrnehmung einer abnehmenden Arbeitsplatzsicherheit lässt sich sowohl in der nationalen als auch in der internationalen Literatur nachweisen (Buschow & Wellbrock, 2020, S. 15, 19; Kramp, 2013, S. 39–41; Mombelli & Beck, 2023, S. 174; Ruggiero et al., 2022, S. 327). Während der Zusammenhang zwischen Personalabbau und erhöhter Arbeitsplatzunsicherheit auf der Hand liegt (Schmidt et al., 2022, S. 33, 50; Siegelbaum & Thomas, 2016, S. 394), verringern auch wirtschaftlicher Druck (Fürst et al., 2017, S. 224), Automatisierung (Carlson, 2015, S. 429), redaktionelle Konvergenz und crossmediale Nachrichtenproduktion die Arbeitsplatzsicherheit (Kaltenbrunner & Luef, 2017, S. 16–17; Nikunen, 2014, S. 884).

Zusammenfassend können sich Journalistinnen und Journalisten auf den starken Rückhalt ihrer Kolleginnen und Kollegen verlassen, während sie die soziale Unterstützung durch Vorgesetzte und Arbeitgeber als unzureichend empfinden. Zudem bestehen weiterhin Konflikte zwischen unterschiedlichen Gruppen in der Redaktion, auch wenn die Voreingenommenheit mit der Zeit langsam abnimmt. In Zeiten hoher Anforderungen und ständiger Veränderungen sind die Spannungen in den Redaktionen hoch. Insbesondere anhaltende geschlechtsspezifische Ungleichheiten sind ein Grund für Unzufriedenheit.

(4) Gesundheitliche Folgen

Die Forschung zu den Folgen von Arbeitsstress auf die körperliche und psychische Gesundheit von Journalistinnen und Journalisten befasst sich hauptsächlich mit dem Thema Burnout. Dabei besteht ein klarer Zusammenhang zwischen Konflikten von Berufs- und Privatleben und Arbeitsbelastung einerseits und Burnout andererseits. Umgekehrt korrelieren Kontrolle am Arbeitsplatz, soziale Unterstützung durch Vorgesetzte sowie Kolleginnen und Kollegen, Entwicklungsmöglichkeiten, Gehalt(-szufriedenheit), Engagement, Aufgabenorientierung, Berufszufriedenheit und körperliches Wohlbefinden negativ mit Burnout (MacDonald et al., 2016, S. 39). Dieses Ergebnis deckt sich mit den Annahmen des *Demand-Control-Support*-Modells. Aktuelle Studien zeigen hohe Erschöpfungs- und Burnout-Raten unter Journalistinnen und Journalisten (Jung & Kim, 2012, S. 3647; Reinardy, 2017, S. 13; Schmidt et al., 2022, S. 71). Die aktuellste repräsentative Umfrage unter deutschen Journalistinnen und Journalisten zeigt, dass sie sich ihrer Gesundheitsrisiken bewusst sind: 23 Prozent machen sich Sorgen um ihre körperliche und 19 Prozent um ihre psychische Gesundheit (Loosen et al., 2023, S. 15). Burnout und seine Ursachen stehen zudem erwiesenermaßen in Zusammenhang mit einem geringeren Engagement, einer geringeren Arbeitszufriedenheit, sowie einer höheren Kündigungsabsicht (Cook & Banks, 1993, S. 115; Liu & Lo, 2018, S. 165; Reinardy, 2011, S. 45–46). Weitere Folgen von Arbeitsstress bei Journalistinnen und Journalisten sind Depressionen, körperliche Beschwerden, Müdigkeit, Schlafprobleme, Essstörungen, Alkoholmissbrauch, Rauchen, Bluthochdruck, emotionale Probleme oder Phobien (Endres, 1988, S. 6; Schmidt et al., 2022, S. 71), sowie Wut, Trauer, Angst und Sorgen um die persönliche Sicherheit (Carlson & Witt, 2020).

5.6 Fazit und Ausblick

Der obenstehende Überblick über den Forschungsstand zu Arbeitsbedingungen im Journalismus zeigt, dass das Thema in der Forschung seit Jahren immer wieder thematisiert wurde. Eine kritische Analyse der bisherigen Studien zeigt jedoch, dass immer nur einzelne Teilaspekte der Arbeitsbedingungen untersucht wurden, vor allem Arbeitszufriedenheit. Während diese über die Jahre wiederholt als hoch befunden wurde (Hummel et al., 2012, S. 725–727; Neverla, 1979, S. 175; Reinardy, 2017, S. 44–49; Weaver et al., 2019, S. 113; Weichert et al., 2015, S. 141; Weischenberg et al., 1994, S. 159, 2006a, S. 91), sind die weiter gefassten Arbeitsbedingungen deutlich komplexer. Fast alle Studien, die einzelne Teilaspekte der Arbeitsbedingungen behandeln (z. B. Hanitzsch, Seethaler, et al., 2019; Loosen et al., 2023; Weichert et al., 2015; Weischenberg et al., 1994, 2006b), bleiben bisher oberflächlich und stützen sich auf keine fundierte und international anerkannte Konzeptualisierung und Operationalisierung von Arbeitsbedingungen. Dasselbe gilt für die überwiegende Mehrheit der zahlreichen kleineren *Case-Studies*, die in der Regel kurze, selbst entwickelte Skalen verwenden, die für die Messung eines so komplexen Konzepts wie Arbeitsbedingungen ungeeignet sind (Beiler & Stascheit, 2017, S. 91).

5.6 Fazit und Ausblick

Diese Forschungslücke hat der Autor dieses Kapitels in seiner Doktorarbeit adressiert, die (1) den aktuellen Stand der redaktionellen Konvergenz sowie (2) der Arbeitsbedingungen im deutschen Nachrichtenjournalismus und (3) die Beziehung zwischen diesen beiden Konzepten untersucht. Die Arbeit befindet sich zum Verfassungszeitpunkt dieses Artikels in Begutachtung. Die folgenden Absätze fassen die Methode sowie ausgewählte Erkenntnisse zum Status quo der Arbeitsbedingungen im deutschen Nachrichtenjournalismus kurz zusammen. Zur Messung der redaktionellen Konvergenz wurden qualitative Interviews mit Chefredakteurinnen und -redakteuren bzw. Redaktionsleiterinnen und -leitern 19 deutscher Zeitungen geführt. In 13 dieser Redaktionen wurden die Arbeitsbedingungen von 232 Journalistinnen und Journalisten quantitativ untersucht.

Die Arbeitsbedingungen wurden mithilfe des *Copenhagen Psychosocial Questionnaire* (COPSOQ) (Burr et al., 2019; Kristensen et al., 2005; Lincke et al., 2021) gemessen, einem international anerkannten und validierten Instrument zur Messung von Arbeitsbedingungen, das es ermöglicht, Arbeitsbedingungen über verschiedene Teams, Organisationen, Branchen und Länder hinweg standardisiert zu vergleichen. Dieses Instrument wurde im Journalismus bisher nur in einer kleinen, explorativen Umfrage eingesetzt (Beiler & Stascheit, 2017). Die Dissertation des Autors schließt damit die oben beschriebene Forschungslücke, indem sie die Arbeitsbedingungen von Journalistinnen und Journalisten systematisch und umfassend analysiert und es zukünftigen Studien ermöglicht, auf einer transparenten und konsistenten Methode aufzubauen, um langfristig vergleichbare Daten zu sammeln.

Die Ergebnisse der Dissertation in Bezug auf die Arbeitsbedingungen zeigen, dass Journalistinnen und Journalisten im Vergleich zur Gesamtbevölkerung höhere Anforderungen berichten, aber auch mehr Unterstützung und Kontrolle erfahren. Dieses Umfeld mit hohen Anforderungen, hoher Unterstützung und hoher Kontrolle wird, wie in diesem Kapitel beschrieben, aus theoretischer Perspektive (DCSM) als aktiver Job positiv angesehen, da es die persönliche Entwicklung innerhalb und außerhalb der Arbeit fördert. Allerdings können mehrere Faktoren wie geringe Kontrolle über die Arbeitszeit, häufige Konflikte zwischen Berufs- und Privatleben, Rollenkonflikte und unvorhersehbare Arbeitsbedingungen dazu beitragen, dass Journalistinnen und Journalisten in dieser Studie ihre Gesundheit und ihr Wohlbefinden schlechter einschätzen als die Gesamtbevölkerung. Auf Grundlage dieser Analysen können redaktionelle Führungskräfte die Arbeitsbedingungen in ihrer Organisation kritisch hinterfragen und anpassen. Verbesserungsbedarf besteht vor allem

5. Arbeitsbedingungen im Newsroom

bei der Kontrolle von Journalistinnen und Journalisten und ihrer sozialen Unterstützung. Diese Punkte individuell zu adressieren, bietet Redaktionen die Möglichkeit, sowohl Wohlbefinden als auch Produktivität zu steigern.

Transferaufgaben für Workshops

Gruppe 1 (3–5 Teilnehmende)

Sie sind Consultant bei einer Unternehmensberatung, die sich auf die Begleitung von Veränderungsprozessen von Medienunternehmen spezialisiert hat. Ein regionaler Zeitungsverlag hat Sie engagiert. In den letzten beiden Jahren hat das Unternehmen seine Redaktion neu aufgestellt und konvergente Strukturen eingeführt, um die digitalen Produkte stärker in den Fokus zu rücken und fit für die Zukunft zu werden. Einige Journalistinnen und Journalisten sind von den Veränderungen überfordert und beklagen sich über neue Anforderungen, größeren Zeitdruck und ein insgesamt weniger angenehmes Arbeitsumfeld. Welche Maßnahmen ergreifen Sie, um Probleme zu identifizieren und die Arbeitsbedingungen zu verbessern? Bedenken Sie dabei, dass Ihr Auftraggeber der Verlag ist, nicht die Redaktion. Vernachlässigen Sie deshalb nicht die ökonomische Perspektive. Bereiten Sie Ihre Ergebnisse in Form eines Pitchs für Verlagsleitung und Chefredaktion vor.

Gruppe 2 (3–5 Teilnehmende)

Sie sind Architektinnen und Architekten und gestalten im Auftrag eines Medienunternehmens ein neues Gebäude, dass mehrere Redaktionen für die Produkte Zeitung, Fernsehen, Radio und Digital zusammenführen soll. Ziel ist es, Synergieeffekte zu nutzen und ein attraktives und effizientes Arbeitsumfeld für die kommenden Jahre zu schaffen. Bei der Gestaltung des Gebäudes haben Sie freie Hand. Erarbeiten Sie ein Konzept, dass die Zusammenarbeit zwischen den Redaktionen mit Blick auf zukünftig konvergente Strukturen berücksichtigt. Gehen Sie dabei sowohl auf die Struktur des Gebäudes insgesamt, aber auch der einzelnen Büroräume ein. Welche Eigenschaften müssen diese im Sinne eines möglichst belastungsarmen Arbeitsumfeldes erfüllen, welche Konzepte sind für crossmediale Zusammenarbeit wichtig? Bereiten Sie Ihre Ergebnisse in Form eines Pitchs für Verlagsleitung und Chefredaktion vor.

Gruppe 3 (3–5 Teilnehmende)

Sie sind Forscherinnen und Forscher und wollen die Arbeitsbedingungen in einer journalistischen Redaktion untersuchen. Für Ihre

Untersuchung wollen Sie das *Copenhagen Psychosocial Questionnaire* (COPSOQ) einsetzen, um anschlussfähig an frühere Forschung zu dem Thema zu sein. Verschaffen Sie sich einen Überblick über die Untersuchungsdimensionen dieses Tools, ordnen diese in den Kontext des oben beschriebenen *Demand-Control-Support*-Modells ein und identifizieren Sie Aspekte des COPSOQ, die darüber hinausgehen. Reflektieren Sie, warum diese zusätzlichen Dimensionen wichtig für die Beschreibung der Arbeitsbedingungen sein könnten. Strukturieren Sie Ihre Ergebnisse und präsentieren Sie diese dem Kurs.

Michael Sengl

Literaturverzeichnis

Achtenhagen, Leona, & Raviola, Elena (2009). Balancing Tensions During Convergence: Duality Management in a Newspaper Company. *International Journal on Media Management, 11*(1), 32–41. https://doi.org/10.1080/14241270802518505

Altmeppen, Klaus-Dieter, Nölleke-Przybylski, Pamela, Klinghardt, Korbinian, & Zimmermann, Anna (2023). *Digitale Medienökonomie* (1. Aufl.). Nomos Verlagsgesellschaft.

Anthon, Kaye E. C. (2015). *Arbeiten im Newsroom: Wie wirkt sich Konvergenz auf Journalisten aus?* Diplomica Verlag.

Assmann, Karin (2023). Rise of the Zombie Papers: Infecting Germany's Local and Regional Public Media Ecosystem. *Media and Communication, 11*(3), 360–370. https://doi.org/10.17645/mac.v11i3.6816

Assmann, Karin, & Eckert, Stine (2024). Are Women Journalists in Leadership Changing Work Conditions and Newsroom Culture? *Journalism, 25*(3), 565–584. https://doi.org/10.1177/14648849231159957

Beiler, Markus, & Gerstner, Johannes R. (2019). Newsroom- und Newsdeskstrukturen zur Reduzierung von Binnenkomplexität im crossmedialen Journalismus. Quantitativ-qualitative Mehrmethodenstudie zur Struktur und Bewertung der Redaktionsform bei den deutschen Tageszeitungen. In Beatrice Dernbach, Alexander Godulla, & Annika Sehl (Hrsg.), *Komplexität im Journalismus* (S. 91–99). Springer. https://doi.org/10.1007/978-3-658-22860-6_9

Beiler, Markus, & Stascheit, Dirk (2017). Arbeitsbelastung von Journalisten als medienethische Herausforderung. Messung psychosozialer Faktoren des Belastungerlebens mittels Copenhagen Psychosocial Questionaire. In Alexander Filipovic, Marlis Prinzing, & Ingrid Stapf (Hrsg.), *Gesellschaft ohne Diskurs?* (S. 87–102). Nomos. https://doi.org/10.5771/9783845279824-87

Brandstetter, Barbara (2017). Ohne Beiboote droht Verlagen der Untergang. In Markus Kaiser & Stefan Sutor (Hrsg.), *Transforming Media: Neue Geschäftsmodelle in der digitalen Welt* (S. 148–156). Verlag Dr. Gabriele Hooffacker.

Brief, Arthur P., & George, Jennifer M. (1991). Psychological Stress at the Workplace: A Brief Comment on Lazarus' Outlook. *Journal of Social Behavior and Personality, 6*(7), 15–20. http://dx.doi.org/10.1201/9781003072430-3

Bro, Peter, Hansen, Kenneth R., & Andersson, Ralf (2016). Improving Productivity in the Newsroom? Deskilling, Reskilling and Multiskilling in the News Media. *Journalism Practice, 10*(8), 1005–1018. https://doi.org/10.1080/17512786.2015.1090883

Bruns, Axel (2005). *Gatewatching: Collaborative Online News Production.* Peter Lang.

Bruns, Axel (2010). Vom Prosumenten zum Produtzer. In Birgit Blättel-Mink & Kai-Uwe Hellmann (Hrsg.), *Prosumer Revisited* (S. 191–205). VS Verlag für Sozialwissenschaften. https://doi.org/10.1007/978-3-531-91998-0_10

van den Bulck, Hilde, & Tambuyzer, Sil (2013). Collisions of Convergence: Flemish News Workers' and Management's Perceptions of the Impact of PSB Newsroom Integration on Journalistic Practices and Identities. *International Communication Gazette, 75*(1), 54–75. https://doi.org/10.1177/1748048512461762

Bundesanstalt für Arbeitsschutz und Arbeitsmedizin (Hrsg.). (2010). *Psychische Belastung und Beanspruchung im Berufsleben: Erkennen – Gestalten.* https://www.baua.de/DE/Angebote/Publikationen/Praxis/A45.pdf?__blob=publicationFile&v=3

Burr, Hermann, Berthelsen, Hanne, Salvador, Moncada, Nübling, Matthias, Dupret, Emilie, Demiral, Yucel, Oudyk, John, Kristensen, Tage S., Llorens, Clara, Navarro, Albert, Lincke, Hans-Joachim, Bocéréan, Christine, Sahan, Ceyda, Smith, Peter, & Pohrt, Anne (2019). The Third Version of the Copenhagen Psychosocial Questionnaire. *Safety and Health at Work, 10*(4), 482–503. https://doi.org/10.1016/j.shaw.2019.10.002

Buschow, Christopher, & Wellbrock, Christian-Mathias (2020). *Die Innovationslandschaft des Journalismus in Deutschland.* Landesanstalt für Medien NRW. https://www.medienanstalt-nrw.de/fileadmin/user_upload/NeueWebsite_0120/Zum_Nachlesen/Gutachten_Innovationslandschaft_Journalismus.pdf

Carlson, Caitlin R., & Witt, Haley (2020). Online Harassment of U.S. Women Journalists and Its Impact on Press Freedom. *First Monday, 25*(11). https://doi.org/10.5210/fm.v25i11.11071

Carlson, Matt (2015). The Robotic Reporter: Automated Journalism and the Redefinition of Labor, Compositional Forms, and Journalistic Authority. *Digital Journalism, 3*(3), 416–431. https://doi.org/10.1080/21670811.2014.976412

Cherubini, Federica, & Nielsen, Rasmus K. (2016). *Digital News Project 2016. Editorial Analytics: How News Media Are Developing and Using Audience Data and Metrics.* Reuters Institute for the Study of Journalism. https://doi.org/10.60625/risj-t8b4-5s83

Cohen, Nicole S. (2019). At Work in the Digital Newsroom. *Digital Journalism, 7*(5), 571–591. https://doi.org/10.1080/21670811.2017.1419821

Cook, Betsy B., & Banks, Steven R. (1993). Predictors of Job Burnout in Reporters and Copy Editors. *Journalism Quarterly, 70*(1), 108–117. https://doi.org/10.1177/107769909307000112

Cooper, Cary L., Dewe, Philip J., & O'Driscoll, Michael P. (2001). *Organizational Stress: A Review and Critique of Theory, Research, and Applications.* SAGE Publications. http://dx.doi.org/10.1111/1468-0432.00006_4

Domingo, David, Salaverría, Ramón, Aguado Terrón, Juan M., Cabrera, M. Ángeles, Edo Bolós, Concha, Masip, Pere, Meso Ayerdi, Koldobika, Palomo, M. Bella, Sádaba, Charo, Orihuela Colliva, José L., Portilla, Idoia, Díaz Noci, Javier, Larrañaga, José, Larrondo Ureta, Ainara, López, Xosé Pereira, Xosé, Gago Mariño, Manuel, Otero, Marita, Fernández Rivera, Celina, ... Giménez, Elea (2007). *Four Dimensions of Journalistic Convergence: A Preliminary Approach to Current Media Trends at Spain* [Konferenzbeitrag]. 8th International Symposium on Online Journalism, Austin, Texas.

Endres, Fredric F. (1988). Stress in the Newsroom at Ohio Dailies. *Newspaper Research Journal, 10*(1), 1–14. https://doi.org/10.1177/073953298801000102

Literaturverzeichnis

Everbach, Tracy, & Flournoy, Craig (2007). Women Leave Journalism for Better Pay, Work Conditions. *Newspaper Research Journal*, *28*(3), 52–64. https://doi.org/10.1177/073953290702800305

Filak, Vincent F. (2004). Cultural Convergence: Intergroup Bias Among Journalists and its Impact on Convergence. *Atlantic Journal of Communication*, *12*(4), 216–232. https://doi.org/10.1207/s15456889ajc1204_3

Filak, Vincent F. (2016). Cultural Convergence 10 Years Later: A Reexamination of Intergroup Bias Among Journalists in the Digital Media Age. *Atlantic Journal of Communication*, *24*(5), 302–312. https://doi.org/10.1080/15456870.2016.1237254

Flores, María de los Ángeles (2019). Evaluating Job Satisfaction of Latino/a Journalists in Multimedia Newsrooms: A Comparative Examination Between 2010 and 2017. *Journalism Practice*, 1–26. https://doi.org/10.1080/17512786.2019.1590155

Frese, Michael, & Semmer, Norbert (1991). Stressfolgen in Abhängigkeit von Moderatorvariablen: Der Einfluss von Kontrolle und sozialer Unterstützung. In Siegfried Greif, Eva Bamberg, & Norbert Semmer (Hrsg.), *Psychischer Streß am Arbeitsplatz* (S. 135–153). Hogrefe.

Fürst, Silke, Hofstetter, Brigitte, Meißner, Mike, Puppis, Manuel, & Schönhagen, Philomen (2017). Gefährdete Autonomie? Kontinuität und Wandel der journalistischen Berichterstattungsfreiheit und redaktioneller Arbeitsbedingungen in der Schweiz. In Alexander Filipovic, Marlis Prinzing, & Ingrid Stapf (Hrsg.), *Gesellschaft ohne Diskurs?* (S. 219–236). Nomos. https://doi.org/10.5771/9783845279824-219

Gade, Peter J. (2004). Newspapers and Organizational Development: Management and Journalist Perceptions of Newsroom Cultural Change. *Journalism & Communication Monographs*, *6*(1), 3–55. https://doi.org/10.1177/152263790400600101

García Avilés, José A., Meier, Klaus, Kaltenbrunner, Andy, Carvajal, Miguel, & Kraus, Daniela (2009). Newsroom Integration in Austria, Spain and Germany: Models of Media Convergence. *Journalism Practice*, *3*(3), 285–303. https://doi.org/10.1080/17512780902798638

García-Avilés, José A., Kaltenbrunner, Andy, & Meier, Klaus (2014). Media Convergence Revisited: Lessons Learned on Newsroom Integration in Austria, Germany and Spain. *Journalism Practice*, *8*(5), 573–584. https://doi.org/10.1080/17512786.2014.885678

Gelade, Garry A., & Ivery, Mark (2003). The Impact of Human Resource Management and Work Climate on Organizational Performance. *Personnel Psychology*, *56*(2), 383–404. https://doi.org/10.1111/j.1744-6570.2003.tb00155.x

Gilboa, Simona, Shirom, Arie, Fried, Yitzhak, & Cooper, Cary (2008). A Meta-Analysis of Work Demand Stressors and Job Performance: Examining Main and Moderating Effects. *Personnel Psychology*, *61*(2), 227–271. https://doi.org/10.1111/j.1744-6570.2008.00113.x

Giomelakis, Dimitrios, Karypidou, Christina, & Veglis, Andreas (2019). SEO inside Newsrooms: Reports from the Field. *Future Internet*, *11*(12), 261–276. https://doi.org/10.3390/fi11120261

Giomelakis, Dimitrios, & Veglis, Andreas (2016). Investigating Search Engine Optimization Factors in Media Websites: The Case of Greece. *Digital Journalism*, *4*(3), 379–400. https://doi.org/10.1080/21670811.2015.1046992

Goldhammer, Klaus, Dieterich, Kevin, & Prien, Tim (2019). *Wissenschaftlicher Bericht: „Künstliche Intelligenz, Medien und Öffentlichkeit"*. Bundesamt für Kommunikation – BAKOM.

Gollmitzer, Mirjam (2014). Precariously Employed Watchdogs? *Journalism Practice*, *8*(6), 826–841. https://doi.org/10.1080/17512786.2014.882061

Goyanes, Manuel, & Cañedo, Azahara (2023). The Dark Side of Journalism: Understanding the Phenomenology of Conflicts in the Newsroom and the Mechanisms Intended to Solve Them. *Journalism, 24*(2), 380–397. https://doi.org/10.1177/14648849211014765

Graßl, Michael, Schützeneder, Jonas, & Meier, Klaus (2022). Künstliche Intelligenz als Assistenz. *Journalistik, 5*(1), 3–27. https://doi.org/10.1453/2569-152X-12022-12021-de

Griebeler-Kollmann, Jaqueline (2019). *Nomos Universitätsschriften – Medien und Kommunikation: Bd. 6. Strukturinnovationen im Journalismus. Die Auswirkung unternehmensstrategischer Entscheidungsprämissen auf das journalistische Handeln.* Nomos. https://doi.org/10.5771/9783845292885

Grubenmann, Stephanie (2017). Matrix Organisation: The Design of Cross-Beat Teamwork in Newsrooms. *Journalism Practice, 11*(4), 458–476. https://doi.org/10.1080/17512786.2016.1140588

Hanitzsch, Thomas, Hanusch, Folker, Ramaprasad, Jyotika, & de Beer, Arnold (Hrsg.). (2019). *Worlds of Journalism: Journalistic Cultures Around the Globe.* Columbia University Press. https://doi.org/10.7312/hani18642

Hanitzsch, Thomas, & Rick, Jana (2021). *Prekarisierung im Journalismus. Erster Ergebnisbericht März 2021.* Institut für Kommunikationswissenschaft und Medienforschung, Ludwig-Maximilians-Universität München.

Hanitzsch, Thomas, Seethaler, Josef, & Wyss, Vinzenz (Hrsg.). (2019). *Journalismus in Deutschland, Österreich und der Schweiz.* Springer VS. https://doi.org/10.1007/978-3-658-27910-3

Harris, James R. (1991). The Utility of the Transactional Approach for Occupational Stress Research. *Journal of Social Behavior and Personality, 6*(7), 21–29.

Hasenbrink, Uwe (2015). Kommunikationsrepertoires und digitale Öffentlichkeiten. In Oliver Hahn, Ralf Hohlfeld, & Thomas Knieper (Hrsg.), *Schriftenreihe der DGPuK: Bd. 42. Digitale Öffentlichkeit(en)* (S. 35–49). Herbert von Halem Verlag.

Hofstetter, Brigitte (2017). Konvergente Redaktionen: Wenn Tempo und Effizienz die Regeln diktieren. In Werner A. Meier (Hrsg.), *Abbruch–Umbruch—Aufbruch* (S. 201–224). Nomos. https://doi.org/10.5771/9783845276663-201

Hofstetter, Brigitte, & Schönhagen, Philomen (2014). Wandel redaktioneller Strukturen und journalistischen Handelns. *SCM Studies in Communication and Media, 3*(2), 228–252. https://doi.org/10.5771/2192-4007-2014-2-228

Hofstetter, Brigitte, & Schönhagen, Philomen (2017). When Creative Potentials Are Being Undermined by Commercial Imperatives: Change and Resistance in Six Cases of Newsroom Reorganisation. *Digital Journalism, 5*(1), 44–60. https://doi.org/10.1080/21670811.2016.1155966

Hohlfeld, Ralf (2016). Journalistische Beobachtungen des Publikums. In Klaus Meier & Christoph Neuberger (Hrsg.), *Aktuell. Studien zum Journalismus: Bd. 1. Journalismusforschung. Stand und Perspektiven* (2. Aufl., S. 265–285). Nomos. https://doi.org/10.5771/9783845271422

Hohlfeld, Ralf (2018). Crossmedialität im Journalismus. In Kim Otto & Andreas Köhler (Hrsg.), *Crossmedialität im Journalismus und in der Unternehmenskommunikation* (S. 17–42). Springer VS. https://doi.org/10.1007/978-3-658-21744-0_2

House, James S. (1981). *Work Stress and Social Support.* Addison-Wesley Pub. Co.

Hughes, Sallie, Iesue, Laura, De Ortega Bárcenas, Hilda F., Sandoval, Judith C., & Lozano, José C. (2021). Coping with Occupational Stress in Journalism: Professional Identities and Advocacy as Resources. *Journalism Studies, 22*(8), 971–991. https://doi.org/10.1080/1461670X.2021.1910543

Hummel, Roman, Kirchhoff, Susanne, & Prandner, Dimitri (2012). "We Used to Be Queens and Now We Are Slaves": Working Conditions and Career Strategies in the Journalistic Field. *Journalism Practice*, 6(5–6), 722–731. https://doi.org/10.1080/17512786.2012.667276

Jarren, Otfried (2021). Demokratie benötigt Journalismus und Medien: Zur anhaltenden Relevanz publizistischer Medien für die gesamtgesellschaftliche Kommunikation. In Melanie Magin, Uta Rußmann, & Birgit Stark (Hrsg.), *Demokratie braucht Medien* (S. 117–141). Springer VS. https://doi.org/10.1007/978-3-658-34633-1_7

Jarren, Otfried, & Fischer, Renate (2021). Die Plattformisierung von Öffentlichkeit und der Relevanzverlust des Journalismus als demokratische Herausforderung. In Martin Seeliger & Sebastian Sevignani (Hrsg.), *Ein neuer Strukturwandel der Öffentlichkeit?* (S. 365–382). Nomos. https://doi.org/10.5771/9783748912187-365

Johnson, Jeffrey V., & Hall, Ellen M. (1988). Job Strain, Work Place Social Support, and Cardiovascular Disease: A Cross-Sectional Study of a Random Sample of the Swedish Working Population. *American Journal of Public Health*, 78(10), 1336–1342. https://doi.org/10.2105/AJPH.78.10.1336

Jung, Jaemin, & Kim, Youngju (2012). Causes of Newspaper Firm Employee Burnout in Korea and Its Impact on Organizational Commitment and Turnover Intention. *The International Journal of Human Resource Management*, 23(17), 3636–3651. https://doi.org/10.1080/09585192.2012.654806

Kaltenbrunner, Andy, & Luef, Sonja (2017). *Newsroom-Integration bei österreichischen Tageszeitungen*. Medienhaus Wien. https://www.mhw.at/uploads/1/4/5/2/145228725/newsroom-integration_bei_österreichischen_tageszeitungen_-_kaltenbrunner_luef.pdf

Kansky, Holger (2015). Paid Content-Modelle in der Übersicht. In Thomas Breyer-Mayländer (Hrsg.), *Vom Zeitungsverlag zum Medienhaus* (S. 83–102). Springer Gabler. https://doi.org/10.1007/978-3-658-04100-7_8

Karasek, Robert A. Jr. (1979). Job Demands, Job Decision Latitude, and Mental Strain: Implications for Job Redesign. *Administrative Science Quarterly*, 24(2), 285–308. https://doi.org/10.2307/2392498

Karasek, Robert A. Jr., & Theorell, Töres (1990). *Healthy Work: Stress, Productivity, and the Reconstruction of Working Life*. Basic Books Inc.

Klinenberg, Eric (2005). Convergence: News Production in a Digital Age. *The Annals of the American Academy of Political and Social Science*, 597(1), 48–64. https://doi.org/10.1177/0002716204270346

Kramp, Leif (2013). Profession am Scheideweg Journalismus zwischen Aufbruch und Existenzängsten. In Leif Kramp, Leonard Novy, Dennis Ballwieser, & Karsten Wenzlaff (Hrsg.), *Journalismus in der digitalen Moderne. Einsichten – Ansichten – Aussichten* (S. 33–62). Springer VS. https://doi.org/10.1007/978-3-658-01144-4_3

Kramp, Leif, & Weichert, Stephan (2012). *Innovationsreport Journalismus: Ökonomische, medienpolitische und handwerkliche Faktoren im Wandel*. Friedrich-Ebert-Stiftung. https://library.fes.de/pdf-files/akademie/08984.pdf

Kristensen, Tage S., Hannerz, Harald, Høgh, Annie, & Borg, Vilhelm (2005). The Copenhagen Psychosocial Questionnaire – a Tool for the Assessment and Improvement of the Psychosocial Work Environment. *Scandinavian Journal of Work, Environment & Health*, 31(6), 438–449. https://doi.org/10.5271/sjweh.948

Lauerer, Corinna, Dingerkus, Filip, & Steindl, Nina (2019). Journalisten in ihrem Arbeitsumfeld. In Thomas Hanitzsch, Josef Seethaler, & Vinzenz Wyss (Hrsg.), *Journalismus in Deutschland, Österreich und der Schweiz* (S. 71–101). Springer VS. https://doi.org/10.1007/978-3-658-27910-3_4

Lincke, Hans-Joachim, Vomstein, Martin, Lindner, Alexandra, Nolle, Inga, Häberle, Nicola, Haug, Ariane, & Nübling, Matthias (2021). COPSOQ III in Germany: Validation of a Standard Instrument to Measure Psychosocial Factors at Work. *Journal of Occupational Medicine and Toxicology, 16*(1). https://doi.org/10.1186/s12995-021-00331-1

Lischka, Juliane A. (2021). Logics in Social Media News Making: How Social Media Editors Marry the Facebook Logic with Journalistic Standards. *Journalism, 22*(2), 430–447. https://doi.org/10.1177/1464884918788472

Liu, Huei-Ling, & Lo, Ven-Hwei (2018). An Integrated Model of Workload, Autonomy, Burnout, Job Satisfaction, and Turnover Intention Among Taiwanese Reporters. *Asian Journal of Communication, 28*(2), 153–169. https://doi.org/10.1080/01292986.2017.1382544

Lobigs, Frank (2016). Finanzierung des Journalismus – von langsamen und schnellen Disruptionen. In Klaus Meier & Christoph Neuberger (Hrsg.), *Aktuell. Studien zum Journalismus: Bd. 1. Journalismusforschung. Stand und Perspektiven* (2. Aufl., S. 69–137). Nomos. https://doi.org/10.5771/9783845271422-69

Loosen, Wiebke, von Garmissen, Anna, Bartelt, Elsa, & van Olphen, Tim (2023). *Arbeitspapiere des Hans-Bredow-Instituts: Nr. 68. Journalismus in Deutschland 2023: Aktuelle Befunde zu Situation und Wandel*. Hans-Bredow-Institut. https://doi.org/10.21241/SSOAR.89555

Lopezosa, Carlos, Codina, Lluís, Díaz-Noci, Javier, & Ontalba, José-Antonio (2020). SEO and the Digital News Media: From the Workplace to the Classroom. *Comunicar, 28*(63), 65–75. https://doi.org/10.3916/C63-2020-06

MacDonald, Jasmine B., Saliba, Anthony J., Hodgins, Gene, & Ovington, Linda A. (2016). Burnout in Journalists: A Systematic Literature Review. *Burnout Research, 3*(2), 34–44. https://doi.org/10.1016/j.burn.2016.03.001

Mari, Will (2023). Staying Cool: The Impact of Air Conditioning on News Work and the Modern Newsroom. *Journalism Practice, 17*(3), 391–410. https://doi.org/10.1080/17512786.2021.1919544

Meier, Klaus (2002). *Forschungsfeld Kommunikation: Bd. 14. Ressort, Sparte, Team: Wahrnehmungsstrukturen und Redaktionsorganisation im Zeitungsjournalismus*. UVK.

Meier, Klaus (2004). Redaktionen: Organisation, Strukturen und Arbeitsweisen. In Heinz Pürer, Meinrad Rahofer, & Claus Reitan (Hrsg.), *Praktischer Journalismus: Presse, Radio, Fernsehen, Online* (5. Aufl., S. 95–109). UVK.

Meier, Klaus (2007). Innovations in Central European Newsrooms: Overview and Case Study. *Journalism Practice, 1*(1), 4–19. https://doi.org/10.1080/17512780601078803

Meier, Klaus (2016). Crossmedialität. In Klaus Meier & Christoph Neuberger (Hrsg.), *Aktuell. Studien zum Journalismus: Bd. 1. Journalismusforschung. Stand und Perspektiven* (2. Aufl., S. 203–226). Nomos. https://doi.org/10.5771/9783845271422-201

Meier, Klaus (2018). *Journalistik* (4. Aufl.). utb. https://doi.org/10.36198/9783838548081

Meier, Klaus (2023). Crossmedialität. In Klaus Meier & Christoph Neuberger (Hrsg.), *Aktuell. Studien zum Journalismus: Bd. 1. Journalismusforschung. Stand und Perspektiven* (3. Aufl., S. 157–181). Nomos. https://doi.org/10.5771/9783748928522-157

Mombelli, Lauro, & Beck, Daniel (2023). Young Journalists in Switzerland: Results of a Survey on Aims, Working Conditions, and Future Prospects of Journalists Born in 1990 or Later. *Studies in Communication Sciences, 23*(2), 165–179. https://doi.org/10.24434/j.scoms.2023.02.3604

Neuberger, Christoph (2020). Journalismus und digitaler Wandel: Krise und Neukonzeption journalistischer Vermittlung. In Otfried Jarren & Christoph Neuberger (Hrsg.), *Gesellschaftliche Vermittlung in der Krise* (S. 119–154). Nomos. https://doi.org/10.5771/9783748909729-119

Neverla, Irene (1979). *Arbeitszufriedenheit von Journalisten*. Minerva.

Newman, Nic, Fletcher, Richard, Eddy, Kirsten, Robertson, Craig T., & Nielsen, Rasmus K. (2023). *Digital News Report 2023*. Reuters Institute for the Study of Journalism. https://reutersinstitute.politics.ox.ac.uk/sites/default/files/2023-06/Digital_News_Report_2023.pdf

Nikunen, Kaarina (2014). Losing my Profession: Age, Experience and Expertise in the Changing Newsrooms. *Journalism*, 15(7), 868–888. https://doi.org/10.1177/1464884913508610

Nölleke-Przybylski, Pamela, Evers, Tanja, & Altmeppen, Klaus-Dieter (2020). Catch me, if you can—Eine Kompetenzperspektive auf Journalismus als Berufsfeld und Forschungsgegenstand. In Jonas Schützeneder, Klaus Meier, & Nina Springer (Hrsg.), *Neujustierung der Journalistik/Journalismusforschung in der digitalen Gesellschaft: Proceedings zur Jahrestagung der Fachgruppe Journalistik/Journalismusforschung der Deutschen Gesellschaft für Publizistik- und Kommunikationswissenschaft 2019* [Konferenzband] (S. 140–166). DGPuK, Eichstätt, Deutschland. https://doi.org/10.21241/SSOAR.70830

Nygren, Gunnar (2014). Multiskilling in the Newsroom – De-Skilling or Re-Skilling of Journalistic Work? *The Journal of Media Innovations*, 1(2), 75–96. http://dx.doi.org/10.5617/jmi.v1i2.876

Pak, Hyeong-Jun (2017). Perceptions and Influence of Newspaper-Led Convergence with Broadcast Stations: The Cases of Three South Korean Multimedia Groups. *Convergence*, 23(5), 477–496. https://doi.org/10.1177/1354856515619246

Paulussen, Steve (2012). Technology and the Transformation of News Work: Are Labor Conditions in (Online) Journalism Changing? In Eugenia Siapera & Andreas Veglis (Hrsg.), *The Handbook of Global Online Journalism* (S. 192–208). Wiley-Blackwell. https://doi.org/10.1002/9781118313978.ch11

Peterson-Salahuddin, Chelsea, & Diakopoulos, Nicholas (2020). Negotiated Autonomy: The Role of Social Media Algorithms in Editorial Decision Making. *Media and Communication*, 8(3), 27–38. https://doi.org/10.17645/mac.v8i3.3001

Puppis, Manuel, Schönhagen, Philomen, Fürst, Silke, Hofstetter, Brigitte, & Meissner, Mike (2014). *Arbeitsbedingungen und Berichterstattungsfreiheit in journalistischen Organisationen*. Departement für Kommunikationswissenschaft und Medienforschung, Universität Freiburg. http://dx.doi.org/10.13140/RG.2.2.19809.72802

Reinardy, Scott (2011). Newspaper Journalism in Crisis: Burnout on the Rise, Eroding Young Journalists' Career Commitment. *Journalism*, 12(1), 33–50. https://doi.org/10.1177/1464884910385188

Reinardy, Scott (2017). *Journalism's Lost Generation: The Un-Doing of U.S. Newspaper Newsrooms*. Routledge.

Reyna, Víctor H. (2021). "This Is My Exit Sign": Job Control Deficit, Role Strain and Turnover in Mexican Journalism. *Journalism Practice*, 15(8), 1129–1145. https://doi.org/10.1080/17512786.2020.1776141

Rick, Jana, & Hanitzsch, Thomas (2024). Journalistic Work During a Pandemic: Changing Contexts and Subjective Perceptions. *Journalism Practice*, 18(1), 99–118. https://doi.org/10.1080/17512786.2023.2250760

Rick, Jana, & Lauerer, Corinna (2024). Prekarierinnen? Geschlechterspezifische Unterschiede prekärer Arbeit im Journalismus. *Medien & Kommunikationswissenschaft*, 72(1), 3–20. https://doi.org/10.5771/1615-634X-2024-1-3

Robinson, Sue (2011). Convergence Crises: News Work and News Space in the Digitally Transforming Newsroom. *Journal of Communication*, 61(6), 1122–1141. https://doi.org/10.1111/j.1460-2466.2011.01603.x

Rosen, Christopher C., Chang, Chu-Hsiang, Djurdjevic, Emilija, & Eatough, Erin (2010). Occupational Stressors and Job Performance: An Updated Review and Recommendations. In Pamela L. Perrewé & Daniel C. Ganster (Hrsg.), *Research in Occupational Stress and Well-being* (Bd. 8, S. 1–60). Emerald Group Publishing Limited. https://doi.org/10.1108/S1479-3555(2010)0000008004

Ruggiero, Christian, Karadimitriou, Achilleas, Lo, Wai H., Núñez-Mussa, Enrique, Bomba, Mauro, & Sallusti, Simone (2022). The Professionalisation of Journalism: Global Trends and the Challenges of Training and Job Insecurity. In Josef Trappel & Tales Tomaz (Hrsg.), *Success and failure in news media performance: Comparative anlaysis in the Media for Democracy Monitor 2021* (S. 309–335). Nordicom, University of Gothenburg. https://doi.org/10.48335/9789188855589-15

Schmidt, Burkhard, Nübel, Rainer, Mack, Simon, & Rölle, Daniel (2022). *OBS-Arbeitspapier: Nr. 55. Arbeitsdruck – Anpassung – Ausstieg. Wie Journalist:innen die Transformation der Medien erleben*. Otto Brenner Stiftung. https://www.otto-brenner-stiftung.de/fileadmin/user_data/stiftung/02_Wissenschaftsportal/03_Publikationen/AP55_Medienmacher_innen.pdf

Schneider, Benjamin, Hanges, Paul J., Smith, D. Brent, & Salvaggio, Amy N. (2003). Which Comes First: Employee Attitudes or Organizational Financial and Market Performance? *Journal of Applied Psychology, 88*(5), 836–851. https://doi.org/10.1037/0021-9010.88.5.836

Scholl, Armin, & Weischenberg, Siegfried (1998). *Journalismus in der Gesellschaft: Theorie, Methodologie und Empirie*. Westdeutscher Verlag. https://doi.org/10.1007/978-3-322-90688-5

Schwenk, Johanna (2006). *Berufsfeld Journalismus. Aktuelle Befunde zur beruflichen Situation und Karriere von Frauen und Männern im Journalismus*. Verlag Reinhard Fischer.

Siegelbaum, Sasu, & Thomas, Ryan J. (2016). Putting the Work (back) into Newswork: Searching for the Sources of Normative Failure. *Journalism Practice, 10*(3), 387–404. https://doi.org/10.1080/17512786.2015.1025415

Šimunjak, Maja (2023). Developing Psychological Capital to Support Journalists' Well-Being. In Valérie Bélair-Gagnon, Avery E. Holton, Mark Deuze, & Claudia Mellado (Hrsg.), *Happiness in Journalism* (1. Aufl., S. 69–77). Routledge. https://doi.org/10.4324/9781003364597-10

Šimunjak, Maja, & Menke, Manuel (2023). Workplace Well-Being and Support Systems in Journalism: Comparative Analysis of Germany and the United Kingdom. *Journalism, 24*(11), 2474–2492. https://doi.org/10.1177/14648849221115205

Singer, Jane B. (2004a). More Than Ink-Stained Wretches: The Resocialization of Print Journalists in Converged Newsrooms. *Journalism & Mass Communication Quarterly, 81*(4), 838–856. https://doi.org/10.1177/107769900408100408

Singer, Jane B. (2004b). Strange Bedfellows? The Diffusion of Convergence in Four News Organizations. *Journalism Studies, 5*(1), 3–18. https://doi.org/10.1080/1461670032000174701

Steffan, Dennis (2015). Glücklich mit dem Beruf, aber unzufrieden mit dem Job? Eine Analyse über die Arbeitszufriedenheit von Journalisten in Deutschland. *Studies in Communication and Media, 4*(3), 248–276. https://doi.org/10.5771/2192-4007-2015-3-248

Steindl, Nina, Lauerer, Corinna, & Hanitzsch, Thomas (2017). Journalismus in Deutschland: Aktuelle Befunde zu Kontinuität und Wandel im deutschen Journalismus. *Publizistik, 62*(4), 401–423. https://doi.org/10.1007/s11616-017-0378-9

Walters, Patrick (2022). Reclaiming Control: How Journalists Embrace Social Media Logics While Defending Journalistic Values. *Digital Journalism, 10*(9), 1482–1501. https://doi.org/10.1080/21670811.2021.1942113

Weaver, David H., Willnat, Lars, & Wilhoit, G. Cleveland (2019). The American Journalist in the Digital Age: Another Look at U.S. News People. *Journalism & Mass Communication Quarterly, 96*(1), 101–130. https://doi.org/10.1177/1077699018778242

Weichert, Stephan, Kramp, Leif, & Welker, Martin (2015). *Die Zeitungsmacher*. Springer VS. https://doi.org/10.1007/978-3-658-02104-7

Weischenberg, Siegfried, Löffelholz, Martin, & Scholl, Armin (1994). Merkmale und Einstellungen von Journalisten. *Media Perspektiven, 4*, 154–167.

Weischenberg, Siegfried, Malik, Maja, & Scholl, Armin (2006a). *Die Souffleure der Mediengesellschaft. Report über die Journalisten in Deutschland*. UVK.

Weischenberg, Siegfried, Malik, Maja, & Scholl, Armin (2006b). Journalismus in Deutschland 2005. *Media Perspektiven, 7*, 346–361. https://www.ard-media.de/fileadmin/user_upload/media-perspektiven/pdf/2006/07-2006_Weischenberg.pdf

Wyss, Vinzenz (2013). Das Prekariat des Schweizer Journalismus. In Kurt Imhof, Roger Blum, Heinz Bonfadelli, & Otfried Jarren (Hrsg.), *Stratifizierte und segmentierte Öffentlichkeit* (S. 167–185). Springer VS. https://doi.org/10.1007/978-3-658-00348-7_10

Zapf, Dieter, & Frese, Michael (1991). Soziale Stressoren am Arbeitsplatz. In Siegfried Greif, Eva Bamberg, & Norbert Semmer (Hrsg.), *Psychischer Streß am Arbeitsplatz* (S. 168–184). Hogrefe.

6. Crossmediale Journalistenausbildung: Auf dem Weg zu einem neuen Qualitätsmodell?

Überblick

Die in Kapitel 4 beschriebenen Kompetenzen, die im digitalen Journalismus den Akteurinnen und Akteuren abverlangt werden, sind nicht vom Himmel gefallen. Sie sind das Ergebnis einer schrittweisen Evolution des Journalismusberufs im Übergang vom redaktionellen Journalismus zum redaktionstechnischen Journalismus, der schon vor der Digitalisierung in den Neunzehnhundertachtziger Jahren mit der Bildschirmarbeit und der Aneignung von Kameratechniken im Rundfunk seinen Ausgangspunkt nahm. In diesem Kapitel werden diese Kompetenzen (fach)historisch hergeleitet und es wird beschrieben, in welcher Weise die hochschulgebundene Journalistenausbildung in der Curriculumsentwicklung auf technische und wirtschaftliche Entwicklungen Bezug genommen hat. Es werden hier die Einflussfaktoren für ein neues Qualitätsmodell für die akademische Ausbildung von Journalistinnen und Journalisten zusammengeführt.

Stichworte | Journalistenausbildung, Medienwandel, Kompetenzen

6.1 Ausbildung für eine Zukunft in der Vergangenheit

Dianne Lynch (2015) beschreibt das Grunddilemma der modernen Journalistenausbildung treffend: „How do we educate students for a media world we honestly can't imagine". Der fortschreitende Medienwandel stellt die Strukturen und Ziele der journalistischen Ausbildung in Frage und erfordert eine reflektierte Auseinandersetzung mit zukünftigen Entwicklungen.

Eine adäquate Ausbildung ist essenziell. Es genügt nicht mehr, nur ein Medium zu beherrschen (Hooffacker & Meier, 2017, S. 20). Journalistinnen und Journalisten müssen vielfältige Plattformen kennen und nutzen können. Crossmedialität und Medienwandel verändern die Anforderungen an Nachwuchsjournalistinnen und -journalisten sowie die Konzeption von Lerninhalten und Curricula (Dernbach & Loosen, 2012, S. 15). Der Wandel des Journalismus und seiner Arbeitsstrukturen lässt sich auf mehrere Faktoren wie beispielsweise Technisierung, Digitalisierung und Plattformorientierung zurückführen. Dadurch sind verschiedene Ebenen der Produktion und publizistischer Inhalte betroffen, die sich bis hin zur Interaktion mit den Rezipientinnen und Rezipienten erstrecken.

Junge Journalistinnen und Journalisten zeigen sich oft pessimistisch hinsichtlich der aktuellen Ausbildungssituation. Ein Teilnehmer der Studie *Quo Vadis Journalistenausbildung?* stellte fest: „Journalisten werden für eine Zukunft in der Vergangenheit ausgebildet" (Gossel & Konyen, 2019, S. 1). Denn Faktoren wie Digitalisierung und Crossmedialität beeinflussen die journalistische Produktion und die Interaktion mit Rezipientinnen maßgeblich, ohne dass sich das bislang in der Journalistenausbildung der vergangenen Jahre flächendeckend abgebildet hätte.

Grundsätzlich gilt für die Ausbildung von Journalistinnen und Journalisten: Es gibt keine verbindlichen Ausbildungs- und Zugangsregelungen für diesen Beruf, da dies mit der Pressefreiheit unvereinbar ist (Hangen, 2012). Dadurch entsteht jene Vielfalt frei wählbarer Ausbildungsmöglichkeiten – viele Wege führen in den Journalismus: Sie reichen vom klassischen Volontariat in den Medienhäusern über Journalistenschulen, universitäre bzw. Hochschul-Studiengänge der Journalistik, dem Studium der Kommunikationswissenschaft, studien- oder berufsbegleitenden Akademien bis zum Seiteneinsteiger aus anderen Berufen.

In diesem Abschnitt sollen vor allem Einflussfaktoren für ein neues Qualitätsmodell für die akademische Ausbildung von Journalistinnen und Journalisten zusammengeführt werden. Zu berücksichtigen sind dabei sowohl die traditionellen theoretischen Ansätze der universitären Journalistenausbildung als auch digitale und crossmediale Erfordernisse, die als evolutionäre Faktoren den Medienwandel treiben und beschleunigen. Zusätzlich und gekoppelt daran sind in zukunftsgewandte Ausbildungskonzeptionen die Perspektiven junger Journalistinnen und Journalisten zu integrieren, die im digitalen Zeitalter aufgewachsen sind. „Das, was Journalisten können müssen" (Meier, 2018, S. 233), ist seit jeher das zentrale Thema von Diskussionen über Journalismus-Curricula. Die zugrundeliegenden Qualifikationserfordernisse aus der Praxis sowie journalistische Tätigkeitsfelder können entweder empirisch erhoben (z. B. Weischenberg et al., 2006; Steindl et al., 2017; Gossel, 2019) oder theoretisch hergeleitet werden (Donsbach, 1978; Weischenberg, 1990).

6.2 Journalistische Kompetenzfelder

„Journalistische Qualifikation beschreibt die funktionalen Anforderungen an erfolgreiches journalistisches Arbeiten" (Kron, 2004, S. 238). Diese werden in Form von Ausbildungszielen umgesetzt, die mithilfe spezifischer Kompetenzen erreicht werden sollen. Kompetenzen befähigen dabei Individuen zu handeln, ziehen das Handeln jedoch nicht zwangsläufig nach sich (Nowak, 2007, S. 58). Qualifikationsziele sind hierbei vor allem Teil der akademischen Diskussion und thematisieren vermehrt die universitäre Journalistenausbildung. Nowak (2007) folgert: „Ausbildungsstrukturen wie in Volontariaten und Journalistenschulen entstehen deshalb häufig nach traditionellen Mustern und/oder in mehr oder weniger spontanen Reaktionen auf Veränderungen und externe Anforderungen." (S. 66).

Vor allem mit Blick auf die akademische Journalistenausbildung gilt es, die neuen, vor allem digitalen Kompetenzen in die klassischen Journalistik-Konzepte etwa von Wolfgang Donsbach (1978) oder Siegfried Weischenberg (1990) zu integrieren, die in den letzten Dekaden des 20. Jahrhunderts zum Goldstandard der akademischen Journalistenausbildung wurden. Donsbach (1978) unterstrich seinerzeit, journalistische Kompetenz setze sich aus einer fachlichen (Kommunikationsmodi) und einer sachlichen (Kommunikationsgegenstand) Aufgabe zusammen (S. 112-113). Seinen berufssoziologischen Ansatz formulierte er im Kontext der damaligen Professionalisierungsdebatte in der Journalismusforschung (Nowak, 2007, S. 79). Donsbachs Überlegungen bilden auch den Ausgangspunkt für das in der Literatur vielfach zitierte Modell von Weischenberg (Prummer, 2009, S. 251), mit dem journalistische Kompetenz erstmals ausführlich systematisiert wurde (Nowak, 2007, S. 83).

> Das Schema dient gemeinhin der Grundlegung der einzelnen Unterrichtsbereiche hochschulgebundener Journalistenausbildung und baute in seiner Entwicklung maßgeblich auch auf den Erfahrungen auf, die in den ersten Jahren der hochschulgebundenen Ausbildung am von Weischenberg mitentwickelten Modellstudiengang in Dortmund gesammelt werden konnten. (Harnischmacher, 2010a, S. 24–25).

Sach- und Fachkompetenz erweitert er um die Vermittlungskompetenz als „Schnittmenge" zwischen beiden Bereichen (Weischenberg, 1990, S. 23). Hinsichtlich der Einteilung in diese drei Kompetenzfelder herrscht im Fachdiskurs überwiegend Konsens (Dernbach & Loosen, 2012, S. 14). Deuze (2006) wertet Weischenbergs analytisches Raster als „one of the most complex and articulate approaches" (S. 28). Überdies wird dem Modell eine vierte Komponente, die soziale Orientierung, hinzugefügt. Dabei geht es Weischenberg um ein Bewusstsein für die gesellschaftliche Funktion des Journalismus – fähig zu sein, Verantwortung zu übernehmen sowie die Berufsrolle zu reflektieren oder wie er selbst formuliert: das „Nachdenken über journalistisches Handeln" (Weischenberg, 1990, S. 58).

6.2 Journalistische Kompetenzfelder

Zahlreiche Autorinnen und Autoren orientieren sich an Weischenberg und modifizieren bzw. optimieren die Bereiche gemäß ihren persönlichen Vorstellungen. So passen u. a. Dörmann und Pätzold (1998) und Müller (1999) schon in den Neunzigerjahren die Systematik an den Wandel der Zeit an und ergänzen sie um die zunehmend an Bedeutung gewinnende Technikkompetenz (Harnischmacher, 2010a, S. 24). Als Folge der durch Konvergenzprozesse induzierten, veränderten Anforderungen an den Journalismus ist Weischenbergs Modell in seiner ursprünglichen Form schon seit Beginn der Ausbreitung des Internets nicht mehr adäquat (Nowak, 2007, S. 83).

Hervorzuheben ist etwa Nowaks (2007, S. 90) *Qualitätsmodell für die Journalistenausbildung*, das neue Wege hinsichtlich Kompetenzen, Ausbildungswegen und Fachdidaktik weist. Neben überarbeiteten, aktuelleren Definitionen der klassischen Kompetenzen identifiziert sie Basiskompetenzen, zu denen beispielsweise Kreativität, Werteorientierung und Analysefähigkeit zählen. Kontrastierend zu Fach-, Sach- und Handlungskompetenz können die berufsfeldunabhängigen Basiskompetenzen „nicht allein innerhalb einer journalistischen Ausbildung erworben werden" (Nowak, 2009, S. 231).

Meier (2018) bezieht sich ebenfalls auf Weischenberg und ergänzt die vier Grunddimensionen Fachkompetenz, Vermittlungskompetenz, Sachkompetenz und soziale Orientierung um Technik- und Gestaltungskompetenz sowie Organisations- und Konzeptionskompetenz. Die Fachkompetenz umfasst sowohl instrumentelle Fähigkeiten wie Recherche und Redigieren als auch Fachwissen über Mediensysteme und -recht. Zusätzlich genannt werden journalistische Berichterstattungsmuster wie auch kommunikationswissenschaftliche Grundlagen und Fachwissen über Systeme, Entwicklung, Ökonomie und Recht der Medien (Meier, 2018, S. 234–235). Also bilden Meier (2018, S. 234) zufolge letztlich „Handwerk" (Katzenberger, 2024b, S. 78) und „Kopfwerk" zusammen die Fachkompetenz.

Sachkompetenz dagegen bezieht sich auf den spezifischen Gegenstand, über den berichtet wird. Das kann zum Beispiel ein bestimmtes Ressortwissen sein. Fachliche Kenntnisse können die Basis für eine spätere inhaltliche Spezialisierung bilden (Nowak, 2009, S. 230). Einem Spezialwissen vorgängig ist allerdings stets wissenschaftliche Methodik und eine gewisse sozialwissenschaftliche Fundierung, da „Journalisten grundsätzlich nicht fachorientiert vorgehen, sondern problemorientiert" (Meier, 2018, S. 235). Analog zu Weischenberg lokalisiert Meier (2018) die Vermittlungskompetenz in der Mitte seines Modells.

Artikulationsfähigkeit und Präsentationstechniken zur medien- und zielgruppenspezifischen Themendarstellung werden diesem Bereich zugeordnet.

Wenn Journalistinnen und Journalisten Entscheidungen über Darstellungsformen treffen, müssen sie dies mit einer sinnvollen Wahl für Technik und Gestaltung kombinieren (Meier, 2018, S. 235). In einem ähnlichen Verhältnis stehen Organisations- und Konzeptionskompetenz zur sozialen Orientierung. Letzteres bedeutet auch bei Meier (2018) primär Verantwortungsbewusstsein und die Fähigkeit zur Reflexion. Hierunter fällt aber auch eine journalistische Berufsethik (Meier, 2018, S. 236), die bei Weischenberg (1990) noch fehlt (Nowak, 2007, S. 83). Die Dimension der Organisation und Konzeption umfasst u. a. redaktionelles Marketing, Managementtätigkeiten, Teamarbeit oder den professionellen Umgang mit sozialen Netzwerken (Meier, 2018, S. 235). Diese werden in der Tat empirisch gesehen in journalistischen Stellenanzeigen vermehrt nachgefragt (Nölleke-Przybylski et al., 2020, S. 147–148).

Zudem betont Meier (2018, S. 235–236) die Kohärenz der Kompetenzfelder. Technik- und Gestaltungskompetenz hängen eng mit Vermittlungskompetenz zusammen, während Organisations- und Konzeptionskompetenz in Beziehung zur sozialen Orientierung stehen, die auch journalistische Berufsethik umfasst.

Verschieden Ausbildungskonzepte wie Journalistenschulen, Volontariate und die hochschulgebundene Journalistenausbildung gewichten diese Kompetenzen unterschiedlich. Nowak (2007, S. 144) zufolge können die Kompetenzen am besten in einem Hochschulstudium erworben werden, das Sachkompetenz und soziale Orientierung vermittelt (Harnischmacher, 2010a, S. 25). Der hochschulgebundene Weg in den Journalismus steht deshalb im Vordergrund dieses Abschnitts, an dessen Ende ein überarbeitetes, idealtypisches Modell stehen soll, das die im Folgenden beschriebenen Defizite der derzeitigen Ausbildung überwindet.

6.3 Mängel auf dem Weg in die digitale Moderne

Wie aber sieht empirisch gesehen die Situation der hochschulgebundenen Journalistenausbildung mit Blick auf crossmediale Erfordernisse aus? Prummer (2009) beschäftigte sich mit den neuen Anforderungen durch aktuelle Medientrends und evaluierte die journalistischen Ausbildungseinrichtungen in Bayern. Wesentliche Trends, die durch befragte Expertinnen und Experten identifiziert wurden, sind – neben den wichtiger werdenden handwerklichen Kompetenzen – steigende Kooperation und crossmediale bzw. Online-Arbeitsweisen. Sie verweist auf die überall noch bestehenden „Unsicherheiten, wie Crossmedia in die Ausbildung integriert werden soll, ebenso wird der Bereich Online teilweise noch stiefmütterlich ans Ende der Ausbildung gehängt und nicht frühzeitig eingebunden, wie es die Experten empfohlen haben" (S. 258). Harnischmacher stellte 2010 in seiner Dissertation fest, dass „das Thema ‚Crossmedia' im deutschen Redaktionsalltag noch eine wesentlich geringere Rolle spielt (oder unter Umständen als bereits abgeschlossen angesehen wird) als in der Wahrnehmung der Hochschulvertreter." (S. 202).

Die Studie *Quo Vadis Journalistenausbildung?* von Britta Gossel (2019, S. 10) untersucht zehn Jahre später die Probleme und Schwächen der universitären Journalistenausbildung und beleuchtet Wünsche, Bewertungen und Verbesserungsvorschläge junger Journalistinnen und Journalisten. Befragt wurden 227 journalistisch Tätige in Ausbildung oder mit maximal zehn Jahren Berufserfahrung mittels eines Onlinefragebogens (Gossel, 2019, S. 19, 21–22).

Fachkompetenzen und deren Ausbildungsinhalte wurden überwiegend positiv bewertet, wohingegen Medienpolitik, Medienökonomie, Medienmanagement und Qualitätssicherung von 50 Prozent der Befragten als unzureichend angesehen wurden (Gossel, 2019, S. 28–29). Handlungskompetenzen wurden größtenteils positiv beurteilt, jedoch der Umgang mit Sozialen Medien und Publikum als unzureichend eingeschätzt (Gossel, 2019, S. 29–30). Die Technikkompetenz wurde überwiegend negativ bewertet, drei von vier Ausbildungsinhalten kamen im Urteil der Jungjournalistinnen und -journalisten schlecht weg. Die Ausbildungsinhalte „*Überblick über digitale Tools für journalistisches Arbeiten, Anwenden und Bedienen medienspezifischer technischer Geräte (z. B. Digitale Kamera)* und *Gestalten und Entwickeln medienspezifischer Tools (z. B. Programmieren)* beurteilen die Befragten mit *zu wenig*" (Gossel, 2019, S. 31, H. i. O.). Gestützt werden diese Evaluationsergebnisse durch die Befunde einer Studie von Nölleke-Przybylski et al. (2020, S. 147–148), die Stellenangebote aus dem Bereich des klassischen und digitalen Journalismus analysierten und dabei eine gestiegene Bedeutung von Technikkompetenz und digitaler Aufbereitung feststellen konnten.

Auch Sachkompetenz und Managementkompetenz wurden von den Nachwuchsjournalistinnen und -journalisten als unzureichend eingeschätzt, besonders in den Bereichen Führungsfähigkeit und Qualitätsmanagement. Unternehmerische Kompetenzen wurden durchweg negativ beurteilt. Basiskompetenzen wurden größtenteils als angemessen bewertet (Gossel, 2019, S. 32–34). Verbesserungsvorschläge der Befragten umfassen mehr Praxisorientierung, Feedback zur Arbeitsweise, Aktualität und Flexibilität im Studium (Gossel, 2019, S. 41–48).

Insgesamt konnte Gossel (2019) feststellen, dass im journalistischen Nachwuchs eine kritische Grundstimmung hinsichtlich der Ausbildung herrscht, die sich auf teils irrelevante und veraltete Inhalte bezieht, teils aber auch einen grundsätzlich obsoleten akademischen Kontext fokussiert, dessen Konzept von einer Zukunft als festangestellte Print-Redakteurinnen und -Redakteure ausgeht und nicht von digitalen Medienschaffenden, die als Entrepreneurinnen und Entrepreneure stärker in die Vermarktung ihrer Arbeit eingebunden sein werden. Zudem wünschen sich Nachwuchsjournalistinnen und -journalisten auch ein positiveres *Mindset* an den Universitäten, die für den Journalismus ausbilden:

> Mehrfach wurde auf die Stimmungslage der journalistischen Ausbildung verwiesen, in der die Journalismuskrise thematisiert wurde. Eine Verbesserung aus Perspektive der jungen Journalistinnen und Journalisten stelle in diesem Kontext die *‚Motivation der Auszubildenden, statt Vermittlung negativer Zukunftsperspektive'* dar. (Gossel, 2019, S. 40, H. i. O.).

6.4 Auf dem Weg zur Etablierung neuer Kompetenzen

Neue, zeitgemäße Konzepte, die crossmedialen Anforderungen Rechnung tragen, sind prominent aus den Reihen der Praxis und der Wissenschaft eingefordert worden, auch unter Verweis auf die möglicherweise sinkende Qualität im Journalismus. So fordert Kretzschmar (2010) von den Universitäten eine „systematische Integration von Crossmedialität" in die Ausbildung von Journalistinnen und Journalisten:

> Durch eine Spezialisierung universitärer Studiengänge im Bereich der Crossmedialität könnte die Entwicklung im Mediensystem, der Medienwandel, auf qualitativer Ebene entscheidend beeinflusst werden. Sinkt die Qualität im Journalismus, so ist dies unter anderem deshalb der Fall, weil dieser Entwicklung noch nicht Rechnung getragen wird. (S. 42–43).

Trotz der dargestellten Kritik lässt sich feststellen, dass im Bereich der Didaktik der Journalistik (Dernbach & Loosen, 2012) Medienkonvergenz und Crossmedialität seit Beginn der Zehnerjahre des 21. Jahrhunderts als Schwungräder der Modernisierung gewirkt haben. Es wurden nicht nur die Kompetenzfelder

6.4 Auf dem Weg zur Etablierung neuer Kompetenzen

erweitert und in den herkömmlichen Modellen an technische, handwerkliche und wirtschaftliche Erfordernisse angepasst, sondern auch konkrete Konzepte vorgelegt, wie die Journalistik in didaktischer und curricularer Hinsicht zu reformieren ist. Damit werden Forderungen der Medienbranche Rechnung getragen, die heute Technikkompetenzen schlicht voraussetzt (Katzenberger, 2024a, S. 2). Laut Meier et al. (2012) „betreffen die Entwicklungen, die unter dem Stichwort Crossmedia zusammengefasst werden, fast alle Dimensionen journalistischer Kompetenz" (S. 312). Sie nennen in ihrem Reformkonzept aber explizit folgende zentrale Kompetenzen, die Teil der Didaktik der Journalistik werden müssen:

(1) **Crossmediales Redaktionsmanagement:** Studentinnen und Studenten sollen organisatorische Herausforderungen crossmedialer Redaktionsmodelle und Newsroom-Szenarien kennenlernen, inklusive redaktioneller Konzepte, Marketing und Qualitätsmanagement (S. 314).

(2) **Recherche und Storytelling über Mediengrenzen hinweg:** Studentinnen und Studenten müssen lernen, Themen plattformspezifisch aufzubereiten und flexibel im Veröffentlichungsworkflow zu agieren. Eine zwingende Kompetenz ist es, „alle Medien denken" und „für alle Medien produzieren" zu können (S. 314–315).

(3) **Hypermedialität des Internets:** Der Umgang mit den Erzählweisen des Internets und einem aktiven Publikum ist für alle Studentinnen und Studenten essenziell, da multimediales Erzählen immer relevanter wird. Experimentierfelder im Labor sind notwendig, um die neuen Formen des Internets zu erforschen (S. 315).

In Ergänzung verweist Dinçer (2024, S. 69) auf die sogenannten Digital Publishing Skills als zentrale Fähigkeit in der digitalen Welt. Dabei geht es sowohl um die Suchmaschinenoptimierung (SEO) als auch um die effektive Nutzung sozialer Medien, um eigene Inhalte einem möglichst breiten Publikum zur Verfügung zu stellen.

An diese Erkenntnisse anknüpfend, kann die Bedeutung des Newsrooms als Lehr- und Lernraum in Kombination mit dem *Cognitive Apprenticeship-Modell* (Collins et al., 1991) als Faktor für eine zukunftsfähige Ausbildung genannt werden. *Cognitive Apprenticeship* stärkt nach Werner und Rinsdorf (2012, S. 328) die metakognitiven Fähigkeiten und ergänzt die theoretisch-abstrakte Wissensvermittlung, die an Universitäten üblich ist. Das didaktische Modell im Lehrraum Newsroom ist in drei Phasen der Vermittlung gegliedert, die mithilfe von sechs Methoden die Arbeit im Newsroom organisieren (Weber, 2012, S. 137):

(1) Phase: *Modeling, Coaching* und *Scaffolding* (unterstütztes, eigenständiges Lernen).
(2) Phase: *Articulation* und *Reflection*.
(3) Phase: *Exploration*.

Diese Phasen und die verbundenen Methoden lassen sich Weber (2012, S. 138) zufolge in die Praxis umsetzen:

(1) Phase: Arbeiten im Newsroom, Seminare, Workshop und Tutorials.
(2) Phase: Konferenzen, Feedback und Lerntagebuch.
(3) Phase: Multimedia-Produktion, Recherche, Konzeption und Realisation.

Das *Cognitive Apprenticeship-Modell* bildet eine mögliche Grundlage für das Ausbildungsmodell im Newsroom und die veränderten Arbeitsprozesse im Journalismus (Weber, 2012, S. 137). Hier greifen Technik, Content und Design stärker ineinander und die Arbeitsaufgaben selbst konvergieren (Weber, 2012, S. 130). Es folgt die medien- und plattformübergreifende Planung der Themen, die sich im „multimedia mindset" zusammenfassen lassen (Weber, 2012, S. 130). Dieses wird definiert als „die Fähigkeit, unter allen möglichen Formen und Kanälen die für den Stoff passenden Möglichkeiten zu wählen und für alle Beiträge und Beitragsteile jeweils den besten Kanal zu nutzen" (Perrin & Keel, 2009, S. 3). Das medienkonvergente Modell des Newsrooms basiert dabei einerseits auf dem Erwerb von Wissen und Reflexionswissen und andererseits auf dem Erwerb von Praxiswissen (Weber, 2010, S. 328; Kretzschmar, 2010, S. 45). Über den Newsroom hinaus können auch eine Lehrredaktion oder eine Multimedia-Werkstatt die crossmedialen Denkstrukturen und Arbeitsweisen fördern (Weber, 2012, S. 132), in jedem Fall muss eine architektonische und organisatorische Struktur für den Transfer in Phase (3) zur Verfügung stehen. Wenn man zusammenfassend nun die neuen Kompetenzanforderungen in modernen Newsrooms, und zwar Technik, Gestaltung und das multimedia mindset aka Contentverwaltung bzw. Multiplattform-Publishing zusammenführt, erhält man das neue Kompetenzfeld Crossmedia-Kompetenz. Dieses ist keinesfalls in Opposition zu den klassischen Feldern der Fach-, Sach- und Vermittlungskompetenz zu sehen, sondern als ergänzendes Moment, das dem Medienwandel und den Medieninnovationen Rechnung trägt.

6.5 Schlussbetrachtung

Ein wesentlicher Befund leitet diese Schlussbetrachtung ein: Es fehlt mit Blick auf die journalistischen Ausbildungsanforderungen an Curriculumsforschung. Bislang sind nur normativ entwickelte abstrakte Kompetenzmodelle zu verzeichnen, deren Idealtypik bislang nicht mit der curricularen Realität abgeglichen worden ist. In der Forschung dominieren Befragungen (z. B. Harnischmacher, 2010b) und Inhaltsanalysen (z. B. Nölleke-Przybylski et al., 2020) der von Entscheiderinnen und Entscheidern verlangten und nachgefragten Kompetenzen, Expertenbefragungen von Ausbildungseinrichtungen (Prummer, 2009) und *Quo-Vadis*-orientierte Berufsfeldstudien, die mit ihren Messungen auf die Akzeptanz des Status quo zielen (Gossel, 2019). Leider aber wird der jeweilige Status quo der Kompetenzmatrizen, der sich in modularisierten Studiengängen der Journalistik sehr gut abbilden lassen müsste, nicht systematisch erfasst. Hier könnte aktuelle Forschung feststellen, ob und wie die Kompetenzfelder, insbesondere die neuen, sich in den Lehrplänen an Hochschulen für angewandte Wissenschaft (HAW) und an Universitäten spiegeln.

Wichtig wird also der künftige Versuch sein, Lehrpläne der einzelnen Ausbildungseinrichtungen systematisch nach dem Vorhandensein und der exakten Verortung der allgemein konsolidierten Kompetenzfelder, die sich aus den Kompetenzmodellen ergeben haben, zu befragen. Darüber hinaus ist es jedoch essenziell, die neuen digitalen und crossmedialen Faktoren in den Bereichen der praktisch-handwerklichen und der theoretisch-reflektierenden Ausbildungsmodule fruchtbar und sichtbar zu machen. An dieser Stelle soll dies exemplarisch anhand des Lehrplans des Bachelorstudiengangs *Journalistik und Strategische Kommunikation* der Universität Passau vollzogen werden.

Das Studiengangkonzept basiert einerseits auf dem traditionellen Ansatz der Journalistik, dass die klassischen Kompetenzfelder einerseits quer zu den Modulgruppen angeordnet sind, andererseits aber auf der Überlegung, dass sich speziell die Crossmedia-Kompetenz konsekutiv aufeinander aufbauend als eigenständiger Pfad durch den Aufbau des Studiums zieht. Innerhalb der alle Semester durchziehenden Modulgruppe Praxis werden in den ersten beiden Semestern berufspraktisch spezifisch ausdifferenzierte Module wie *Crossmediale Darstellungsformen* und *Crossmediale Recherche* angeboten. Neben dem klassischen Handwerk der journalistischen Darstellungsformen wird auch das Arbeiten mit digitalen und Social-Media-Ausdrucksformen wie Posts, Beiträgen auf *X* (ehemals *Twitter*) und *TikToks* gelehrt. Recherche-Übungen stellen digitale Quellen wie Datenbanken und Soziale Netzwerke in den Mittelpunkt und fokussieren sich bei den Lernkompetenzen auf die digitalen Ausspielwege und Kanäle für bestimmte Story-Elemente der recherchierten Geschichten. In der Mitte des Studiums und damit als Kernelement der praxisnahen Ausbildung befinden sich die beiden *Lehrredaktionen Print/Online/Bild* und *Audio/Video*. Um eine möglichst realitätsnahe Lehre gewährleisten zu können, setzt der Studiengang auf Kooperationen mit Medienpartnern aus Journalismus und der PR. Unter Anleitung von Redaktionsverantwortlichen aus der Medienpraxis produzieren Studentinnen und Studenten Inhalte, die (bei entsprechender Qualität) im Anschluss auf den Kanälen und Plattformen der Medienorganisationen publiziert werden. Auch hier wird Wert auf Kanalkompetenz und plattformübergreifendes Arbeiten gelegt. Orientiert man die curricularen Inhalte an dem didaktischen Modell, wie es Weber (2012) zufolge an der Hochschule der Medien in Stuttgart praktiziert wird, das in drei Phasen der Vermittlung gegliedert ist, werden in Passau die crossmedialen Inhalte der ersten vier Semester der Phase (1) „*Modeling, Coaching* und *Scaffolding*" (unterstütztes, eigenständiges Lernen) zugeordnet. Phase (2) „*Articulation* und *Reflection*" (S. 137) findet im fünften Semester statt, wenn im Lernpfad bzw. der Modulgruppe Praxis/Transfer im Seminar *Crossmedialität und Medienwandel* crossmediale Planungskompetenzen in den Mittelpunkt gerückt werden. Hier werden in Form von Workshops und anhand von Planspielen alle Facetten des digitalen und crossmedialen Journalismus durchgespielt, und zwar nach einem System, dem die Gliederung dieses Lehrbuchs zugrunde liegt. Zentral ist das crossmediale Redaktions- und Qualitätsmanagement, mit dem die organisatorischen Herausforderungen crossmedialer Redaktionsmodelle und innovativer Newsroom-Szenarien bewältigt werden, einschließlich technologischer Innovationen, des redaktionellen Marketings, des Personal-*Recruitments* und der Erlösmodelle und Finanzierungsstrategien.

Im Abschlusssemester kulminiert der Studiengang dann – neben der wissenschaftlichen Bachelorarbeit, in der die Befähigung zum eigenständigen empirischen Arbeiten nachgewiesen wird – im praktischen Bereich im Modul *Crossmediales Publizieren/Multichannel-Kampagne* (Hohlfeld et al., 2022). Hier können sich die Studentinnen und Studenten entscheiden, ob sie ein großes praktisches Abschlussprojekt im Journalismus oder der strategischen Kommunikation absolvieren möchten. Im Bereich der strategischen Kommunikation heißen Lehrveranstaltung und Marke *PR Clinic*: Studentinnen und Studenten erarbeiten, in Zusammenarbeit mit externen Partnern, Kommunikationskonzepte und setzen diese auch praktisch multi- und crossmedial für deren

Unternehmen um. Das journalistische Pendant ist die *Journalismus Master Class (JMC)*, bei der die Studentinnen und Studenten innerhalb eines vorgegebenen Themas auf einer Multimedia-Plattform eigene Storys recherchieren und cross- bzw. sogar transmedial umsetzen – publiziert auf einer selbst gestalteten *Scrollytelling*-Website und begleitet von einem Podcast, einem Social-Media-Auftritt und fakultativ einem Printmagazin oder einer TV-Show. Beim Anfertigen dieser Gesellenstücke müssen die Studentinnen und Studenten die erlernten Skills und Kompetenzen der adäquaten Kanalwahl, der plattformspezifischen Umsetzung und des angemessenen Ressourceneinsatzes am Ende des Studiums unter Beweis stellen. Sie gründen dazu eine eigene Redaktion, die in *Desks* organisiert ist, über deren Zuschnitt sie – gemäß des in Phase (2) im Seminar *Crossmedialität und Medienwandel* erlernten – selbst entscheiden können. Dies entspricht der Phase (3) „*Exploration*" bzw. den Elementen Multimedia-Produktion, Recherche, Konzeption und Realisation. Hier „findet der Wissenstransfer statt, indem die Studierenden selbstverantwortlich komplexe Projekte konzipieren und realisieren. Das methodische Rüstzeug dazu haben sich die Studierenden durch ihre bisherige Redaktionsarbeit selbst angeeignet" (Weber, 2012, S. 138).

Abb. VI.1: Modell journalistischer Kompetenzen

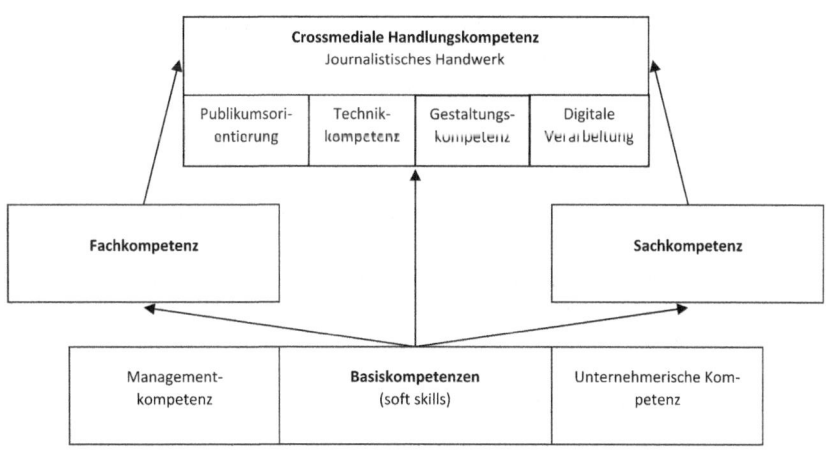

Quelle: eigene Abbildung in Anlehnung an Nölleke-Przybylski et al. (2020, S. 143–144) sowie → Kapitel 4.

Im Passauer Studiengang *Journalistik und Strategische Kommunikation* ist der in diesem Abschnitt beschriebene dezidierte Crossmedia-Pfad, der durchgehend vom ersten bis zum sechsten Semester reicht, der schnittstellenoffene Ansatz, mit dem die Herausforderungen des Medienwandels derzeit curricular bewältigt werden.

Transferaufgaben für Workshops
Gruppe 1 (3–5 Teilnehmende)

Sie bilden die Auswahlkommission eines digitalen Medienhauses, das über die Aufnahme von Bewerberinnen und Bewerbern in das hauseigene Volontariatsprogramm entscheidet. Nehmen Sie dabei folgende Rollen ein: Ausbildungsredakteurin, Verlagsleiter, Chefredakteurin und Betriebsrat. Legen Sie gemeinsam Kriterien fest für die Auswahl der Bewerberinnen und Bewerber. Beim folgenden Pitch interviewen Sie Aspirantinnen und Aspiranten und nehmen danach gemeinsam eine Reihung vor, die Sie im Anschluss begründen.

Gruppe 2 (3–5 Teilnehmende)

Sie entwerfen je einzeln ein individuelles Ausbildungsprofil, mit dem Sie sich auf die Ausschreibung des Medienhauses bewerben. Entscheiden Sie selbst, welchen Weg sie eingeschlagen haben (Fachstudium, Journalistik HAW, Journalistik Universität, Seiteneinsteiger) und stellen Sie den fiktiv erdachten Lebenslauf kurz zu Beginn des gemeinsamen Pitch vor. Verteidigen Sie bei den Interviews ihre Vita mit den Argumenten, die gemäß ihrer Wahl für eine zukunftsfähige Handlungskompetenz spricht, mit der Sie die ausgeschriebene Stelle ausfüllen wollen.

Gruppe 3 (3–5 Teilnehmende)

Sie bilden eine Expertenkommission, die dem Kultus- und Forschungsministerium sowie den Bildungsministerien der Länder Vorschläge für Richtlinien für eine zeitgemäße hochschulgebundene Journalistenausbildung macht. Vergleichen Sie die Curricula ausgewählter Universitäten und Studiengänge bezüglich deren crossmedialer Ausrichtung und geben Sie eine Empfehlung für ein Mustercurriculum ab, das die beste Lösung für die Herausforderungen des Medienwandels bereithält. Referieren Sie Ihre Ergebnisse und verteidigen Sie Ihre Entscheidung gegen mögliche Einwände der auftraggebenden Ministerien (aka *workshopleitende Gruppe*).

Ralf Hohlfeld

Literaturverzeichnis

Collins, Allan, Brown, John S., & Holum, Ann (1991). Cognitive Apprenticeship: Making Thinking Visible. *American Educator, 15*(3), 6–11, 38–46.

Dernbach, Beatrice, & Loosen, Wiebke (2012). Die didaktischen Herausforderungen in der Journalistik und der Journalistenausbildung. In Beatrice Dernbach & Wiebke Loosen (Hrsg.), *Didaktik der Journalistik. Konzepte, Methoden und Beispiele aus der Journalistenausbildung* (S. 11–20). Springer VS. https://doi.org/10.1007/978-3-531-93447-1_1

Deuze, Mark (2006). Global Journalism Education. A conceptual approach. *Journalism Studies, 7*(1), 19–34. https://doi.org/10.1080/14616700500450293

Dinçer, Emre (2024). Hard and Soft Skills Revisited: Journalism Education at the Dawn of Arti-ficial Intelligence. *Adnan Menderes Üniversitesi Sosyal Bilimler Enstitüsü Dergisi, 11*(1), 65–78. https://doi.org/10.30803/adusobed.1462061

Donsbach, Wolfgang (1978). Zur professionellen Kompetenz von Journalisten. In Hömberg, Walter (Hrsg.), *Journalistenausbildung. Modelle, Erfahrungen, Analysen* (S. 108–122). Ölschläger.

Dörrmann, Jürgen, & Pätzold, Ulrich (1998). Journalismus, neue Technik, Multimedia und Medienentwicklungen. Ein Plädoyer für journalistische Produktion und Qualifikation in den Neuen Medien. *Journalist 48*(7), 59–70.

Gossel, Britta M., & Konyen, Kathrin (2019). *Quo Vadis Journalistenausbildung? Befunde und Konzepte für eine zeitgemäße Ausbildung.* Springer VS. https://doi.org/10.1007/978-3-658-23123-1

Gossel, Britta M. (2019). Eine empirische Studie zur Journalistenausbildung aus Sicht junger Journalistinnen und Journalisten. In Britta M. Gossel & Kathrin Konyen (Hrsg.), *Quo Vadis Journalistenausbildung? Befunde und Konzepte für eine zeitgemäße Ausbildung* (S. 7–68). Springer VS. https://doi.org/10.1007/978-3-658-23123-1_2

Hangen, Claudia (2012). Medien und Beruf. *Grundlagenwissen Medien für Journalisten* (S. 1–46). VS Verlag für Sozialwissenschaften, Wiesbaden. https://doi.org/10.1007/978-3-531-19017-4_1

Harnischmacher, Michael (2010a). *Journalistenausbildung im Umbruch. Zwischen Medienwandel und Hochschulreform: Deutschland und USA im Vergleich* [Dissertation, Universität Eichstätt-Ingolstadt]. UVK.

Harnischmacher, Michael (2010b). Journalistenausbildung im Wandel. Der Einfluss des Bologna-Prozesses auf die Studienangebote an deutschen Hochschulen. *Communicatio Socialis, 43*(4), 349–367. https://doi.org/10.5771/0010-3497-2010-4-349

Hohlfeld, Ralf, Lehner, Lea S., & Sengl, Michael (2022). Journalismus und PR: zwei Seiten einer Medaille, geprägt in einem integrativen Studiengang. *Communicatio Socialis, 55*(1), 71–76. http://dx.doi.org/10.5771/0010-3497-2022-1-71

Hooffacker, Gabriele, & Meier, Klaus (2017). *La Roches Einführung in den praktischen Journalismus* (20. Aufl.). Springer VS. https://doi.org/10.1007/978-3-658-16658-8

Katzenberger, Vera (2024a). Mind the gap: re-thinking digital skills in journalism education in Germany. *Media Practice and Education, 24*(1), 1–15. https://doi.org/10.1080/25741136.2024.2435805

Katzenberger, Vera (2024b). *Zwischen Anspruch und Wirklichkeit: Kompetenzen und Ausbildung für professionellen Journalismus.* Herbert von Halem Verlag.

6. Crossmediale Journalistenausbildung: Auf dem Weg zu einem neuen Qualitätsmodell?

Kretzschmar, Sonja (2010). Crossmediale Ausbildung. Verlierer und Gewinner. In Ralf Hohlfeld, Philipp Müller, Annekathrin Richter, & Franziska Zacher (Hrsg.), *Passauer Schriften zur Kommunikationswissenschaft: Bd. 1. Crossmedia – Wer bleibt auf der Strecke? Beiträge aus Wissenschaft und Praxis* (S. 37–53). LIT.

Kron, Friedrich W. (2004). *Grundwissen Didaktik*. Springer VS.

Lynch, Dianna (2015). *Above and beyond*. Knight Foundation. http://www.knight-foundation.org/features/journalism-education/

Meier, Klaus (2016). Crossmedialität. In Klaus Meier & Christoph Neuberger (Hrsg.), *Journalismusforschung: Stand und Perspektiven* (2. Aufl., S. 201–226). Nomos. https://doi.org/10.5771/9783845271422-201

Meier, Klaus (2018). *Journalistik* (4. Aufl.). utb. https://doi.org/10.36198/9783838548081

Meier, Klaus, Giese, Vanessa, & Schweigmann, Tobias (2012). Das ‚Kreuzen' der Medien: Das Konzept des crossmedialen Labors. In Beatrice Dernbach & Wiebke Loosen (Hrsg.), *Didaktik der Journalistik. Konzepte, Methoden und Beispiele aus der Journalistenausbildung* (S. 311–322). Springer VS. https://doi.org/10.1007/978-3-531-93447-1_25

Müller, Wiebke (1999). *Journalistenausbildung in Europa. Bestandsaufnahme, neue Modelle, Entwicklungsperspektiven*. Vistas.

Nölleke-Przybylski, Pamela Evers, Tanja, & Altmeppen, Klaus-Dieter (2020). Catch me, wenn man kann – Kompetenzperspektive auf Journalismus Berufsfeld und Forschungsgegenstand. In Jonas Schützeneder, Klaus Meier, & Nina Springer (Hrsg.), *Neujustierung der Journalistik/Journalismusforschung in der digitalen Gesellschaft: Proceedings zur Jahrestagung der Fachgruppe Journalistik/Journalismusforschung der Deutschen Gesellschaft für Publizistik- und Kommunikationswissenschaft 2019* [Konferenzband] (S. 140–166). DGPuK, Eichstätt, Deutschland. https://doi.org/10.21241/ssoar.70811

Nowak, Eva (2007). *Qualitätsmodell für die Journalistenausbildung. Kompetenzen, Ausbildungswege, Fachdidaktik* [Dissertation, Universität Dortmund]. https://d-nb.info/997731125

Nowak, Eva (2009). Spezialisierung in der Journalistenausbildung. Eine Analyse der Kompetenzbereiche in spezialisierten und nicht-spezialisierten Studiengängen. In Beatrice Dernbach & Thorsten Quandt (Hrsg.), *Spezialisierung im Journalismus* (S. 227–238). Springer VS. https://doi.org/10.1007/978-3-531-91582-1_19

Perrin, Daniel, Albrecht, Christine, Keel, Guido, Dörig, Roman, Weber, Wibke, & Stücheli-Herlach, Peter (2009). Public Storytelling in Convergent Media. Die journalistische Schlüsselqualifikation Schreiben umfassend prüfen. *Zeitschrift Schreiben*, 1–8. https://doi.org/10.21256/zhaw-1494

Prummer, Karin (2009). Woher kommen die Journalisten der Zukunft? Stärken, Schwächen, Potentiale – Evaluation der überbetrieblichen Ausbildungsangebote in Bayern. *Communicatio Socialis*, 42(3), 248–261. https://doi.org/10.5771/0010-3497-2009-3-248

Steindl, Nina, Lauerer, Corinna, & Hanitzsch, Thomas (2017). Journalismus in Deutschland. Aktuelle Befunde zu Kontinuität und Wandel im deutschen Journalismus. *Publizistik*, 62, 401–423. https://doi.org/10.1007/s11616-017-0378-9

Weber, Wibke (2012). Newsroom: zu einer Lernarchitektur für medienkonvergente Produktionsprozesse. *Zeitschrift für Hochschulentwicklung* 7(1), 129–145. https://doi.org/10.3217/zfhe-7-01/14

Weischenberg, Siegfried (1990). Das „Prinzip Echternach". Zur Einführung in das Thema „Journalismus und Kompetenz". In Siegfried Weischenberg (Hrsg.), *Journalismus & Kompetenz: Qualifizierung und Rekrutierung für Medienberufe* (S. 11–41). Westdeutscher Verlag. https://doi.org/10.1007/978-3-322-94174-9_1

Weischenberg, Siegfried, Malik, Maja, & Scholl, Armin (2006). *Die Souffleure der Mediengesellschaft. Report über die Journalisten in Deutschland.* UVK.

Werner, Petra, & Rinsdorf, Lars (2012). Online-Projekte als Selbstlernumgebung: Metakognitive Kompetenzen fördern. In Beatrice Dernbach & Wiebke Loosen (Hrsg.), *Didaktik der Journalistik. Konzepte, Methoden und Beispiele aus der Journalistenausbildung* (S. 323–334). Springer VS. https://doi.org/10.1007/978-3-531-93447-1_26

Weiterführende Literatur

Blöbaum, Bernd (2000). *Beiträge zur Kommunikationstheorie: Bd. 18. Zwischen Redaktion und Reflexion. Integration von Theorie und Praxis in der Journalistenausbildung* [Habilitation, Universität Dortmund]. LIT.

Hömberg, Walter (2010). Journalistenausbildung an Hochschulen – eine Erfolgsgeschichte? Eine Textcollage aus vier Jahrzehnten und ein Resümee. In Tobias Eberwein & Daniel Müller (Hrsg.), *Journalismus und Öffentlichkeit. Eine Profession und ihr gesellschaftlicher Auftrag* (S. 283–312). VS Verlag für Sozialwissenschaften. https://doi.org/10.1007/978-3-531-92006-1_19

Hömberg, Walter, & Klenk, Christian (2012). 20 Jahre Einsteins: Von der Zeitschrift zur crossmedialen Publikation. In Beatrice Dernbach & Wiebke Loosen (Hrsg.), *Didaktik der Journalistik. Konzepte, Methoden und Beispiele aus der Journalistenausbildung* (S. 297–310). Springer VS. https://doi.org/10.1007/978-3-531-93447-1_24

Kaiser, Markus (2015). Aus- und Fortbildung. In Markus Kaiser (Hrsg.), *Innovation in den Medien. Crossmedia, Storywelten, Change Management* (2. Aufl., S. 284–290). Verlag Dr. Gabriele Hooffacker.

Ruß-Mohl, Stephan (2002). Entdeckerdrang, Beobachtungskunst und hippokratischer Eid Journalistenschulen – Meilensteine und Wegweisungen für die Journalistenausbildung im 21. Jahrhundert? In Klaus-Dieter Altmeppen & Walter Hömberg (Hrsg.), *Journalistenausbildung für eine veränderte Medienwelt. Diagnosen, Institutionen, Projekte* (S. 123–133). Westdeutscher Verlag.

Streitbörger, Wolfgang (2014). *Grundbegriffe für Journalistenausbildung. Theorie, Praxis und Techne als berufliche Techniken.* Springer VS. https://doi.org/10.1007/978-3-658-03561-7

7. Social Media zwischen Feedback-Kanal und crossmedialer Inhalte-Plattform: Zwingt das Soziale im Internet den digitalen Journalismus auf Augenhöhe mit dem Publikum?

Überblick

Das Kapitel vermittelt ein Verständnis für die Prinzipien, Gesetzmäßigkeiten und Einsatzmöglichkeiten sozialer Medien und *Audience Metrics* in Medienunternehmen. Wesentliche Forschungsergebnisse zu den Auswirkungen von *Audience Metrics* auf redaktionelle Praktiken und die journalistische Unabhängigkeit werden präsentiert und diskutiert. Dabei wird insbesondere die Beziehung zwischen Journalistinnen und Journalisten und ihrem Publikum beleuchtet. Mit der abschließenden Transferaufgabe sollen die Studentinnen und Studenten ein Gefühl für die Bandbreite an Aufgaben eines professionellen Social-Media-Teams entwickeln.

Stichworte| Social Media, *Audience Metrics*, Publikum, Interaktion

7.1 Begriffsdefinition Social Media

Soziale Medien (eng.: social media) sind Online-Plattformen und -Dienste, die es jeder und jedem ermöglichen, mit Personen auf der ganzen Welt zu interagieren, Kontaktnetzwerke aufzubauen und eigene, öffentlich zugängliche Inhalte zu erstellen. Die Nutzerinnen und Nutzer sozialer Medien können persönliche Profile anlegen, Inhalte wie Texte, Bilder, Videos, Links etc. veröffentlichen und Beiträge anderer Nutzerinnen und Nutzer liken, teilen oder kommentieren.

Kapoor et al. (2018) formulieren auf Basis ihres Literature Reviews die folgende Definition von sozialen Medien:

> Social media is made up of various user-driven platforms that facilitate diffusion of compelling content, dialogue creation, and communication to a broader audience. It is essentially a digital space created by the people and for the people, and provides an environment that is conducive for interactions and networking to occur at different levels (for instance, personal, professional, business, marketing, political, and societal). (S. 536).

7.1 Begriffsdefinition Social Media

Abb. VII.1: Das Social-Media-Prisma 8.0

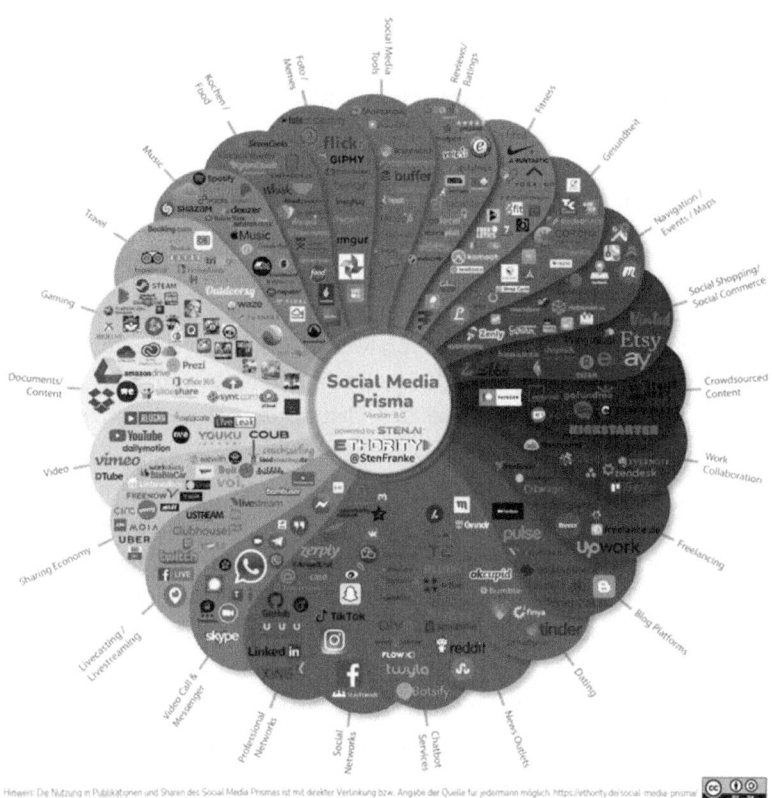

Quelle: Ethority, o. J.

Das Social-Media-Prisma (→ Abb. VII.1) veranschaulicht die Fülle an sozialen Medien, die unterschiedlichen themenspezifischen Rubriken zugeordnet werden können.

Auf Basis ihrer Charakteristika und Funktionen lassen sich soziale Medien in unterschiedliche „Nutzungsklassen" (Kreutzer, 2021, S. 9) unterteilen:

- *Blogs* (z. B. *Wordpress*): Blogs sind von Individuen, Gruppen oder Unternehmen betriebene Webseiten, auf denen Beiträge (Blogposts) in Form von Texten, Bildern, Video- oder Audiodateien zu beliebigen Themen publiziert und von Dritten kommentiert werden können (Kreutzer, 2021, S. 48–61).
- *Microblogging-Netzwerke* (z. B. *X*): Microblogging-Netzwerke erlauben es ihren Nutzerinnen und Nutzern, Beiträge mit einer begrenzten Zeichenzahl

(meist unter 280 Zeichen) über ihr individuelles Profil zu veröffentlichen (Kreutzer, 2021, S. 62–73).

- *Soziale Netzwerke* (z. B. *Facebook, Xing, LinkedIn*): Soziale Netzwerke ermöglichen es ihren Benutzerinnen und Benutzern, Profile zu erstellen, sich mit anderen Userinnen und Usern zu verbinden, Inhalte zu teilen, Nachrichten zu senden und zu empfangen sowie ein Teil von Gruppen oder Communities zu werden. Der Aufbau und die Pflege von Beziehungen stehen auf sozialen Netzwerken im Vordergrund (Kreutzer, 2021, S. 74–116).

- *Media-Sharing-Plattformen* (z. B. *Youtube, Instagram, TikTok, Twitch, SlideShare*): Media-Sharing-Plattformen ermöglichen es Benutzerinnen und Benutzern, verschiedene Arten von Medieninhalten wie Texte, Bilder, Videos, Podcasts, Audio-Dateien, Präsentationen oder Livestreams zu veröffentlichen und zu rezipieren. Ziel der Plattformen ist es, kreative Inhalte zu teilen (Kreutzer, 2021, S. 117–141).

- *Messengerdienste* (z. B. *WhatsApp, Snapchat, Facebook Messenger, Skype*): Messengerdienste dienen der direkten Kommunikation zwischen Einzelpersonen oder Gruppen. Benutzerinnen und Benutzer können über Messengerdienste Textnachrichten und Multimedia-Inhalte senden und empfangen sowie Sprach- oder Videoanrufe tätigen oder entgegennehmen (Kreutzer, 2021, S. 142–160).

- *Social Bookmarking* (z. B. *Google Bookmarks* (wurde 2021 eingestellt)): Social-Bookmarking-Dienste erlauben es, Inhalte zu speichern, zu organisieren und zu teilen. Userinnen und User können Lesezeichen zu ihren Lieblingsseiten hinzufügen, diese mit anderen Benutzerinnen und Benutzern teilen und Einblicke in Trends gewinnen (Kreutzer, 2021, S. 161–165). /

- *Online-Foren und -Communities* (z. B. *Wikipedia, Yelp, reddit*): Über Online-Foren und -Communities können Benutzerinnen und Benutzer miteinander interagieren, diskutieren und Informationen austauschen. Online-Foren und -Communities sind oft nach spezifischen Interessen, Themen oder Branchen strukturiert und ermöglichen es, Wissen auszutauschen, bei der Lösung von Problemen zu helfen und/oder Beziehungen zwischen Userinnen und Usern aufzubauen (Kreutzer, 2021, S. 166–181).

Die Übernahme spezifischer Funktionen einer Nutzungsklasse durch andere Anbieter führt dazu, dass die Übergänge zwischen sozialen Medien fließender werden, was eine eindeutige Zuordnung in Nutzungsklassen erschwert. So ist *Facebook* beispielsweise ein soziales Netzwerk, es bietet jedoch auch zahlreiche Optionen zum Teilen von Inhalten (Media-Sharing) und verfügt über einen eigenen *Facebook-Messenger*-Dienst (Kreutzer, 2021, S. 9–10). Im Folgenden wird daher verallgemeinernd von Social Media gesprochen, wenn es um soziale Netzwerke und Media-Sharing-Plattformen geht, die unter den sozialen Medien für den Journalismus die größte Relevanz besitzen.

7.2 Charakteristika und Vorteile sozialer Medien

Soziale Medien haben sich in den letzten Jahren zu einer bedeutenden Komponente der digitalen Kommunikation entwickelt und die Entstehung von Öffentlichkeit nachhaltig verändert. Nachrichten werden heute längst nicht mehr nur von professionellen Journalistinnen und Journalisten erstellt; im Gegenteil, gewöhnliche Bürgerinnen und Bürger veröffentlichen im digitalen Zeitalter *User Generated Content*, der in sozialen Medien von Tausenden aufgerufen werden und zu einer Diversifizierung von Informationen beitragen kann (Murthy, 2011, S. 779). Die Möglichkeit, Informationen zwischen Quellen und Publikum ohne das Mitwirken traditioneller Vermittlerinnen und Vermittler wie Journalistinnen und Journalisten auszutauschen, wird als *Disintermediation* bezeichnet (Neuberger, 2022, S. 160). Durch die Erstellung von *User Generated Content* werden Bürgerinnen und Bürger zu Produsern (Producerinnen und Producer/Userinnen und User) bzw. Prosumern (Producerinnen und Producer/Konsumentinnen und Konsumenten), die an der Herstellung von Öffentlichkeit beteiligt sind (z. B. Bruns, 2008). In diesem Zusammenhang wird immer wieder das emanzipatorische bzw. deliberative Potenzial nutzergenerierter Inhalte und sozialer Medien diskutiert (z. B. Miranda et al., 2016; Springer & Kümpel, 2018).

Zu den Charakteristika und Vorteilen sozialer Medien zählen nach Gabriel und Röhrs (2017, S. 19) die folgenden Merkmale:

- *Globale Reichweite:* Im Gegensatz zu den meisten Massenmedien erreichen soziale Medien nicht nur Menschen auf lokaler, regionaler oder nationaler Ebene, sondern auf der ganzen Welt.
- *Zugänglichkeit*: Soziale Medien können, sofern ein Internetzugang vorhanden ist, an jedem Ort der Welt und von jeder Person genutzt werden.
- *Benutzerfreundlichkeit*: Für die Bedienung sozialer Medien bedarf es weder spezieller Kenntnisse noch Fachwissen. Die Nutzung ist simpel, die Benutzeroberfläche leicht zugänglich.
- *Kosteneffizienz*: Soziale Medien ermöglichen eine kostengünstige Produktion, Rezeption und Distribution von Inhalten.

- *Multimedialität*: Inhalte können in verschiedener Form – z. B. als Text, Grafik, Foto, Video, Audio usw. – beliebig miteinander verknüpft werden.
- *Aktualität*: Durch soziale Medien können Inhalte rund um die Uhr und in Echtzeit veröffentlicht, aktualisiert und rezipiert werden.
- *Pull-Medium*: Neben vorgeschlagenen Beiträgen können Nutzerinnen und Nutzer Inhalte in sozialen Medien je nach Bedarf und Interesse suchen, aufrufen, verarbeiten und verbreiten.

7.3 Einsatzmöglichkeiten sozialer Medien

Die Zahl der Social-Media-Nutzerinnen und -Nutzer ist in den letzten zehn Jahren kontinuierlich gestiegen. Während 2013 noch 1,72 Milliarden Menschen soziale Medien nutzten, sind es im Jahr 2023 bereits rund 4,76 Milliarden Menschen und damit mehr als die Hälfte der weltweiten Bevölkerung (Kemp, 2023, S. 161). Zu den erfolgreichsten sozialen Medien gehören *Facebook, YouTube, WhatsApp* und *Instagram*. Dem *Digital 2023 Global Overview Report* zufolge verzeichnete *Facebook*, das weltweit mit weitem Abstand beliebteste soziale Medium, im Januar 2023 rund 2,96 Milliarden monatliche Nutzerinnen und Nutzer. Das zweitgrößte soziale Medium und die führende Plattform zum Teilen und Rezipieren von Videos war mit etwa 2,51 Milliarden monatlichen Nutzerinnen und Nutzern *YouTube*. *WhatsApp* und *Instagram* lagen mit ca. 2 Milliarden monatlichen Userinnen und Usern auf Platz drei. *TikTok* und *X* (ehemals *Twitter*) wurden weltweit monatlich von rund 1,05 bzw. 0,56 Milliarden Personen genutzt (Kemp, 2023, S. 182), 2025 erreichte das rasant wachsende *TikTok* schon 1,6 Milliarden Menschen monatlich.

Mit der wachsenden Bedeutung von Social-Media-Plattformen werden diese zu einem essenziellen Bestandteil der Arbeit von Journalistinnen und Journalisten und Medienunternehmen. Sogar traditionsreiche Formate wie die *Tagesschau* verbreiten ihre Inhalte längst nicht nur über *Facebook* und *Instagram*, sondern auch über *TikTok*. Ausschlaggebend für die digitale Expansion traditionell analoger Medienformate ist der Mediennutzungswandel, der sich in einer zunehmenden Bedeutung digitaler Medien manifestiert. Insbesondere für Jugendliche und junge Erwachsene unter 25 sind digitale Ausspielwege essenziell. Ihnen dienen soziale Medien sogar als primäre Nachrichtenquelle (Eddy, 2022, S. 42–43; Hasebrink et al., 2021, S. 30–31).

Soziale Medien ermöglichen es Medienunternehmen, ihre Inhalte auf unterschiedliche Weise zu präsentieren und verschiedene Zielgruppen anzuspre-

7.3 Einsatzmöglichkeiten sozialer Medien

chen. Sie können auf Plattformen wie *Facebook, Instagram, X* oder *YouTube* nicht nur ihre Artikel oder Berichte teilen, sondern auch Updates, Hintergrundinformationen, Bilder, Videos oder Livestreams bereitstellen. Darüber hinaus eröffnen soziale Medien Journalistinnen und Journalisten die Möglichkeit, mit ihrem Publikum in Echtzeit zu kommunizieren. Durch Kommentare, Likes, Shares oder private Nachrichten erhalten sie von Rezipientinnen und Rezipienten direktes Feedback zu ihrer Berichterstattung, etwa in Form von Anregungen oder Kritik. Während Rückmeldungen des Publikums im analogen Zeitalter noch einen Wechsel des Mediums erforderten, kann Feedback im digitalen Zeitalter unmittelbar über soziale Medien erfolgen (Neuberger, 2018, S. 16). Diese direkte Verbindung zwischen Journalistinnen und Journalisten und Publikum sorgt für mehr Interaktion und einen schnelleren Austausch. Journalismus ist im digitalen Zeitalter daher nicht mehr als Einbahnstraße zu verstehen, sondern als interaktiver Prozess zwischen Publikum und Journalistinnen und Journalisten, was mit dem Begriff *partizipativer Journalismus* beschrieben wird (z. B. Borger et al., 2016; Sehl, 2013).

Medienunternehmen dienen soziale Medien auch zum „Communitybuilding": Die auf sozialen Medien stattfindende Interaktion zwischen Journalistinnen und Journalisten und Publikum soll die Nutzerinnen und Nutzer an das Programm binden und Journalistinnen und Journalisten für Rezipientinnen und Rezipienten „greifbar und sichtbar" (Lehner & Hohlfeld, 2021, S. 448) machen. Gleichzeitig wird jedoch auch das Publikum für Journalistinnen und Journalisten durch Social-Media-Analysetools wie *Hootsuite, swat.io* oder *Buffer* greifbarer. Die Analysetools ermöglichen es, das Verhalten und die Präferenzen der Nutzerinnen und Nutzer genau zu überwachen, indem sie u. a. Daten zu Engagement, Reichweite, Erwähnungen und demografischen Merkmalen sammeln. Sogenannte *Audience Metrics* erlauben es Medienunternehmen, den Erfolg ihrer Inhalte zu bewerten, das Verhalten von Rezipientinnen und Rezipienten schnell, automatisch, detailliert und verständlich zu erfassen und Einblicke in die Interessen und Bedürfnisse der Nutzerinnen und Nutzer zu erhalten (E. Lee & Tandoc, 2017, S. 438). Um zu überprüfen, welche Themen oder Formate besonders gut bei den Rezipientinnen und Rezipienten ankommen und welche weniger Interesse erwecken, werden u. a. detaillierte Informationen zu Einstiegs-, Absprungs- und Klickrate, Interaktionszeit, Seitenaufrufen pro Besuch, weitergeleiteten Inhalten, Scrollingtiefe und der auf dem Profil verbrachten Zeit erhoben (Cherubini & Nielsen, 2016, S. 34–35). Mit den gewonnenen Daten können die Medienunternehmen ihre Inhalte an die Vorlieben ihrer Zielgruppe anpassen (Hagar & Diakopoulos, 2019).

7.4 Forschungsstand zum Zusammenspiel von Audience Metrics und journalistischen Standards

Für viele Medienunternehmen ist die Analyse von Nutzerdaten in Zeiten finanzieller Not unerlässlich (Karlsson & Clerwall, 2013; E. Lee & Tandoc, 2017, S. 7; Tandoc, 2015). Vor allem innerhalb gewinnorientierter Medienhäuser besteht das primäre Ziel der Verwendung von *Audience Metrics* darin, das Engagement der Rezipientinnen und Rezipienten auf Webseiten zu erhöhen, Werbekunden anzuziehen und den Umsatz zu steigern (Blanchett Neheli, 2018, S. 1042). Mittlerweile sind *Audience Metrics* jedoch in nahezu allen Medienhäusern ein fester Bestandteil redaktioneller Praktiken (Tandoc, 2019). Redaktionen schaffen zunehmend neue Funktionen, die speziell für das Bespielen sozialer Medien (z. B. Social-Media-Editors), den Austausch mit den Rezipientinnen und Rezipienten (z. B. Community-Managers) und die Erfolgsmessung (z. B. Analytics-Editors) zuständig sind. Während Community-Mangerinnen und -Manager eingestellt werden, um das Netzwerk und Image ihrer Organisation zu pflegen, Kommentare zu verwalten (z. B. sichten, reagieren, aussortieren) und auf direkte Nachrichten und Fragen zu antworten (Meier et al., 2018, S. 60), agieren Analytics-Editors als Vermittlungsinstanz zwischen den erhobenen Nutzerdaten (*Audience Metrics*) und der Redaktion. Auf Basis des ausgewerteten Nutzerverhaltens unterbreiten sie ihren Kolleginnen und Kollegen Vorschläge zur Umsetzung redaktioneller Inhalte, um den Präferenzen der Rezipientinnen und Rezipienten bestmöglich gerecht werden zu können (Ferrer-Conill & Tandoc, 2018, S. 437).

Die permanente Echtzeitbeobachtung der Rezipientinnen und Rezipienten und der zunehmende Diskurs mit Nutzerinnen und Nutzern geht für den Journalismus mit einer gesteigerten Bedeutung des Publikums und seiner Interessen einher (Hohlfeld, 2016, S. 274; Vu, 2014). Bei redaktionellen Entscheidungsprozessen zur Themenselektion finden die Präferenzen der Nutzerinnen und Nutzer immer mehr Berücksichtigung (A. Lee et al., 2014; Lehner & Hohlfeld, 2021, S. 449; Welbers et al., 2015). Neben der Themenselektion beeinflussen *Audience Metrics* auch redaktionelle Entscheidungen zur strategischen Platzierung, Verpackung, Planung und Imitation von Inhalten (Lamot & Paulussen, 2020). Erzielen Artikel nicht ausreichend Klicks, so werden die Beiträge überarbeitet, indem beispielsweise Überschriften verändert oder Bilder und Videos ausgetauscht werden (Fürst, 2020, S. 275). Der Journalismus begibt sich somit zunehmend auf Augenhöhe zu seinem Publikum, um dessen Ansprüchen zu genügen (→ Kapitel 8).

Im besten Fall gelingt es Journalistinnen und Journalisten mithilfe von *Audience Metrics*, ihre Reichweite zu erhöhen und auf jedem Ausspielkanal genau die Inhalte zur Verfügung zu stellen, die den Spezifika des Ausspielwegs und den Interessen der Nutzerinnen und Nutzer am besten gerecht werden (Lamot & Paulussen, 2020). Die Analyse der Nutzerpräferenzen kann Journalistinnen und Journalisten jedoch auch dazu verleiten, Rezipientinnen und Rezipienten nur noch jene Inhalte anzubieten, die sie besonders interessieren, allerdings aus demokratietheoretischer Sicht weniger relevant sind (Tandoc, 2014, S. 572; Tandoc & Thomas, 2015). So zeigen etwa die Studien von Boczkowski (2010), Boczkowski und Peer (2011) sowie Boczkowski et al. (2011), dass sich *Soft News* (z. B. Informationen aus den Bereichen Mode, Sport, Tiere, Stars etc.) bei Rezipientinnen und Rezipienten größerer Beliebtheit erfreuen als *Hard News* (z. B. Informationen aus den Bereichen Politik, Wirtschaft, Justiz, Wissenschaft etc.), was aus demokratietheoretischer Sicht kritisch zu bewerten ist.

Interviews mit Führungskräften des *SWR* legen nahe, dass die bei *SWR Aktuell* nach dem sogenannten „GUN-Prinzip" – „‚Gesprächswert', ‚Unterhaltungswert', ‚Neuigkeitswert (Nähe, Nutzwert)'" – erfolgende Themenselektion in sozialen Medien zu einer Zunahme an weichen Themen beim Social-Media-Auftritt von *SWR Aktuell* geführt hat (Lehner, 2023, S. 335).

Eine Inhaltsanalyse der Fernseh-Hauptnachrichtensendungen von *Tagesschau, ZDF heute, Sat.1 Nachrichten* und *RTL Aktuell* sowie der korrespondierenden Beiträge auf den offiziellen *Facebook*-Seiten der Nachrichtenformate lässt den Schluss zu, dass die zunehmende Beobachtung des Publikums zu einem Zuwachs an boulevardesken Inhalten auf sozialen Medien führt (Steiner, 2016; Fürst, 2020, S. 276).

Tandoc (2014) beschreibt den sich immer stärker einer konsumorientierten Logik beugenden Journalismus als *twerkend* – also auf sexuell provokative Art und Weise zu populärer Musik tanzend:

> In order to attract an audience no longer loyal to legacy news, journalism dances in a provocative manner – publishing stories about the wildest celebrities, uploading adorable cat videos, highlighting salacious headlines – hoping to attract attention, to increase traffic. For media critics, this is a low, almost squatting stance, for an institution that relies a lot on respect and reputation. For a few others, this is journalism trying to survive. Journalism – to some extent – is twerking. (S. 572).

Die Beispiele zeigen, dass die Bestrebungen der Medienhäuser, ökonomische Vorteile durch *Audience Metrics* zu erzielen, mit ihrer gesellschaftlichen Aufgabe konfligieren können. Welbers et al. (2015, S. 1050) haben das Dilemma in ihrer Studie zum Zusammenspiel professioneller journalistischer Normen und *Audience Metrics* wie folgt beschrieben: Verlassen sich Medienunternehmen bei der Nachrichtenauswahl allein auf das journalistische Gespür und die Erfahrungen ihrer Journalistinnen und Journalisten ohne dabei *Audience Metrics* zu berücksichtigen, so schützen sie den Journalismus zwar vor der Marktlogik, laufen allerdings Gefahr, sich weiter von ihrem Publikum zu entfernen und ihre Inhalte letztlich nicht mehr verkaufen zu können. Wenden sie sich hingegen allein dem Marktmodell zu und versuchen, den Anforderungen und Interessen des Publikums mithilfe von *Audience Metrics* bestmöglich gerecht zu werden, so können sie ihre unter normativen Gesichtspunkten relevante Informations-, Kontroll- und Kritikfunktion unter Umständen nicht mehr zufriedenstellend erfüllen. Zur Pflicht des Journalismus gehört es auch, eine ausgewogene Berichterstattung und somit ein angemessenes Maß an *Soft* und *Hard News* zu berücksichtigen und sich nicht ausschließlich von Nutzerinteressen leiten zu lassen (Karlsson & Clerwall, 2013; Singer, 2006, S. 42). In der digitalen Welt, in der eine Vielzahl an Informationen, aber auch Fake News im Internet kursieren und zu jeder Zeit abgerufen werden können, sind journalistische Standards, Fachkenntnisse und Erfahrung sowie das unabhängige Urteilsvermögen der Journalistinnen und Journalisten so relevant wie nie zuvor.

Insgesamt ist zu konstatieren, dass die besonderen Interaktions- und Vernetzungsmöglichkeiten sozialer Medien sowie die Option, über sie *User Generated Content* zu veröffentlichen (Stichwort Disintermediation), den digitalen Journalismus dazu gezwungen haben, wesentlich enger und regelmäßiger mit seinem Publikum zu interagieren. Obgleich der digitale Journalismus in seiner heutigen Form noch nicht gänzlich von *Audience Metrics* gesteuert wird, spielt die engmaschige Überwachung der Verhaltensweisen und Präferenzen der Nutzerinnen und Nutzer eine zentrale Rolle im Nachrichtengeschäft (Zamith, 2018). Das Publikum und seine Interessen erhalten dadurch zunehmend größeren Einfluss auf die Themenselektion und -gestaltung, wodurch der professionelle Journalismus an Autonomie verliert und eine zunehmende Boulevardisierung und Ökonomisierung des Journalismus droht. Parallel dazu ermöglichen *Audience Metrics* Medienunternehmen jedoch auch die Chance, Strategien zur Optimierung der Berichterstattung zu entwickeln. So kann die langfristige Analyse der Nutzerpräferenzen und -interessen dazu beitragen, das Publikum besser zu informieren und neue Geschichten zu entwickeln, die auch auf lokaler Ebene große Bedeutung und Anziehungskraft haben

(Blanchett Neheli, 2018, S. 1048). Von diesem Potenzial können insbesondere kleine und lokale Medienunternehmen profitieren.

Dass sich die wachsende Bedeutung des Publikums für Medienunternehmen längst nicht mehr nur auf das Internet und soziale Medien beschränkt, verdeutlicht exemplarisch die Studie von Lehner et al. (2023) über innovative Formate und neue Zielgruppen im Lokaljournalismus. Die Forscherin und die Forscher fanden heraus, dass die Tageszeitung *Mittelbayerische* in ihrem Medienhaus Diskussionsrunden mit Leserinnen und Lesern etabliert hat, um den persönlichen Kontakt zu Rezipientinnen und Rezipienten zu pflegen. Auch mit ihrer neu geschaffenen Rubrik „Meinung und Debatte" verfolgt die *Mittelbayerische* das Ziel, die Beziehung zu ihren Leserinnen und Lesern zu intensivieren. Doch nicht nur private Medienhäuser, auch öffentlich-rechtliche Medien sind abseits sozialer Medien darum bemüht, den Kontakt zu ihren Rezipientinnen und Rezipienten zu kultivieren. Rechtliche Verankerung fand die zunehmende Relevanz des Publikums für den öffentlich-rechtlichen Journalismus zuletzt auch in §31 Abs. 6 des dritten Medienänderungsstaatsvertrags, der im März 2023 in Kraft trat. Dort wurden öffentlich-rechtliche Medienhäuser dazu verpflichtet, „sich in einem kontinuierlichen Dialog mit der Bevölkerung, insbesondere über Qualität, Leistung und Fortentwicklung des Angebots, auszutauschen".

Summa summarum unterliegt der Journalismus einem fundamentalen Wandel, der durch soziale Medien beschleunigt wird und bewirkt, dass Journalistinnen und Journalisten sowie Medienhäuser, die einst als Gatekeeper allein über die Veröffentlichung und Weiterverarbeitung von Informationen entschieden, zunehmend darum bemüht sind, ihrem Publikum sowohl online als auch offline auf Augenhöhe zu begegnen und seinen Erwartungen zu entsprechen.

Transferaufgaben für Workshops
Gruppe 1 und 2 (6–8 Teilnehmende)

Die fiktive *Neue Duisburger Zeitung (NDZ)* verliert überproportional an Käuferinnen und Käufern sowie Leserinnen und Lesern ihrer Printausgabe. Die Verlagsleitung will nun massiv den Verkauf digitaler Abos forcieren. Um festzustellen, welche Artikel und Inhalte bei der Konversion helfen und dazu beitragen, als Plus-Artikel hinter der Bezahlschranke Käuferinnen und Käufer für das Gesamtangebot anzulocken, holt sie sich technische Hilfe. Neben den klassischen *Audience Metrics* wie Google Analytics und Chartbeat sollen nun großflächig A/B-Tests eingeführt werden, mit denen verschiedene Versionen von Überschriften und Artikeln unter Live-Bedingungen dem Markttest ausgesetzt werden. Je nach Klickzahlen und Konversionsrate werden alle Artikel laufend umgeschrieben und an den Geschmack der Nutzerinnen und Nutzer angepasst. Auch bestimmen nun die Klickzahlen und Metriken ausschließlich, welche Meldungen prominent angezeigt werden und welche in den Tiefen des Angebots verschwinden. Da die *NDZ* noch immer ein Redaktionsstatut besitzt, das den redaktionellen Mitarbeiterinnen und Mitarbeitern ein gewisses Mitspracherecht einräumt, bleibt dieses Vorgehen nicht ohne Kritik. Wesentliche Teile der Redaktion begehren auf, da sie die journalistische Autonomie gefährdet sehen. Gruppe 1 vertritt im Rahmen einer Vollversammlung der Redaktion die Verlagsseite, die durch eine geschäftsführende Chefredakteurin oder einen geschäftsführenden Chefredakteur ergänzt wird. Gruppe 2 repräsentiert die Redaktion, die für die Mitbestimmung und Mitgestaltung der redaktionellen Entscheidungen kämpft. Bereiten Sie sich auf eine harte Diskussion vor!

Gruppe 3 (3–5 Teilnehmende)

Sie arbeiten für eine Unternehmensberatung, die für ein journalistisches Online-Medium Klickzahlen und Reichweite erhöhen soll. Auf welche digitalen Metriken legen Sie besonderen Wert, mit welchen Strategien versuchen Sie, die Nutzerinnen und Nutzer dazu zu bewegen, Artikel zu kaufen oder digitale Abos abzuschließen? Wie sieht ein Schulungsprogramm aus, mit dem Sie in der Redaktion eine Kultur der Optimierung des *Audience Engagements* etablieren? Formulieren Sie Vorschläge für redaktionelle Leitlinien zur Erhöhung der Zugriffszahlen.

Gruppe 4 (3–5 Teilnehmende)

Die Verlagsführung eines etablierten journalistischen Medienhauses beauftragt Sie damit, die Arbeit in der Redaktion besser mit der Social-Media-Abteilung zu verzahnen. Die Idee dahinter ist, dass die journalistische Informationsvermittlung und die Social-Media-Kommunikation künftig widerspruchsfrei und zielgruppenidentisch aus einem Guss sein sollen. Website, App und Social-Media-Posts sollen inhaltlich, zeitlich und zielgruppenbezogen optimal aufeinander abgestimmt werden. Welche Maßnahmen treffen sie inhaltlich, organisatorisch und personell zu diesem Zweck? Skizzieren Sie die dafür nötigen Kompetenzanforderungen für die Mitarbeiterinnen und

Mitarbeiter, räumliche oder bauliche Veränderungen, crossmediale Prozessanpassungen und Content-Strategien. Präsentieren Sie Ihre Überlegungen in einem Pitch.

Lea S. Lehner

Literaturverzeichnis

Blanchett Neheli, Nicole (2018). News by Numbers: The Evolution of Analytics in Journalism. *Digital Journalism*, 6(8), 1041–1051. https://doi.org/10.1080/21670811.2018.1504626

Boczkowski, Pablo J. (2010). The Divergent Online News Preferences of Journalists and Readers: Reading Between the Lines of the Thematic Gap Between the Supply and Demand of Online News. *Communications of the ACM*, 53(10), 24–25. https://doi.org/10.1145/1839676.1839685

Boczkowski, Pablo J., Mitchelstein, Eugenia, & Walter, Martin (2011). Convergence Across Divergence: Understanding the Gap in the Online News Choices of Journalists and Consumers in Western Europe and Latin America. *Communication Research*, 38(3), 376–396. https://doi.org/10.1177/0093650210384989

Boczkowski, Pablo J., & Peer, Limor (2011). The Choice Gap: The Divergent Online News Preferences of Journalists and Consumers. *Journal of Communication*, 61(5), 857–876. https://doi.org/10.1111/j.1460-2466.2011.01582.x

Borger, Merel, van Hoof, Anita, & Sanders, José (2016). Expecting Reciprocity: Towards a Model of the Participants' Perspective on Participatory Journalism. *New Media & Society*, 18(5), 708–725. https://doi.org/10.1177/1461444814545842

Bruns, Axel (2008). *Blogs, Wikipedia, Second Life, and Beyond: From Production to Produsage*. Peter Lang.

Cherubini, Federica, & Nielsen, Rasmus K. (2016). *Editorial Analytics: How News Media Are Developing and Using Audience Data and Metrics*. Reuters Institute for the Study of Journalism. https://reutersinstitute.politics.ox.ac.uk/our-research/editorial-analytics-how-news-media-are-developing-and-using-audience-data-and-metrics

Eddy, Kirsten (2022). The Changing News Habits and Attitudes of Younger Audiences. In Reuters Institute for the Study of Journalism (Hrsg.), *Digital News Report 2022* (S. 42–45). University of Oxford. https://reutersinstitute.politics.ox.ac.uk/sites/default/files/2022-06/Digital_News-Report_2022.pdf

Ethority (o. J.). *Über das Social Media Prisma*. https://ethority.de/social-media-prisma/

Ferrer-Conill, Raul, & Tandoc, Edson C. (2018). The Audience-Oriented Editor: Making Sense of the Audience in the Newsroom. *Digital Journalism*, 6(4), 436–453. https://doi.org/10.1080/21670811.2018.1440972

Fürst, Silke (2020). In the Service of Good Journalism and Audience Interests? How Audience Metrics Affect News Quality. *Media and Communication*, 8(3), 270–280. https://doi.org/10.17645/mac.v8i3.3228

Gabriel, Roland, & Röhrs, Heinz-Peter (2017). *Social Media: Potenziale, Trends, Chancen und Risiken*. Springer Gabler. https://doi.org/10.1007/978-3-662-53991-0

Hagar, Nick, & Diakopoulos, Nicholas (2019). Optimizing Content with A/B Headline Testing: Changing Newsroom Practices. *Media and Communication*, 7(1), 117–127. https://doi.org/10.17645/mac.v7i1.1801

Hasebrink, Uwe, Hölig, Sascha, & Wunderlich, Leonie (2021). *Arbeitspapiere des Hans-Bredow-Instituts: Nr. 55. #UseTheNews: Studie zur Nachrichtenkompetenz Jugendlicher und junger Erwachsener in der digitalen Medienwelt*. Hans-Bredow-Institut. https://doi.org/10.21241/SSOAR.72822

Hohlfeld, Ralf (2016). Journalistische Beobachtungen des Publikums. In Klaus Meier & Christoph Neuberger (Hrsg.), *Aktuell. Studien zum Journalismus: Bd. 1. Journalismusforschung: Handbuch für Wissenschaft und Studium*. (2. Aufl., S. 265–286). Nomos.

Kapoor, Kawaljeet Kaur, Tamilmani, Kuttimani, Rana, Nripendra P., Patil, Pushp, Dwivedi, Yogesh K., & Nerur, Sridhar (2018). Advances in Social Media Research: Past, Present and Future. *Information Systems Frontiers, 20*(3), 531–558. https://doi.org/10.1007/s10796-017-9810-y

Karlsson, Michael, & Clerwall, Christer (2013). Negotiating Professional News Judgment and "Clicks": Comparing Tabloid, Broadsheet and Public Service Traditions in Sweden. *Nordicom Review, 34*(2), 65–76. https://doi.org/10.2478/nor-2013-0054

Kemp, Simon (2023). *Digital 2023 Global Overview Report*. DataReportal, We Are Social, & Meltwater https://datareportal.com/reports/digital-2023-global-overview-report?utm_source=Global_Digital_Reports&utm_medium=PDF&utm_campaign=Digital_2023&utm_content=Global_Overview_Foreword

Kreutzer, Ralf T. (2021). *Social-Media-Marketing kompakt: Ausgestalten, Plattformen finden, messen, organisatorisch verankern*. Springer Gabler. https://doi.org/10.1007/978-3-658-33866-4

Lamot, Kenza, & Paulussen, Steve (2020). Six Uses of Analytics: Digital Editors' Perceptions of Audience Analytics in the Newsroom. *Journalism Practice, 14*(3), 358–373. https://doi.org/10.1080/17512786.2019.1617043

Lee, Angela M., Lewis, Seth C., & Powers, Matthew (2014). Audience Clicks and News Placement: A Study of Time-Lagged Influence in Online Journalism. *Communication Research, 41*(4), 505–530. https://doi.org/10.1177/0093650212467031

Lee, Eun-Ju, & Tandoc, Edson C. (2017). When News Meets the Audience: How Audience Feedback Online Affects News Production and Consumption. *Human Communication Research, 43*(4), 436–449. https://doi.org/10.1111/hcre.12123

Lehner, Lea S. (2023). *Aktuell. Studien zum Journalismus: Bd. 24. Crossmedialität und redaktionelle Konvergenz im SWR und bei SWR Aktuell: Eine empirische Untersuchung zur digitalen Reform einer öffentlich-rechtlichen Medienanstalt unter Legitimationsdruck*. Nomos. https://doi.org/10.5771/9783748947196

Lehner, Lea S., & Hohlfeld, Ralf (2021). „Das System heißt Mensch": Eine Studie zum crossmedialen Arbeiten in den Redaktionen lokaler Radiosender in Niederbayern. In Markus Behmer & Vera Katzenberger (Hrsg.), *Schriften aus der Fakultät Geistes- und Kulturwissenschaften der Otto-Friedrich-Universität Bamberg: Bd. 34. Vielfalt vor Ort: Die Entwicklung des privaten Rundfunks in Bayern* (S. 435–456). University of Bamberg Press. https://doi.org/10.20378/irb-49749

Lehner, Lea S., Sengl, Michael, & Hohlfeld, Ralf (2023). Innovative Formate, neue Zielgruppen oder alles wie immer? Eine Analyse zum Stand der redaktionellen Konvergenz und Vielfalt im Lokaljournalismus. In Annika Sehl, Sonja Kretzschmar, & Daniel Noelleke (Hrsg.), *Innovationen im Journalismus: Theorien – Methoden – Potentiale* (S. 97–112). Springer VS. https://doi.org/10.1007/978-3-658-45321-3_7

Meier, Klaus, Kraus, Daniela, & Michaeler, Edith (2018). Audience Engagement in a Post-Truth Age: What it Means and How to Learn the Activities Connected with It. *Digital Journalism, 6*(8), 1052–1063. https://doi.org/10.1080/21670811.2018.1498295

Literaturverzeichnis

Miranda, Shaila M., Young, Amber, & Yetgin, Emre (2016). Are Social Media Emancipatory or Hegemonic? Societal Effects of Mass Media Digitization in the Case of the Sopa Discourse. *MIS Quarterly, 40*(2), 303–330. http://dx.doi.org/10.25300/MISQ/2016/40.2.02

Murthy, Dhiraj (2011). Twitter: Microphone for the Masses? *Media, Culture & Society, 33*(5), 779–789. https://doi.org/10.1177/0163443711404744

Neuberger, Christoph (2018). Journalismus in der Netzwerköffentlichkeit: Zum Verhältnis zwischen Profession, Partizipation und Technik. In Christian Nuernbergk & Christoph Neuberger (Hrsg.), *Journalismus im Internet. Profession – Partizipation – Technisierung* (2. Aufl., S. 11–80). Springer VS. https://doi.org/10.1007/978-3-531-93284-2_2

Neuberger, Christoph (2022). Journalismus und Plattformen als vermittelnde Dritte in der digitalen Öffentlichkeit. *KZfSS Kölner Zeitschrift für Soziologie und Sozialpsychologie, 74*(1), 159–181. https://doi.org/10.1007/s11577-022-00832-9

Sehl, Annika (2013). *Aktuell. Studien zum Journalismus: Bd. 3. Partizipativer Journalismus in Tageszeitungen: Eine empirische Analyse zur publizistischen Vielfalt im Lokalen.* (1. Aufl.). Nomos.

Singer, Jane B. (2006). Partnerships and Public Service: Normative Issues for Journalists in Converged Newsrooms. *Journal of Mass Media Ethics, 21*(1), 30–53. https://doi.org/10.1207/s15327728jmme2101_3

Springer, Nina, & Kümpel, Anna Sophie (2018). User-Generated (Dis)Content: Eine Literatursynopse zur Nutzung der Kommentarfunktion auf Nachrichtensites im Internet. In Christian Nuernbergk & Christoph Neuberger (Hrsg.), *Journalismus im Internet. Profession – Partizipation – Technisierung* (2. Aufl., S. 241–271). Springer VS. https://doi.org/10.1007/978-3-531-93284-2_9

Steiner, Miriam (2016). Boulevardisierung goes Facebook? Ein inhaltsanalytischer Vergleich politischer Nachrichten von tagesschau, heute, RTL Aktuell und Sat.1 Nachrichten im Fernsehen und auf Facebook. In Laura Leissner, Halina Bause, & Lennart Hagemeyer (Hrsg.), *Düsseldorfer Forum Politische Kommunikation: Bd. 6. Politische Kommunikation – Neue Phänomene, neue Perspektiven, neue Methoden.* (S. 27–46). Frank & Timme.

Tandoc, Edson C. (2014). Journalism Is Twerking? How Web Analytics Is Changing the Process of Gatekeeping. *New Media & Society, 16*(4), 559–575. https://doi.org/10.1177/1461444814530541

Tandoc, Edson C. (2015). Why Web Analytics Click: Factors Affecting the Ways Journalists Use Audience Metrics. *Journalism Studies, 16*(6), 782–799. https://doi.org/10.1080/1461670X.2014.946309

Tandoc, Edson C. (2019). *Analysing Analytics in Journalism: Disrupting Journalism One Click at a Time.* Routledge.

Tandoc, Edson C., & Thomas, Ryan J. (2015). The Ethics of Web Analytics: Implications of Using Audience Metrics in News Construction. *Digital Journalism, 3*(2), 243–258. https://doi.org/10.1080/21670811.2014.909122

Vu, Hong Tien (2014). The Online Audience as Gatekeeper: The Influence of Reader Metrics on News Editorial Selection. *Journalism, 15*(8), 1094–1110. https://doi.org/10.1177/1464884913504259

Welbers, Kasper, van Atteveldt, Wouter, Kleinnijenhuis, Jan, Ruigrok, Nel, & Schaper, Joep (2015). News Selection Criteria in the Digital Age: Professional Norms Versus Online Audience Metrics. *Journalism, 17*(8), 1037–1053. https://doi.org/10.1177/1464884915595474

Zamith, Rodrigo (2018). Quantified Audiences in News Production: A Synthesis and Research Agenda. *Digital Journalism, 6*(4), 418–435. https://doi.org/10.1080/21670811.2018.1444999

8. Paradise Lost? Partizipative Formate und Publikumseinbindung durch Nutzerkommentare

Überblick

Das Kapitel beleuchtet eine besondere Form von Metriken, und zwar die Formen des qualitativen Nutzerfeedbacks, die sowohl auf den Social-Media-Plattformen als auch in den Kommentarspalten von Onlinemedien zu finden sind. Diese Metriken werden unter dem Aspekt der Dialogische Kommunikation diskutiert und in Bezug auf Funktion, Nutzungsmotive und Qualität dargestellt. Es werden die Moderationsstrategien der Medienunternehmen verglichen und es wird analysiert, ob im crossmedialen Journalismus durch einen zielführenden Umgang mit Nutzerkommentaren eine Kommunikation auf Augenhöhe mit dem Publikum etabliert werden kann.

Stichworte | Social Media, *Audience Metrics*, Publikum, Interaktion

8.1 Fluch und Segen der Publikumsbindung

> In the beginning, the technology gods created the Internet and saw that it was good. Here, at last, was a public sphere with unlimited potential for reasoned debate and the thoughtful exchange of ideas, an enlightening conversational bridge across the many geographic, social, cultural, ideological and economic boundaries that ordinarily separate us in life, a way to pay bills without a stamp. Then someone invented ‚reader comments' and paradise was lost (Brossard & Scheufele, 2013).

Mit dieser Analogie der Schöpfungsgeschichte leiten Dominique Brossard und Dietram A. Scheufele (2013) einen Artikel über ihre Forschungsarbeit „The Nasty Effect: Online Incivility and Risk Perceptions of Emerging Technologies" (Anderson et al., 2014) in der *New York Times* ein. Mit dem Titel „This Story stinks" weisen sie auf die Ergebnisse dieser Arbeit hin. Diese bezeugen, dass die Meinung zu einem Thema ganz wesentlich davon abhängig ist, welche Kommentare die Leserinnen und Leser unter dem zugehörigen Artikel gelesen haben. Inzivile Kommentare besitzen demnach das Potenzial, die Polarisierung unter den Nutzerinnen und Nutzern zu verstärken. Dieses Beispiel verdeutlicht, dass kommunikative Partizipation zwei Seiten besitzt und Fluch und Segen gleichzeitig sein kann. Die sich ständig weiterentwickelnde digitale Landschaft hat nicht nur die Verbreitung von Nachrichten transformiert, sondern auch die Art und Weise, wie Leserinnen und Leser heute mit Medieninhalten interagieren. In diesem Zusammenhang hat sich auch die Rolle von Nutzerkommentaren als Instrument der Leserinteraktion grundlegend verändert – Leserinnen und Leser können heute schneller als je zuvor auf journalistische Inhalte reagieren und mit den Verfasserinnen und Verfassern interagieren. Sie tun das mal zivil, bedacht und konstruktiv, dann aber wiederum impulsiv, empört, launisch und destruktiv.

Nüchtern betrachtet sind Kommentare zunächst einmal ein Mittel der Publikumsbindung (Loosen, 2016). Der Segen für die Anbieter: Die Kommentarfunktion erhöht den sogenannten *Traffic* auf der Seite des Online-Mediums (Springer & Kümpel, 2018). Unter „*Traffic*" versteht man die Anzahl der Besucherinnen und Besucher, die auf die Website zugreifen. Zudem stärkt die Kommunikation die Markentreue und sorgt somit für bleibende Rezipientinnen und Rezipienten (Springer & Kümpel, 2018, S. 246). Andererseits spiegelt die Einführung von Kommentarbereichen auch altruistischere Ziele wider, denn diese sollen unter deliberativer Perspektive die Demokratisierungs- und Partizipationschancen des Internets verwirklichen und zu einem vielfältigen, öffentlichen Diskurs beitragen (Loosen, 2016). Die Bürgerinnen und Bürger sollen die Chance haben, sich online politisch zu beteiligen und wichtige gesellschaftspolitische Grundrechte wie Meinungsfreiheit und Gleichberechtigung ausüben (Schattleitner, 2015). „Userreaktionen, Leserbriefe haben Bedeutung. Im Kern sind es Meinungsbeiträge. Menschen greifen öffentlich in eine Diskussion ein, ein Verhalten, das für eine Demokratie wesenhaft und unverzichtbar ist" (Prinzing, 2015, S. 12). Es können zwei Arten von Kommentaren unterschieden werden: Entweder äußern Nutzerinnen und Nutzer lediglich ihre Meinung oder sie handeln interaktiv, indem sie ihre Beiträge bewusst an andere Nutzerinnen und Nutzer oder Autorinnen und Autoren richten. Im Falle der interaktiven Nutzung können Beiträge, die begründete Meinungen zu einem Thema ausdrücken und darauf abzielen, Lösungswege aufzuzeigen, als deliberative Handlungen betrachtet werden. Der Kern dieser Handlungen besteht darin, einen Dialog zu fördern, der auf Vernunft, Respekt und informiertem Meinungsaustausch basiert, um zu einem Konsens oder einem begründeten Dissens zu gelangen (Stromer-Galley, 2007).

Doch die ungefilterten Meinungsbeiträge bringen vielfältige Herausforderungen mit sich, die anfängliche Experimentierfreudigkeit wich mit der Zeit einer gewissen Skepsis gegenüber Nutzerkommentaren. Nicht ohne Grund haben Online-Redaktionen unterdessen durchaus differenziertere Strategien entwickelt, wenn es um die Publikumseinbindung geht, denn diese zeigte sich als sehr facettenreiches, ambivalentes Phänomen, welches sich mit diversen

Ausprägungen zwischen den Polen vielfältiger, öffentlicher Diskurs und Shitstorm bewegt (Loosen, 2016), wie später genauer ausgeführt werden soll.

Für den Journalismus hat das – verbunden mit der großen Bedeutung von sozialen Medien (→ Kapitel 7) – drastische Folgen. Es sind neue Möglichkeiten der Partizipation entstanden, die Forschung spricht von Prosumern (Knieper et al., 2011). Dabei werden Leserinnen und Leser zu Nutzerinnen und Nutzern und können mit Journalistinnen und Journalisten und deren Produkten interagieren. Die gewandelten Kommunikationsbedingungen führen dazu, dass das Publikum sich von Passiv-Zuschauenden zu Aktiv-Kommentierenden entwickelt. Durch den ständigen Austausch und die Rückkopplungskanäle entsteht so ein fortlaufender Kommunikationsprozess (Jakubetz et al., 2011, S. 26).

Dirk von Gehlen (2011) hat zu Beginn der Zehnerjahre des 21. Jahrhunderts treffend festgestellt: „Das Netz hat aus Publikation Kommunikation gemacht. Es hat dem vormals passiven Rezipienten die Möglichkeit zur aktiven Teilnahme eröffnet, die dieser nicht einfach so nutzen kann, sondern ebenso öffentlich wie der Journalismus selbst" (S. 378). Das Internet bietet dafür einen vernetzten Raum, der ein Kommunikationsmedium in alle Richtungen darstellt. Auch in Anbetracht der weiter fortschreitenden Digitalisierung, ist es deshalb wichtig, es als ein Dialogmedium zu verstehen und auch zu nutzen. Bevor in diesem Kapitel die Formen und Funktionen von Nutzerkommentaren beleuchtet und die wesentlichen Forschungsbefunde dargestellt werden, wird zunächst ein vertiefender Blick auf den gewandelten Kommunikationsmodus geworfen.

8.2 Dialogische Kommunikation

Dirk von Gehlen (2011, S. 378–379) schließt an seinen Vergleich, das Internet sei mehr ein Telefon als eine Zeitung, die Forderung an, Journalistinnen und Journalisten müssen lernen, zu telefonieren. Durch die Veränderung von Leserinnen und Lesern zu Userinnen und Usern, werden Rezipientinnen und Rezipienten aktiv, und Kommunikation als Dialog seitens der Journalistinnen und Journalisten wird unerlässlich. Während früher der Leserdialog in der Zeitung über Leserbriefe stattfand, ist es heute viel mehr ein Gespräch, das zwischen einer breiten Öffentlichkeit und dem Journalismus entstehen kann. Es ist also für Journalistinnen und Journalisten wichtig, sich dieser Verantwortung und den daraus entstehenden Chancen bewusst zu sein. Für sie gilt es, in Kontakt mit ihren Publika zu treten und den Dialog anzunehmen (von Gehlen, 2011, S. 392–393). Kommentare, Feedback-Schleifen oder Tweets stellen in diesem Beispiel das Telefongespräch dar. Genau wie bei einem Telefongespräch sollten die Journalistinnen und Journalist stets auch auf Nutzerkommentare antworten, da sie ansonsten ihren Ruf und den Ruf des Mediums schädigen könnte. Von Gehlen (2011), ein radikaler Befürworter des permanenten Dialogs mit Nutzerinnen und Nutzern, geht sogar noch einen Schritt weiter, wenn er die Konsequenzen der Unterlassung betont: „Wer so handelt, der macht seinen Job nicht richtig" (S. 379).

Das Dialogmedium Internet, die alles verändernde Digitalisierung und die technologische vierte Revolution haben aus jeder und jedem Publizistinnen und Publizisten gemacht, somit ist das Teilen und Veröffentlichen von Inhalten nicht länger allein den Gatekeepern, den Journalistinnen und Journalisten, vorbehalten. Hinzu kommt: „Journalismus ist nicht mehr online oder print, sondern nur noch digital" (Humborg & Nguyen, 2018, S. 2). Von Gehlen (2007) zufolge macht der Wandel der Rolle der Medien aus dem Broadcaster einen Sharecaster, Kultur werde zu Software. Damit einher geht auch ein Wandel der Kommunikationsmodi, weg von *One-to-Many* hin zu *Many-to-Many*, bisweilen auch im Netzwerk. Die klassische Sinnorientierung des Journalismus von „Informationsangebot und -nachfrage" wird durch die Netzwerkstruktur des Internets um „Dialog und Partizipation" erweitert (Loosen, 2016, S. 288). Die Möglichkeiten für Nutzerinnen und Nutzer, am Journalismus teilzuhaben und sich mit Kommentaren am Diskurs zu beteiligen, stellen aber nicht nur die bekannten Kommunikationsmodelle, sondern auch die Rolle der Journalistinnen und Journalisten für die Gesellschaft auf den Prüfstand. Das massenmediale Selbstverständnis schwindet und macht einem interpersonalen Austausch Platz (von Gehlen, 2011, S. 389; Kramp & Weichert, 2018a, S. 11).

Die Folgen sind vielfältig: Die Integration der Publika durch Interaktionsmöglichkeiten führt zu der besagten Annäherung von Journalistinnen/Journalisten und Nutzerinnen/Nutzern. Im Dialog mit Journalistinnen und Journalisten werden sie zu wichtigen Themenlieferantinnen, Ko-Rechercheuren, Ko-Redakteurinnen, Diskutanten sowie Distribuierenden (Kramp & Weichert, 2018a, S. 11). „Die Dynamisierung der Journalismus-Publikums-Beziehung(en) in der digitalen Medienumgebung hat die statische Unterscheidung zwischen Produzent/Sender und Empfänger längst obsolet werden lassen" (Kramp & Weichert, 2018a, S. 12). Diese Art der Publikumsbeteiligung bezeichnet Bruns (2008) als „*Produsage*". Damit ist gemeint, dass die Nutzerinnen und Nutzer bzw. Userinnen und User aktiv am journalistischen Arbeitsprozess teilnehmen.

Dadurch werden die Nutzerinnen und Nutzer vom „User" zum „Produser" (Bruns, 2008, S. 2–3). Dabei ist es besonders wichtig, dass Journalistinnen und Journalisten sich auf die neue Rolle ihrer Publika einlassen, denn „der Leserdialog ist – wie jedes Gespräch – nur dann erfolgreich, wenn er von beiden Seiten als Dialog angenommen wird" (von Gehlen, 2011, S. 381). Der digitale Journalismus ist Roland Tichy zufolge kein „Helikopter-Journalismus", bei dem es mit dem stumpfen Abwerfen von Inhalten getan ist (zitiert nach von Gehlen, 2011, S. 391). Es handelt sich – idealtypisch gesprochen – vielmehr um einen kontinuierlichen und nachhaltigen Kommunikationsprozess, bei dem die Anschlusskommunikation und andere Folgen der Veröffentlichung im Auge behalten werden müssen (von Gehlen, 2011, S. 391). Das Eingehen auf Meinungen und Kommentare ist nicht nur wichtig für den Journalismus, weil daraus neue Geschichten und Ansatzpunkte für Recherchen entstehen, sondern auch weil Nutzerinnen und Nutzer das unterdessen von den Journalistinnen und Journalisten wegen der integrierten Feedback- und Kontaktmöglichkeiten erwarten (von Gehlen, 2011, S. 390). Journalistische Transparenz nimmt deshalb immer mehr an Bedeutung zu, und wer Fragen unbeantwortet stehen lässt und sich dem Dialog entzieht, verliert an Glaubwürdigkeit (Hölig & Loosen, 2018, S. 234; von Gehlen, 2011, S. 389).

8.3 Von den Regeln des Leserdialogs zur Etablierung von Moderationsstrategien

Um einen geglückten Dialog mit Rezipientinnen und Rezipienten zu gewährleisten, hat von Gehlen (2011, S. 390) fünf Grundregeln aufgestellt. (1) Journalistinnen und Journalisten sind nicht schlauer als ihre Leserinnen und Leser. Wichtig dabei ist es, die Menschen hinter den Userinnen und Usern zu betrachten. Dadurch ist es möglich, aus Kommunikation mit einer anonymen Masse interpersonalen Austausch zu kreieren (von Gehlen, 2011, S. 389). (2) Journalistisches Arbeiten bedeutet vereinfachen. Das Aufbereiten von komplexen Themen für eine breite Masse gehört zu den Grundverständnissen von Journalismus. Das Internet bietet dabei Möglichkeiten, Informationen auf neuen Wegen und in neuer Menge zu präsentieren. Diese crossmedialen Möglichkeiten werden zum Teil noch zu wenig ausgeschöpft, wie Gerstner (2019, S. 158) am Beispiel von audiovisuellem Output von deutschen Tageszeitungen darlegt. Fast alle der von ihm untersuchten Zeitungen bieten Videos in ihren Online-Ausgaben an. Thematisch handelt es sich zum größten Teil jedoch um *Soft News* aus den Bereichen Gesellschaft oder Sport. (3) Wer zu Vorwürfen schweigt, verliert Glaubwürdigkeit. Durch das Internet können Grenzen zwischen Produktion und Produkt verschwimmen. So ist es essenziell, dass wenn es zu Fehlern kommt, eine komplette Transparenz nicht nur bei der Korrektur der Faktenlage auf Beitragsebene gewährleistet ist, sondern auch hinsichtlich des vorausgegangen journalistischen Prozesses dorthin (Meier & Reimer, 2011, S. 140). (4) Wer auf Vorwürfe reagiert, gewinnt Unterstützerinnen und Unterstützer. Dass Transparenz Erfolg haben kann, zeigt zum Beispiel die Aussage von *Zeit Online*-Chefredakteur Jochen Wegner (2016) zum Start des Transparenz-Blogs *Glashaus* der *Zeit*: „Mit der zunehmenden Kritik an der Arbeit von Journalisten hat, so merken wir, auch das aufrichtige Interesse daran zugenommen". Besonders in Deutschland, wo man mit der Fehlerkultur noch nicht so weit ist wie die großen Medienhäusern in den USA, findet immer mehr ein Umdenken in Redaktionen statt. (5) Fehler zuzugeben, zeugt von Souveränität. Damit eine Umgebung geschaffen wird, in der Journalistinnen und Journalisten sich sicher fühlen, Fehler zuzugeben, bedarf es laut von Gehlen (2011, S. 390) besonders des Rückhalts in der eigenen Redaktion. Nur so sei ein proaktiver und souveräner Umgang mit Fehlern im Netz möglich.

Die Grundregeln des Leserdialogs von Dirk von Gehlen stellen allerdings nur ein grobes Gerüst dar. Es gibt keine konkreten Lösungsvorschläge für den Umgang mit Hassrede in Kommentarspalten oder wie man diese moderiert. Eine Form von Moderation bzw. ein Redaktionsbuch zum Umgang mit inzivilen Kommentaren gehört heutzutage zur Aufgabe jeder Onlineredaktion.

So hat sich etwa die Landesmedienanstalt in Nordrhein-Westfalen mit dem Thema beschäftigt und einige regulierende Strategien bezüglich Hassrede in Kommentarspalten aufgelistet (Kramp & Weichert, 2018b, S. 252–273):

(1) *Punishment*: Straf- oder zivilrechtliche Konsequenzen gegen Hassrede.

(2) *Counter Speech*: Argumentatives Gegensprechen gegen Hassrede.

(3) *Deconstructing*: Hassrednerinnen und -redner beziehungsweise Hassrede faktisch Wiederlegen.

(4) *Blocking/Deleting*: Beiträge löschen oder Hassrednerinnen und -redner blockieren beziehungsweise stummschalten.

(5) *Ignorance*: Hassrede ignorieren.

(6) *Ironization*: Hassrede ironisieren und mit Humor begegnen.

(7) *Understanding*: Verständnis zeigen. Gründe der Hassrede ermitteln und Debatte versachlichen.

(8) *Dialogization*: Zwischen Gegenparteien vermitteln und den Dialog zwischen Nutzerinnen und Nutzern ankurbeln.

(9) *Solidarisierung*: Sich mit Betroffenen sowie Gegnerinnen und Gegnern von Hassrede solidarisieren.

(10) *Embracing*: Opfer von Hassrede zeitgerecht im Diskurs stärken.

Auch diese Moderationsstrategien sind nicht problem- und fehlerlos. *Blocking* etwa schränkt die Meinungsfreiheit ein und wird zuweilen als Form der Zensur betrachtet. Wenn man einen Kommentar ignoriert, kann – wie von Gehlen betont – die Glaubwürdigkeit des Mediums leiden. Derlei Möglichkeiten stellen also keine Komplettlösung für den Umgang mit Hassrede dar. Jedes Medienunternehmen muss für sich selbst entscheiden, wie es auf bestimmte Kommentare reagiert. Einige Anbieter haben deshalb eine Netiquette eingeführt, also ein Regelwerk für Kommentare, an das sich die Nutzerinnen und Nutzer der Seite halten müssen. Wird gegen die Netiquette verstoßen, können die Nutzerinnen und Nutzer blockiert werden und ihre Kommentare werden gelöscht, wie später noch genauer ausgeführt wird.

8.4 Publikumsbeobachtung

Wenn man das Pferd von der anderen Seite aufzäumt, sind die Nutzerkommentare kommunikationstheoretisch zunächst einmal als eine Form der selektiv-systematischen Beobachtung des Publikums durch Onlinedaten zu charakterisieren (Hohlfeld, 2023, S. 251). Wie die digitalen Zugriffsmessungen in Echtzeit (Klickzahlenanalysen) und die Resonanz- und Erfolgskontrolle durch Verweis- und Filteranalysen (Likes, Shares, *Trending Topics*) zählen Nutzerkommentare zu den *Audience Metrics*, mit denen Journalistinnen und Journalisten die Akzeptanz ihrer Themen messen und kontrollieren können (→ Kapitel 7). „Dieser Rückgewinn an Kontrolle wird nicht nur als verbesserte Befriedigung der Publikumswünsche interpretiert, sondern allgemein als Folge der verschärften ökonomischen Wettbewerbssituation gedeutet" (Hohlfeld, 2023, S. 251; Tandoc, 2014; Lee & Tandoc, 2017, S. 439). Derartige Nutzerspuren dienen also sowohl dem Dialog mit dem Publikum als auch der wirtschaftlichen Kontrolle der Akzeptanz.

Die zunehmende Beteiligung von Nutzerinnen und Nutzern durch Kommentare in Onlineforen und sozialen Netzwerken bietet dem Journalismus neue Ansätze zur Interaktion mit dem Publikum (Springer & Ziegele, 2025). Diese Formen der Meinungsäußerung ermöglichen es, über traditionelle Filter- und Bewertungsmechanismen hinaus qualitative Einsichten in die Publikumsstruktur zu gewinnen. Nutzerinnen und Nutzer, die inzwischen die Funktion von Leserbriefschreiberinnen und -schreibern übernommen haben (Hanusch & Tandoc, 2019, S. 699), spielen dabei eine doppelte Rolle: als Funktionsträgerinnen und -träger der Medienkritik und als Instrument zur Steigerung der „Online-Site-Leserbindung" (Bast, 2015, S. 47) und der Qualitätssicherung (Lilienthal et al., 2014, S. 189–193). Allerdings ist das durch diese Kommentare vermittelte Bild des Publikums oft negativ. Studien zeigen einen „Partizipationsverdruss" (Lilienthal et al., 2014, S. 287) in den Redaktionen. Beispielsweise messen Journalistinnen und Journalisten der *Süddeutschen Zeitung* partizipativen Angeboten nur einen geringen bis mittleren Stellenwert bei (Heise et al., 2014, S. 25–26), schätzen aber das Feedback als nützlich zur Fehlerkorrektur und Themenfindung. Ebenso sahen Redakteurinnen und Redakteure bei *FAZ.NET* die Nutzung solcher Formate primär als Mittel der Erfolgskontrolle, weniger als Bereicherung der inhaltlichen Arbeit oder als Grundlage für einen intensiven Dialog mit dem Publikum (Bast, 2015, S. 47).

Trotz dieser Skepsis zeigen Untersuchungen, dass Nutzerinnen und Nutzer als Hinweisgeberinnen und -geber für weitere Recherchen und als Beobachtungstool dienen können (z. B. Singer et al., 2011, S. 40). Vor allem in Onlinejournalismus-Redaktionen werden Kommentare als zentrale Metriken zunehmend systematisch erfasst und analysiert, um sie in die Entscheidungsprogramme einzubinden. Dabei variieren die Haltungen je nach Land und Redaktion: Während in Schweden Kommentare vor allem bei jüngeren Journalistinnen und Journalisten eher kritisch gesehen werden (Bergström & Wadberg, 2015), zeigt sich in Australien eine wachsende Wertschätzung für ihre Bedeutung in der Orientierung an den Nutzerinnen und Nutzern als Verbraucherinnen und Verbraucher sowie Staatsbürgerinnen und Staatsbürger (Hanusch & Tandoc, 2019).

Ein wichtiger Aspekt ist die Professionalisierung der Social-Media-Arbeit. Medienhäuser wie *Spiegel Online* investieren zunehmend in den gezielten Umgang mit Nutzerinnen und Nutzern, um ein besseres Verständnis ihrer Zielgruppen zu entwickeln (Sanke, 2015). So wird die systematische Analyse von Meinungsäußerungen zu einem zentralen Element des redaktionellen Marketings und der Aussteuerung der Medienmarke. Social-Media-Redakteurinnen und -Redakteure betonen, dass ein präziseres Gespür für die Zielgruppe den Erfolg einer Medienmarke erheblich steigern kann (Sanke, 2015, S. 44). Insgesamt bleibt die Rolle von Nutzerkommentaren im Journalismus ambivalent (Hanusch & Tandoc, 2019, S. 699–700): Während sie als Werkzeuge für Feedback und Themenfindung geschätzt werden, bleibt ihr Einfluss auf die inhaltliche Arbeit und den direkten Dialog begrenzt. Dennoch wird ihre systematische Einbindung als zunehmend unverzichtbar betrachtet, insbesondere dort, wo der digitale Journalismus sich mit Social-Media-Anwendungen verschränkt.

8.5 Wer kommentiert warum?

Schon die *Reuters Digital News Survey 2016* untersuchte die Partizipation deutscher Nutzerinnen und Nutzer in sozialen Netzwerken und ihre aktive Beteiligung an der Nachrichtenberichterstattung. Die Studie fand heraus, dass politische Orientierung eine zentrale Rolle bei der Beteiligung am Diskurs spielt, während Alter und Bildung weniger entscheidend sind. Insbesondere politisch links oder konservativ orientierte Personen zeigen eine höhere Bereitschaft, sich über Nachrichtenthemen auszutauschen, während die politische Mitte weniger partizipationsfreudig ist (Hölig & Hasebrink, 2016, S. 61–62).

Trotzdem bleibt die Zahl der häufig und aktiv Beteiligten gering (Kümpel & Springer, 2018, S. 248). Neben politischer Orientierung beeinflussen auch weitere Faktoren die Teilnahme, wie der Gegenstand der Berichterstattung, journalistische Einordnungen und zitierte Quellen. Sachliche Berichte ohne tiefgehende Analysen oder Interpretationen hingegen fördern weniger die Diskussionsbereitschaft. Persönlichkeitsmerkmale und soziografische Faktoren spielen ebenfalls eine Rolle, unterscheiden sich jedoch international in Bezug auf Alter, Bildung und Kompetenzen im Umgang mit dem Internet (Kümpel & Springer, 2018, S. 249–250). Laut Ziegele et al. (2013, S. 91) steigt die Bereitschaft zur Kommentierung mit der Zeit, die Nutzerinnen und Nutzer auf Nachrichtenseiten verbringen. Je intensiver die Nutzung, desto aktiver wird auch die Teilnahme am öffentlichen Diskurs. Generell gibt es bei Nutzerinnen und Nutzern bestimmte Bedürfnisse, zu kommentieren, ebenso wie Hemmungen vorliegen, dies nicht zu tun (Springer & Kümpel, 2018, S. 249). Die Motive zum Kommentieren können in die Dimensionen Information, persönliche Identität, Integration, soziale Interaktion und Unterhaltung/Zeitvertreib unterteilt werden (Chung & Yoo, 2008, S. 390–395).

Als wichtige Motivation für das Kommentieren kann der Gegenstand der Berichterstattung angeführt werden. Sensations-Berichterstattung und klassische Clickbait-Artikel werden weniger kommentiert als politische, soziale oder sehr kontroverse Thematiken (Tenenboim & Cohen, 2015, S. 198). Auch die Autorin oder der Autor des Artikels sowie die Quellen, auf die Bezug genommen wurde, haben einen Einfluss auf das Kommentierverhalten, vor allem auch im Hinblick auf Unhöflichkeit in der Kommentarsektion: inzivile oder polarisierende Texte fördern oft aggressive Interaktionen (Coe et al., 2014, S. 664). „Commenters are driven by socialinteractive motives to participate in journalism and to discuss with other users" (Springer et al., 2015, S. 812).

Ebenfalls ein Bedürfnis zum Kommentieren stellt also der Wille dar, sozial zu interagieren und mit anderen Nutzerinnen und Nutzern in einen Austausch zu treten. Zuletzt kann auch ein Zusammenhang zwischen den Nachrichtenfaktoren Nähe, Reichweite sowie Frequenz und einer häufigeren Kommentierung festgestellt werden, da diese Faktoren eine stärkere Reibungsfläche bieten. Dagegen wirkt sich der Nachrichtenfaktor Faktizität eher negativ auf das Kommentierverhalten aus (Weber, 2014, S. 950). Die Faktizität ist jedoch nicht der einzige Faktor, der hemmend auf das Kommentieren wirkt. Auch der Zeitfaktor kann sich negativ auf die Motivation, einen Kommentar zu verfassen, auswirken. Barnes (2015) beispielsweise spricht in seinen Kriterien von „A lack of time and confidence" (S. 818).

Daneben kennt die Forschung zahlreiche weitere Hindernisse, die Nutzerinnen und Nutzer davon abhalten, Kommentarspalten zu nutzen. Zu den häufigsten Barrieren zählen:

(1) Registrierungspflichten: Viele Nachrichtenseiten verlangen eine Registrierung, was mit Datenschutzbedenken und Angst vor Datenmissbrauch einhergeht und oft abschreckend wirkt.

(2) Fehlendes persönliches Involvement: Nutzerinnen und Nutzer beteiligen sich weniger, wenn sie keine klare Meinung zu einem Thema haben, was nicht zwangsläufig Desinteresse bedeutet (Kümpel & Springer, 2018, S. 251).

(3) Einschüchterung durch Autoritäten: Manche Nutzerinnen und Nutzer fühlen sich von der vermeintlichen Kompetenz von Journalistinnen und Journalisten und Kommentatorinnen und Kommentatoren überfordert und glauben, nicht qualifiziert genug für eine Teilnahme zu sein (Barnes, 2015, S. 817).

(4) Mangelhaftes Diskussionsniveau: Viele Nutzerinnen und Nutzer empfinden das Niveau in Kommentarspalten als uninformiert, kleinlich, beleidigend oder aggressiv, was die Bereitschaft zur Teilnahme senkt.

(5) Technische Einschränkungen: Zeichenbeschränkungen oder schwierige technische Bedingungen im Kommentarbereich (Springer, 2014, S. 191).

(6) Negative Interaktionen mit der Redaktion: Unzureichendes Community-Management oder negative Erfahrungen mit der Redaktion wirken demotivierend (Springer, 2014).

Im Allgemeinen kann im Hinblick auf Charakteristiken der Kommentare festgehalten werden, dass eine eher negative Tonalität vorherrscht. Kommentare sind oft wertend und üben Kritik am Thema, an den Autorinnen und Autoren, den beteiligten Akteurinnen und Akteuren oder anderen Kommentierenden. Vorwürfe wie der Mangel an Originalität, Genauigkeit, Ausgewogenheit, Objektivität, Überzeugungskraft und Themenexpertise sowie Wirklichkeits-/Publikumsferne sind allgegenwärtig in der Kommentarsektion, was mit dem Begriff „face-threatening attack" zusammengefasst werden kann (Neurauter-Kessels, 2011, S. 201–202).

8.6 Wert und Qualität von Nutzerkommentaren

Auf der Grundlage des entwickelten Verständnisses der Bedeutung von Nutzerkommentaren und ihrer Rolle in der digitalen Medienlandschaft richtet sich der Fokus im Folgenden auf den empirisch messbaren Wert und die Qualität dieser Kommentare. Es soll demonstriert werden, wie diese Qualität gemessen werden kann und welchen Einfluss Nutzerkommentare auf andere Nutzer haben.

Mit Hilfe von Theorien zur Qualität von Nutzerbeteiligung, einer Netiquette-Analyse fünf kooperierender Medien und drei Leitfadeninterviews identifizierten Bernadette Uth und Klaus Meier (2018) drei Dimensionen zur Beurteilung der Qualität von Nutzerkommentaren: Mehrwert, Inzivilität und Minderwert.

- Der *Mehrwert* beschreibt den respektvollen Austausch von Ansichten zu öffentlich relevanten Themen, das Aufnehmen anderer Perspektiven und das Streben nach Konsens oder begründetem Dissens. Qualitätskriterien wie Respekt, Wertschätzung, Sachlichkeit und Lesbarkeit dienen zur Messung.
- *Inzivilität* umfasst herabsetzende Äußerungen wie persönliche Angriffe, Beleidigungen, Drohungen, Diskriminierung oder bewusste Falschinformationen, die den öffentlichen Diskurs entwerten.

- *Minderwert* betrifft Kommentare, die zwar nicht diskursschädigend sind, aber durch schlechte Form wie Rechtschreibfehler oder unsachliche Kritik die Qualität der Debatte mindern.

Die drei Dimensionen ermöglichen eine differenzierte Bewertung positiver und negativer Eigenschaften von Kommentaren (Uth & Meier, 2018, S. 333–334). Mittels einer Inhaltsanalyse von 1.500 Kommentaren auf fünf deutschen Nachrichtenseiten wurde untersucht, wie die Qualität von Nutzerkommentaren verbessert und rechtsverletzende Äußerungen minimiert werden können. Die Ergebnisse zeigen, dass anonyme und pseudonyme Kommentare tendenziell geringere Qualität mit mehr Inzivilität aufweisen, während Klarnamen-Kommentare mehr Mehrwert bieten. Zudem beeinflussen Artikelthemen, Autoren, Nachrichtenquellen, Bebilderung und lokaler Bezug die Kommentarqualität. Emotionalisierte Artikel mit unsicherer Informationslage sollten, so das Fazit der Studie, von Kommentierungen ausgeschlossen werden. Symbolbilder fördern oft minderwertige Kommentare. Moderation und lokale Nachrichten können hingegen potenziell die Qualität der Diskussion und den Mehrwert der Kommentare steigern.

Abschließend ist zu klären, ob Kommentarspalten tatsächlich der deliberativen Entscheidungsfindung dienen und als „Sprachrohr des Bürgers" fungieren können, wie häufig behauptet wird (Ziegele, 2016, S. 547). Marc Ziegele (2016, S. 586) zieht jedoch den ernüchternden Schluss, dass die interpersonal-öffentliche Anschlusskommunikation dieser Plattformen kein ideales Forum für deliberative Meinungsbildung und Konsensfindung darstellen. Studien wie die von Ruiz et al. (2011) zeigen, dass der kulturelle Kontext entscheidend für die Qualität einer Debatte ist. In Ländern, die dem „*Liberal model*" nach Hallin und Mancini (2004) (z. B. USA) zuzuordnen sind, können Diskussionen entstehen, die Respekt, Argumentationsvielfalt und Diskursethik nach der Diskursethik von Habermas nahekommen (Ruiz et al., 2011, S. 482). Im Gegensatz dazu stellen Richardson und Stanyer (2011, S. 983) für den englischen Sprachraum fest, dass das deliberative Potenzial online weit vom Ideal entfernt ist. Ruiz et al. (2011, S. 482) stellten für Länder des „*Polarized Pluralist model*" im Kontext des *Comparing-Media-Systems*-Ansatzes (z. B. Italien) fest, dass die dortigen Diskurse mit mangelndem Respekt und weniger Pluralismus geführt werden. Aus heutiger Sicht muss hinzugefügt werden, dass diese Ergebnisse aus einer Zeit stammen, da Social Media und die Nutzerbeteiligung noch in den Kinderschuhen steckten und die USA noch keine defekte Demokratie war.

8. Partizipative Formate und Publikumseinbindung durch Nutzerkommentare

Ein Grund für die teils negative Entwicklung von Kommentarspalten ist, dass Nutzerinnen und Nutzer, die sich Medieninhalte informell angeeignet haben, dies auch weiterhin tun, ohne sich automatisch in kritisch-reflektive Diskursteilnehmerinnnen und -teilnehmer zu verwandeln. Häufig kommentieren sie aus affektiven oder hedonistischen Motiven, wie Frustabbau, Zeitvertreib oder dem Wunsch nach virtuellem Applaus. Als besonderes Problem lassen sich sogenannte Trolle identifizieren, die Kommentarspalten gezielt missbrauchen, um Diskussionen durch Provokationen oder Beleidigungen zu stören. „Sie pöbeln in Kommentarspalten und Internet-Foren, schreiben Kommentare voller Hass, beleidigen und provozieren andere Nutzer: Trolle" (Strathmann, 2017). Das Internet bietet den optimalen Ort für Trolle, da diese von der Anonymität profitieren, Inzivilität ist das logische Ergebnis.

Ziegele beschreibt dies als hedonistisch-motiviertes Bedürfnis des „Nach-Außen-Kehrens" der eigenen Gedanken und Gefühle (Ziegele, 2016, S. 568–569). Somit steht primär der Frustabbau und Zeitvertreib im Fokus und weniger der Wunsch nach Deliberation und Partizipation, was das intellektuell niedrige Niveau mancher Kommentarspalten erklärt (Kümpel & Springer, 2018, S. 258) und zum Bild vom digitalen Stammtisch führt, wo populistische Äußerungen mehr Aufmerksamkeit generieren. Auch der Journalismus trägt dazu bei, indem er durch emotionalisierende und vereinfachende Berichterstattung ein Umfeld schafft, das oberflächliche Meinungen begünstigt. Gleichzeitig müssen journalistische Nachrichtenfaktoren das Interesse der Leserschaft wecken, was insofern ein Spannungsfeld erzeugt, als aus deliberationstheoretischer Sicht einige Kombinationen dieser Faktoren ein Kommentierverhalten erzeugen, dass als wenig wünschenswert erachtet werden kann (Ziegele, 2016, S. 569).

Trotz dieser Probleme bieten Kommentarspalten gewisse Potenziale: Selbst bei selbstbezogenen Motiven entsteht ein differenziertes Meinungsbild, das anderen Nutzerinnen und Nutzern hilft, Inhalte einzuordnen und Ansichten zu überdenken (Ziegele, 2016, S. 570). In „communities of debate", wie sie etwa bei der *New York Times* existieren, fördern ziviler Umgangston und inhaltlich bereichernde Kommentare die Diskursqualität. Solche Kommentare gleichen teils journalistischen Artikeln und beziehen sich in der Regel auf vorangegangene Beiträge (Ruiz et al., 2011, S. 479). Kontroverse und negative Kommentare können zudem Nutzerinnen und Nutzer zu kritischer Reflexion und differenzierten Standpunkten anregen (Ziegele, 2016, S. 570).

8.7 Strategien der Medienunternehmen bezüglich der Moderation

Phänomene wie Trolling stellen den Journalismus vor besondere Herausforderungen. Als wesentlicher Grundpfeiler der Demokratie trägt der Journalismus Verantwortung für einen gesunden öffentlichen Diskurs, ähnlich der Verantwortung von Medizinerinnen und Medizinern für die Volksgesundheit (Prinzing, 2015). Plattformbetreiber verpflichten sich oft in ihren Richtlinien, eine qualitativ hochwertige Kommentarkultur zu fördern. und rechtliche Rahmenbedingungen erfordern Maßnahmen gegen Trolle. Studien zeigen, dass Moderation entscheidend ist: Bereits das Eingreifen von Moderatorinnen und Moderatoren kann den Ton einer Debatte erheblich verbessern (Schattleitner, 2015).

Die Moderation wird zunehmend zur zentralen Aufgabe. Journalistinnen und Journalisten vertreten die Ansicht, dass eine effektive Moderation notwendig ist, doch es bestehen unterschiedliche Strategien (Kümpel & Springer, 2018). Eine Möglichkeit ist die redaktionsinterne Moderation, bei der Journalistinnen und Journalisten selbst tätig werden. Erfolgreiche Moderation sollte nicht nur unangemessene Kommentare löschen, sondern auch die Qualität der Diskussion steigern, etwa durch Hervorheben lesenswerter Beiträge, wie es die *New York Times* mit „NYT Picks" eingeführt hatte. Nutzerinnen und Nutzer können den Status als „trusted commenter" erwerben, was ein selbständiges Kommentieren ohne Moderation ermöglicht (Prinzing, 2015; Sondermann, 2011). Jedoch ist Moderation zeit- und ressourcenintensiv. Beispielsweise löschte *taz.de* im Juli 2016 24 Prozent der Kommentare (Dachwitz & Reuter, 2016). Aus diesem Grund schränken viele Medienhäuser ihre Kommentarfunktion ein, wie es die *Welt* nach schlechten Erfahrungen machte, oder deaktivieren sie, wie etwa *sueddeutsche.de*, die Kommentare auf ein Debattenforum mit zwei bis drei Themen pro Tag auslagerte (Noll, 2014). Mittels der Content-Moderationslösung „Conversario" ist es der *SZ* nach dieser Entscheidung gelungen, eine zivile Community aufzubauen. Auch die Verlagerung von Diskussionen auf Plattformen wie *Facebook* wird teils genutzt, da Klarnamen dort verpflichtend sind. Allerdings zeigt sich, dass auch Klarnamen Hasskommentare nicht immer verhindern. Trolle schweigen nicht unbedingt, nur weil sie ihren Namen preisgeben müssen (Hurtz, 2015). Die Meinungen über weitere Maßnahmen wie *Counter Speech* gehen auseinander. Während *Spiegel Online* (heute *Der Spiegel*) konstruktive Kommentare mit Hilfe von Metriken sichtbar macht und kritische Beiträge mit weiterführenden Informationen beantwortet, lehnt *sueddeutsche.de* solche Ansätze ab, um keine Leserinnen und Leser an den Pranger zu stellen (Dachwitz & Reuter, 2016). Die *taz* besitzt von den überregionalen Qualitätsmedien als einziger Anbieter den Mut, praktisch überhaupt nicht in die Kommentare einzugreifen, während die *Welt* den kommunikativen Herausforderungen übergangsweise mit teils süffisanter aktiver Moderation begegnete, bevor sie schließlich den Kommentarbereich hinter dem Registrierungsvorgang der Paywall mit dem Kommentar „Weniger wird mehr bedeuten, nämlich ein Mehr an intelligenter, anregender Debatte für unsere Abonnenten" verschwinden ließ (Welt-Redaktion, 2020). Auch beim Umgang mit strafrechtlich relevanten Kommentaren gibt es Unterschiede: *Spiegel Online* leitet diese an die Rechtsabteilung weiter, während *taz.de* und *Zeit Online* sie lediglich löschen. Um bereits im Vorfeld sachliche Diskussionen zu fördern, setzen einige Redaktionen auf klar formulierte Artikel und vermeiden reißerische Überschriften, insbesondere auf Social-Media-Plattformen, wo Artikel oft ungeprüft geteilt werden und Hetze auslösen können (Dachwitz & Reuter, 2016). Wichtig ist auch, Metadiskussionen zu verhindern, die den Diskurs ableiten lassen (Wüllner, 2016).

So unterschiedlich die Strategien der Medienhäuser sind und so oft dort Anpassungen der Moderations-*Policy* vorgenommen wurden und werden, ist eines doch evident: Effektive Moderation und vorausschauende Gestaltung von Diskussionen sind essenziell, um eine konstruktive Kommentarkultur zu schaffen und um zu gewährleisten, dass auch seitens der Nutzerinnen und Nutzer eine echte dialogische Kommunikation gelingt.

8.8 Fazit

Der Dialogmodus, der im Zuge der Digitalisierung entstanden ist, hat die journalistische Profession auf mehreren Ebenen bereichert. Die Stimulation der Meinungs- und Themenvielfalt, die durch den Austausch mit Nutzerinnen und Nutzern entsteht, ist demokratietheoretisch konstitutiv für die politische Meinungs- und Willensbildung. Dabei handelt es sich um eine wahrnehmbare Eigenschaft von Qualität: die dialogische Kommunikation bietet grundsätzlich einen Mehrwert, sie verhilft dem Journalismus zu einer neuen Qualität (Hohlfeld, 2018, S. 33). Das neu verfügbare Wissen über die Vorlieben der Publika versetzt den digitalen, crossmedialen Journalismus in die Lage, passgenauer und zielgerichteter zu berichten. Das Feedback regt nicht nur zur Reflektion an, es hilft auch dabei, journalistische Themen und Geschichten nachhaltiger zu gestalten und Ereignisse nach der Erstpublikation längerfristig zu verfolgen.

Voraussetzung für eine solche Ermächtigung ist eine gesittete, zivile Begegnung auf Augenhöhe. Jedoch sind viele Redaktionen mit Art und Ausmaß der Publikumsbeteiligung immer noch überfordert und reagieren zuweilen mit einer Kurzschlussreaktion auf Akte der Empörung, Hetze und ausschweifende Diskussionen: Sie sperren, wenn sie das Paradies als bedroht ansehen, die Kommentarspalte und schließen ihre Publika wieder von der Teilhabe an der dialogischen Kommunikation aus (Ziegele & Jost, 2016, S. 892). Da die Beteiligung jedoch essenziell für einen demokratischen Diskurs ist, ist eine gute und zielführende Kommentarmoderation umso wichtiger. Vor allem aktive und sichtbare Moderatorinnen und Moderatoren haben sich für effektives Implementieren von Gesprächstenor und Netiquette herauskristallisiert (Ziegele et al., 2018, S. 527). Hier treten Journalistinnen und Journalisten und Community-Managerinnen und -Manager ihren Nutzerinnen und Nutzern tatsächlich auf Augenhöhe entgegen und nehmen nicht wie bei den schlichten und mechanistischen Formen der Content-Moderation eine Gatekeeperrolle in Bezug auf Nutzerkommentare ein (Ziegele & Jost, 2016, S. 895). Dabei herrscht jedoch kein Zwang zur einseitigen Annäherung. Zum einen schreiben Nutzerinnen und Nutzer den professionellen Journalistinnen und Journalisten immer noch eine bedeutende Rolle im Diskurs und in der Gesellschaft zu (Neuberger et al., 2014, S. 19; Loosen et al., 2020, S. 7), zum anderen gibt es auch eine Vielzahl häufig jüngerer Journalistinnen und Journalisten, die einen wesentlichen Nutzen in der Annäherung sehen und den Dialog mit ihren Publika gern eingehen (Robinson, 2010, S. 131–132). Auch die technologischen Möglichkeiten der Datenerhebung- und -auswertung bieten eine vielschichtige Bereicherung für den Journalismus. Vor allem die forcierte, im Digitalen quasi natürlich angelegte Publikumsforschung in Gestalt sogenannter *Audience Metrics* eröffnet den Redaktionen eine Quelle der kontinuierlichen Optimierung ihrer Arbeit. Digitalisierung und Automatisierung verändern den Journalismus ebenso rasant wie sie die Erwartungen der Nutzerinnen und Nutzer beeinflussen. Das ist alles andere als trivial, wenn man bedenkt, dass die Wirksamkeit öffentlicher Kommunikation von der Kommunikationsdistanz zwischen Kommunikatorin oder Kommunikator und Rezipientin oder Rezipient abhängt (Hohlfeld, 2023, S. 266). Diese hat sich – allen Schwierigkeiten und inzivilen Auswüchsen zum Trotz - durch die Möglichkeiten der Nutzerpartizipation in den vergangenen Jahren extrem verkürzt. Demokratietheoretisch ist die Begegnung auf Augenhöhe umso wichtiger, als sie zur Entwicklung und zum Erhalt eines qualitativen, demokratischen Diskurses beitragen kann. Mit anderen Worten: Wenn im Sinne Kants aufgeklärte Bürgerinnen und Bürger

8. Partizipative Formate und Publikumseinbindung durch Nutzerkommentare

als Kommentierende den Ausgang aus der selbstverschuldeten Unmündigkeit nehmen, ist das Paradies eben nicht zwangsläufig verloren.

Transferaufgaben für Workshops
Gruppe 1 (3–5 Teilnehmende)

Ein Artikel der *taz* beschäftigt sich mit der Fußball-Weltmeisterschaft, die vor gut einem Jahr in Katar stattgefunden hat. Der am 18. November 2022 online erschienene Artikel setzt sich mit der Frage: „Wie umgehen mit der Katar-WM?", auseinander. Dabei dreht es sich unter anderem um die Auswirkungen der WM für das Klima und die Arbeitsbedingungen der Gastarbeiterinnen und -arbeiter. Lesen Sie sich den Artikel durch und überlegen Sie in der Gruppe, was Sie selbst als Nutzerinnen und Nutzer kommentiert hätten. Lesen Sie anschließend die Kommentare durch und notieren Sie, ob Sie den jeweiligen Kommentar als konstruktiv empfinden und ob er die Diskussion um die WM bereichert. Denken Sie, die Kommentare sind im Allgemeinen eine Bereicherung für das Medium und deren Leserschaft? Alle Kommentare sind auf der Seite der *taz* veröffentlicht und wurden bislang nur von anderen Nutzerinnen und Nutzern beantwortet. Machen Sie sich Gedanken darüber, wie Sie als Moderation der *taz* auf den jeweiligen Kommentar reagiert hätten. Würden Sie alle Kommentare so stehen lassen oder sogar manche löschen? Würden Sie Kommentare hervorheben und wenn ja, warum? Würden Sie manche Kommentare sogar beantworten?

Halten Sie Ihre Überlegungen schriftlich fest und formulieren Sie eigene Antworten aus Sicht der Moderation (Stichworte: Verweis auf die Netiquette, Liken konstruktiver Kommentare, pointierte Konter, klare Aussagen, weiterführende Links). Abschließend sollen Sie eine Haltung zum Thema Moderation von Nutzerkommentaren entwickeln. Stellen Sie Ihre Ergebnisse dem restlichen Kurs in einer kurzen Präsentation vor!

https://taz.de/Diskussion-um-Boykott/!5894090/

Gruppe 2 (3–5 Teilnehmende)

Sie sind Leitung eines traditionellen, regionalen Printhauses in einer ländlich geprägten Region, das nun beschlossen hat, massiv in die digitale Ausspielung der Inhalte zu investieren. Im Rahmen einer Strategiesitzung müssen nun Entscheidungen gefällt werden, wie Sie künftig mit dem Thema Nutzerkommentare umgehen. Diskutieren Sie Vor- und Nachteile der Kommentar-Moderation und legen sie eine *Policy* fest, die auch Social Media berücksichtigt. Soll dort eine andere Form der Kommentar-Moderation gepflegt werden?

Gruppe 3 (3–5 Teilnehmende)

Erstellen Sie einen Krisenkommunikationsplan für die unten genannten Szenarien. Definieren Sie dabei Verantwortlichkeiten, Vorgehensweisen und Kommunikationsrichtlinien. Präsentieren Sie Ihren Kommunikationsplan anschließend im Kurs.

(1) Ihre Storys und Beiträge zum Thema Parkgebühren werden von Tausenden geteilt und kommentiert. Ihre Info-Posts und Storys zur anstehenden Bundestagswahl erhalten hingegen kaum Likes.

(2) Sie haben in Ihren gestrigen Info-Posts versehentlich falsche Zahlen zur Anzahl gewaltsamer Übergriffe auf Journalistinnen und Journalisten im letzten Jahr veröffentlicht und werden dafür in Kommentaren und Privatnachrichten heftig kritisiert.

(3) Sie haben auf Ihren Social-Media-Kanälen einen Beitrag publiziert, in dem Sie bekannt geben, zukünftig konsequent zu gendern. Daraufhin bricht in den sozialen Medien ein Shitstorm gegen Ihr Medienhaus aus.

(4) Auf dem offiziellen Instagram-Account Ihres Medienunternehmens und in den Kommentarspalten des Web-Angebots wird Ihrer Moderation in Privatnachrichten und Kommentaren wiederholt Gewalt angedroht.

Ralf Hohlfeld

Literaturverzeichnis

Anderson, Ashley A., Brossard, Dominique, Scheufele, Dietram A., Xenos, Michael A., & Ladwig, Peter (2014). The "nasty effect:" Online incivility and risk perceptions of emerging technologies. *Journal of Computer-Mediated Communication, 19*(3), 373–387. https://doi.org/10.1111/jcc4.12009

Barnes, Renee (2015). Understanding the affective investment produced through commenting on Australian alternative journalism website New Matilda. *New Media and Society, 17*(5), 810–826. https://doi.org/10.1177/1461444813511039

Bast, Julia (2015). *Trollen Sie noch oder partizipieren Sie schon? Publikumsbeteiligung bei FAZ.NET – eine vergleichende quantitative Befragung von Onlineredakteuren und Nutzern* [Bachelorarbeit, Universität Passau].

Bergström, Annika, & Wadbring, Ingela (2015). Beneficial yet crappy: Journalists and audiences on obstacles and opportunities in reader comments. *European Journal of Communication, 30*(2), 137–151. https://doi.org/10.1177/0267323114559378

Brossard, Dominique, & Scheufele, Dietram A. (2013, 02. März). *Opinion. This Story Stinks.* The New York Times. https://www.nytimes.com/2013/03/03/opinion/sunday/this-story-stinks.html?_r=0

Bruns, Axel (2008). *Blogs, Wikipedia, Second Life, and beyond: From production to produsage.* Peter Lang.

Chung, Deborah S., & Yoo, Chan (2008). Audience Motivations for Using Interactive Features: Distinguishing Use of different Types of Interactivity on an Online Newspaper. *Mass Communication and Society, 11*(4), 375–397. http://dx.doi.org/10.1080/15205430701791048

Coe, Kevin, Kenski, Kate, & Rains, Stephen A. (2014). Online and Uncivil? PAtterns and Determinants of Incivility in Newspaper Website Comments. *Journal of Communication, 64*(4), 658–679. http://dx.doi.org/10.1111/jcom.12104

Dachwitz, Ingo, & Reuter, Markus (2016, 17. August). *Moderation bleibt Handarbeit: Wie große Online-Medien Leserkommentare moderieren.* Netzpolitik. https://netzpolitik.org/2016/moderation-bleibt-handarbeit-wie-tageszeitungen-leserkommentare-moderieren/

Douai, Aziz, & Nofal, Hala K. (2012). Commenting in the Online Arab Public Sphere: Debating the Swiss Minaret Ban and the "Ground Zero Mosque" Online. *Journal of Computer-Mediated Communication, 17*(3), 266–282. https://doi.org/10.1111/j.1083-6101.2012.01573.x

von Gehlen, Dirk (2007). *Journalismus von morgen? Wie das Internet die Arbeit einer Redaktion verändert.* Symposium zu Ehren von Heinz Pürer am Institut für Kommunikationswissenschaft und Medienforschung der Universität München.

von Gehlen, Dirk (2011). Journalisten müssen lernen zu telefonieren – das Internet als Dialogmedium. In Christian Jakubetz, Ulrike Langer, & Ralf Hohlfeld (Hrsg.), *Universalcode: Journalismus im digitalen Zeitalter* (S. 377–398). euryclia.

Gerstner, Johannes (2019). Kraftlose Bilder. In Beatrice Dernbach, Alexander Godulla, & Annika Sehl (Hrsg.), *Komplexität im Journalismus* (S. 153–160). Springer. https://doi.org/10.1007/978-3-658-22860-6_14

Hallin, Daniel C., & Mancini, Paolo (2004). *Comparing media systems: Three models of media and politics.* Cambridge University Press. https://doi.org/10.1017/CBO9780511790867

Hanusch, Folker, & Tandoc, Edson C. (2019). Comments, analytics, and social media: The impact of audience feedback on journalists' market orientation. *Journalism, 20*(6), 695–713. https://doi.org/10.1177/1464884917720305

Heise, Nele, Reimer, Julius, Loosen, Wiebke, Schmidt, Jan-Hinrik, Heller, Christina, & Quade, Anne (2014). *Arbeitspapiere des Hans-Bredow-Instituts: Nr. 31. Publikumsinklusion bei der Süddeutschen Zeitung. Fallstudienbericht aus dem DFG-Projekt „Die (Wieder-)Entdeckung des Publikums".* Hans-Bredow-Institut. https://doi.org/10.21241/ssoar.72028

Hölig, Sascha, & Hasebrink, Uwe (2016). *Arbeitspapiere des Hans-Bredow-Instituts: Nr. 38. Reuters Institute Digital News Survey 2016 – Ergebnisse für Deutschland.* Hans-Bredow-Institut. https://doi.org/10.21241/ssoar.71796

Hölig, Sascha, & Loosen, Wiebke (2018). Das Publikum des Journalismus. Nachrichtenrezeption, Einstellungen und aktive Beteiligung. In Christoph Neuberger & Christian Nuernbergk (Hrsg.), *Journalismus im Internet. Profession – Partizipation – Technisierung* (2. Aufl., S. 209–240). Springer VS. https://doi.org/10.1007/978-3-531-93284-2_8

Hohlfeld, Ralf (2018). Crossmedialität im Journalismus. In Kim Otto & Andreas Köhler (Hrsg.), *Crossmedialität im Journalismus und in der Unternehmenskommunikation* (S. 17–42). Springer VS. https://doi.org/10.1007/978-3-658-21744-0_2

Literaturverzeichnis

Hohlfeld, Ralf (2023). Journalistische Beobachtungen des Publikums. In Klaus Meier & Christoph Neuberger (Hrsg.), *Aktuell. Studien zum Journalismus: Bd. 1. Journalismusforschung. Handbuch für Wissenschaft und Studium* (3. Aufl., S. 265–285). Nomos. https://doi.org/10.5771/9783748928522-243

Humborg, Christian, & Nguyen, Thuy A. (2018). Einleitung. In Christian Humborg & Thuy A. Nguyen (Hrsg.), *Die publizistische Gesellschaft* (S. 1–2). Springer VS. https://doi.org/10.1007/978-3-658-20959-9_1

Hurtz, Simon (2015, 31. Juli). *Menschen hetzen auch unter echten Namen*. Süddeutsche Zeitung. https://www.sueddeutsche.de/digital/klarnamen-bei-facebook-menschen-hetzen-auch-unter-echten-namen-1.2589458

Jakubetz, Christian (2011). Crossmediales Arbeiten. In Christian Jakubetz, Ulrike Langer, & Ralf Hohlfeld (Hrsg.), *Universalcode: Journalismus im digitalen Zeitalter* (1. Aufl., S. 19–38). euryclia.

Knieper, Thomas, Tonndorf, Katrin, & Wolf, Cornelia (2011). Der Prosument – Öffentlichkeit im Zeitalter computervermittelter Kommunikation. In Institut für interdisziplinäre Medienforschung (IfIM) (Hrsg.), *Passauer Schriften zur interdisziplinären Medienforschung: Bd. 1. Medien und Wandel* (S. 41–62). Logos

Kramp, Leif, & Weichert, Stephan (2018a). Digitaler Journalismus. In Jan Krone & Tassilo Pellegrini (Hrsg.), *Handbuch Medienökonomie* (S. 1–23). Springer VS. https://doi.org/10.1007/978-3-658-09632-8_51-1

Kramp, Leif, & Weichert, Stephan (2018b). *Schriftenreihe Medienforschung der Landesanstalt für Medien Nordrhein-Westfalen: Bd. 80. Hass im Netz. Steuerungsstrategien für Redaktionen*. Vistas. https://www.medienanstalt-nrw.de/fileadmin/user_upload/lfm-nrw/Foerderung/Forschung/Dateien_Forschung/L205_Hass-im-Netz_Schriftenreihe-Band-80.pdf

Lee, Eun-Ju, & Tandoc, Edson C. (2017). When news meets the audience: How audience feedback online affects news production and consumption. *Human Communication Research, 43*(4), 436-449. https://doi.org/10.1111/hcre.12123

Lilienthal, Volker, Weichert, Stephan, Reineck, Dennis, Sehl, Annika, & Worm, Silvia (2014). *Schriftenreihe Medienforschung der Landesanstalt für Medien Nordrhein-Westfalen: Bd. 74. Digitaler Journalismus. Dynamik – Teilhabe – Technik*. Vistas.

Loosen, Wiebke (2016). Publikumsbeteiligung im Journalismus. In Klaus Meier & Christoph Neuberger (Hrsg.), *Aktuell. Studien zum Journalismus: Bd. 1. Journalismusforschung. Handbuch für Wissenschaft und Studium* (2. Aufl., S. 287–316). Nomos. https://doi.org/10.5771/9783845271422-287

Loosen, Wiebke, Reimer, Julius, & Hölig, Sascha (2020). *Arbeitspapiere des Hans-Bredow-Instituts: Nr. 49. Was Journalisten sollen und wollen. (In-)Kongruenzen zwischen journalistischem Rollenselbstverständnis und Publikumserwartungen*. Hans-Bredow-Institut. https://doi.org/10.21241/ssoar.71726

Meier, Klaus, & Reimer, Julius (2011). Transparenz im Journalismus. *Publizistik, 56*(2), 133–155. https://doi.org/10.1007/s11616-011-0116-7

Neuberger, Christoph, Langenohl, Susanne, & Nuernbergk, Christian (2014). *LfM-Dokumentation: Bd. 50. Social Media und Journalismus*. Landesanstalt für Medien Nordrhein-Westfalen (LfM). https://www.medienanstalt-nrw.de/fileadmin/lfm-nrw/Publikationen-Download/Social-Media-und-Journalismus-LfM-Doku-Bd-50-web.pdf

Neurauter-Kessels, Manuela (2011). Im/polite reader responses on British online news sites. *Journal of Politeness Research, 7*(2), 187–214. https://doi.org/10.1515/jplr.2011.010

Noll, Andreas (2014, 03. September). *Süddeutsche.de: Es hat sich auskommentiert*. Deutschlandfunk Nova. https://www.deutschlandfunknova.de/beitrag/s%C3%BCddeutsche-zeitung-schluss-mit-kommentaren

Prinzing, Marlis (2015). *Nicht nur Trolle. Der Umgang und der Dialog mit dem Publikum in Onlinenachrichtenmedien*. Landesbeirat für das Kommunikationswesen. https://www.kommunikationsbeirat-bz.org/de/veroeffentlichungen.asp

Richardson, John E., & Stanyer, James (2011). Reader opinion in the digital age: Tabloid and broadsheet newspaper websites and the exercise of political voice. *Journalism, 12*(8), 983–1003. https://doi.org/10.1177/1464884911415974

Robinson, Sue (2010). Traditionalists vs. Convergers: Textual Privilege, Boundary Work, and the Journalist – Audience Relationship in the Commenting Policies of Online News Sites. *Convergence: The International Journal of Research into New Media Technologies, 16*(1), 125–143. http://dx.doi.org/10.1177/1354856509347719

Ruiz, Carlos, Domingo, David, Micó, Josep L., Díaz-Noci, Javier, Meso, Koldo, & Masip, Pere (2011). Public Sphere 2.0? The Democratic Qualities of Citizen Debates in Online Newspapers. *The International Journal of Press/Politics, 16*(4), 463–487. https://doi.org/10.1177/1940161211415849

Sanke, Leonie (2015). *Social Media in Online-Redaktionen. Eine vergleichende Analyse der internen Organisation von Social-Media-Arbeit und deren Wahrnehmung im Online-Journalismus* [Bachelorarbeit, Universität Passau].

Schattleitner, Christoph (2015, 06. Juni). *Wie die Lesermeinung ins Internet kam*. ZEIT ONLINE. https://www.zeit.de/community/2015-06/kommentarfunktion-geschichte

Singer, Jane B., Hermida, Alfred, Domingo, David, Heinonen, Ari, Paulussen, Steve, Quant, Thorsten, Reich, Zvi, & Vujonic, Marina (2011). *Participatory Journalism: Guarding Open Gates at Online Newspapers*. Wiley-Blackwell.

Sondermann, Jeff (2011, 30. November). *New York Times overhauls comment systems, grants privileges to trusted readers*. Poynter. https://www.poynter.org/reporting-editing/2011/new-york-times-overhauls-comment-system-grants-privileges-to-trusted-readers/

Springer, Nina (2014). *Beschmutzte Öffentlichkeit? Warum Menschen die Kommentarfunktion auf Online-Nachrichtenseiten als öffentliche Toilettenwand benutzen, warum Besucher ihre Hinterlassenschaften trotzdem lesen, und wie die Wände im Anschluss aussehen*. LIT.

Springer, Nina, Engelmann, Ines, & Pfaffinger, Christian (2015). User comments: motives and inhibitors to write and read. *Information, Communication and Society, 18*(7), 798–815. http://dx.doi.org/10.1080/1369118X.2014.997268

Springer, Nina, & Kümpel, Anna Sophie (2018). User-Generated (Dis)Content. In Christian Nuernbergk & Christoph Neuberger (Hrsg.), *Journalismus im Internet. Profession – Partizipation – Technisierung* (2. Aufl., S. 241–271). Springer VS. https://doi.org/10.1007/978-3-531-93284-2_9

Springer, Nina & Ziegele, Marc (2025). Nutzer:innenkommentare im Journalismus. In Thomas Hanitzsch, Wiebke Loosen & Annika Sehl (Hrsg.), *Handbuch Journalismusforschung* (S. 463-484). Nomos.

Strathmann, Marvin (2017, 09. Februar). *Montags kommt der Troll*. Süddeutsche Zeitung. https://www.sueddeutsche.de/digital/studie-zu-online-debatten-montags-kommt-der-troll-1.3372488

Stromer-Galley, Jennifer (2007). "Measuring Deliberation's Content: A Coding Scheme". *Journal of Public Deliberation, 3*(1), 1–35. https://doi.org/10.16997/jdd.50

Tandoc, Edson C. (2014). Journalism is twerking? How web analytics is changing the process of gatekeeping. *New Media & Society, 16*(4), 559–575. https://doi.org/10.1177/1461444814530541

Tenenboim, Ori, & Cohen, Akiba A. (2015). What prompts users to click and comment: A longitudinal study of online news. *Journalism, 16*(2), 198–217. https://doi.org/10.1177/1464884913513996

Uth, Bernadette, & Meier, Klaus (2018). Wie Redaktionen bessere Diskussionen fördern können. Einflussfaktoren auf die Qualität von Nutzerkommentaren. *Communicatio Socialis*, *51*(3), 331–345. https://doi.org/10.5771/0010-3497-2018-3-331

Weber, Patrick (2014). Discussion in the comments section: Factors influencing participation and interactivity in online newspapers' reader comments. *New Media and Society*, *16*(6), 941–957. http://dx.doi.org/10.1177/1461444813495165

Wegner, Jochen (2016, 09. Dezember). *Willkommen im Glashaus*. ZEIT ONLINE. https://blog.zeit.de/glashaus/2016/12/06/transparenz-blog-glashaus-selbstreflexion-journalismus-kritik/

WELT-Redaktion (2020, 02. November). *Warum wir die Kommentarfunktion künftig exklusiv für Abonnenten zur Verfügung stellen*. WELT. https://www.welt.de/kultur/medien/article219158846/In-eigener-Sache-Kommentarfunktion-exklusiv-fuer-WELTplus-Abonnenten.html

Wüllner, Daniel (2021, 30. Januar). *Leserkommentare: Alles wie bisher – nur besser*. Süddeutsche Zeitung. https://www.sueddeutsche.de/projekte/artikel/politik/artikel-e598235/

Ziegele, Marc (2016). *Nutzerkommentare als Anschlusskommunikation: Theorie und qualitative Analyse des Diskussionswerts von Online-Nachrichten* (1. Aufl.). Springer VS.

Ziegele, Marc, Johnen, Marius, Bickler, Andreas, Jakob, Ilka, Setzer, Till, & Schnauber, Alexandra (2013). Männlich, rüstig, kommentiert? Einflussfaktoren auf die Aktivität kommentierender Nutzer von Online-Nachrichtenseiten. *Studies in Communication and Media*, *(2)*1, 67–114. http://dx.doi.org/10.5771/2192-4007-2013-1-67

Ziegele, Marc, & Jost, Pablo B. (2016). Not Funny? The Effects of Factual Versus Sarcastic Journalistic Responses to Uncivil User Comments. *Communication Research*, *47*(6), 891–920. https://doi.org/10.1177/0093650216671854

Ziegele, Marc, Jost, Pablo, Bormann, Marike, & Heinbach, Dominique (2018). Journalistic countervoices in comment sections. Patterns, determinants, and potential consequences of interactive moderation of uncivil user comments. *Studies in Communication and Media*, *7*(4), 525–554. https://doi.org/10.5771/2192-4007-2018-4-525

9. I, Robot? Formen und Funktionen des automatisierten Journalismus

Überblick

In diesem Kapitel wird auf die unterschiedlichen Formen der Automatisierung im Journalismus eingegangen, die diverse technische Innovationen mit sich bringen. Es wird zwischen *Computer-Assisted-Reporting* (*CAR*), Datenjournalismus und Algorithmischem Journalismus unterschieden und ein Einblick in die journalistischen Einsatzbereiche gegeben. Dabei wird die Rolle von Algorithmen und Künstlicher Intelligenz in den Fokus genommen und es werden die Chancen und Herausforderungen für den redaktionellen Einsatz dieser Technologien im crossmedialen Journalismus diskutiert, insbesondere die Folgen für Authentizität und Glaubwürdigkeit bei den Nutzerinnen und Nutzern.

Stichworte | Automatisierung, Algorithmen, Künstliche Intelligenz, Datenjournalismus, *Computational Journalism*

9.1 Maschinelles Lernen und journalistische Innovationen

„There was nothing in Drew Ortiz's author biography at *Sports Illustrated* to suggest that he was anything other than human." Mit diesen Worten beginnt der Artikel des Medienunternehmens *Futurism*, der enthüllte: Trotz detailreicher, menschlicher Beschreibungen von Autoren wie Drew Ortiz haben die angeblichen Personen dahinter tatsächlich nie existiert. Artikel, die unter ihren Namen veröffentlicht wurden, sind von einer Künstlichen Intelligenz (KI) generiert gewesen, ohne dass *Sports Illustrated* seine Leserinnen und Leser je darauf aufmerksam gemacht hat (Dupré, 2023). Unabhängig von der ethischen Implikation der Enttarnung eines Autors als algorithmisches Produkt zeigt dieses Beispiel, dass es unterdessen Formen des automatisierten Journalismus gibt, die gleichsam als natürlicher Bestandteil der journalistischen DNA wahrgenommen werden. Zumindest in Wahrnehmung und Wirkung ist der Automat an dieser Stelle vom Menschen nicht mehr zu unterscheiden. „I spend all my time reading about how automation and AI is going to take all our jobs, and here I am – AI has taken my job" (Waterson, 2020). Dieser Satz eines ehemaligen *Microsoft-Network*-Redakteurs reflektiert dagegen aus Sicht der menschlichen journalistischen Akteurinnen und Akteure die Konsequenzen des Einsatzes von Künstlicher Intelligenz im Journalismus – sichtbar hier als „Furcht vor einer KI, die massenhaft Texte produziert, als Jobkiller" (Meier et al., 2021).

Neben Großkonzernen wie Microsoft entscheiden sich jüngst immer mehr Medienhäuser zum Einsatz dieser bedeutsamen Technologie. Die *Stuttgarter Nachrichten* werben mit *Natural Language Processing* zur Texterstellung des Feinstaubradars. Die *Frankfurter Allgemeine Zeitung* bedient sich wie andere Zeitungen auch des *Machine Learnings* für ein personalisiertes Angebot. Die Artikel vieler Zeitungen können heute durch *Text-to-Speech*-Technologien auch als vorgelesener Text rezipiert werden. Nicht nur die Österreichische Presseagentur *APA* arbeitet Wahlergebnisse mit sogenanntem Roboterjournalismus auf (Eisenbeis & Ciepluc, 2021, S. 5). *Bloomberg News* gab an, schon 2019 rund 30 Prozent seiner journalistischen Inhalte mit Hilfe von Software und KI hergestellt zu haben (Kreye, 2021; Meier et al., 2021). Kaum ein Medienhaus von Rang und Namen existiert heute, das nicht ein *KI-Lab* gegründet hat, um mit diesen Technologien zu experimentieren. Nach einer Untersuchung der Universität Oxford bewerten 69 Prozent der Entscheidungsträgerinnen und -träger in Medienunternehmen *Artificial Intelligence* „als den wichtigsten technischen Wegbereiter für journalistische Innovationen in den nächsten Jahren und damit weit vor der 5G-Technologie" (Meier et al., 2021; Newman, 2021, S. 30). Weißschädel (2018) bemerkt aus der Perspektive der Wissenschaftskommunikation „eine individuelle und damit auch [...] gesellschaftliche [...] Nervosität" im Zuge dieser Entwicklung.

Algorithmen haben bereits Einzug in vielfältige Lebensbereiche gefunden (Dörr & Hollnbuchner, 2017, S. 10). Zur Erläuterung: „Algorithmen bilden zentrale Bestandteile von Computersystemen und der Informatik, in der man unter einem Algorithmus eine präzise und eindeutig formulierte Verarbeitungsvorschrift versteht, so dass sie von einer mechanisch oder elektronisch arbeitenden Maschine durchgeführt werden kann" (de Lange, 2020, S. 18). Die Digitalisierung und verstärkte Automatisierung machen auch vor dem Journalismus nicht Halt. So hat Dörr (2016a) darauf hingewiesen, dass die allenthalben festgestellte „Algorithmisierung" (S. 246) der Gesellschaft neben der reinen Nachrichtenproduktion auch die Epistemologie, Kompetenzen, Normen und die wirtschaftlichen Grundlagen des Journalismus verändert (Lewis & Westlund, 2015). „Diese Prozesse reichen dabei von der einfachen Nutzung computerisierter Prozesse als journalistisches Werkzeug über komplexere Anwendungen des *Data Journalism* bis hin zu ersten Formen der KI im *Algorithmic Journalism*" (Dörr, 2016a, S. 251). Auf diese Prozesse wird im weiteren Verlauf dieses Kapitels eingegangen.

9. I, Robot? Formen und Funktionen des automatisierten Journalismus

Spätestens seit die Firma Open AI im November 2022 den KI-Chatbot ChatGPT der Öffentlichkeit vorstellte und seitdem mehr als 20 Millionen zahlende Nutzer vorweisen kann, die deren interaktive Dienste nutzen, ist nun das Thema Künstliche Intelligenz zu einem gesellschaftlichen Megatrend geworden, dessen Einfluss auf alle gesellschaftlichen Bereiche als extrem hoch eingeschätzt wird. Derzeit gewinnt der Einsatz von *Machine Learning-* und *Deep Learning*-Prozessen in journalistischen Produktionen zunehmend an Bedeutung (Lin & Lewis, 2022, S. 1643). Umso wichtiger ist es, zu verstehen, welche Prozesse hinter den Begriffen des automatisierten Journalismus und der Künstlichen Intelligenz stecken. Anstatt nur zu fragen, was technisch möglich ist, sollte zudem in den Fokus rücken, wie der Journalismus diese neuen Möglichkeiten handhaben sollte (Lin & Lewis, 2022, S. 1644). Bereichern der *Algorithmic Journalism* und der Einsatz von KI die Arbeit der Journalistinnen und Journalisten oder drohen sie, die Journalistinnen und Journalisten selbst zu ersetzen?

Bevor in diesem Abschnitt über Herausforderungen und Chancen der Automatisierung diskutiert wird, ist eine erste grobe Ordnung in das Feld synonymer und teilsynonymer Begriffe zu bringen. Denn einerseits fällt KI in einen größeren thematischen Kontext, der durch zum Teil schlichtere Formen der rechenbasierten Automatisierung, aber auch durch komplexe Algorithmen gebildet wird. Andererseits gibt es vielfältige Formen der Automatisierung im Journalismus, die zum Teil aufeinander aufbauen oder sich gar semantisch überlappen, je nachdem, welche Felder und Teile des journalistischen Leistungssystems betrachtet werden. „Denn verschiedene Eigenschaften des *Computational Journalism*, z. B. die Nutzung des Computers oder digitaler Daten, treffen gleich auf mehrere Entwicklungsformen zu" (Dörr, 2016a, S. 247). Es macht also bezüglich des widersprüchlich klingenden begrifflichen Ordnungsverhältnis einen Unterschied, ob es sich jeweils um die Vorbereitung, die Produktion oder die Distribution journalistischer Angebote handelt. Deshalb haben die der Digitalisierung zugrundeliegenden Innovationen nicht nur Auswirkungen auf die journalistische Recherche und das Erstellen von Inhalten, sondern auch auf deren institutionelle Einbindung: auf Redaktionsstrukturen und Geschäftsmodelle.

Es wird im Folgenden vor allem auf die unterschiedlichen Formen der Automatisierung im Journalismus eingegangen, die diverse technische Innovationen mit sich bringen. Dass Automatisierungsprozesse unaufhaltsam und unumkehrbar sind, ist, um mit Shoshana Zuboff zu sprechen, evident: „Everything that can be automated, will be automated" (zitiert nach Schapals &

Porlezza, 2020, S. 17). Zu konstatieren ist, dass der Gegenstand ein fluider und relativ junger ist, der sich ad hoc im Feld der Informatik weiterentwickelt. Der Stand der wissenschaftlichen Erkenntnis dazu ist noch vergleichsweise marginal (Coddington, 2018, S. 225; Thurman et al., 2019, S. 985–986).

9.2 Begriffe und Formen des automatisierten Journalismus

Prinzipiell bestehen mehrere Möglichkeiten, wie sich die Beziehungen zwischen den oftmals fälschlich synonym gebrauchten Begriffen *automatisierter Journalismus, Computational Journalism, algorithmischer Journalismus, quantifizierender Journalismus* und *Roboterjournalismus* beschreiben lassen. Dabei hat sich automatisierter Journalismus im deutschsprachigen Raum als abstraktester Begriff herauskristallisiert. Das englischsprachige Pendant dazu ist *Computational Journalism.* Neuberger und Nuernbergk (2015, S. 203) etwa begreifen diese Bezeichnung als Oberbegriff für Journalismus, der sich die Möglichkeiten von Computern, insbesondere im Umgang und der Arbeit mit Daten, zu Nutze macht. Ähnlich definieren auch Haim und Graefe (2018) den Begriff: *Computational Journalism* beschreibt demnach „diverse Strömungen innerhalb der Branche, die allesamt auf modernen Möglichkeiten und Ressourcen der Datenverarbeitung und Rechenleistung sowie der stärkeren redaktionellen Verknüpfung von Journalisten und Programmierern fußen" (S. 140). Eine weitere Definition, die den Terminus umschließt, lässt sich bei Diakopoulos und Koliska (2017) finden, die *Computational Journalism* als „finding, telling and disseminating news, stories with, by, or about algorithms" (S. 809) bestimmen. Als zentrales Konzept des *Computational Journalism* wird „Computational thinking" (Coddington, 2015, S. 336) beschrieben, dessen Grundzüge von Coddington (2018) nach Wing (2008) als „the process of abstracting information or problems beyond their immediate material context and using fundamental concepts of computer science such as automation (this is where computational thinking is especially closely tied to algorithms as an output) and rescursivity" (S. 232; Gynnild, 2014, S. 723) konkretisiert werden.

Zieht man zudem die Bestimmung von Flew et al. (2012) in Betracht, die unter *Computational Journalism* eine „application of computing to journalism" (S. 157) verstehen, dann lässt sich darunter neben dem Einsatz computergestützter Tools auch die Verbindung mit quantitativen Methoden der Analyse großer Datenmengen fassen (Dörr, 2016a, S. 246). Damit ist die Verbindung zum „*quantitative turn*" (Lewis & Westlund, 2015, S. 452) und dem Merkmal der Quantifizierung hergestellt, was es erlaubt, den datengetriebenen Journalismus bzw. Datenjournalismus ebenfalls darunter zu subsummieren. Es handelt sich hier, vereinfacht gesagt, um eine computergestützte Datenbankrecherche, bei der eine große Menge an strukturiertem Datenmaterial journalistisch erschlossen wird. Insofern besteht unterdessen Konsens in der Forschung, dass der Überbegriff *Computational Journalism* eine Aufspaltung in – und hier sollte man konsequent die englischsprachigen Bezeichnungen verwenden – die Unterformen (1) „*Computer-Assisted-Reporting*" (*CAR*), (2) „*Data Journalism*" und (3) „*Algorithmic Journalism*" zulässt (Dörr, 2016a, S. 247; Neuberger & Nuernbergk, 2015; Anderson, 2012).

Bevor diese Ausprägungen des automatisierten Journalismus bzw. *Computational Journalism* beschrieben und auf Unterschiede und Gemeinsamkeiten hin befragt werden, soll aus historisch-systematischer Fachperspektive zuvor ein Blick auf die Vorläufer und Ahnen dieser Journalismus-Formen geworfen werden.

9.3 Vorläufer und Ausprägungen des automatisierten Journalismus bzw. Computational Journalism

Einen strukturellen Ursprung findet der *Computational Journalism* (insbesondere in seiner Ausprägung als datenbasierter Journalismus) bereits im *Social Survey Movement* (*SSM*), das sich Ende des 19. und Anfang des 20. Jahrhunderts aus einem progressiven Verständnis und der angehenden Institutionalisierung der Sozialwissenschaften heraus bildete: Anhand eigens erhobener quantitativer Daten wollten die Anhängerinnen und Anhänger des *SSM* einen gesellschaftlichen Wandel herbeiführen und sozialreformerische Ziele erreichen, indem sie statistische Daten veröffentlichten und ihnen einen „inhärenten und generell unproblematischen Wahrheitsgehalt" (Stalph, 2020, S. 8) zuschrieben. Die grafische Visualisierung der Daten in Statistiken wurde dabei als rhetorische Strategie verstanden, öffentlichkeitswirksam Informationen zu teilen. Der Journalismus, verbunden mit datenreichen Belegen, wurde dabei als „stärkste moralische Stimme" (Stalph, 2020, S. 8) betrachtet, um das bestehende System zu kritisieren. Dass hier die Trennung zwischen objektiver, professioneller journalistischer Berichterstattung und politisch motivierter Veröffentlichung nicht leicht gezogen werden kann, ist offensichtlich (Stalph, 2020, S. 6–9). Es bildete jedoch im *SSM* zum ersten Mal das empirische Sammeln und Darstellen von Daten den Kern der journalistischen Berichterstattung, wenn auch aus einer reformistischen Intention heraus. Diese Strömung bildet nicht auf der Automatisierungsebene, aber auf der Datenebene eine Wurzel des datenbasierten Journalismus.

Als im Zuge des Vietnamkriegs in den Sechziger- und Siebzigerjahren des 20. Jahrhunderts alternative Berichterstattungsmuster wie der *New Journalism* auf den Plan traten und eine Abkehr vom Anspruch der totalen Objektivität im Journalismus begann, erschien etwa zeitgleich im Jahr 1975 Philip Meyers Handbuch *Precision Journalism: A Reporter's Introduction to Social Science Methods*. Meyer machte sich die Abwendung zu eigen vom Anspruch, Journalistinnen und Journalisten könnten tatsächlich objektiv berichten und argumentierte, „objektive" Journalistinnen und Journalisten seien lediglich Übertragungsinstrumente von Beobachtungen (zitiert nach Stalph, 2020, S. 9–11). Auch Túñez-López et al. (2020) definieren den Präzisionsjournalismus nach Meyer „as the application of social and behavior research methods to the exercise of journalism through a deep exploration of databases, surveys, and a general combination of informatics and social sciences" (S. 18). Zielführend sei also die Integration von empirischen Methoden und statistischen Verfahren aus dem sozialwissenschaftlichen Forschungsinstrumentarium in die Berichterstattung (Stalph, 2020, S. 9–11), wie auch Meyer (2002) in seiner vierten Auflage verdeutlichte: „My intent then, as it is now, was to encourage my colleagues in journalism to apply the principles of scientific method to their tasks of gathering and presenting the news" (Preface, S. vii). Entgegen dem subjektiven, literarischen *New Journalism* oder dem pseudo-objektiven und neutralen journalistischen Idealbild, steht hier vielmehr die Kontextualisierung und Interpretation der analysierten Daten im Vordergrund. Stalph (2020) bewertet diesen Ansatz aus der heutigen Perspektive und im Hinblick auf *Open Data* und datenbasierte Journalismusformen als „logisch und überzeugend" (S. 12).

Für Coddington (2018) und auch Gynnild (2014) hat der *Computational Journalism* wie auch der Datenjournalismus seine strukturellen Wurzeln in akademischen Entwicklungen. Sie beziehen sich auf das *Computer-Assisted-Reporting* (*CAR*), in dem sich der Präzisionsjournalismus mit seiner Institutionalisierung im National Institute for Computer Assisted Reporting (NICAR) in den 80er Jahren des letzten Jahrhunderts auflöste (Coddington, 2018, S. 232; Gynnild, 2014, S. 718–719). Hier kam es zur engen Verzahnung mit den Investigative Reporters and Editors (IRE) und dem Gannett Center als weitere Gründungszentren des CAR. Den Ursprung des *Computational Journalism* –

zumindest in der datenorientierten Variante – verortet Stalph (2020, S. 12–13) somit nicht in Medienorganisationen oder Redaktionen, sondern in amerikanischen akademischen Einrichtungen der Journalismusforschung und -ausbildung. Deutlich wird durch die verschiedenen institutionellen Einflüsse der starke Zusammenhang zwischen wissenschaftlich-methodischen Ansätzen aus den Sozialwissenschaften und dem computergestützten, statistischen Analysieren.

9.4 Computer-Assisted-Reporting (CAR)

Das *Computer-Assisted-Reporting* stellt so betrachtet die früheste der drei Formen des *Computational Journalism* dar. Dörr (2016a, S. 248) datiert dessen Anfänge sogar zurück bis in die 1950er Jahre, als beim US-Fernsehsender *CBS* Computer bei der Datenanalyse zur Wahlberichterstattung zum Einsatz kamen. Der Begriff *Computer-Assisted-Reporting* umfasst dabei die computergestützte bzw. -basierte Sammlung von Informationen oder Daten im Zuge journalistischer Recherche, denkbar etwa durch Onlinearchive oder E-Mail-Kommunikation (Coddington, 2015, S. 334). Der Rechner stellt dabei nur ein Werkzeug der Journalistinnen und Journalisten dar. Damit angefragte und erhaltene Informationen werden erst durch die Journalistinnen und Journalisten selbst verarbeitet und in Kontext gesetzt (Dörr, 2016a, S. 248). CAR bedeutet also schlichtweg, dass zur Entwicklung einer journalistischen Geschichte ein Computer zu Hilfe genommen wird (Mayo & Leshner, 2000, S. 71). So ergibt sich eine große Bandbreite an möglichen Funktionen des *Computer-Assisted-Reporting*, die nur schwer einzugrenzen sind (Dörr, 2016a, S. 248). Jedoch konzentrieren sie sich alle im Kern darauf, dass ein Algorithmus in klar festgelegten Strukturen die Anweisung von Journalistinnen und Journalisten ausführt, welche im Anschluss das eigentliche Verfassen des Artikels sowie die Veröffentlichung und Verbreitung selbst übernehmen (Dörr, 2016a, S. 248). Wie aber oben erwähnt wurde, hielten erstmals auch Methoden der empirischen Sozialwissenschaften, wie die statistische Analyse von Daten aus Befragungen oder Inhaltsanalysen, Einzug in den Journalismus. Diese kamen insbesondere im investigativen Journalismus zum Einsatz (Coddington, 2015, S. 333–334). Hier wird das nach Meyer definierte Konzept des Präzisionsjournalismus deutlich, der die Annäherung an den journalistischen Wahrheitsgehalt anhand der Datengrundlage anstrebt (zitiert nach Coddington, 2015, S. 333–334). *CAR* fokussiert „journalistically analyzing quantitative data" (Coddinton, 2015, S. 331) und greift auf Methoden zurück wie „data searches on the web, spreadsheet and/or statistical analysis of various public records, and geographical and other information mapping" (Gynnild, 2014, S. 718). Gleichsam umfasst *CAR* auch das empirische Sammeln von Daten zu journalistischen Zwecken über die Online- oder Mail-Befragung. Populäre Themen, die sich zur Datenerfassung eignen, sind beispielsweise Wahlergebnisse, Zahlen aus der Wirtschaft oder aus dem Gesundheitswesen (Coddington, 2015, S. 334; Gynnild, 2014, S. 718). Auch Stalph (2020) konstatiert hinsichtlich des *CAR*, dass mit dieser Entwicklung „Computer und Datenbanken als epistemische Quellen journalistischer Beweisführung" (S. 13) erschlossen wurden, was eben die Integration des *CAR* in den investigativen Journalismus begründet (Coddington, 2015, S. 333–334; Gynnild, 2014, S. 719). Im Zuge der Digitalisierung bezeichnet Gynnild „the extended dimensioning and accessibility of computational opportunities inside and outside of news organizations" (Gynnild, 2014, S. 718) als neu und innovativ.

9.5 Data Journalism

Eine aus dem *Computer-Assisted-Reporting* gewachsene Form ist der *Data Journalism* (zuweilen auch: *Big Data Journalism, Data Driven Journalism* oder Datenjournalismus) (Dörr, 2016a, S. 249). Kernelemente dessen sind „die explorative wie auch die zielgerichtete journalistische Recherche in großen, digitalen und öffentlich verfügbaren Datensätzen (*Big Data*, *Open Data*), die Verarbeitung der ausgewählten Daten mithilfe algorithmischer Prozesse als auch die Darstellung in Form von Auswertungen, Tabellen und Visualisierungen" (Dörr, 2016a, S. 249). Wie Coddington (2015, S. 335) aufzählt, umfasst *Data Journalism* damit Praktiken im Bereich Statistik, Computerwissenschaft, Webdesign und Berichterstattung. Dies setzt Kenntnisse in eben diesen Bereichen seitens der Journalistinnen und Journalisten voraus, die dort tätig sind. Unstrittig ist jedoch, dass Datenjournalismus in der Regel Teamarbeit ist, so dass nicht jede und jeder Beteiligte in jedem Bereich gleichermaßen ausgewiesen sein muss. Wie beim *CAR* ist es auch noch kein Algorithmus, der Daten automatisiert kontextualisiert. Dies geschieht weiterhin durch die Journalistinnen und Journalisten, die mit den gewonnenen Daten ihre Geschichte anreichern und damit mit Hilfe des *Data Journalism* einen Mehrwert für die Rezipientinnen und Rezipienten generieren (Dörr, 2016a, S. 249). *Data Journalism* kann eine Anreicherung einer schon existierenden Geschichte repräsentieren. Das dahinterstehende Prinzip kann aber auch bedeuten, dass erst mit Hilfe der Daten eine Geschichte gefunden wird. Hier spricht man von ereignisfreier

Berichterstattung: Erst die Recherche in Datensätzen, die Strukturierung der Daten oder das explorative Finden von Auffälligkeiten führt zur Themengewinnung. Eingebunden in derlei Prozesse werden mitunter auch Nutzerinnen und Nutzer, hier wird eine Brücke zum Prinzip des Crowdfunding geschlagen.

Der Prozess des *Data Journalism* lässt sich aufgliedern in drei Schritte: Bei der Datenerhebung werden Daten durch manuelle oder automatisierte Recherche (meist in öffentlich zugänglichen Datenbanken), Informantinnen und Informanten, Leaks (etwa Wikileaks, Offshore-Leaks) oder Crowdsourcing gesammelt. Im Bereich der Datenauswertung nutzt die Journalistin oder der Journalist (meist schnittstellenoffene) Statistiksoftware, um Erkenntnisse aus den Daten zu gewinnen. In der Datenaufbereitung werden diese Erkenntnisse auf verschiedene Weisen in journalistische Darstellungsformen integriert und es wird ein Storytelling entwickelt, um damit schließlich einen Mehrwert zu schaffen (Weinacht & Spiller, 2014, S. 418). Ein im Kontext des *Data Journalism* immer wieder auftauchender Begriff ist *Big Data* – ohnehin ist die Entwicklung des Datenjournalismus überhaupt erst durch die Verfügbarkeit von *Big Data* und *Open Data* ermöglicht worden (Weinacht & Spiller, 2014). Nieckler (2018) definiert *Big Data* als „Oberbegriff für Anwendungen und Technologien […], die uns erlauben, bedeutungstragende Strukturen aus riesigen, unübersichtlichen Datenmengen zu gewinnen" (S. 36). Er nennt Beispiele aus verschiedenen Bereichen, für den Journalismus etwa die mehrere Terabyte Daten umfassenden *Panama Papers* (Nieckler, 2018). Die Auswertung und Interpretation solcher Daten macht *Data Journalism* für Medienhäuser zu einem kostspieligen Werkzeug, weshalb er noch eher punktuell und am Ende meist doch ereignisbezogen zum Einsatz kommt (Weinacht & Spiller, 2014, S. 425–427).

9.6 Algorithmic Journalism

Das Konzept algorithmischer Journalismus meint die journalistische Innovation einer automatisierten Berichterstattung durch eine Software: Sie übernimmt alle Schritte – von der Informationssuche bis zum fertigen Text und dessen Publikation – ohne dass der Eingriff von Journalistinnen und Journalisten gefordert ist (Diakopoulos & Koliska, 2017, S. 810–811; Graefe et al., 2018, S. 596; Wu et al., 2019, S. 1250). Dabei ist vor allem der Einsatz von Algorithmen oder Künstlicher Intelligenz ausschlaggebend. In diesem Zusammenhang wird auch von Robotern oder von „*Robot Journalism*" (Dörr, 2016a, S. 250)

9.6 Algorithmic Journalism

gesprochen, denn „bots are software applications that perform automated tasks over the internet" (Ford & Hutchinson, 2019, S. 1013). Diese Bezeichnung steht jedoch in der Kritik, da das Wort Roboter suggeriere, eine Maschine könne alle Tätigkeiten der Journalistinnen und Journalisten ausführen (Graßl et al., 2022, S. 11). Auch wird hin und wieder das Synonym automatisierter Journalismus verwendet, jedoch ist dieser Begriff auf der darüber liegenden Ebene des *Computational Journalism* angesiedelt und als dessen Synonym zu verwenden. Unterdessen wird in der Forschung durch die Fokussierung auf algorithmische Prozesse ein allgemeiner Wandel innerhalb der Definition von *Computational Journalism* konstatiert, wie Coddington (2018) festhält: „*Computational journalism* had moved from being more generally the application of all forms of computing and computational thinking to journalism to the more specific and practical application of algorithms to journalism" (S. 232).

Erst nach dem Aufkommen des Internets in den 1990er Jahren, der Ausdifferenzierung von Programmiersprachen und der Verfeinerung von Algorithmen bahnte sich der algorithmische Journalismus seinen Weg in die journalistischen Redaktionen und findet nun im digitalen Journalismus besonders häufig Verwendung (Porlezza, 2020, S. 144). Auf den Punkt gebracht bedeutet *Algorithmic Journalism* die Generierung eines journalistischen Inhalts durch ein Computerprogramm auf der Basis von Daten ohne direkte Partizipation von menschlichen Journalistinnen und Journalisten (Carlson, 2015, S. 416). Dabei schafft ein Algorithmus „gänzlich neue Produkte, indem er menschliche Sprache auf Basis strukturierter Rohdaten ohne menschliches Zutun generiert." (Haim & Graefe, 2018, S. 141). Im Gegensatz zu den zuvor aufgeführten Formen werden Computertechnik und Algorithmen hierbei vom Werkzeug der Journalistinnen und Journalisten zu einem Akteur (Dörr, 2016a, S. 253). Dies impliziert auch einen Wandel in der Rolle der Journalistinnen und Journalisten. Diese werden von direkten zu indirekten Produzentinnen und Produzenten, „die ihre Inhalte nicht mehr selbst erstellen, sondern Algorithmen (einmalig) entsprechende Anleitungen liefern, damit ebenjene Algorithmen imstande sind, journalistische Inhalte zu produzieren." (Haim & Graefe, 2018, S. 141). Der indirekte Charakter der Produzentenrollen kommt dadurch zu Stande, dass zwar kein Mensch den Text als Endprodukt generiert, sehr wohl aber im Voraus durch Entwicklung und Wartung die Regeln festlegt bzw. anpasst, innerhalb derer der Algorithmus bei der Texterstellung operiert (Haim & Graefe, 2018). Damit einher geht auch ein weiterer Aspekt: „Mit diesem Schritt geben Redakteure ein Stück journalistischer Deutungshoheit an Algorithmen bzw. die Entwickler von Algorithmen ab" (Haim & Graefe, 2018, S. 141). Ähnlich charakterisiert auch Dörr die Rolle der Journalistinnen und Journalisten im *Algorithmic Journalism*: Während dieser beim *Computer-Assisted-Reporting* und beim *Data Journalism* noch damit betraut war, Inhalte selbst in Kontext zu setzen oder zu interpretieren, beschränkt sich seine Einflussnahme auf den Entstehungsprozess eines journalistischen Produkts hier nur noch auf die vorherige Festlegung von Parametern, auf Basis derer der Prozess dann automatisiert abläuft. Damit findet direkte Partizipation durch die Journalistinnen und Journalisten im von Dörr (2016a, S. 252–253) benutzten Eingabe-Verarbeitung-Ausgabe-Modell (EVA) nur noch im Eingabeschritt statt, während der Mensch bei *CAR* und *Data Journalism* auch noch mit Aufgaben im Ausgabeschritt betraut war. Zur Erläuterung: Beim EVA-Modell, das die Überführung von Eingabedaten in Ausgabedaten beschreibt, und dessen Grundprinzip vom Computer ausgehend auch auf Software und Algorithmen übertragen wird (Dörr, 2016a, S. 247; Latzer et al., 2014), kann die Textgenerierung in drei Schritte unterteilt werden: Die Eingabe (der Input), die Verarbeitung (der Throughput) und die Ausgabe (der Output). Im Englischen Original bedeutet *Algorithmischer Journalismus*:

> the (semi)-automated process of natural language generation by the selection of electronic data from private or public databases (input), the assignment of relevance of pre-selected or non-selected data characteristics, the processing and structuring of the relevant data sets to a semantic structure (throughput), and the publishing of the final text on an online or offline platform with a certain reach (output) (Dörr, 2015, S. 3, zitiert nach Dörr & Hollnuchner, 2017, S. 410).

Sind strukturierte Daten vorhanden, ist es also möglich, durch den automatisierten Journalismus mithilfe von Software-Programmen automatisierte Texte zu generieren. Zweck ist nicht, die kreative und intellektuelle Leistung sowie individuelle Meinungsbildung oder gesamtgesellschaftliche Einordnung durch Journalistinnen und Journalisten zu ersetzen. Stattdessen eignet sich die Technologie auf der Grundlage von *Big Data* für eine standardisierte Produktion von journalistischen Texten in spezifischen Themenbereichen, beispielsweise für Wetterberichte, Spielberichte aus dem Sport oder die Berichterstattung über Finanzen. Der Grund dafür, die benutzten Algorithmen im Namen dieser Form explizit hervorzuheben, liegt darin, dass Journalistinnen und Journalisten ihnen anders als im *Computer-Assisted-Reporting* oder Datenjournalismus einen Handlungsspielraum zugestehen: Im Prozessschritt der Verarbeitung hat der Algorithmus die freie Auswahl zwischen Synonymen oder Satzanfängen, kann Aspekte in seinen inhaltlichen Deskriptionen eigenständig gewichten und dementsprechend kontextualisieren.

Zur genaueren Erklärung der Funktionsweise eines Algorithmus, der journalistische Texte generiert, muss der Begriff *Natural Language Generation* (*NLG*) genannt werden. Diese im Grunde seit mehreren Jahrzehnten existierende Technologie vermag es in ihrem heutigen Entwicklungsstadium, „unterschiedliche Informationen aus den Daten zu extrahieren, diese zu bewerten, zu priorisieren und daraus schließlich ein adäquates Narrativ zu konstruieren." (Haim & Graefe, 2018, S. 150). Der dabei stattfindende Prozess lässt sich laut der Autoren in fünf Schritte aufgliedern: die Sammlung von Daten, die Identifikation von Informationen, deren Priorisierung, die Erstellung eines Narratives und letzten Endes die Generierung eines Textes (Haim & Graefe, 2018). Van der Kaa und Krahmer (2014, S. 2) beschreiben diesen Ablauf dagegen in vier Stufen und fassen dabei die Informationsidentifikation und deren Priorisierung als eine Stufe zusammen. Demnach arbeitet ein *NLG*-System nach dem Muster Recherche, Selektion, Strukturierung und Schreiben. Der Grad an Automatisierung innerhalb des *Computational Journalism* hat seit 2022 mit den starken Verfeinerungen der Algorithmen, der Verfügbarkeit von *Big Data* und gezielteren Trainingsdaten zugenommen, so dass heute sehr viele Formen der algorithmusunterlegten Automatisierung mit dem Begriff der Künstlichen Intelligenz (KI) beschrieben werden können. Dies bedeutet, dass autonom agierende Softwaresysteme, die auf Algorithmen basieren, „menschliche Leistungen nachahmen und selbstständig und ohne bzw. mit geringem menschlichen Eingriff effiziente Lösungen von komplexeren Problemen ermöglichen" (Dörr, 2023, S. 207; Goldhammer et al., 2019). Die KI wird wiederum unterschieden in schwache KI und starke KI. Während schwache KI aus regelbasierten Systemen besteht, die Lösungen für abgrenzbare Anwendungsprobleme bereitstellen, ist starke KI in der Lage, selbstständig zu lernen, statt nur iterativ Lösungen nach einem identischen Schema zu produzieren und auf diese Weise die intellektuelle und kognitive Leistung von Menschen nicht nur zu imitieren, sondern diese fallweise auch übertreffen zu können (Goldhammer et al., 2019). Derzeit sind fast ausschließlich Anwendungen im automatisierten Journalismus verfügbar, die zur schwachen KI zu zählen sind.

9.7 Einsatzmöglichkeiten

Aus den beschriebenen technischen Innovationen resultieren verschiedene Möglichkeiten, Algorithmen in die journalistische Berichterstattung miteinzubetten. Dabei ist die sich entwickelnde Hybridität im Berufsfeld Journalismus, das Zusammenspiel aus den Feldern der Kommunikation, Informatik und den

9. I, Robot? Formen und Funktionen des automatisierten Journalismus

Sozialwissenschaften, ausschlaggebend für die erfolgreiche Umsetzung. Heute werden Algorithmen bereits in fast jedem Schritt journalistischen Arbeitens in den Newsrooms eingesetzt – „from the initial stages of news production to the latter stages of news consumption" (Zamith, 2019, S. 1, zitiert nach Thurman et al., 2019, S. 981). Die Hybridität kann gleichsam als kreative Kraft verstanden werden, neue journalistische Präsentations- und Darstellungsformen zu entwickeln und innovative Möglichkeiten für Rezipientinnen und Rezipienten zu fördern.

Automatisierung setzt sich seit einigen Jahren als evolutionäres Prinzip in der öffentlichen Kommunikation durch. Im Journalismus kann sie sich gleichsam auf alle Prozesse der Aussagenentstehung erstrecken (Dörr, 2023, S. 206). Die hier wirksamen maschinellen Prozesse lassen sich Goldhammer et al. (2019, S. 9) und Dörr (2023, S. 206) zufolge in assistierende Technologien, generative Technologien und distribuierende Technologien unterscheiden:

Zu den *assistierenden Technologien* zählen vor allem Anwendungen, die bei der Identifizierung von Themen und Trends oder bei der Herstellung von Medieninhalten eingesetzt werden (Dörr, 2023, S. 206). Sie helfen dabei, die Fülle der digitalen Informationen zu priorisieren, um Trends zu deklarieren (Wu et al., 2019, S. 1238). Diakopoulos (2020) definiert diese Technologien als „*computational news discovery*" (*CND*) (S. 947–948). Pionier-Medien, die diese Technik zuerst nutzen, sind die *New York Times*, *BuzzFeed* und *Mashable*. Algorithmen durchforsten große Datenmengen, um zu entscheiden, welche Inhalte in sozialen Netzwerken (automatisiert) veröffentlicht werden sollen. Dörr (2023, S. 208) beschreibt den *Reuters Tracer* als einschlägiges Beispiel eines algorithmischen Werkzeugs, das bei der Nachrichtenidentifikation eingesetzt wird. Mit diesem Softwaretool werden Echtzeit-Nachrichtenereignisse auf *X* (ehemals *Twitter*) erkannt und verifiziert, indem etwa durch das *Machine-Learning*-Modell *Event Clustering* der Grad der Wahrscheinlichkeit ermittelt wird, dass es sich um dasselbe Geschehnis handelt, wenn eine Gruppe Menschen über thematisch verwandte Inhalte kommuniziert. Auf dieser Basis erstellt der *Tracer* anschließend personalisierte *News Alerts* und Kurzbeschreibungen für Abonnentinnen und Abonnenten der Thomson Reuters Dienste.

Während derlei Algorithmen beim Filtern und Klassifizieren von Daten Anwendung finden (Coddington, 2015, S. 336), generieren andere Technologien bereits automatisiert journalistische Artikel „by transforming structured data on sports results and financial earnings reports into narrative news texts with little or no human intervention" (Carlson, 2015, zitiert nach Thurman et al., 2019, S. 981). Hier handelt es sich um *generative Technologien*, die auf der Basis von *Natural Language Generation* (*NLG*) und *Natural Language Processing* (*NLP*) in der Lage sind, mehr oder weniger autonom Medieninhalte zu produzieren. Der automatisierten Texterstellung wird im automatisierten Journalismus eine „Sonderrolle" eingeräumt (Haim & Graefe, 2018, S. 141; Dörr, 2023, S. 210), weil sich an ihr die schon thematisierten Zukunftsängste bezüglich journalistischer Autonomie, journalistischer Qualität und Substituierung journalistischer Arbeit festmachen lassen. Dörr (2023, S. 210) blickt diesbezüglich aber mit Gelassenheit auf einen Gegenstand zurück, der sich trotz der starken Beschleunigung in der Entwicklung von KI speziell bei den optimierten Sprachmodellen wie GPT-3, GPT-4 und GPT-5 seit 2016 nicht in seinem Wesen geändert habe. Es bleibt danach in diesem Bereich dabei, dass in datenreichen Feldern wie der Wirtschaft und dem Sport Teile der Berichterstattung automatisiert und fast zeitgleich zum tatsächlichen Geschehen veröffentlichen werden. Das ermöglicht, wie in den eingangs genannten Zitaten angedeutet, beispielsweise in der Sport-, Verkehrs-, Finanz- oder Wetterberichterstattung die Chance, die Produkte für jede einzelne Rezipientin und jeden einzelnen Rezipienten basierend auf deren spezifischen Interessen in Nischen zuzuschneiden, wie zum Beispiel der Präsentation der Spielergebnisse eines lokalen Fußballspiels (Dörr, 2016b, S. 707–708). Gleichzeitig bleibt die Möglichkeit bestehen, die Texte automatisiert in (alle) Sprachen zu übersetzen, die den linguistischen Regeln des *NLG* folgen (Dörr, 2016b). Ob der redaktionelle Einsatz von GPT-4, GPT-5 oder deren Nachfolger die derzeitige Rolle der Journalistinnen und Journalisten verändern wird, die gegenwärtig in das initiale Training der Algorithmen eingebunden sind und die automatisieren Inhalte selektiv prüfen (Dörr, 2023, S. 211), bleibt abzuwarten.

Als *distribuierende Technologien* kommen Algorithmen naheliegend in der Nachrichtenverteilung zum Einsatz. Sowohl beim Veröffentlichen als auch beim Präsentieren von Nachrichten werden Algorithmen benutzt, „to request more of what they [the users] like and less of what they don't and [to make] decisions on consumers' behalf based on their behavioural traits, social networks, and personal characteristics" (Thurman et al., 2019, S. 981). Die Voraussetzung ist hier, Daten von den Rezipientinnen und Rezipienten bereits im Vorfeld und fortlaufend während der Berichterstattung zu analysieren. Hypothetisch könnte es damit also so viele verschiedene personalisierte Geschichten wie Menschen auf der Erde geben, denn jede Nutzerin und jeder Nutzer unterscheiden sich forensisch von allen anderen Nutzerinnen und Nutzern. Ein Weg der Präsentation von – auf Userinnen und User – zugeschnittenen

Nachrichten sind Newsbots. Dabei handelt es sich nach Lokot und Diakopoulos (2015) um „automated agents that participate in news and information dissemination" (zitiert nach Diakopoulos & Koliska, 2017, S. 810). Newsbots analysieren die Nachrichten zu einem bestimmten Thema und legen neue Entwicklungen in Form von Kurzmeldungen oder Überschriften in einer bestimmten, meist chronologischen Reihenfolge dar (Ford & Hutchinson, 2019, S. 1013–1014). In Weiterführung der Newsbots, die auf Social-Media-Plattformen wie *Facebook* Verwendung finden, wurden Chatbots entwickelt, die in privaten Messengerdiensten Nachrichten veröffentlichen (Ford & Hutchinson, 2019, S. 1013–1014). Frühe Beispiele sind die Bots der *Australian Broadcasting Corporation* aus dem Jahr 2016 (Ford & Hutchinson, 2019, S. 1014) und des *Westdeutschen Rundfunks* zur Sensorstory „Superkühe" (WDR, 2017). Ford und Hutchinson (2019) weisen darauf hin, dass Chatbots bei der Präsentation ein menschliches, dialogisches Gegenüber imitieren: „Chatbots are computer programs that respond to user input by simulating how a human would behave as a partner in a conversation" (S. 1014). Durch diese Form direkter Kommunikation von Chatbot mit Userinnen und Usern kann eine Form der positiven Personalisierung stattfinden. Es werden durch diese Bots jedoch lediglich die sozialen Beziehungen zwischen Medienorganisationen und dem Publikum adressiert; es wird keine Beziehung zum automatisierten Chatbot intentional aufgebaut (Ford & Hutchinson, 2019, S. 1015). Ein recht aktuelles Beispiel für distribuierende Technologien der Nachrichtenverteilung zeigt Dörr (2023, S. 211), der die Software *Sophie.io – Site Automation* analysiert. Diese kuratiert datengestützt nach Faktoren der Abonnentengewinnung und Abonnentenbindung alle zehn Minuten journalistische Inhalte auf der Nachrichtenwebsite. Zwei Ziele verfolgt die KI dabei: zum einen eine Verbesserung des Kundenerlebnisses durch Personalisierung, zum anderen eine Entlastung der Redakteurinnen und Redakteure von Blattmacher-Aufgaben, die zuvor die KI trainiert haben, welchen Relevanzkriterien die Nachrichten entsprechen müssen. Während diese Technik bei der kanadischen Zeitung *The Globe and Mail* die Klickraten um 17 Prozent und die Abonnements um zehn Prozent steigern konnte (Dörr, 2023, S. 212), überwogen Svensson (2021, S. 10) zufolge beim Einsatz einer ähnlichen Technologie in Schweden die Nachteile: Es kam zu Spannungen zwischen den Journalistinnen und Journalisten und den Programmiererinnen und Programmierern. Während die Programmiererinnen und Programmierer monierten, dass Journalistinnen und Journalisten nicht gut mit dem schwindenden Einfluss auf die Seitengestaltung umgehen können, fürchteten die Journalistinnen und Journalisten eine Gestaltung der Titelseite von „IT-boys without editorial experience" (Svensson, 2021, S. 10, zitiert nach

Dörr, 2023, S. 212). Damit einher geht in kritischer Perspektive ein Aufweichen journalistischer Kriterien der Themen- und Nachrichtenselektion, das zum Verlust journalistischer Autonomie führen kann (Hohlfeld, 2023, S. 259).

9.8 Fazit: Herausforderungen und Chancen des automatisierten Journalismus

Sowohl die Darstellung der Genese des automatisierten Journalismus als auch die Zusammenschau seiner generischen Ausprägungen und Anwendungen haben verdeutlicht, dass mit dieser technischen Evolution auch soziale und wirtschaftliche Konsequenzen verbunden sind, die für Journalismus und Gesellschaft funktionale und dysfunktionale Auswirkungen haben können. Sie betreffen die wirtschaftliche Prosperität, den Journalismus als Berufsfeld, aber auch basale ethische Fragen der Verantwortlichkeit im Bereich der sozialen Kommunikation. Im Folgenden sollen als Fazit die damit verbundenen Herausforderungen und Chancen abschließend diskutiert werden.

Der automatisierte Journalismus, bei dem KI und Algorithmen zur Erstellung von Texten genutzt werden, wird als kostensparende Methode gesehen, um ein großes Publikum günstig anzusprechen (Monti, 2018, S. 4). Kritikerinnen und Kritiker weisen jedoch auf zwei zentrale Probleme hin: den Abbau von Arbeitsplätzen und den potenziellen Verlust journalistischer Qualität (Haim & Graefe, 2018; Miroshnichenko, 2018; Waterson, 2020; Peña-Fernández et al., 2023). Doch die ethischen und juristischen Herausforderungen, die mit dieser Technologie verbunden sind, sind vielschichtiger.

Zentral ist etwa die Frage der Haftung: Wer ist verantwortlich, wenn ein Artikel, der durch fehlerhafte Datenquellen oder Algorithmen erstellt wurde, Schaden anrichtet? Dies kann von Klagen wegen Verleumdungen über fallende Aktienkurse bei falschen Quartalsberichten bis hin zu Schadenersatzforderungen aufgrund falscher Spielergebnisse aus dem Sport reichen. Unklar ist, ob die Verantwortung bei den Programmiererinnen und Programmierern der Algorithmen, den Datenanbietern oder den Redaktionen selbst liegt. Diese Fragen sind nicht nur in Deutschland bislang weitgehend ungeklärt: In den USA beispielsweise diskutieren Rechtsgelehrte, ob der erste Verfassungszusatz, also unter anderem die Pressefreiheit und das Recht auf freie Meinungsäußerung, auch für Künstliche Intelligenzen gelten sollte (Monti, 2018, S. 8; Lewis et al., 2019, S. 63–64). Diese Problematik der „Verantwortungsdiffusion" (Dörr et al., 2017, S. 129) wird durch das Einbinden Dritter verschärft, und

Journalistinnen und Journalisten sind oft nicht in der Lage, die technischen Rahmenbedingungen vollständig zu verstehen, geschweige denn einen Fehler im Algorithmus zu finden.

„A robot wrote this entire article. Are you scared yet, human?" (The Guardian, 2020). Mit diesen Worten begrüßte die Software GPT-3 die Leserinnen und Leser des britischen *Guardian* schon im Jahr 2020 zu einem Artikel. Ihre Aufgabe: Die Menschen zu überzeugen, dass künstliche Intelligenz keine Gefahr für die Menschheit darstellt. In diesem Fallbeispiel wird das Problem schnell deutlich. Obwohl der Artikel im *Guardian* erschien und Redakteurinnen und Redakteure die einzelnen Essays zu einem Gesamttext verarbeiteten, ist als Autor statt einer verantwortlichen Person die Software GPT-3 vermerkt. Wäre der Text nun nicht gerade ein Meinungsstück, sondern ein Bericht, läge die Verantwortlichkeit für einen sachlichen Fehler dann bei der Redaktion oder doch bei der Person, welche den Algorithmus ursprünglich programmierte? Die Frage nach der Verantwortlichkeit bei einem inhaltlichen Fehler bleibt offen, besonders wenn es sich um hybride Texte handelt, die sowohl menschliche als auch algorithmische Anteile enthalten.

Die Wahrnehmung von automatisch generierten Texten durch Leserinnen und Leser hat sich in den letzten Jahren verändert. Studien zeigen, dass Leserinnen und Leser oft nur geringfügige Unterschiede zwischen von Menschen und von Maschinen verfassten Texten erkennen (van der Kaa & Krahmer, 2014; Clerwall, 2014; Graefe et al., 2018). Besonders bei kurzen und objektiven Texten fällt es den Leserinnen und Lesern schwer, den Unterschied zu erkennen (Dörr, 2016a, S. 250). Interessanterweise werden algorithmisch erstellte Texte oft als objektiver und deskriptiver wahrgenommen, was zu einer erhöhten Akzeptanz führt (Clerwall, 2014, S. 525). Wenn jedoch Meinungen oder komplexere Themen behandelt werden, erscheinen die von Maschinen verfassten Texte weniger glaubwürdig. Dies liegt vermutlich daran, dass Leserinnen und Leser von Algorithmen zwar erwarten, dass sie gut mit Daten umgehen können, aber nicht, dass sie emotionale oder tiefgründige Inhalte angemessen wiedergeben können. Menschlich verfasste Texte werden nach wie vor als emotionaler und angenehmer empfunden (Peña-Fernández et al., 2023, S. 6). Diese Erkenntnisse legen nahe, dass eine klare Kennzeichnung von automatisiert erstellten Texten erforderlich ist. Einige Nachrichtenagenturen wie die *Associated Press* kennzeichnen solche Texte bereits konsequent mit Hinweisen wie „this story was generated by Automated Insights", während andere nur vage auf die Redaktion verweisen. Leserinnen und Leser sollten jedoch die Möglichkeit haben, bewusst zwischen menschlich und algorithmisch erstellten

9.8 Fazit: Herausforderungen und Chancen des automatisierten Journalismus

Inhalten zu wählen, gerade weil die Präzision der Textgenerierung zunehmend schwer zu unterscheiden ist (Clerwall, 2014, S. 527).

Ein weiteres Problemfeld ist die Objektivität algorithmischer Texte. Algorithmen und Datenquellen können einem inhärenten Bias unterliegen, der dazu führt, dass eigentlich neutrale Daten einseitig interpretiert werden. Objektivität ist also nicht nur eine Frage des journalistischen Ethos, sondern auch eine Frage der Programmierung. Um maximale Transparenz zu gewährleisten, wäre eine Offenlegung des Algorithmus-Codes sinnvoll. Dies steht jedoch oft den kommerziellen Interessen der Entwickler entgegen (Dörr et al., 2017, S. 128). Medienunternehmen, die sich nicht allein auf die Unvoreingenommenheit ihrer Software verlassen wollen, müssen die Ergebnisse konsequent überwachen und gegebenenfalls korrigieren, bevor sie veröffentlicht werden. Neben dem Bias spielt auch der Datenschutz eine wichtige Rolle, insbesondere im Lokaljournalismus. Bei kleineren Datenmengen besteht das Risiko, dass anonymisierte Daten dennoch einzelnen Personen zugeordnet werden können. Dies kann besonders bei sensiblen Themen wie politischen Wahlen, problematisch sein, da solche Daten missbraucht werden könnten, um das Verhalten der Bevölkerung zu beeinflussen oder Einzelpersonen zu verfolgen. Eine Lösung dieses Problems wäre es, die Datenerhebung transparent zu gestalten, Daten anonym zu halten und den Betroffenen die Möglichkeit zu geben, sich gegen die Datenerhebung zu entscheiden (Borchardt, 2022, S. 1921).

Schließlich stellen sich auch Fragen des Leistungsschutzes und des Urheberrechts: Wer ist Urheberin oder Urheber eines von Algorithmen erstellten Textes? In Deutschland wird geistiges Eigentum als „Schöpfungen des menschlichen Intellekts" (FU Berlin, o. J.) definiert, was algorithmisch erstellte Texte, zumindest im Übergang zu starker KI per Definition ausschließen würde. Das Urheberrechtsgesetz schützt nur „persönliche geistige Schöpfungen" (Bundesamt für Justiz, o. J.), sodass Algorithmen als Urheber nicht in Frage kommen. Unklar bleibt, ob die Personen, die den Algorithmus entwickelt oder programmiert haben, als mittelbare Urheberinnen und Urheber gelten können. Zusammenfassend ist zu konstatieren, dass der Einsatz von Algorithmen im Journalismus viele ethische, rechtliche und praktische Fragen aufwirft, die bisher nicht abschließend geklärt sind.

Abseits der beschriebenen ungeklärten Fragen und Herausforderungen rückt im alten Konflikt zwischen geschäftlichen und redaktionellen Werten – „the struggle between the commercial and journalistic soul of the media" (Peña-Fernández et al., 2023, S. 7) – der ökonomische Aspekt in den Vordergrund.

9. I, Robot? Formen und Funktionen des automatisierten Journalismus

Von diesem Bezugspunkt aus scheint die Automatisierung aus wirtschaftlicher Perspektive klare Vorteile zu haben. Da nur geringe menschliche Unterstützung beim algorithmusbasierten Publizieren benötigt wird, verhelfen Algorithmen journalistischen Redaktionen trotz Anschaffungs- und Instandhaltungskosten zu belastbaren Zeit- und Kosteneinsparungen in der Textproduktion (Graßl et al., 2022, S. 14–15). Miroshnichenko (2018, S. 18) betont, dass vor allem im Online-Journalismus erwartet wird, unaufhörlich Nachrichten zu liefern und redaktionell Verantwortliche einen Algorithmus, der am laufenden Band schreibt und keine Gehaltsforderungen vorbringt, Journalistinnen und Journalisten vorziehen würden. Neben Vorteilen aus der verlegerischen Perspektive haben algorithmische Entscheidungen auch redaktionellen Nutzen.

Angesichts des heutzutage sehr fragmentierten Medienkonsums hilft KI Journalistinnen und Journalisten, ihr Publikum besser zu verstehen (Aljalabneh et al., 2024, S. 769). Einerseits hat diese verbesserte Zielgruppenanalyse zur Folge, dass Werbung mit weniger Streuverlusten an die Rezipientinnen und Rezipienten herangetragen wird und die Attraktivität der Medienanbieter folglich für diejenigen steigt, die Werbung platzieren (Graßl et al., 2022, S. 16). Andererseits können Journalistinnen und Journalisten infolgedessen zielgerichtet Inhalte produzieren, die für Konsumentinnen und Konsumenten interessant sind und einen Mehrwert für diese haben (Aljalabneh et al., 2024, S. 769). Diese Personalisierung bietet vermutlich einen größeren Vorteil als die bloße massenhafte Produktion von Artikeln (Dörr, 2016a, S. 250), denn Informationen sind heutzutage im Überfluss zu finden: „In the modern information age with an overabundance of news and other offers, people need guidance, not volume" (Borchardt, 2022, S. 1923).

Wenn aber automatisierte Prozesse für kürzere Berichte mit tendenziell oberflächlichen Informationen genutzt werden, spart das Zeit, die gelernte Journalistinnen und Journalisten darauf verwenden können, sich höherwertigen und aufwendigeren Aufgaben wie etwa dem investigativen Journalismus zu widmen (Aljalabneh et al., 2024, S. 768). Journalistinnen und Journalisten, die viel über kulturellen Themen schreiben und dabei viel stilistische oder erzählerische Kreativität aufbringen oder die häufig in dialogischen Darstellungsformen mit Menschen interagieren, müssen kaum um ihren Arbeitsplatz fürchten, weil die Automatisierung ihnen in kreativen Belangen noch nicht das Wasser reichen kann (Macková & Mařík, 2023, S. 33). Außerdem könnten Journalistinnen und Journalisten zukünftig durch intensivierte Recherche und komplexere Textgestaltung weitere Herausforderungen ihrer Branche in

Angriff nehmen, darunter deren sinkende Glaubwürdigkeit oder die Krise journalistischer Geschäftsmodelle (Peña-Fernández et al., 2023, S. 5).

Transferaufgaben für Workshops
Gruppe 1 (3–5 Teilnehmende)

Bereiten Sie eine Podiumsdiskussion zum Thema: „Künstliche Intelligenz – Können Maschinen Journalisten sein?", vor. Diskutieren Sie in verschiedenen Rollen Vor- und Nachteile des technologischen Fortschritts im (automatisierten) Journalismus sowie den möglichen wirtschaftlichen Ertrag von derartigen technischen Assistenzsystemen. Bearbeiten Sie zudem zentral die Frage nach der Ethik. Sollte, falls starke KI im Journalismus einmal einsatzfähig sein sollte, ein Roboter jegliche journalistischen Tätigkeiten übernehmen dürfen? Welche sozialen Folgen kann das haben?

Folgende Rollen sind in der Diskussion (die vor dem gesamten Seminar zu führen ist) zu besetzen: Eine Moderatorin, ein Datenjournalist, eine auf *Deep Learning* und KI spezialisierte Informatikerin, der Vorsitzende eines Journalistenverbands und ein Mitglied des Ethikrats. Öffnen Sie am Ende die Runde und schließen Sie auch die restlichen Studentinnen und Studenten in die Diskussion ein, etwa, indem Sie ein Stimmungsbild zur Thematik erheben oder Fragen zulassen.

Gruppe 2 (3–5 Teilnehmende)

Suchen Sie sich zu einem aktuellen Thema einen gut recherchierten Bericht (am besten einen Überblicksartikel) aus einem aktuellen Nachrichtenmedium. Generieren Sie mit Hilfe eines handelsüblichen Chatbots mit optimierten Sprachmodellen einen journalistischen Artikel zum selben Thema. Entwickeln Sie um diese beiden Stimuli, deren Entstehungszusammenhang zu verschleiern ist, ein Experiment, das Sie mit Ihren Kommilitoninnen und Kommilitonen als Probandinnen und Probanden durchführen. Lassen Sie von allen Kursteilnehmerinnen und -teilnehmern blind bewerten, welcher Artikel eine höhere Qualität hat und lassen Sie dann einschätzen, welcher Artikel von einem Menschen und welcher von einer Maschine stammt. Diskutieren Sie die Ergebnisse mit dem gesamten Kurs.

Gruppe 3 (3–5 Teilnehmende)

Wieder einmal trockene Daten zu einem Thema veröffentlichen, von dem die Öffentlichkeit in Deutschland geographisch weit entfernt ist, das aber eminent wichtig für unsere Gesellschaft ist? Das Onlinemedium, für das Sie arbeiten, hat genug davon, Weltereignisse nur

> mit simplen Infografiken zu veranschaulichen und ist der Meinung, dass man den militärischen Konflikt/die humanitäre Katastrophe/die wirtschaftliche Krise auch anschaulicher gestalten kann als mit einfachen Tabellen. Ein neues Konzept muss her, welches Sie nun gestalten und in der nächsten Redaktionssitzung vorstellen werden.
>
> Erstellen Sie ein Konzept zum von der workshopleitenden Gruppe ausgewählten Thema, bei dem Sie sich detailliert darüber Gedanken machen, welche Datenquellen man nutzen und wie man die verfügbaren Daten anschaulich darstellen kann. Da der Datenjournalismus teils auch als Form der ereignisfreien Berichterstattung bezeichnet wird, liegt es nahe, interaktive Abfragemöglichkeiten von Nutzerinnen und Nutzern in das Design einzubeziehen. Halten Sie Ihre Überlegungen in einer Präsentation fest, die sie (5–10 Minuten lang) vor dem gesamten Seminar halten und arbeiten Sie zentral mit graphischen Visualisierungen Ihrer Überlegungen. Am Ende diskutiert der Kurs, ob diese Form einen publizistischen Mehrwert bietet.

Ralf Hohlfeld

Literaturverzeichnis

Aljalabneh, Abdallah, Aljawawdeh, Hamzeh, Mahmoud, Alia, Sharadqa, Tahseen, & Al-Zoubi, Ashrad (2024). Balancing Efficiency and Ethics: The Challenges of Artificial Intelligence Implementation in Journalism. In Rim El Khoury & Nohade Nasrallah (Hrsg.), *Intelligent Systems, Business, and Innovation Research* (S. 763–773). Springer. http://dx.doi.org/10.1007/978-3-031-36895-0_64

Anderson, Christopher W. (2012). Towards a sociology of computational and algorithmic journalism. *New Media & Society, 15*(7), 1005–1021. https://doi.org/10.1177/1461444812465137

Borchardt, Alexandra (2022). Go, Robots, Go! The Value and Challenges of Artificial Intelligence for Local Journalism. *Digital Journalism, 10*(10), 1919–1924. https://doi.org/10.1080/21670811.2022.2149584

Bundesamt für Justiz (o. J.). *Urheberrechtsgesetz (UrhG)*. https://www.gesetze-im-internet.de/urhg/__2.html

Carlson, Matt (2015). The Robotic Reporter. Automated journalism and the redefinition of labor, compositional forms, and journalistic authoritiy. *Digital Journalism, 3*(3), 416–431. https://doi.org/10.1080/21670811.2014.976412

Clerwall, Christer (2014). Enter the Robot Journalist. Users' perceptions of automated content. *Journalism Practice, 8*(5), 519–531. https://doi.org/10.1080/17512786.2014.883116

Coddington, Mark (2015). Clarifying Journalism's Quantitative Turn. *Digital Journalism, 3*(3), 331–348. https://doi.org/10.1080/21670811.2014.976400

Coddington, Mark (2018). Defining and Mapping Data Journalism and Computational Journalism. A review of typologies and themes. In Scott Eldridge II. & Bob Franklin (Hrsg.), *The Routledge Handbook of Developments in Digital Journalism Studies* (S. 225–236). Routledge. https://doi.org/10.4324/9781315270449

Diakopoulos, Nicholas (2020). Computational News Discovery: Towards Design Considerations for Editorial Orientation Algorithms in Journalism. *Digital Journalism, 8*(7), 945–967. https://doi.org/10.1080/21670811.2020.1736946

Diakopoulos, Nicholas, & Koliska, Michael (2017). Algorithmic Transparency in the News Media. *Digital Journalism, 5*(7), 809–828. http://dx.doi.org/10.1080/21670811.2016.1208053

Dörr, Konstantin N. (2016a). Algorithmen, Big Data und ihre Rolle im Computational Journa-lism. In Klaus Meier & Christoph Neuberger (Hrsg.), *Aktuell. Studien zum Journalismus: Bd. 1. Journalismusforschung. Stand und Perspektiven* (2. Aufl., S. 245–262). Nomos. https://doi.org/10.5771/9783845271422-245

Dörr, Konstantin N. (2016b). Mapping the field of Algorithmic Journalism. *Digital Journalism, 4*(6), 700–722. http://dx.doi.org/10.1080/21670811.2015.1096748

Dörr, Konstantin N. (2023). Algorithmische Werkzeuge – Chancen und Herausforderungen für den Journalismus. In Klaus Meier & Christoph Neuberger (Hrsg.), *Aktuell. Studien zum Journalismus: Bd. 1. Journalismusfoschung. Stand und Perspektiven* (3. Aufl., S. 203–222). Nomos. https://doi.org/10.5771/9783748928522-203

Dörr, Konstantin N., & Hollnbuchner, Katharina (2017). Ethical Challenges of Algorithmic Journalism. *Digital Journalism, 5*(4), 404–419. https://doi.org/10.1080/21670811.2016.1167612

Dörr, Konstantin N., Köberer, Nina, & Haim, Mario (2017). Normative Qualitätsansprüche an algorithmischen Journalismus. In Alexander Filipovic, Marlis Prinzing, & Ingrid Stapf (Hrsg.), *Gesellschaft ohne Diskurs? Digitaler Wandel und Journalismus aus medienethischer Perspektive* (S. 121–134). Nomos.

Dupré, Maggie H. (2023, 27. November). *Sports Illustrated Published Articles by Fake, AI-Generated Writers*. Futurism. https://futurism.com/sports-illustrated-ai-generated-writers

Eisenbeis, Uwe, & Ciepluch, Magdalena (Hrsg.). (2021). *Künstliche Intelligenz in Nachrichtenredaktionen*. UVK. https://doi.org/10.24053/9783739881140-0

Flew, Terry, Spurgeon, Christina, Daniel Anna, & Swift, Adam (2012). The promise of computational Journalism. *Journalism Practice, 6*(2), 157–171. https://doi.org/10.1080/17512786.2011.616655

Ford, Heather, & Hutchinson, Jonathon (2019). Newsbots That Mediate Journalist and Audience Relationships. *Digital Journalism, 7*(8), 1013–1031. https://doi.org/10.1080/21670811.2019.1626752

FU Berlin (o. J.). *Was bedeutet geistiges Eigentum?* https://www.fu-berlin.de/forschung/service/patente-und-lizenzen/patente/eigentum.html

Goldhammer, Klaus, Dieterich, Kevin, & Prien, Tim (2019). *Wissenschaftlicher Bericht. Künstliche Intelligenz, Medien und Öffentlichkeit*. Goldmedia. https://www.goldmedia.com/studie/goldmedia-kuenstliche-intelligenz-medien-und-oeffentlichkeit/

Graefe, Andreas, Haim, Mario, Haarmann, Bastian, & Brosius, Hans-Bernd (2018). Readers' perception of computer-generated news: Credibility, expertise, and readability. *Journalism, 19*(5), 595–610. https://doi.org/10.1177/1464884916641269

Graßl, Michael, Meier, Klaus, & Schützeneder, Jonas (2022). Künstliche Intelligenz als Assistenz. *Journalistik, 5*(1), 3–27. https://doi.org/10.1453/2569-152X-12022-12021-de

Gynnild, Astrid (2014). Journalism innovation leads to innovation journalism: The impact of computational exploration on changing mindsets. *Journalism, 15*(6), 713–730. https://doi.org/10.1177/1464884913486393

Haim, Marco, & Graefe, Andreas (2018). Automatisierter Journalismus. Anwendungsbereiche, Formen und Qualität. In Christian Nuernbergk & Christoph Neuberger (Hrsg.), *Journalismus im Internet. Profession – Partizipation – Technisierung* (2. Aufl., S. 139–160). Springer VS. http://dx.doi.org/10.1007/978-3-531-93284-2_5

Hohlfeld, Ralf (2023). Journalistische Beobachtungen des Publikums. In Klaus Meier & Christoph Neuberger (Hrsg.), *Aktuell. Studien zum Journalismus: Bd. 1. Journalismusforschung. Stand und Perspektiven* (3. Aufl., S. 243–268). Nomos.

van der Kaa, Hille, & Krahmer, Emiel J. (2014, 24.–25. Oktober). *Journalist versus news consumer* [Konferenzbeitrag]. Computation+Journalism Conference, New York, Vereinigte Staaten von Amerika. https://pure.uvt.nl/ws/files/4314960/cj2014_session4_paper2.pdf

Kreye, Andrian (2021, 15. Februar). *Die rote Linie*. Süddeutsche Zeitung. https://www.sueddeutsche.de/medien/kuenstliche-intelligenz-fake-news-recherche-1.5204699

de Lange, Norbert (2020). *Geoinformatik in Theorie und Praxis: Grundlagen von Geoinformationssystemen, Fernerkundung und digitaler Bildverarbeitung* (4. Aufl.). Springer Spektrum. https://doi.org/10.1007/978-3-662-60709-1

Latzer, Michael, Hollnbuchner, Katharina, Just, Natascha, & Saurwein, Florian (2014). *The economics of algorithmic selection on the Internet. Working Paper – Media Change & Innovation Division*. Universität Zürich. https://mediachange.ch/media//pdf/publications/Economics_of_algorithmic_selection_WP.pdf

Lewis, Seth C., Sanders, Amy Kristin, & Carmody, Casey (2019). Libel by Algorithm? Automated Journalism and the Threat of Legal Liability. *Journalism & Mass Communication Quarterly, 96*(1), 60–81. https://doi.org/10.1177/1077699018755983

Lewis, Seth C., & Westlund, Oscar (2015). Actors, Actants, Audiences, and Activities in Cross-Media News Work: A matrix and a research agenda. *Digital Journalism, 3*(1), 19–37. https://doi.org/10.1080/21670811.2014.927986

Lin, Bibo, & Lewis, Seth C. (2022). The One Thing Journalistic AI Just Might Do for Democracy. *Digital Journalism, 10*(10), 1627–1649. https://doi.org/10.1080/21670811.2022.2084131

Macková, Veronika, & Mařík, Radek (2023). A Robotic Reporter Still Lacks Creativity, but It Can Already Replace Human Journalists in Several Areas. *West Bohemian Review of 17 Social Sciences & Humanities, 15*(1–2), 23–37. https://doi.org/10.24132/actaff.2023.15.1-2.3

Mayo, Justin, & Leshner, Glenn (2000). Assessing the credibility of computer-assisted reporting. *Newspaper Research Journal, 21*(4), 68–82. https://doi.org/10.1177/073953290002100405

Meier, Klaus, Schützeneder, Jonas, & Graßl, Michael (2021, 17. Mai). *KI als Anwendung im Journalismus: zwischen Misstrauen und Aufklärung*. KI Campus. https://ki-campus.org/blog/ki-im-journalismus?locale=de

Meyer, Philip (2002). *Precision Journalism: A Reporter's Introduction to Social Science Methods* (4. Aufl.). Rowman & Littlefield.

Miroshnichenko, Andrey (2018). AI to Bypass Creativity. Will Robots Replace Journalists? (The Answer Is "Yes"). *Information, 9*(7), 1–20. https://doi.org/10.3390/info9070183

Monti, Matteo (2018). Automated Journalism and Freedom of Information. Ethical and Juridical Problems Related to AI in the Press Field. *Opinio Juris in Comparatione 1*(1), 1–17. https://ssrn.com/abstract=3318460

Neuberger, Christoph, & Nuernbergk, Christian (2015). Verdatete Selbstbeschreibung der Gesellschaft. Über den Umgang des Journalismus mit Big Data und Algorithmen. In Florian Süssenguth (Hrsg.), *Die Gesellschaft der Daten. Über die digitale Transformation der sozialen Ordnung* (S. 199–224). transcript Verlag. https://doi.org/10.1515/97838394276 44-009

Newman, Nic (2021). *Journalism, Media, and Technology Trends and Predictions 2021*. Reuters Institute for the Study of Journalism. https://reutersinstitute.politics.ox.ac.uk/sites/default/files/2021-01/Newman_Predictions_2021_FINAL.pdf

Nieckler, Andreas (2018). Journalismus, Big Data, Algorithmen. Digitale Praktiken im modernen Journalismus. In Gabriele Hooffacker, Wolfgang Kenntemich, & Uwe Kulisch (Hrsg.), *Die neue Öffentlichkeit. Wie Bots, Bürger und Big Data den Journalismus verändern* (S. 35–56). Springer VS. https://doi.org/10.1007/978-3-658-20809-7_4

Peña-Fernández, Simón, Meso-Ayerdi, Koldobika, Larrondo-Ureta, Ainara, & Díaz-Noci, Javier (2023). Without journalists, there is no journalism. The social dimension of generative artificial intelligence in the media. *Profesional de la información*, 32(2), 1–15. https://doi.org/10.3145/epi.2023.mar.27

Porlezza, Colin (2020). Ethische Herausforderungen des automatisierten Journalismus. Zwischen Dataismus, Bias und fehlender Transparenz. In Marlis Prinzing, Bernhard S. Debatin, & Nina Köberer (Hrsg.), *Kommunikations- und Medienethik reloaded? Weg-marken für eine Orientierungssuche im Digitalen* (S. 143–158). Nomos. https://doi.org/10.5771/978 3748905158-143

Schapals, Ajjosha K., & Porlezza, Colin (2020). Assistance or Resistance? Evaluating the Intersection of Automated Journalism and Journalistic Role Conceptions. *Media and Communication*, 8(3), 16–26. https://doi.org/10.17645/mac.v8i3.3054

Stalph, Florian (2020). *Datenjournalismus. Eine Dekonstruktion aus feldtheoretischer und techniksoziologischer Perspektive* [Dissertation, Universität Passau]. https://opus4.kobv.de/opus4-uni-passau/files/840/stalph_florian_datenjournalismus.pdf

Svensson, Jakob (2021). Logics, tensions and negotiations in the everyday life of a news-ranking algorithm. *Journalism*, 24(7), 1518–1535. https://doi.org/10.1177/14648849211063373

The Guardian (2020, 08. September). *A robot wrote this entire article. Are you scared yet, human?*. https://www.theguardian.com/commentisfree/2020/sep/08/robot-wrote-this-article-gpt-3

Thurman, Neil, Lewis, Seth C., & Kunert, Jessica (2019). Algorithms, Automation, and News. *Digital Journalism*, 7(8), 980–992. https://doi.org/10.1080/21670811.2019.1685795

Túñez-López, José Miguel, Toural-Bran, Carlos, & Fraznao-Nogueira, Ana Gabriela (2020). From Data Journalism to Robotic Journalism: The Automation of News Processing. In Jorge Vàzquez-Herrero, Sabela Direito-Rebollal, Alba Silva-Rodríguez, & Xosé López García (Hrsg.), *Journalistic Metamorphosic. Media Transformation in the Digital Age* (S. 17–28). Springer.

Waterson, Jim (2020, 30. Mai). *Microsoft sacks journalists to replace them with robots*. The Guardian. https://www.theguardian.com/technology/2020/may/30/microsoft-sacks-journalists-to-replace-them-with-robots

WDR (2017). *Superkühe. Und welche Milch trinkst du?* https://superkuehe.wdr.de/

Weinacht, Stefan, & Spiller, Ralf (2014). Datenjournalismus in Deutschland. Eine explorative Untersuchung zu Rollenbildern von Datenjournalisten. *Publizistik*, 59, 411–433. https://doi.org/10.1007/s11616-014-0213-5

Weißschädel, Anne (2018, 26. Juli). *Kommunizieren über Künstliche Intelligenz*. Wissenschaftskommunikation. https://www.wissenschaftskommunikation.de/kommunizieren-ueber-kuenstliche-intelligenz-17477/

Wu, Shangyuan, Tandoc, Edson, & Salmon, Charles T. (2019). When Journalism and Automation Intersect: Assessing the Influence of the Technological Field on Contemporary Newsrooms. *Journalism Practice, 13*(10), 1238–1254. http://dx.doi.org/10.1080/17512786.2019.1585198

10. Immersiver Journalismus: Innovation zwischen Story-Living und sozialen Halluzinationen

Überblick

Dieses Kapitel erörtert das Phänomen des immersiven Journalismus, insbesondere die Nutzung von *Virtual Reality (VR)* und *Augmented Reality (AR)* im Nachrichtenwesen. Es gibt einen Überblick über die technischen Grundlagen dieser Formate sowie über deren Chancen zur Steigerung von Nutzerengagement und Empathie. Gleichzeitig sollen die damit verbundenen ethischen Herausforderungen hinsichtlich Wirklichkeit, Wahrheit, Manipulation und mögliche psychologische Auswirkungen erörtert werden. Anhand von Fallbeispielen wie *Project Syria* und *Clouds over Sidra* werden die praktischen Implikationen und Kontroversen des VR-Journalismus veranschaulicht, wobei auch die Notwendigkeit ethischer Richtlinien und die sich wandelnde Rolle der Journalistinnen und Journalisten im digitalen Zeitalter thematisiert werden.

Stichworte | Immersiver Journalismus, *Virtual Reality*, *Augmented Reality*, Immersion

10.1 Zwischen Wirklichkeit und Fiktion

Stell dir vor, du stehst plötzlich mitten im Mittelmeer, um dich herum das endlose Blau, aber auch das beunruhigende Geräusch von Wellen, die gegen ein überfülltes Schlauchboot schlagen. Du spürst die virtuelle Gischt auf deiner Haut. Jetzt hörst du plötzlich die verzweifelten Rufe der Menschen und kannst dich umsehen, als wärst du tatsächlich dort – nicht als distanzierte Beobachterin oder distanzierter Beobachter im Fernsehen, sondern mittendrin im Geschehen der Seenotrettung. Du bist nicht nur Zuhörerin oder Zuhörer einer Nachricht, sondern Teil der Geschichte. Dieses Eintauchen in eine andere Realität, diese *First-Person-Experience* ist das Herzstück des immersiven Journalismus. In technisch-ästhetischer Hinsicht ist das eine noch vergleichsweise neue Qualität des digitalen Journalismus. Ein neues journalistisches Qualitätskriterium, das in den Katalog der etablierten Qualitätskriterien aufzunehmen ist?

„Ich habe es erlebt, also ist es wahr" (Bartens, 2024). In seinem gesellschaftskritischen Essay kritisiert Werner Bartens, dass Menschen dazu neigen, eigene

Erfahrung zu missinterpretieren. Sie verstehen eigene (singuläre) Erfahrungen oft nicht als Einzelfall, sondern missverstehen diese als gesamtgesellschaftliches Phänomen. Bezogen auf immersiven Journalismus bedeutet das, dass die erlebten Nachrichten ohne kritisches Hinterfragen geglaubt werden könnten. Bei immersiven Medieninhalten begeben sich Nutzerinnen und Nutzer in eine Realität, in der die Unterscheidung zwischen Fiktion und Wirklichkeit zunehmend unscharf wird (von Lewinski, 2019). Immersiver Journalismus ist ein neuer Typus des Journalismus, bei dem die Nutzerinnen und Nutzer ihre passive Rolle als Beobachterinnen und Beobachter verlassen, Teil des Geschehens werden und so neue Eindrücke erhalten; Eindrücke, die Einsichten sein können, aber nicht müssen. Der Begriff „Immersion" beschreibt dabei „das Gefühl, virtuell Teil eines computergenerierten Geschehens zu werden" (Liesem, 2018, S. 84).

10.2 Definitionen

Laut Duden lässt sich der Begriff der „Immersion" auf das spätlateinische „immersio" zurückführen. Immersio bedeutet „Eintauchen". Der immersive Journalismus ermöglicht demnach ein Eintauchen in eine (fremde) virtuelle Umgebung (Dudenredaktion, o. J.), in eine eigenständige Realität. In einem übertragenen Sinne war das auch schon die Idee früherer journalistischer Berichterstattungsmuster wie literarischer Journalismus bzw. *New Journalism* (Hohlfeld, 2003; Hohlfeld, 2004), nur das diesen die notwendige technische Komponente der digitalen Virtualisierung fehlte.

Der Ursprung des immersiven Journalismus lässt sich auf die Spielindustrie zurückführen. Die Entwicklerinnen und Entwickler versuchten, das virtuelle Umfeld möglichst real zu gestalten und griffen dabei oftmals auf journalistische Berichte zurück. Dabei nutzten sie zum einen die Kraft des Mediums und zum anderen die Geschichte an sich, um Empathie zu erzeugen und das Erlebte zu intensivieren (Sevinc, 2018). Nonny de la Peña et al. (2010) definieren immersiven Journalismus als „production of news in a form in which people can gain first-person experiences of the events or situation described in news stories" (S. 291). Laut dieser Definition erlaubt immersiver Journalismus den Rezipientinnen und Rezipienten, in Geschichten durch virtuelle Welten einzutauchen (Baía Reis & Coelho, 2018), sie werden in Form eines Avatars Teil dieses virtuellen Szenarios (de la Peña et al., 2010). Das Ziel des immersiven Journalismus ist es, digitale Szenarien für Nutzerinnen und Nutzer so real wie möglich zu gestalten, deshalb spricht man bei dieser Form des Storytellings auch oft vom „story living" (DuBoff, 2016), mit einem höheren Grad an Präsenz und Immersion (Baía Reis & Coelho, 2018).

Immersiver Journalismus ermöglicht es den Rezipientinnen und Rezipienten folglich, eine Geschichte näher wahrzunehmen, als es zuvor möglich war. Sie können selbst Teil des Geschehens werden, sich dort umsehen, interagieren und bekommen somit die Möglichkeit, nicht nur Hintergründe, sondern auch die Emotionen der thematisierten Person selbst zu erleben. Er ermöglicht den Konsumentinnen und Konsumenten eine Teilhabe, die nicht länger durch Rezeptionsgegebenheiten eingeschränkt ist. Die Rezipientinnen und Rezipienten sind somit nicht mehr länger Empfängerinnen und Empfänger auf Distanz (Dean, 2017). Dieses journalistische Konzept zielt darauf ab, dem Publikum durch tiefe, multisensorische Erfahrungen ein Gefühl der Präsenz in einer simulierten Umgebung zu vermitteln, um Nachrichten auf eine eindrucksvollere und emotionalere Weise zu erzählen. Die Rezipientinnen und Rezipienten sind nicht mehr passiv, sondern können aktiv am Geschehen teilhaben und sind durch das Gefühl, am Ort der Berichterstattung zu sein, präsent (Slater, 2009). Immersive Techniken stellen die Umgebung in den Fokus und erwecken sie buchstäblich zum Leben (Sevinc, 2018). Das Storytelling dreht sich somit nicht mehr ausschließlich um den zu erzählenden Sachverhalt, also die eigentliche Geschichte, viel mehr wird es durch virtuelle, meist dreidimensionale Elemente erweitert. Aus journalistischer Sicht sind immersive Inhalte gerade deshalb interessant, weil die Rezipientinnen und Rezipienten die Nachricht oder das Event erleben können, statt nur Berichte davon zu sehen (Seymat, 2019). Immersive Techniken eröffnen dem Journalismus also noch nie dagewesene Möglichkeiten der Gestaltung und Aufbereitung von Themen. Lineare Erzählstrukturen etwa werden aufgebrochen und Bildausschnitte können ganz neu gewählt und arrangiert werden, beispielsweise bei 360-Grad-Produktionen (Feyder & Rath-Wiggins, 2018).

Der US-amerikanische Zukunftsforscher Ted Schilowitz betont in diesem Zusammenhang: „We're on the cusp of something that will be more powerful than perhaps any medium we've experienced before" (zitiert nach Feyder & Rath-Wiggins, 2018, S. 1). Infolge des persönlichen Erlebens verspricht der immersive Journalismus einen „Tauchgang in eine Welt, in der die Grenzen von Fiktion und Realität verschwimmen" (Flammang, 2018, S. 16).

Zusammenfassend lässt sich immersiver Journalismus wie folgt definieren:

> Immersiver Journalismus ist eine innovative Form des Journalismus, die es den Rezipientinnen und Rezipienten durch den Einsatz immersiver Technologien wie *Virtual Reality (VR)* und *Augmented Reality (AR)* ermöglicht, in Nachrichtenereignisse oder -situationen einzutauchen und diese aus eigener Anschauung interaktiv zu erleben. Ziel ist es, Teilhabe zu erzeugen, den Beteiligten relevante Ereignisse nachvollziehbar zu machen und komplexe Sachverhalte zu vermitteln. Durch die Möglichkeit zur Interaktion und zum räumlichen Erleben wird die traditionelle distanzierte Rezeption von Nachrichten aufgebrochen und eine intensivere Auseinandersetzung mit den Inhalten angestrebt, wobei die Grenzen zwischen Akteurs- und Beobachterrolle verschwimmen können.

10.3 Formen und Phänomene des immersiven Journalismus

Wenn man immersiven Journalismus als Konzept betrachtet, ist zwischen den beiden immersiven Formen *Virtual Reality (VR)* und *Augmented Reality (AR)* zu unterscheiden. Reine 360-Grad-Video-Anwendungen gehören streng genommen nicht dazu, jedoch gelten auch sie durch die Erweiterung optischer Darstellungsmöglichkeiten als Form des technologischen *Enhancements* traditioneller Berichterstattungsmodi und können deshalb fallweise in den Anwendungen der *Virtual Reality* aufscheinen.

AR erweitert die reale Welt mit computergenerierten „virtuellen Objekten, digitalen Inhalten und kontextbezogenen Informationen" (Schart & Tschanz, 2018, S. 26). Sie kombiniert reale und virtuelle Objekte in einer echten Umgebung. Die Darstellung erfolgt interaktiv und in Echtzeit. *AR* ist oft dreidimensional gestaltet. Allerdings wird die Dreidimensionalität nicht immer vollständig abgedeckt. *AR* lässt die reale mit der computergenerierten Realität verschmelzen, wobei die computergenerierten Objekte nicht zwingend mit der Nutzerin oder dem Nutzer interagieren. *AR*-Anwendungen liefern nützliche Zusatzinformationen und Hilfestellungen kontextbezogen. Nutzerinnen und Nutzer bleiben in ihrer tatsächlichen Umgebung, und diese wird mit virtuellen Objekten angereichert. *AR* zielt darauf ab, die Informationsaufnahme zu erleichtern und „die aktive Wahrnehmung bei gesteigerter Verweildauer zu fördern" (Schart & Tschanz, 2018, S. 26). Anwendungen können stationär (Rechner), mobil (Smartphones, Tablets) oder als Wearables (Datenbrillen, Smartwatches) erfolgen. Für die Nutzung von *AR* benötigen Rezipientinnen und Rezipienten oft lediglich ein Tablet oder Smartphone.

VR schafft „eine computergenerierte, benutzerzentrierte, meist dreidimensionale Umgebung", in die Rezipientinnen und Rezipienten integriert werden (Kaiser & Sutor, 2017, S. 30). Sie bietet „die Möglichkeit einer interaktiven Handlung in Echtzeit" innerhalb dieser Umgebung (Kaiser & Sutor, 2017, S. 30). *VR* erzeugt die Illusion von Präsenz in dieser virtuellen Welt. Immersion und Interaktion sind wesentliche Bestandteile von *VR*. Immersion beschreibt das Gefühl des Eintauchens in eine alternative Realität. *VR* isoliert die Rezipientinnen und Rezipienten von der realen Umgebung. Das *VR*-Erlebnis ist abhängig von der Gestaltung, der Produktionstechnik und dem genutzten Equipment. Professionelles Equipment und hochwertige Produktion führen zu intensiveren Erlebnissen. Es wird zwischen filmischer *VR* (Nutzung von 360-Grad- oder 3D-Aufnahmen) und echter *VR* (rein computergenerierte Welten) unterschieden. *VR*-Produktionen können volumetrisch (computeranimiert oder photogrammetrisch) sein und oft Elemente von 360-Grad-Aufnahmen integrieren. *VR* kann über mobile (Smartphone mit *VR*-Brille/Cardboard) oder stationäre Endgeräte (*VR*-Headsets) konsumiert werden. Das Ziel ist oft, eine Illusion zu schaffen, in der die Rezipientinnen und Rezipienten interagieren und Aufgaben übernehmen können. Um eine Immersion der Rezipientinnen und Rezipienten in das *VR*-Nachrichtenereignis zu ermöglichen, haben de la Peña et al. (2010) drei entscheidende Faktoren ausgemacht: *Place Illusion*, *Plausibility* und *Virtual Body Ownership*. Sind alle drei Faktoren erfüllt, stellt sich eine Verbindung zwischen den Rezipientinnen und Rezipienten und ihren virtuellen Körpern ein, sodass sie diesen als ihren eigenen annehmen (de la Peña et al., 2010). In der Folge interagieren die Rezipientinnen und Rezipienten mit der virtuellen Umwelt, als wenn diese real wäre. De la Peña et al. (2010) sprechen dann von der „*response-as-if-real*" (S. 293), abgekürzt *RAIR*.

Es gibt zwei unterschiedliche Arten von *VR*-Anwendungen im Journalismus. Zum einen gibt es die *Computer Generated Imagery-VR* (*CGI-VR*). Dabei wird eine digitale Welt erzeugt, die die echte Welt der Rezipientinnen und Rezipienten vollständig ersetzt (Lin & Hsu, 2023). Ein prominentes Beispiel für *CGI-VR*-Journalismus ist das *Project Syria* von de la Peña (2014). Um unter anderem einen Bombenanschlag in Syrien zu rekonstruieren, hat sie ein sogenanntes „*deep CGI immersive concept*" verwendet (Lin & Hsu, 2023, S. 1035). Dabei werden auf Basis von Bildern und Videos die Charaktere und Lokalitäten der jeweiligen Szene nachgebildet. Zum anderen gibt es 360-Grad-Videos, die sich mittlerweile zu weiten Teilen durchgesetzt haben (Janzik, 2022; Pérez-Seijo & López-García, 2019; Baía Reis & Coelho, 2018; van Damme et al., 2019). Dabei werden 360-Grad-Kameras verwendet, um einen *VR*-Film zu produzieren. Im Gegensatz zu *CGI-VR* erlauben es 360-Grad-Videos den Rezipientinnen und Rezipienten nicht, sich frei im virtuellen Raum zu bewegen. Sie sind stattdessen an einem Punkt fixiert (Lin & Hsu, 2023; Kool, 2016). Als Beispiel für 360-Grad-*VR* ist das Projekt *Clouds Over Sidra* (Milk & Arora, 2016), eine preisgekrönte Langform von *VR*-Dokumentationen (Kool, 2016, S. 1), zu nennen. Diese zeigt das Leben von Sidra im Za'atari Refugee Camp in Jordanien. Beide Möglichkeiten der *VR*-Technologie können effektiv für die Nachrichtenproduktion verwendet werden (Lin & Hsu, 2023).

Der Hauptunterschied zwischen *AR* und *VR* liegt im Grad der eingebundenen Virtualität und der daraus resultierenden Immersion. *AR* erweitert die bestehende Realität mit virtuellen Elementen. Nutzerinnen und Nutzer bleiben in ihrer realen Umgebung, die um digitale Informationen ergänzt wird. *VR* hingegen ersetzt die „reale Umgebung vollständig durch eine computergenerierte virtuelle Welt" (Bitkom, 2021, S. 11), in die die Nutzerinnen und Nutzer eintauchen und von der realen Welt isoliert werden. Zusammenfassend lässt sich sagen: *AR* fügt der Realität etwas hinzu, während *VR* eine neue Realität erschafft. *AR* überlagert digitale Informationen im realen Raum, während *VR* die Nutzerinnen und Nutzer komplett in eine dreidimensionale, computergenerierte Welt eintauchen lässt. Der Grad der Immersion ist in der Regel bei *VR*-Erlebnissen wesentlich höher als bei *AR*-Anwendungen. *Augmented Reality* lässt sich auch als Vorstufe zur *Augmented Virtuality* beschreiben, die im Modell des „*Reality-Virtuality Continuums*" zwischen Realität und Virtualität angesiedelt sind. Hinter dem Begriff „*Reality-Virtuality Continuum*" verbirgt sich ein Konzept, welches das Verhältnis zwischen Realität (*Real Environment*) und Virtualität (*Virtual Environment*) beschreiben soll (Kaiser & Sutor, 2017). Es stammt aus den Neunzigerjahren und wurde von Paul Milgram (Milgram & Kishino, 1994) entwickelt. *Real Environment* beschreibt Abbildungen realer Objekte. Darunter zählen zum Beispiel Fotos oder Videos. Im Gegensatz dazu besteht *Virtual Environment* lediglich aus computergenerierten Objekten (Sevinc, 2018). Nicht jedes Produkt ist eindeutig einem der beiden Pole zuzuordnen, weshalb Milgram für alle Übergangsformen den Begriff der *Mixed Reality* etablierte. Diese umfasst das breite Spektrum zwischen *Real* und *Virtual Environment*. *Mixed Reality* setzt sich zudem aus *Augmented Reality* und *Augmented Virtuality* zusammen. *Augmented Virtuality* ist eine digital erstellte Wirklichkeit, die durch reale Komponenten, wie beispielsweise Bewegung, Wind, Temperatur etc., erweitert wird. Das bedeutet, dass physikalische Reize mit computergenerierten Bildern verknüpft werden und die Rezipientinnen und Rezipienten somit eine komplett neue Welt erleben. Innerhalb der *Mixed Reality* kann schließlich entweder die Realität oder die Virtualität dominieren (Kaiser & Sutor, 2017).

10.4 Beispiele und Anwendungen des immersiven Journalismus

Nicht jede Anwendung immersiver Techniken versetzt also den Journalismus automatisch in ein vollständig virtualisiertes Setting, viele Optionen bescheiden sich mit schlichteren Formen einer *Mixed Reality*. Im Fall von Printmedien etwa werden *AR*-Technologien oftmals in Form von QR-Codes angewendet. Die Leserinnen und Leser können den Code mit ihrem Smartphone scannen und dann auf zusätzliche Inhalte passend zum Artikel, den sie gerade gelesen haben, zugreifen. Damit findet eine Erweiterung des analogen Produkts der Zeitung oder des Magazins um virtuelle und dreidimensionale Elemente statt (Sevinc, 2018). Für den Journalismus bietet es zum einen die Möglichkeit, das Interesse zu steigern und zum anderen die Möglichkeit, eine sehr komplexe Thematik für die Rezipientinnen und Rezipienten verständlicher zu gestalten. Das Einsatzspektrum reicht dabei von eingeblendeten Statistiken, Taktikanimationen oder regelleitenden Linien bei Ballsportarten wie Fußball (Abseitslinie) oder American Football (*First-down*-Line) bis zu aufwendigen journalistischen Dokumentationen, etwa über Polizeigewalt gegenüber Afroamerikanerinnen und -amerikanern in den USA (WashPostPR, 2016).

Auch bezüglich *VR* gibt es zahlreiche Beispiele und Anwendungsfelder. Im Fernsehjournalismus profitieren Journalistinnen und Journalisten von der Möglichkeit, komplexe Vorgänge zu vereinfachen. Besonders gerne wird das in Wissenschaftssendungen getan (Feyder & Rath-Wiggins, 2018). So gestaltete etwa die *ZDF*-Sendung *Terra X* schon im Jahr 2016 neben der klassischen TV-Produktion einen immersiven *VR*-360-Grad-Film unter dem Namen *Terra X: Geheimnis Wolfskind*. Dieser Film wurde zusätzlich zum Download auf der Website angeboten. Derartige Produktionen, die ohne die Voraussetzung von *VR*-Brillen auskommen, werden unterdessen von vielen renommierten Medienhäusern in Auftrag gegeben. Ähnlich wie die Konkurrenz wählt etwa die *Süddeutsche Zeitung* gesellschaftspolitisch relevante Themen für solche Produktionen aus. Das Format *Meer der Verzweifelten* thematisierte 2018 die Seenotrettung von Flüchtenden auf dem Mittelmeer. In zwei Teilen hatten die Rezipientinnen und Rezipienten die Möglichkeit, die Geschichte der Menschen vor Ort kennenzulernen und in immersiver Weise Teil der Crew zu werden, indem sie sahen, was die Seenotretterinnen und -retter der Organisation Jugend Rettet auch sehen können. Am Ende des ersten Teils *Die Misson* ereilt die Gruppe ein Notruf. Dieser Notruf ist das zentrale Thema des zweiten Teils *Die Rettung*. Das Team rettet gemeinsam mit einem Boot der *SeaWatch* ein zu sinken drohendes, überfülltes Schlauchboot. Durch die im 360-Grad-Stil aufgenommenen Videos können die Zuschauerinnen und Zuschauer einen persönlichen Blickwinkel auf die Situation werfen. Je nachdem wie sie die Videos konsumieren, können sie entweder mit der Computermaus das Sichtfeld verändern oder sich selbst bewegen und drehen, sofern sie eine *VR*-Brille nutzen. Wenn eine der Protagonistinnen oder einer der Protagonisten mit einem Fernglas am Horizont nach Hilfesuchenden Ausschau hält, können Nutzerinnen und Nutzer ihr oder ihm entweder dabei zusehen oder sie drehen sich selbstständig um und sehen, was auch die Protagonistin oder der Protagonist sieht. Es wird also eine Teilhabe vermittelt, indem die Zuschauerinnen und Zuschauer nicht nur zuhören, sondern selbst den Horizont absuchen können (SZVR, 2018a, 2018b).

Zu den Klassikern unter den journalistischen *VR*-Projekten zählen die schon angesprochenen Produktionen *Project Syria* und *Clouds Over Sidra*, die sich beide im thematischen Kontext von Krieg und Flucht in Syrien bzw. im Nahen Osten bewegen (Flatlandsmo & Gynnild, 2021; Kool, 2016). *Project Syria* gilt als eines der ersten Werke des immersiven Journalismus und wird als richtungsweisend bezeichnet. Es wurde von der Journalistin Nonny de la Peña im Jahr 2014 im Auftrag des Weltwirtschaftsforums produziert. De la Peña wird auch als „Godmother of VR" (Helmore, 2015) und „VR-Avantgardistin" (Liesem, 2018, S. 85) bezeichnet. Ziel des Projekts war es, auf die Notlage junger syrischer Flüchtender im Bürgerkrieg aufmerksam zu machen. Es thematisiert das Leid der Menschen, insbesondere der Kinder, die aufgrund des Krieges ihre Heimat Syrien verlassen mussten. *Project Syria* ist ein volumetrisches *VR*-Projekt und ein *CGI-VR*-Projekt, das ein sogenanntes *„deep CGI immersive concept"* (Lin & Hsu, 2023, S. 1035) verwendet. Es rekonstruiert ein tatsächliches Nachrichtenereignis, eine Bombenexplosion in der syrischen Stadt Aleppo, und zeigt ein Flüchtlingslager, das immer voller wird. Für die Erstellung der virtuellen Umgebung und der Charaktere verwendete de la Peña reale Bilder und Videos, die vor Ort in Syrien aufgenommen wurden sowie O-Töne für die Geräuschkulisse (de la Peña, 2014). Die Szenen wurden aus verschiedenen originalen Audio-, Video- und Fotoelementen erstellt, die virtualisiert wurden. Das *VR*-Erlebnis besteht aus zwei Szenen. In der ersten Szene befinden sich die Rezipientinnen und Rezipienten in der Ich-Perspektive an einer belebten Straßenecke in Aleppo, bis diese durch eine Rakete zerstört wird. Später wird ein überfülltes Flüchtlingscamp abgebildet. Einige Nutzerinnen und Nutzer, die *Project Syria* gesehen haben, beschrieben die Erfahrung als sehr intensiv (Malmo, 2014; de la Peña, 2014). Die Kritik an dem Projekt wird später unter den normativ-ethischen Implikationen diskutiert.

Clouds Over Sidra ist ein *Virtual-Reality*-Film über die syrische Flüchtlingskrise. Es handelt sich um eine 360-Grad-Videoproduktion, die auch als *VR*-Dokumentation bezeichnet wird. Der Film wurde von Chris Milk und Gabo Arora (2016) mit den Entwicklern der App Vrse für das Kinderhilfswerk der Vereinten Nationen UNICEF produziert (van Looy, 2017). Im Mittelpunkt steht ein zwölfjähriges syrisches Mädchen namens Sidra, das in einem jordanischen Flüchtlingslager lebt, nachdem sie mit ihrer Familie aus Syrien geflohen ist. Durch den *VR*-Film bekommen die Zuschauerinnen und Zuschauer Eindrücke aus Sidras Alltag und Leben in dem Flüchtlingslager und werden in eine ansonsten für die wenigsten Menschen greifbare Szenerie hineingezogen. Die Zuschauerinnen und Zuschauer können 360-Grad in alle Richtungen sehen und sich ein Bild von den Zuständen im Camp machen (Kool, 2016). Die Produktion entstand in Partnerschaft der UN mit Samsung. Das erhöhte die Zugänglichkeit zur *VR*-Produktion, da das Unternehmen günstige *VR*-Brillen für die immersive Erfahrung zur Verfügung stellte. Nach der Veröffentlichung des Videos verzeichnete UNICEF einen Spendenanstieg von über 100 Prozent (van Looy, 2017).

10.5 Stand der Forschung zu immersivem Journalismus

Die empirische Forschung zum immersiven Journalismus ist – gemessen an dessen zunehmender Bedeutung – vergleichsweise überschaubar. Es lassen sich jedoch einige wissenschaftliche Befunde und Beobachtungen aus der Forschung zusammenfassen: Der *Media Richness Theory* (Daft & Lengel, 1986) zufolge übermittelt *VR* ein intensiveres Gefühl der Teilhabe am Gezeigten, da sensorische Informationen die Aufnahme der Erzählung ergänzen (Kool, 2016). Nonny de la Peña hat mit ihrem Team zu Beginn Begleitforschung zu ihren *VR*-Projekten betrieben und in einem grundlegenden Paper den vereinfachten Versuchsaufbau beschrieben, mit dem sie in einem qualitativen, nicht repräsentativen Forschungskontext die Wirkung von immersivem Journalismus überprüfen wollten (de la Peña et al., 2010). Die Teilnehmerinnen und Teilnehmer haben über *VR* tatsächlich realistische Erfahrungen gefühlt und sich in die virtuelle Situation hineinversetzt. Die Autorinnen und Autoren schließen, dass Immersion demnach am besten geeignet ist, um Geschehnisse bzw. Situationen zu replizieren. Einige Jahre später konnten auch van Damme et al. (2019) die Wichtigkeit von Immersion – also dem Eintauchen – für ein besseres Nachrichtenerlebnis herausstellen. Die gefühlte Immersion hat einen direkten positiven Einfluss auf das Vertrauen in *VR*-News. Menschen interessieren sich außerdem mehr für News in *VR*-Darbietung als in herkömmlicher Form (Lin & Hsu, 2023). Eine Studie von Sundar et al. (2017) ergab, dass Teilnehmerinnen und Teilnehmer die *New York Times* als eine deutlich vertrauenswürdigere Quelle einschätzten, nachdem sie eine Geschichte in Form einer *VR*-Produktion konsumiert hatten, im Vergleich zum Lesen derselben Geschichte in Textform. Auch die Studie von Archer und Finger (2018) kam zu einem ähnlichen Ergebnis bezüglich der Empathie-Folgen von *VR*-Inhalten im Journalismus. Der Autor und die Autorin untersuchten, ob 360-Grad-Videoreportagen im Journalismus die Empathie von Zuschauerinnen und Zuschauern erhöhen können und fanden Hinweise darauf, dass 360-Grad-Videos durch ihre immersive Natur das Potenzial haben, die Empathie der Zuschauerinnen und Zuschauer gegenüber den dargestellten Themen zu steigern.

Wenig wurde bislang zu journalistischen Normen und Rollen in diesem Zusammenhang geforscht. Eine Ausnahme bildet Tanja Aitamurto (2019), die Auswirkungen von 360-Grad-Videos auf journalistische Normen, insbesondere in Bezug auf Genauigkeit und Objektivität, untersuchte. Sie identifizierte zwei normative Paradoxien. Beim Paradoxon der Genauigkeit geht es um den Widerspruch, dass 360-Grad-Videos zwar eine umfassendere Darstellung von Ereignissen ermöglichen, die Freiheit der Zuschauerinnen und Zuschauer, den Blickwinkel selbst zu wählen, jedoch dazu führen kann, dass wichtige Aspekte der Geschichte übersehen werden. Dies kann letztlich zu einer weniger genauen Wahrnehmung des Geschehens führen. Unter dem Paradoxon der Objektivität versteht Aitamurto (2019), dass Journalistinnen und Journalisten, um eine präzisere und objektivere Berichterstattung zu erreichen, manchmal auf die Manipulation authentischer Bilder zurückgreifen. Dies steht jedoch im Widerspruch zu traditionellen Vorstellungen von Genauigkeit und Objektivität im Journalismus und wird im nächsten Abschnitt unter ethischem Blickwinkel diskutiert. Diese Paradoxien verdeutlichen die Herausforderungen, die mit dem Einsatz von 360-Grad-Videos im Journalismus verbunden sind, insbesondere hinsichtlich der Balance zwischen technischer Innovation und der Einhaltung journalistischer Standards.

Es lässt sich festhalten, dass die empirische Forschung zum immersiven Journalismus noch in einem relativ frühen Stadium steckt. Viele der genannten Befunde basieren auf einzelnen Studien, Beobachtungen von Expertinnen und Experten oder Befragungen von Medienschaffenden in überschaubarer Zahl. Langzeitstudien zu den psychologischen und physischen Risiken fehlen bisher weitgehend. Die Forschung konzentriert sich bisher auf die Wirkung von Immersion, auf die Wahrnehmung von Glaubwürdigkeit, Empathie und Desinformation, sowie auf die praktischen und ethischen Herausforderungen für Journalistinnen und Journalisten. Die wissenschaftlichen Erkenntnisse zu den ethischen Problemlagen des immersiven Journalismus werden im folgenden Abschnitt behandelt.

10.6 Ethische und normative Implikationen

Wie jede Innovation im Journalismus bringt auch die virtuelle Realität ethische Herausforderungen mit sich. Ethik im Journalismus hat die Funktion, „den Spielraum des rechtlich nicht Verbotenen auf das moralisch Verantwortbare ein[zu]grenzen" (Wilke, 1998, S. 292, zitiert nach Godulla, 2019, S. 704). Godulla bedient sich der Definition von Wilke und bezieht diese auf die visuelle Kommunikationsforschung. Hinsichtlich des Phänomens der „digitalen Optimierung des Bildes" identifiziert er einen „Zielkonflikt zu dem [...] Authentizitätsanspruch, aus dem die Fotographie gerade auch in Grenzsituationen ihre Legitimität ableitet" (Godulla, 2019, S. 716). Im Gegensatz dazu werden im textbasierten Journalismus Zitate gerade wegen des Authentizitätsanspruches geglättet. Grammatikalische Fehler oder die Aussprache von Worten werden „in Einklang mit dem Aussagekern redigiert" (Büllesbach, 2008, S. 115, zitiert nach Godulla, 2019, S. 717). Hier entsteht ein Paradoxon: Während Bilder ihre Legitimität verlieren, wenn sie bearbeitet werden, erhalten Zitate durch die Bearbeitung Authentizität. Der beschriebene Konflikt um Authentizität und Legitimität spielt auch bei den ethischen Problemen des immersiven Journalismus eine Rolle. Wie geht man bei den neuen, immersiven Formen des Journalismus mit Legitimität und Authentizität der Berichterstattung um? In der Studie von Aitarmurto (2019) zeigte sich, dass sich die Befragten *VR*-Journalistinnen und -Journalisten in Ermangelung von Alternativen an den ethischen Normen der *National Press Photographer Association* und der *Society of Professional Journalists* orientieren. Diese gelten nur für die Vereinigten Staaten und sind weder verbindlich noch rechtskräftig (Briga, 2018).

Da derzeit keine einheitlichen ethischen Richtlinien für immersiven Journalismus existieren (Pérez-Seijo & López-García, 2019; Kent, 2015; Uskali & Ikonen, 2021), sollen an dieser Stelle zunächst die verschiedenen Dimensionen zur Unterscheidung der ethischen Herausforderungen herangezogen werden, bevor die dominierenden ethischen Aspekte und Konfliktlinien erörtert werden.

(1) Wirkung auf die Rezipientinnen und Rezipienten:
Diese Dimension umfasst, wie immersive journalistische Inhalte die Wahrnehmung, Emotionen, das Verständnis und das Verhalten der Nutzerinnen und Nutzer beeinflussen können. Hierzu gehören Aspekte wie Subjektivierung, Manipulation, Empathie, psychische Belastungen, Realitätsverzerrung und die Gefahr von Desinformation.

(2) Verantwortung der Produzentinnen und Produzenten (Journalistinnen und Journalisten sowie Medienorganisationen):
Diese Dimension betrifft die ethischen Pflichten und Verantwortlichkeiten derjenigen, die immersive journalistische Inhalte erstellen und verbreiten. Dazu zählen Aspekte wie Wahrhaftigkeit, Genauigkeit, Transparenz, Objektivität, Sorgfaltspflicht, Vermeidung von Schaden, Umgang mit Quellen und die klare Kennzeichnung von redaktionellen und werblichen Inhalten.

(3) Technologiebedingte Herausforderungen:
Diese Dimension bezieht sich auf ethische Fragen, die sich spezifisch aus den eingesetzten Technologien (*VR, AR*, 360-Grad) ergeben. Hierzu gehören die Authentizität von Rekonstruktionen, das Potenzial für realistisch wirkende Falschinformationen, technische Limitationen, die das Erlebnis und das Wohlbefinden der Nutzerinnen und Nutzer beeinträchtigen können, sowie Fragen der Zugänglichkeit und Inklusion.

(4) Gesellschaftliche und normative Implikationen:
Diese Dimension betrachtet die breiteren ethischen Fragen, die der immersive Journalismus für die Gesellschaft und die journalistischen Normen aufwirft. Dazu gehören die Frage nach der Rolle des Journalismus in einer zunehmend immersiven Medienlandschaft, die Notwendigkeit neuer ethischer Richtlinien und Kodizes, die Auswirkungen auf das Vertrauen in die Medien und die potenziellen Chancen und Gefahren für die Demokratie.

10.6 Ethische und normative Implikationen

Folgende ethische Einzelaspekte werden in der Forschungsliteratur zum immersiven Journalismus diskutiert:

(1) Subjektivierung und Perspektivenvielfalt:
Immersiver Journalismus ermöglicht es Rezipientinnen und Rezipienten, die Perspektive selbst zu bestimmen und somit eine subjektive Version der Geschichte herzustellen. Dies kann einerseits (und bestenfalls) zu mehr Transparenz und Intersubjektivität führen, andererseits aber auch zu Realitätsentfremdungen und einer ungenaueren Darstellung. Es besteht die Gefahr, dass die Kontextualisierung eines Themas zu kurz kommt (Feyder & Rath-Wiggins, 2018). Bei 360-Grad-Videos ist es häufig gängige Praxis, die Journalistinnen und Journalisten sowie die Kamera zu verstecken. Wenn das nachträglich durch eine Bildbearbeitung passiert, muss das kenntlichgemacht und begründet werden (Pérez-Seijo & López-García, 2019). Die Unsichtbarkeit der Journalistinnen und Journalisten ist eine gefährliche Illusion, wenn Rezipientinnen und Rezipienten aufgrund der Unsichtbarkeit auch den Einfluss der Journalistinnen und Journalisten auf das Gesehene vergessen (Kool, 2016, S. 6). In diesem Falle handelte es sich beim Zielwert einer angestrebten Objektivität bloß um unterstellte Objektivität.

(2) Manipulation und Suggestivkraft:
Die intensiven Erfahrungen in immersiven Umgebungen bergen ein hohes Manipulationspotenzial. Bei 360-Grad-Videos hat die Regisseurin oder der Regisseur einen großen Einfluss darauf, welche Perspektiven und Szenen zu sehen sind – die Welt, die im 360-Grad-Film gezeigt wird, ist die Realität der Regisseurin oder des Regisseurs. Durch die Gestaltung der Szenarien, die Auswahl von Inhalten, die musikalische Untermalung und andere Elemente können Produzentinnen und Produzenten zudem jede gewünschte Dramatik erzeugen. Die Verschmelzung von Realität und Wahrgenommenem kann dazu führen, dass manipulierte Inhalte als echt wahrgenommen werden. Probleme könnten sich insbesondere ergeben, wenn Rezipientinnen und Rezipienten denken, sie seien Augenzeuginnen und -zeugen eines Events, obwohl dieses bereits bearbeitet ist (Flatlandsmo & Gynnild, 2021). Deshalb sollen sich die Protagonistinnen und Protagonisten der Filme natürlich verhalten. Sie sollen keine Anweisungen der Journalistinnen und Journalisten bekommen oder verfolgen.

(3) Fehlinterpretation und Kontextverlust:
Das Eintauchen in eine Geschichte könnte Rezipientinnen und Rezipienten zu einer Fehlinterpretation der wahrgenommenen Inhalte verleiten.

Die intensive Fokussierung auf das Erlebte kann dazu führen, dass der breitere Kontext der Ereignisse verloren geht. Liesem (2018) weist darauf hin, dass das *Project Syria* lediglich aus zwei Szenen besteht: „Für den Rezipienten ist es jedoch schwierig, von diesem virtuellen Ausschnitt aus dem syrischen Bürgerkrieg auf die Gesamtsituation in Syrien zu schließen, diese einzuordnen und zu bewerten" (S. 96).

(4) Verzerrung der Realität und Authentizität:
Da immersive Inhalte oft technisch aufwendig sind, stellt sich die Frage nach der Realitätstreue und Authentizität der Darstellung. Es ist wichtig, wie die Erfahrung von den Rezipientinnen und Rezipienten aufgenommen wird und ob sie sich als Augenzeuginnen und -zeugen eines möglicherweise bearbeiteten Ereignisses sehen. Die Grenzen zwischen künstlerischer Komposition und bewusster Manipulation können verschwimmen. Wenn etwa Journalistinnen und Journalisten nicht auf den Videos zu sehen sind, müssten im Vorhinein Absprachen getroffen werden (Pérez-Seijo & López-García, 2019). Da *CGI-VR*-Projekte zumeist auf der Grundlage von 2D-Bildern (und Videos) basieren, ist eine exakte Wiedergabe in *VR* (3D) nicht möglich (Flatlandsmo & Gynnild, 2021). De la Peña et al. (2010) argumentieren an dieser Stelle, dass auch Bilder und Videos, die weitreichend als glaubwürdige Duplikationen der Realität anerkannt sind, manipuliert werden können. Lin und Hsu (2023) bezeichnen den Begriff der tatsächlichen Realität in Bezug auf *VR* sogar als Unsinn. Denn bei der Generierung von den *CGI*-Erlebnissen müssen die Journalistinnen und Journalisten eine Entscheidung treffen: Basierend auf Annahmen über das auf 2D-Bildern Gesehene die „Rückseite" generieren? Oder die Teile, die man nicht auf 2D-Bildern sehen kann, unscharf lassen (Kent, 2015)? Bei *VR*-Projekten kann also kaum von berichteten Geschichten, sondern eher von selbst konstruierten Geschichten in Abhängigkeit der erlebten Wahrnehmung von Journalistinnen und Journalisten gesprochen werden (Lin & Hsu, 2023).

(5) Desinformation und Fake News:
Die Aufhebung der Distanz zwischen Wirklichkeit und Wahrgenommenem kann es erschweren, Fake News von echten Nachrichten zu unterscheiden. Rezipientinnen und Rezipienten achten möglicherweise weniger auf Quellen und mehr auf die Gestaltung. Dean (2017) argumentiert, dass die kritische Distanz der Rezipientinnen und Rezipienten durch immersiven Journalismus ausgelöscht werden könnte. Auf diese Weise schwindet die Sensibilisierung gegenüber Desinformation allgemein. Zu-

dem wird durch jede Form der Virtualisierung die Möglichkeit des *Fact-Checkings* für die Rezipientinnen und Rezipienten erschwert. Auch Liesem (2018) verweist auf die durch immersiven Journalismus zunehmende Gefahr, Desinformation aufzusitzen, „weil die Distanz zwischen Wirklichkeit und Wahrnehmung aufgehoben" sei und *VR* „noch effizientere Möglichkeiten zur Manipulation als herkömmliche Berichterstattungsformen" (S. 97) böte.

(6) Emotionalisierung und Empathie:
Immersiver Journalismus hat das Potenzial, starke Emotionen hervorzurufen und Empathie für die berichteten Themen zu erzeugen (Shin & Biocca, 2017). Dies kann zwar die Auseinandersetzung mit dem Thema intensivieren, birgt aber auch die Gefahr bewusster Emotionalisierung und der Instrumentalisierung von Empathie. Wolfangel (2019) betrachtet Neutralität als genuinen Teil des Auftrags und warnt vor Emotionalisierung, die im Bereich *VR* häufig aktiv eingesetzt werde. Es stellt sich daher sogar die Frage, ob Journalistinnen und Journalisten durch Empathie-Forcierung Aktivistinnen und Aktivisten werden. Beim *Project Syria* wurde auch der Vorwurf des anwaltschaftlichen Journalismus oder sogar der Propaganda geäußert, da die Autorin Nonny de la Peña (2014) mit dem Projekt ein klares, wenn auch aufklärerisches Ziel verfolgt. Hier steht sozusagen der Missbrauch von Empathie im Raum, *VR* werde zur „Empathie-Maschine" (Wolfangel, 2019, S. 253) instrumentalisiert. Dessen ungeachtet können intensive, auf Empathie zielende Erlebnisse zudem zu psychischen Belastungen wie Angstzuständen oder einer *compassion fatigue* bei den Rezipientinnen und Rezipienten führen.

(7) Rolle und Verantwortung der Journalistinnen und Journalisten:
Das Berufsbild von Journalistinnen und Journalisten wandelt sich durch immersive Technologien. *VR*-Journalistinnen und -Journalisten benötigen neue Kompetenzen und tragen eine größere ethische Verantwortung aufgrund des hohen Manipulationspotenzials. Zudem verlangt das neue Medium *Virtual Reality* von Journalistinnen und Journalisten eine neue Denkweise, weg von linearen Erzählstrukturen hin zu sphärischem Denken. Denn *VR*-Geschichten sollen als Erlebnis rezipiert werden. Umso mehr müssen Medienschaffende, die vor solchen neuen Herausforderungen stehen (Feyder & Rath-Wiggins, 2018), sich ihrer Sorgfaltspflicht bewusst sein und auf Objektivität und Transparenz achten. Es stellt sich daher stets die Frage, welches Selbstverständnis dem Projekt zugrunde liegt und wie die Journalistinnen und Journalisten das Ereignis repräsentieren.

10. Immersiver Journalismus

„Is VR journalism supposed to be the event itself, an artist's conception of the event or something akin to a historical novel, ‚based on a true story'?" (Kent, 2015).

(8) Psychische Auswirkungen und Schutz der Rezipientinnen und Rezipienten:
Immersive Erlebnisse, insbesondere die Darstellung traumatischer Ereignisse, können potenziell negative psychische Folgen haben. Lin und Hsu (2023) haben gezeigt, dass *VR*-Projekte, die zu starke negative Emotionen freisetzten, zu psychischen Problemen für die Rezipientinnen und Rezipienten führen können. Dem *Project Syria* gegenüber wurden ethische Bedenken laut hinsichtlich potenzieller psychischer Folgen für die Rezipientinnen und Rezipienten durch die Darstellung traumatisierender Ereignisse wie einer Bombenexplosion. Es stellt sich die Frage, wie Rezipientinnen und Rezipienten vor solchen Konsequenzen geschützt werden können. Eine Möglichkeit besteht darin, Warnhinweise zu geben (Uskali & Ikonen, 2021; Madary & Metzinger, 2016), eine andere Möglichkeit ist, verletzende Bilder so gut wie möglich zu vermeiden (Pérez-Seijo & López-García, 2019). Journalistinnen und Journalisten, die im *Mixed-Reality*-Bereich tätig sind, kommt, da in diesem Kontext mit kognitiven Prozessen und immersiver menschlicher Wahrnehmung gearbeitet wird, eine besondere Verantwortung zu. Eine wenig sensible Produktion kann im schlechtesten Fall psychische Auswirkungen bei Rezipientinnen und Rezipienten nach sich ziehen (Wolfangel, 2019; Feyder & Rath-Wiggins, 2018; Shin & Biocca, 2017). In ihren „Reccomendations for the Use of VR by the General Public" prognostizieren Madary und Metzinger (2016) außerdem, dass die Gefahr von psychischen Krankheiten als Resultat von immersiven Nachrichtenformen mit dem Fortschritt der Technik weiter ansteigt. Außerdem sehen sie das Potential von *VR*, „robust social hallucinations" (Madary & Metzinger, 2016, S. 19) auszulösen. Gemeint ist damit die Veränderung der eigenen Persönlichkeit, die sich in die Richtung des virtuellen Selbst, das sich Rezipientinnen und Rezipienten zu eigen machen, verschiebt und so Auswirkungen auf die tatsächliche Realität hat. Auch hiervor müssen Rezipientinnen und Rezipienten gewarnt werden.

(9) Zugänglichkeit und Inklusion:
Die Notwendigkeit spezieller technischer Geräte (*VR*-Brillen etc.) kann dazu führen, dass bestimmte Nutzergruppen exkludiert werden. Vor allem hohe Preise der Hardware waren in der Gründerzeit der *VR*-Technik problematisch, da dadurch die meist sehr jungen Nutzerinnen und Nutzer

ausgeschlossen wurden (Hinkofer et al., 2017). Die Finanzierung und der Produktionsaufwand immersiver Projekte stellen ebenfalls Herausforderungen dar.

Die genannten ethischen Herausforderungen sind oft miteinander verbunden und können sich in der praktischen Anwendung überschneiden. Eine strukturierte Betrachtung entlang dieser Dimensionen kann jedoch helfen, die Komplexität des Themas zu erfassen und gezielte Lösungsansätze zu entwickeln.

10.7 Fazit

Zusammenfassend lässt sich festhalten, dass der immersive Journalismus eine bedeutsame Innovation im Journalismus darstellt, deren Potenzial noch lange nicht ausgeschöpft ist und deren Anwendungsoptionen noch in den Kinderschuhen stecken. Wie bei allen Innovationen birgt das immersive Journalismuskonzept Chancen und Herausforderungen. Es ermöglicht Rezipientinnen und Rezipienten ein tieferes Eintauchen in Nachrichtenereignisse und kann komplexe Sachverhalte verständlicher vermitteln. Durch Technologien wie *Virtual Reality* (*VR*), *Augmented Reality* (*AR*) und 360-Grad-Videos können Emotionen und Empathie stärker transportiert werden, wodurch eine intensivere Auseinandersetzung mit globalen Themen wie Krieg, Krisen, Flucht und Migration ermöglicht wird. Dies kann insbesondere für bisher schwer zugängliche Betroffenen-Perspektiven von Vorteil sein. Allerdings bringt der immersive Journalismus auch erhebliche ethische Herausforderungen und Risiken mit sich. Dazu gehört die Gefahr von Manipulation und Desinformation, da die Grenzen zwischen Realität und Wahrnehmung verschwimmen. Die subjektive Natur der immersiven Erfahrung kann zu Fehlinterpretationen und einem Verlust des Gesamtkontextes führen. Zudem besteht die Möglichkeit einer unangemessenen Emotionalisierung, auch potenzielle psychische Belastungen für die Rezipientinnen und Rezipienten zählen zu den Risiken.

Aus normativer Sicht sind Transparenz und Objektivität als zu adressierende publizistische Zielvorstellungen im immersiven Journalismus von zentraler Bedeutung. Es muss in den immersiven Szenarien und Anwendungen klar erkennbar sein, ob und in welcher Weise Inhalte und Realitätsbezüge bearbeitet oder rekonstruiert wurden. Virtualität und Künstlichkeit verändern und erhöhen die Anforderungen an journalistische Rollenausübung und Verantwortung. Es bedarf klarer ethischer Richtlinien und eines verantwortungsvollen Umgangs mit diesen Technologien, um das Vertrauen der Rezipientinnen

10. Immersiver Journalismus

und Rezipienten zu gewährleisten und journalistische Standards aufrechtzuerhalten.

Der immersive Journalismus steht an einem Scheideweg. In Zeiten, in denen künstliche Intelligenz den *CGI*-Techniken einen enormen Schub verleiht und Realität und Virtualität sich weiter bis zur Ununterscheidbarkeit angleichen, müssen Autorinnen, Journalisten und Produzentinnen dieser künstlichen Welten vermehrt ethische Aspekte berücksichtigen, damit das Konzept eine starke Bereicherung und zukunftsweisende Darstellungsform für den Journalismus sein kann. Das immersive Konzept hat wie gesagt das Potenzial, neue Zielgruppen zu erschließen und die Glaubwürdigkeit des Journalismus zu stärken. Es ist jedoch entscheidend, dass immersive Techniken die journalistische Arbeit ergänzen und nicht ersetzen und dass die Sorgfaltspflicht und die Orientierung am Pressekodex weiterhin Gültigkeit haben. Die innovative Kraft dieser Technologien muss mit einem kritischen Bewusstsein für ihre potenziellen Auswirkungen einhergehen. Nur wenn immersiver Journalismus weiterhin Journalismus ist, also wenn er das Resultat von sachgerechter, sorgfältiger, transparenter und unabhängiger Beobachtung der Realität ist, wird er seinen Platz im Inventar nachhaltiger, innovativer Berichterstattungs-Konzepte finden. Klar ist aber auch, dass immersiver Journalismus immer nur ein Nischenphänomen sein kann, das für spezielle Themen und spezifische Rezeptionssituationen Anwendung finden wird.

Transferaufgaben für Workshops
Gruppe 1 (3–5 Teilnehmende)

Es wird bekannt, dass in einer aufwändigen *VR*-Anwendung eines etablierten Medienhauses, in dem die Risiken des globalen Klimawandels – dank angeblich neuer Techniken des Geoengeneering – relativiert werden, in Täuschungsabsicht bewusst falsche Annahmen getroffen und manipulative *CGI*-Szenarien generiert wurden. Nach dem Motto: Alles gar nicht so schlimm mit der Erderhitzung! Das Medienhaus ist offenkundig wirtschaftlich diagonal mit einem Energie-Konzern verflochten, der hier kommunikativ strategische Interessen verfolgt. Sie sind Mitglieder des Beschwerdeausschusses des Presserats. Diskutieren Sie den Fall, nachdem Sie die Vertreterinnen und Vertreter des Produktionsteams, des Medienhauses und des Energie-Konzerns angehört haben und machen Sie am Ende von den Maßnahmen des Pressekodex Gebrauch.

Gruppe 2 (3–5 Teilnehmende)

Gehen Sie die Nachrichtenseiten der überregionalen Tageszeitungen *SZ, FAZ, Welt* und *taz* des heutigen Tages durch und suchen Sie ein geeignetes Ereignis heraus, das sich für eine immersive journalistische Bearbeitung eignet. Das Ereignis soll in ein *Augmented-Reality*-Projekt überführt werden. Skizzieren Sie die Umsetzung: Welche Szenarien, welche Techniken, welche Erweiterungen sind jeweils zu wählen? Für welche technische Rezeptionssituation, für welches Endgerät planen Sie? Veranschaulichen Sie das Projekt in einem ausführlichen Storyboard. Sie müssen den Rest des Seminars in einem Pitch davon überzeugen, dass die Umsetzung dieses Konzepts machbar und für ein von Ihnen zu bestimmendes Medium von Vorteil wäre.

Gruppe 3 (3–5 Teilnehmende)

Gehen Sie die Nachrichtenseiten der überregionalen Tageszeitungen *SZ, FAZ, Welt* und *taz* des heutigen Tages durch und suchen Sie ein geeignetes Ereignis heraus, das sich für eine immersive journalistische Bearbeitung eignet. Das Ereignis soll in ein *Virtual-Reality*-Projekt überführt werden. Skizzieren Sie die Umsetzung: Welche Szenarien, welche Techniken, welches Storytelling sind jeweils zu wählen? Für welche technische Rezeptionssituation, für welches Endgerät planen Sie? Veranschaulichen Sie das Projekt in einem ausführlichen Storyboard. Sie müssen den Rest des Seminars in einem Pitch davon überzeugen, dass die Umsetzung dieses Konzepts machbar und für ein von Ihnen zu bestimmendes Medium von Vorteil wäre.

Ralf Hohlfeld

Literaturverzeichnis

Aitamurto, Tanja (2019). Normative paradoxes in 360° journalism: Contested accuracy and objectivity. *New Media & Society, 21*(1), 3–19. https://doi.org/10.1177/1461444818785153

Archer, Dan, & Finger, Katharina (2018). *Walking in another's virtual shoes: Do 360-Degree Video News Stories Generate Empathy in Viewers?* Tow Center for Digital Journalism. https://www.cjr.org/tow_center_reports/virtual-reality-news-empathy.php

Baía Reis, António & Coelho, António F. V. C. C. (2018). Virtual Reality and Journalism. *Digital Journalism, 6*(8), 1090–1100. https://doi.org/10.1080/21670811.2018.1502046

Bartens, Werner (2024, 16. Februar). *Ich habe es erlebt, also ist es wahr.* Süddeutsche Zeitung. https://www.sueddeutsche.de/projekte/artikel/gesellschaft/experten-betroffenheit-ich-memoir-e641668/?reduced=true

Bitkom (2021). *Augmented und Virtual Reality. Potenziale und praktische Anwendung immersiver Technologien.* https://www.bitkom.org/sites/default/files/2021-04/210330_lf_ar_vr.pdf

Briga, Andrea (2018). *360-Grad und die journalistische Ethik.* European Journalism Observatory. https://de.ejo-online.eu/qualitaet-ethik/360-grad-und-die-journalistische-ethik

Büllesbach, Alfred (2008). Digitale Bildmanipulation und Ethik. Aktuelle Tendenzen im Fotojournalismus. In Elke Grittmann, Irene Neverla, & Ilona Ammann (Hrsg.), *Global, lokal, digital -Fotojournalismus heute* (S. 108–136). Herbert von Halem-Verlag.

Daft, Richard L., & Lengel, Robert H. (1986). Organizational information requirements, media richness and structural design. *Management Science, 32*(5), 554–571. http://dx.doi.org/10.1287/mnsc.32.5.554

van Damme, Kristin, All, Anissa, de Marez, Lieven, & van Leuven, Sarah (2019). 360° Video Journalism: Experimental Study on the Effect of Immersion on News Experience and Distant Suffering. *Journalism Studies, 20*(3), 2053–2076. http://dx.doi.org/10.1080/1461670X.2018.1561208

Dean, Martin R. (2017, 15. Mai). *Die kritische Distanz wird ausgelöscht.* Neue Züricher Zeitung. https://www.nzz.ch/feuilleton/immersiver-journalismus-die-kritischedistanz-wird-ausgeloescht-ld.1292005

DuBoff, Rori (2016, 02. Juni). *How brands can go from storytelling to story living.* Ad Age. https://adage.com/article/digitalnext/storytelling-story-living/304251/

Dudenredaktion (o. J.). Immersion, die. In *Duden Online*. Abgerufen am 16. März 2021, von https://www.duden.de/rechtschreibung/Immersion#Bedeutung-3

Feyder, Manuela, & Rath-Wiggins, Linda (2018). *VR-Journalismus. Ein Handbuch für die journalistische Ausbildung und Praxis.* Springer VS. https://doi.org/10.1007/978-3-658-22217-8

Flammang, Céline (2018). Immersiver Journalismus: Mittendrin statt nur davor. *Forum, 383*, 16. https://www.forum.lu/article/immersiver-journalismus-mittendrin-statt-nur-davor/

Flatlandsmo, Siri, & Gynnild, Astrid (2021). Project Syria: Accuracy in immersive Journalism. In Turo G. Uskali, Astrid Gynnild, Sarah Jones, & Esa Sirkkunen (Hrsg.), *Immersive Journalism as Storytelling: Ethics, Production, and Design* (S. 60–70). Routledge.

Godulla, Alexander (2019). Ethische Aspekte der Visuellen Kommunikationsforschung. In Katharina Lobinger (Hrsg.), *Handbuch Visuelle Kommunikationsforschung* (S. 703–721). Springer VS.

Helmore, Edward (2015, 11. März). *'Godmother of VR' sees journalism as the future of virtual reality.* The Guardian. https://www.theguardian.com/technology/2015/mar/11/godmother-vr-news-reporting-virtual-reality

Hinkofer, Ludwig, Popov, Dmitri, Cagnie, Charlotte, & Berg, Maria (2017). Virtual Reality. Reale Geschäftsmodelle für virtuelle Welten. In Kaiser, Markus & Sutor, Markus (Hrsg.), *Transforming Media. Neue Geschäftsmodelle in der digitalen Welt* (S. 29–55). Verlag Dr. Gabriele Hooffacker.

Hohlfeld, Ralf (2003). Vom Informations- zum Pseudojournalismus: Berichterstattungsmuster im Wandel. *Communicatio Socialis, 36*(3), 223–243.

Hohlfeld, Ralf (2004). Der schnelle Marsch durch die Institutionen: Formen des New Journalism in etablierten Medien – Zur Diffusion eines innovativen Journalismuskonzeptes. In Joan Kristin Bleicher, Ralf Hohlfeld, & Bernhard Pörksen (Hrsg.), *Grenzgänger: Formen des New Journalismus* (S. 337–360). Westdeutscher Verlag.

Literaturverzeichnis

Janzik, Robin (2022). *Mediennutzung und virtuelle Realität. Erklärungsfaktoren der Akzeptanz und Nutzung von Virtual Reality im privaten Kontext.* Springer VS. https://doi.org/1 0.1007/978-3-658-37224-8

Kaiser, Markus, & Sutor, Stefan (2017). *transforming MEDIA. Neue Geschäftsmodelle in der digitalen Welt.* Verlag Dr. Gabriele Hooffacker.

Kent, Tom (2015, 31. August). *An ethical reality check for virtual reality journalism.* Medium. https://medium.com/@tjrkent/an-ethical-reality-check-for-virtual-reality-journalism-8e 5230673507

Kool, Hollis (2016). The Ethics of Immersive Journalism: A rhetorical analysis of news storytelling with virtual reality technology. *Intersect, 9*(3), 1–11. https://ojs.stanford.edu/oj s/index.php/intersect/article/view/871/863

von Lewinski, Kai (2019). *Immersiver Journalismus: Technik – Wirkung – Regulierung.* transcript Verlag. https://doi.org/10.1515/9783839446690

Liesem, Kerstin (2018). Suggestivkraft 4.0. Medienethik und Technik. In Kai von Lewinsky (Hrsg), *Immersiver Journalismus. Technik – Wirkung – Regulierung* (S. 81–98). transcript Verlag. https://doi.org/10.1515/9783839446690-006

Lin, Chao-Chen, & Hsu, Ying-Chia (2023). The new ethical thinking in CGI immersive Journalism. *Convergence: The International Journal of Research into New Media Technologies, 29*, 1034-1053. http://dx.doi.org/10.1177/13548565231176177

van Looy, Alexander (2017). Der digitale Raum: Augmented und Virtual Reality. In Oliver Stengel, Alexander van Looy, & Stephan Wallaschkowski (Hrsg.), *Digitalzeitalter – Digitalgesellschaft,* (S. 51–62). https://doi.org/10.1007/978-3-658-16509-3_3

Madary, Michael, & Metzinger, Thomas K. (2016). Real virtuality: A Code of ethical Conduct. Recommendations for Good Scientific Practice and the Consumers of VR-Technology. *Frontiers in Robotics and AI, 3,* Artikel 3. https://doi.org/10.3389/frobt.2016.00003

Malmo, Christopher (2014, 23. August). *A New Virtual Reality Tool Brings the Daily Trauma of the Syrian War to Life.* Vice. https://www.vice.com/en/article/virtual-reality-is-bringin g-the-syrian-war-to-life/

Milgram, Paul, & Kishino, Fumio (1994). A Taxonomy of Mixed Reality Visual Displays. *IEICE Transactions on Information and Systems, E77-D*(12), 1321–1329.

Milk, Chris, & Arora, Gabo [Within] (2016, 27. Januar). *Clouds Over Sidra* [Video]. YouTube. https://www.youtube.com/watch?v=mUosdCQsMkM

de la Peña, Nonny (2014, 29. Januar). *Project Syria: An Immersive Journalism Experience* [Video]. YouTube. https://www.youtube.com/watch?v=jN_nbHnHDi4

de la Peña, Nonny, Weil, Peggy, Llobera, Joan, Giannopoulos, Elias, Pomés, Ausiàs, Spanlang, Bernhard, Friedman, Doron, Sanchez-Vives, Maria V., & Slater, Mel (2010). Immersive Journalism: Immersive Virtual Reality for the First-Person Experience of News. *Teleoperators & Virtual Environments, 19*(4), 291–301. https://doi.org/10.1162/PRES_a_00 005

Pérez-Seijo, Sara, & López-García, Xosé (2019). Five Ethical Challenges of Immersive Journalism: A Proposal of Good Practices' Indicators. In Álvaro Rocha, Carlos Ferrás, & Manolo Paredes (Hrsg.), *Information Technology and Systems* (S. 954–964). Springer. http://dx.doi.org/10.1007/978-3-030-11890-7_89

Schart, Dirk, & Tschanz, Nathaly (2018). *Augmented und Mixed Reality für Marketing, Medien und Public Relations* (2. Aufl.). UVK. https://doi.org/10.24053/9783739803845

Sevinc, Sinan (2018). *Augmented Reality im Journalismus. Inhaltlicher Mehrwert und Potenziale einer innovativen Medientechnologie.* Nomos. https://doi.org/10.5771/9783845296 012

Seymat, Thomas (2019). 360°-Videos & Immersive Journalism. Examples and Best Practices at Euronews. In Kai von Lewinski (Hrsg.), *Immersiver Journalismus: Technik – Wirkung – Regulierung* (S. 13–29). transcript Verlag. https://doi.org/10.14361/9783839446690-002

Shin, Donghee, & Biocca, Frank (2017). Exploring immersive experience in journalism. *New Media & Society, 20*(8), 2800–2823. https://doi.org/10.1177/1461444817733133

Slater, Mel (2009). Place illusion and plausibility can lead to realistic behaviour in immersive virtual environments. Philosophical transactions of the Royal Society of London. *Biological sciences, 364*(1535), 3549–3557. https://doi.org/10.1098/rstb.2009.0138

Sundar, S. Shyam, Kang, Jin, & Oprean, Danielle (2017). Being There in the Midst of the Story: How Immersive Journalism Affects Our Perceptions and Cognitions. *Cyberpsychology, Behavior, and Social, Networking, 20*(11), 672–682. http://dx.doi.org/10.1089/cyber.2017.0271

SZVR (2018a, 11. April). *Die Mission* [Video]. Süddeutsche Zeitung. https://gfx.sueddeutsche.de/pages/vr/mittelmeer/#0-die-mission

SZVR (2018b, 11. April). *Die Rettung* [Video]. Süddeutsche Zeitung. https://gfx.sueddeutsche.de/pages/vr/mittelmeer/#1-die-rettung

Uskali, Turo, Gynnild, Astrid, Jones, Sarah, & Sirkkunen, Esa (2021). *Immersive Journalism as Storytelling. Ethics, Production, and Design.* Routledge. http://dx.doi.org/10.4324/9780429437748

WashPostPR (2016, 10. Mai). *The Washington Post releases augmented reality view of Freddie Gray's case.* The Washington Post. https://www.washingtonpost.com/pr/wp/2016/05/10/the-washington-post-releases-augmented-reality-view-of-freddie-grays-case

Wilke, Jürgen (1998). Analytische Dimensionen der Personalisierung des Politischen. In Kurt Imhof & Peter Schulz (Hrsg.), *Die Veröffentlichung des Privaten – Die Privatisierung des Öffentlichen* (S. 283–294). Opladen.

Wolfangel, Eva (2019). Mehr Virtualität bitte! In Johannes Schnurr & Alexander Mäder (Hrsg.), *Wissenschaft und Gesellschaft: Ein vertrauensvoller Dialog* (S. 251–256). Springer. https://doi.org/10.1007/978-3-662-59466-7_20

11. Crossmedia und Qualitätsjournalismus: Welchen publizistischen Mehrwert generiert crossmedialer Journalismus für die Userinnen und User?

Überblick

Der Beitrag befasst sich mit den Auswirkungen crossmedialer Arbeitsweisen auf die journalistische Qualität. Auch wenn Qualität im Journalismus ein breit diskutiertes Forschungsfeld ist, lassen sich dennoch konkrete Aspekte ausmachen, die positiv und negativ auf den Journalismus wirken. Der Mehrwert der Crossmedialität lässt sich vor allem durch verbesserte Rezeptionsmöglichkeiten, aber auch Optimierungen in der journalistischen Arbeitsweise ausmachen. Dabei müssen Medienunternehmen darauf achten, ökonomische Potenziale nicht vor die publizistischen zu stellen.

Stichworte | Qualitätsjournalismus, Qualitätskriterien, digitaler Mehrwert, innovative Formate

11.1 Crossmedialität als redaktionelles Werkzeug

Der Journalismus steckt in einer Krise. „Kaum ein anderer gesellschaftlicher Funktionsbereich in Deutschland ist so stark von tiefgreifenden Veränderungen betroffen wie die Massenmedien" (Schmidt et al., 2022, S. 5). Besonders hervorzuheben sind hierbei die ökonomischen Veränderungen des Sektors: Während auf der einen Seite vor allem in den Printmedien Anzeigen- und Werbeerlöse schrumpfen (Keller & Eggert, 2022, S. 4–5) generiert auch der Verkauf der Blätter immer weniger Einnahmen (Keller & Eggert, 2022, S. 7). Gleichzeitig stellt das Internet eine zunehmende Konkurrenz für die Massenmedien dar (Bird, 2008, S. 4949). Die Vielzahl an Informationen im Internet ermöglicht es Rezipientinnen und Rezipienten, auf Informationen, die Massenmedien vorher monopolartig gegen Kosten angeboten hatten, auch kostenfrei zuzugreifen. Verbunden mit dem Status von Medienangeboten als öffentliche Güter führt dies zu einer Gratismentalität beim Publikum und verringertem Zahlungswillen (Arnold, 2008, S. 500; Hallermayer et al., 2015, S. 54).

Während Verlage versuchen, diese fehlenden Einnahmen durch Kosteneinsparungen, wie etwa durch Stellenabbau, einzudämmen (Hohlfeld, 2010, S. 22), werden Bedenken laut, wie sich derartige Umstellungen auf die journalistische

Qualität auswirken (z. B. Puppis et al., 2014, S. 3; Schmidt et al., 2022, S. 30). Denn die Qualität journalistischer Angebote ist „funktional notwendig, damit der Vertrauensvorschuss erhalten bleibt, der der Nachrichtenrezeption vorausgeht" (Geuß, 2018, S. 40) und kann entsprechend dazu genutzt werden, sich im Rahmen der Digitalisierung von kostenlosen Angeboten der Konkurrenz abzugrenzen und ein Verkaufsargument zu schaffen (Hallermayer et al., 2015, S. 55). Punkten könnten die Medien dabei „mithilfe von neuen und innovativen Content-Formaten" (Hallermayer et al., 2015, S. 55) – „Auf digitalen Plattformen müssen journalistische Geschichten medienübergreifend verstanden, recherchiert und umgesetzt werden" (Sturm, 2013, S. 144).

Dieses medienübergreifende Umsetzen, „das Kreuzen der Medien" (Meier, 2016, S. 203), wird von vielen Verlagen derzeit eher als ein Mittel für Einsparungen anstatt einer Möglichkeit zur redaktionellen Weiterentwicklung eingesetzt (Hofstetter & Schönhagen, 2014, S. 238; Hohlfeld, 2010, S. 23). Dabei bietet die Crossmedialität besonders im Hinblick auf die Qualitätsdebatte viel mehr als lediglich ein Werkzeug zur redaktionellen Kostenbewältigung. Daher stellt sich hiermit die Frage: Welchen Beitrag kann crossmedialer Journalismus zur publizistischen Qualität leisten – oder: *Welchen publizistischen Mehrwert generiert crossmedialer Journalismus für die Userinnen und User?*

Sind Forschungsergebnisse zur Auswirkung crossmedialer Arbeit auf die journalistische Qualität derzeit noch „rar" (Hohlfeld, 2018, S. 36) können einige Studien durchaus auf Potenziale der Crossmedialität für den Journalismus hinweisen. Gleichzeitig stellt sich im Digitalen und auf Basis des Zusammenspiels verschiedenster Kanäle jedoch die Frage, was Qualität im Journalismus denn überhaupt (noch) ist (Radü, 2019, S. 64).

11.2 Qualität – Der Kampf mit den Windmühlen oder der Pudding an der Wand

Die grundlegende Auseinandersetzung mit der Qualität journalistischer Produkte ist nahezu so alt wie die periodische Presse selbst (Arnold, 2008, S. 489). Doch vor allem ab der Mitte des 20. Jahrhunderts widmen sich immer mehr Forscherinnen und Forscher dieser Debatte (Arnold, 2008, S. 489), wodurch sich in der Kommunikationswissenschaft ein eigener Forschungszweig etabliert hat (Arnold, 2016, S. 152). Dabei wird früher wie heute der grundlegende Gegenstand der Debatte – die Qualität – kontrovers diskutiert. Die „Qualität" selbst bedeutet nach seiner Wortherkunft aus dem Lateinischen primär die

11.2 Qualität – Der Kampf mit den Windmühlen oder der Pudding an der Wand

Beschaffenheit eines Produkts (Arnold, 2016, S. 142). Diese ist im Ursprung wertneutral – „In Qualität steckt also nicht automatisch der richtungsweisende Begriff ‚gut'" (Hohlfeld, 2010, S. 31). Trotz oder gerade aufgrund dessen wird der Begriff Qualität mit verschiedensten Attributen verknüpft und birgt daher in der Praxis eine große Volatilität:

> the quality criteria of journalism are neither absolute nor static. Instead, they are subject to a historic transformation, are dynamic, and are discussed in a multiperspectival way; and are accordingly at risk of becoming subjective and arbitrary as everyone defines quality as it suits them (Meier, 2019, S. 5).

Vor allem die Subjektivität des Begriffes ist in diesem Zusammenhang hervorzuheben (Radü, 2019, S. 253). Nachdem weder durch das Wort und dessen Herkunft selbst Werte vorgegeben werden, die ein Produkt erfüllen muss, noch in der Forschung ein Konsens besteht, was Qualität genau ausmacht (Meier, 2019, S. 5), kann in der Theorie jede und jeder das Wort mit einer Bedeutung aufladen, die im jeweiligen Kontext am besten passt. Große Medienhäuser verwenden den Qualitätsbegriff daher gerne als Abgrenzungsmittel gegenüber anderen (nicht-)journalistischen Angeboten im Internet (Goderbauer-Marchner, 2010, S. 79; Hohlfeld, 2018, S. 33) – „Das, was heute Qualitätsjournalismus genannt wird, kam früher als Journalismus daher" (Goderbauer-Marchner, 2010, S. 79).

Aufgrund der Definitionsvielfalt und den unterschiedlichsten Konnotationen des Begriffs bezeichnet Ruß-Mohl (1992) den Versuch, Qualität zu definieren, mit einem Versuch, Pudding an die Wand zu nageln (zitiert nach Geuß, 2018, S. 15). Auch Rau (2005) findet für die wissenschaftliche Beschäftigung mit Qualität eine Metapher – den Kampf Don Quijotes mit den Windmühlen: „Es scheint [...], dass – je nach Disziplin und wissenschaftlicher Orientierung, ja sogar je nach Ergebnisanspruch – ein unterschiedliches definitorisches Umfeld besetzt und verteidigt wird" (S. 65).

Trotz allem besteht grundlegender Konsens darin, dass Qualitätsjournalismus nicht nur auf eine Mediengattung, etwa Printprodukte, beschränkt ist – „im Gegenteil" (Goderbauer-Marchner, 2010, S. 72; Hohlfeld, 2018, S. 35). Auch ist die Qualität nicht allein auf das Endprodukt beschränkt; besonders im digitalen und crossmedialen Journalismus spielt die Qualität der einzelnen Kanäle eine Rolle und muss separat bedacht werden (Geuß, 2018, S. 20; Goderbauer-Marchner, 2010, S. 82; Hohlfeld, 2018, S. 33–34).

Wie also einen Begriff definieren, der so subjektiv und willkürlich (Meier, 2019, S. 5) ist? Arnold (2016) schlägt in diesem Zusammenhang vor:

> Wenn Journalismus ein identifizierbarer Handlungszusammenhang ist, muss es über alle Differenzen hinweg auf einer abstrakteren Ebene Kernqualitäten geben, die als Orientierungspunkte für den Journalismus insgesamt gelten. [...] Ohne diese Kernqualitäten würde letztendlich jede Art von Journalismus in seinen jeweiligen Eigenheiten zum Qualitätsjournalismus und der Qualitätsbegriff würde zur phrasenhaften Leerformel. (S. 148).

In der Qualitätsforschung haben sich daher verschiedene Forschungszweige etabliert, die diese „Kernqualitäten" mittels verschiedener Perspektiven festmachen.

11.3 Perspektiven der Qualitätsforschung

Die vier Forschungsperspektiven im deutschen Sprachraum beschränken sich in ihrer Betrachtung jeweils auf Ausgangspunkte für die Bestimmung der publizistischen Qualität, die namensgebend für die Forschungszweige sind.

- Der erste dieser Ansätze nimmt eine funktional-professionelle Qualitätsperspektive ein (Arnold, 2016, S. 143). Wesentliche Annahme ist, dass Qualität durch die Erfüllung der journalistischen Funktion sowie die Professionalisierung des Berufs entsteht (Arnold, 2016, S. 143). Pöttker (2000) führt hierbei unter anderem Richtigkeit, Vollständigkeit, Unabhängigkeit, Aktualität, Verständlichkeit und Unterhaltsamkeit (S. 382) an, um die journalistische Funktion der Öffentlichkeitsherstellung zu gewährleisten. Auch eine Vielfalt an Themen, Argumenten und Personen in der Berichterstattung sowie deren Zugänglichkeit spielen hier eine Rolle (Arnold, 2008, S. 494).[2]

- Die werte- und kodexorientierte Qualitätsperspektive leitet ihre Ansprüche an die Qualität von bestehenden Gesetzen sowie Medienkodizes ab (Arnold, 2016, S. 145). Unter anderem können Objektivität, Richtigkeit, Transparenz sowie Ausgewogenheit anhand der „Informationsfunktion der Massenmedien" sowie dem rechtlichen Rahmen festgemacht werden (Hagen, 1995, S. 46, 52).

- Anders argumentiert die markt- und publikumsorientierte Qualitätsperspektive: Gemäß einem betriebswirtschaftlich orientierten Verständnis von

---

2 Wobei Kriterien nicht ausschließlich einer Perspektive vorbehalten sind. So betont etwa auch der Werte- und kodexorientierte Forschungszweig die Meinungsvielfalt (Arnold, 2008, S. 497).

Qualität könnten überhaupt keine Qualitätskriterien festgemacht werden (Rau, 2007, S. 108). Da der Erfolg journalistischer Produkte unmittelbar an die Rezeption gebunden ist, diese jedoch subjektiv stattfindet, können keine allgemeingültigen Kriterien geltend gemacht werden (Rau, 2007, S. 110).

- Die integrative und multiperspektivische Qualitätsperspektive versucht schließlich, die drei bisherigen Qualitätsperspektiven zu vereinen. Diesem Prinzip liegt die Annahme zugrunde, „dass man dem komplexen Qualitätsbegriff im Journalismus nur gerecht werden kann, wenn verschiedene Perspektiven oder Theorien berücksichtigt werden" (Arnold, 2016, S. 146).

Doch auch abseits dieser Perspektiven werden (lose) Kriterien genannt, die aus verschiedensten Blickwinkeln Aufschluss über die Qualität eines Produktes geben können. So argumentiert Goderbauer-Marchner (2010, S. 73) etwa mit dem journalistischen Handwerk: mit Recherche sowie Kompetenz. Sturm (2013, S. 15) ergänzt die redaktionelle Haltung und Hohlfeld (2018) sieht Qualität auch in einer „gut erzählte[n] Geschichte", die mit Hintergrundinformationen ausgestattet ist (S. 35).

Der Überblick zeigt, dass das Konzept Qualität im Journalismus vielfältig ist. Nicht nur variieren die Definitionen für den Begriff, auch die verschiedensten Betrachtungsweisen zeigen, dass es dem Forschungsfeld an einem Konsens mangelt. Die Basis für das Qualitätskonzept bilden jedoch normative Ansprüche an das journalistische Produkt und dessen Leistung – diese bestehen auch bei Rezipientinnen und Rezipienten[3]. Es mag also weniger um *die* Qualität gehen als um verschiedene Qualität*en*, die der Journalismus aufweist. Um den Einfluss der Crossmedialität auf die publizistische Qualität zu bestimmen, mag es also zunächst weniger relevant sein, eine gefestigte Perspektive auf den Qualitätsbegriff einzunehmen, sondern zu prüfen, auf welche Qualitätskriterien crossmediale Arbeitsweisen Einfluss nehmen – und welche neuen Qualitätskriterien sie ermöglichen.

Die Voraussetzung für die Steigerung publizistischer Qualität durch Crossmedialität ist das Verständnis um die richtige Funktionsweise: Crossmedia bedeutet nicht etwa die Resteverwertung übriger Inhalte auf weiteren Kanälen (Hohlfeld, 2018, S. 35); Crossmedia bedeutet, Inhalte plattformspezifisch zu denken, gleichgestellte Kanäle zu haben (Hohlfeld, 2018, S. 35) und um die

---

3 So erklären Hallermayer et al. (2015) steigende Abonnementzahlen der *Zeit* mit dem Interesse der Leserinnen und Leser an den „großen, gründlich recherchierten Hintergrundberichten und Reportagen" (S. 54–55).

Vor- und Nachteile der verschiedenen Ausspielwege zu wissen (Radü, 2019, S. 64).

11.4 Crossmedialer Mehrwert

Als besonders relevant und gewinnbringend wird im Rahmen des crossmedialen Journalismus das Internet gesehen. Ein Vorteil für die Nutzerinnen und Nutzer besteht allein im Funktionsprinzip des Webs: Durch „[d]as *andauernde Bereithalten* einmal produzierter Angebote" (Neuberger, 2013, S. 109, H. i. O.) besteht die Möglichkeit, Inhalte auch zu einem späteren Zeitpunkt zu rezipieren (Neuberger, 2013, S. 109) – eine Gebundenheit an Ort und Zeit, wie etwa beim linearen Fernsehen, ist nicht mehr gegeben; dies ermöglicht Flexibilität. Zudem bietet das Internet eine „*[k]ontextuierende* Funktion: Archivierte Beiträge können mit der aktuellen Berichterstattung verknüpft werden [...]. Nachrichten können so in den breiteren Kontext gestellt werden" (Neuberger, 2013, S. 109, H. i. O.). Ohne also seinen Inhalt wesentlich zu verändern, kann der Journalismus das Potenzial des Internets nutzen, und Rezipientinnen und Rezipienten einen Mehrwert in Form von mehr Flexibilität sowie mehr Hintergrund bieten[4]. Doch nicht nur kann allein durch die Plattform Internet auf diese Weise ein Mehrwert geschaffen werden, auch anerkannte Qualitätskriterien können von der digitalen Arbeitsweise positiv beeinflusst werden. Zunächst spielt die Zugänglichkeit im Internet eine große Rolle.

Diese

> richtet sich nach dem jeweiligen Publikum und ist von den technischen Bedingungen der verschiedenen Medien abhängig. Allgemein geht es hier um den Einsatz von Sprache, Optik und Ton mit dem Ziel, Informationen möglichst verständlich, übersichtlich und anschaulich zu präsentieren. (Arnold, 2008, S. 495).

Abgesehen von Bezahlschranken sind die Angebote der Medienhäuser im Internet frei zugänglich (Neuberger, 2013, S. 105). Lediglich ein internetfähiges Endgerät ist notwendig,[5] über welches alle journalistischen Medien und Genres rezipiert werden können. Das Nebeneinander von gedruckter Zeitung, einem Fernsehgerät oder Radio ist nicht mehr nötig – und erleichtert das Rezipieren von Angeboten. „Crossmedialer Journalismus ist bequem" (Goderbauer-Marchner, 2010, S. 75). Das bedeutet schließlich auch, dass die Relevanz

---

4 Wobei „Hintergrund" selbst als Qualitätskriterium angeführt werden kann (Hohlfeld, 2018, S. 35).
5 Dabei haben in Deutschland 2022 83 Prozent der über 16-jährigen ein Smartphone (Bitkom, 2022) – die Zugänglichkeit wäre allein dadurch für die meisten Menschen gegeben.

eines Themas nicht mehr allein durch Medienschaffende bestimmt wird. Nutzerinnen und Nutzer bestimmen durch ihr Zugreifen oder Nicht-Zugreifen auf ein Angebot selbst, wann welches Thema für sie Bedeutung hat (Sturm, 2013, S. 20).

Aber auch die Unterhaltsamkeit, die vor allem für die publikumsorientierte Qualität eine Rolle spielt (Arnold, 2008, S. 501), wird durch Crossmedialität gesteigert. Bei diesem Kriterium ist „eine attraktive, abwechslungsreiche ‚Verpackung', also das Layout, der Schnitt oder der Einsatz von emotionalisierenden Elementen wie Bildern, Tönen und Musik, von Bedeutung" (Arnold, 2008, S. 502). Durch die Kombination verschiedenster multimedialer Elemente kann schließlich das Rezeptionserlebnis verbessert werden – dies beobachtet etwa Radü (2019, S. 184–186).

Überdies kann die Transparenz verbessert werden: Journalistische Standards und Kodizes sind öffentlich im Internet auffindbar und durch das Verlinken auf Quellen besteht für Nutzerinnen und Nutzer die Möglichkeit, die Recherche umfassend nachzuvollziehen (Neuberger, 2013, S. 110). Diese Nachvollziehbarkeit, aber auch das Verlinken auf weiterführende Informationen, tragen schließlich auch zur Verständlichkeit bei: „Die gesamte Komplexität eines Themas kann multimedial beleuchtet werden" (Sturm, 2013, S. 19).

Zuletzt steigt auch die Vielfalt durch crossmediale Arbeitsweisen. Allein durch die verschiedenen Ausspielwege kann im Internet eine mediale Vielfalt erreicht werden. Doch auch die Themenvielfalt kann durch crossmediale Arbeitsweisen gesteigert werden: „Empirische Studien legen nahe, dass dank der stärkeren Zusammenarbeit und Kommunikation unter Journalisten mehr Themen umfangreich recherchiert und in der Folge mehr exklusive Geschichten – und damit mehr Vielfalt – produziert werden können" (Hofstetter & Schönhagen, 2014, S. 234).

Nutzerinnen und Nutzer können also durch crossmedialen, digitalen Journalismus auf verschiedenste Weisen einen Mehrwert erfahren: Der Journalismus ist für sie zugänglicher, abwechslungsreicher und damit unterhaltsamer, sowie transparenter. Er ermöglicht zugleich, mehr Hintergrund zu erfahren und kann dabei eine größere Vielfalt der Ausspielwege und Themen erreichen. Doch der Mehrwert für die Nutzerinnen und Nutzer ist nicht nur beschränkt auf klassische Qualitätskriterien – im Gegenteil:

Vor allem im Zuge der Recherche entstehen durch crossmediale Arbeitsteilung Chancen: So wird versucht, „mittels einer neuen Arbeitsteilung […] Journalistinnen und Journalisten für längere Recherchen freizuspielen, die exklusive Geschichten oder vertiefende Analysen ausgewählter Beiträge ermöglichen sollen" (Puppis et al., 2014, S. 14). Und auch die räumliche Büroorganisation in crossmedialen Redaktionen schafft diesbezüglich Potenziale: „Mehrheitlich heißt es, aufgrund der räumlichen Nähe tausche man sich viel häufiger spontan aus und gebe sich Informationen, Anregungen und Tipps [...] Man profitiere von den Kontakten der anderen und könne breiter recherchieren" (Hofstetter & Schönhagen, 2014, S. 240–241). Für die Rezipientinnen und Rezipienten bedeutet dies: qualitativ hochwertiger Journalismus, basierend auf ausführlich(er)en Recherchen. Dabei spielt eine weitere Eigenschaft des Internets auch hier eine Rolle: das Entschleunigungspotenzial (Neuberger, 2013, S. 108). „[D]adurch, dass es die Stärken eines Speicher- und eines Verbreitungsmediums verbindet" wird sowohl der schnelle tages- oder minutenaktuelle Journalismus als auch die Entschleunigung des Geschehens durch die Speicherung der Inhalte ermöglicht (Neuberger, 2013, S. 108), die der *„Slow Journalism"* dafür nutzen kann, längere, ausführlichere Geschichten zu schaffen (Hallermayer et al., 2015, S. 59).

Doch nicht nur die Recherche profitiert von neuen Arbeitsweisen um den digitalen und crossmedialen Journalismus. Erdal (2009) erfährt in einer Befragung crossmedial arbeitender Journalistinnen und Journalisten, dass die meisten die Arbeit für verschiedene Kanäle als Vorteil empfinden. Auch die Zusammenarbeit mit Kolleginnen und Kollegen wird so erleichtert: „Even while not working for several platforms on a regular basis, the understanding of ‚how things are done' in other platforms facilitates cooperation and sharing of information" (Erdal, 2009, S. 223). Auch Saltzis und Dickinson (2008) stellen fest, „reporting for the internet is considered to be a very positive development for newspaper journalists because it opens up ‚a whole world of new opportunities' [...] An [sic!] FT [Financial Times] editor suggested that ‚a good journalist is good in any medium', and that writing for the web might actually improve the journalist's skills" (S. 223). Auch „[d]ie wahrgenommene Arbeitssituation [...] hat sich durch digitale Formate eher zum Positiven entwickelt" (Schmidt et al., 2022, S. 57). Wenn Journalistinnen und Journalisten produktiver arbeiten können und durch crossmediale Arbeitsweisen ein besseres Verständnis für die verschiedenen Ausspielwege erlangen, führt dies zu einer Steigerung der Qualität des Produkts – die Leserinnen und Leser profitieren.

Ähnliche Hoffnungen gibt es auch in Bezug auf den Ausbau der Online-Redaktionen: Nachdem digitale Kanäle immer wichtiger werden, ist anzunehmen, dass die Online-Redaktionen künftig besser ausgestattet werden (Wyss, 2013, S. 169). Auch Synergien zwischen Print und Online könnten weiter ausgebaut werden. Die Folge: verbesserte Qualität in beiden Bereichen[6] und mehr Möglichkeiten für Recherche durch Arbeitsteilung zwischen den Kanälen[7] (Hofstetter & Schönhagen, 2014, S. 237, 244).

Zuletzt sind spezifische Qualitäten zu nennen, die allein durch den digitalen Journalismus entstehen und entsprechenden Mehrwert für Nutzerinnen und Nutzer bieten. Radü (2019, S. 251–252) schlägt in diesem Zusammenhang die Kriterien Multimedialität, Visualität, Immersivität, Modularität, Überraschung, Emotionalität, Transitivität, Dramaturgie und *Usability* vor. Vor allem die Multimedialität und Visualität können – im traditionellen Sinne – zur Verständlichkeit eines Beitrags beitragen. „Digitale Plattformen [...] bergen die Chance für ein besseres Storytelling, das Text, Fotos, Audio, Bewegtbild, Grafik und interaktive Elemente auf ein und derselben Oberfläche kombiniert" (Sturm, 2013, S. 146) – der Beitrag wird aufgelockert.

Die Immersivität einer Geschichte spielt nach Radü (2019) für viele Rezipientinnen und Rezipienten eine große Rolle: Im digitalen Storytelling soll ein „Sog" entstehen, der Rezipientinnen und Rezipienten in die Geschichte reinzieht (S. 250). Ob durch Elemente aus dem Bereich *VR/AR* oder spannende Einstiegssequenzen: Nutzerinnen und Nutzer sollen sofort Interesse für ein Thema entwickeln und an der Geschichte dranbleiben (Radü, 2019, S. 250). Darüber hinaus soll der Aufbau der Geschichte (Modularität) ebenfalls Interesse wecken und Doppelungen von Inhalten vermeiden und die Übergänge zwischen den Elementen (Transitivität) führen die Nutzerin oder den Nutzer schließlich durch die Geschichte und verhindern das frühe Aussteigen (Radü, 2019, S. 250–251). Die Überraschung beinhaltet neue Elemente – „[e]ine Multimedia-Geschichte müsse sich abheben – ob durch spielerische Bestandteile, durch den originellen Angang der Story oder die Gestaltung" (Radü, 2019, S. 250) und die Dramaturgie stützt – ähnlich dem nicht-digitalen Journalismus – die Story durch ihren Aufbau. Die *Usability* ermöglicht schließlich die

---

6 So merkt ein Journalist in einer Befragung durch Hofstetter & Schönhagen (2014) an: „Wenn (ehemalige) Printjournalisten auch Onlinebeiträge verfassten, so steige ‚automatisch die Qualität von Online'" (S. 237).

7 „Die Zeitung müsse sich weniger um ‚Kleingemüse' (Interview B12, Absatz 28) kümmern und könne sich auf größere Geschichten, also Hintergrund und Analyse konzentrieren." (Hofstetter & Schönhagen, 2014, S. 244).

Zugänglichkeit der Geschichte durch eine nutzerfreundliche Gestaltung der Navigation und der Elemente (Radü, 2019, S. 252).

Die Emotionalität ist ein Aspekt, der besonders im digitalen crossmedialen Journalismus großen Mehrwert für Userinnen und User bietet: „Emotionalität im Sinne von Spannung, Sinnlichkeit und Anschaulichkeit [...] soll eine ermüdende Rezeption von Informationen vermeiden und einer besseren Aufnahme dienen. [...] Durch den Mix aus Text, Video, Audio, Grafik, Animation und anderen Elementen werden die unterschiedlichen Sinne eines Nutzers angesprochen" (Sturm, 2013, S. 18).

Daneben bieten digitale Formate des Storytellings Nutzerinnen und Nutzern mehr Möglichkeiten in ihrer Rezeption:

> Die Nutzer bewegen sich im Austausch mit anderen Nutzern immer häufiger non-linear durch ein Medienangebot und bestimmen selbst die Reihenfolge der Rezeption. Dabei können sie selbst bei zeitabhängigen Sequenzen wie Videos oder Audios immer häufiger nicht nur die Auswahl und den Zeitpunkt der Rezeption selbst bestimmen, sondern auch das Tempo des Durchgangs. (Sturm, 2013, S. 29).

Auch das Anpassen von Elementen an die spezifische Nutzungssituation durch Interaktivität ist ein weiterer, großer Mehrwert, den digitaler, crossmedialer Journalismus bieten kann (Sturm, 2013, S. 20). Das Internet hält für den Journalismus also verschiedene Qualitäten bereit. „[M]ithilfe von neuen und innovativen Content-Formaten, die mehr bieten als nur schnelle News oder journalismusferne Services" kann so einerseits ein Mehrwert für Nutzerinnen und Nutzer und andererseits eine Abgrenzung zu anderem Content geschaffen werden (Hallermayer et al., 2015, S. 55, 57). Jedoch kommen diese Potenziale noch nicht im gesamten Journalismus an. Nygren (2014) bemerkt in einer Studie zur Konvergenz: „The opinions about quality are divided among all journalists" (S. 82) und auch die Feststellung von Bachmann et al. (2021) „that the news media is getting worse in the era of digitization" (S. 2) scheint paradox im Angesicht der Vorteile des digitalen Journalismus. Wie also sieht es mit den negativen Auswirkungen des crossmedialen Journalismus aus?

11.5 Herausforderungen für die Qualität im crossmedialen Workflow

Ein Grund für die zwiegespaltenen Meinungen der Journalistinnen und Journalisten zur Crossmedialität (Erdal, 2009, S. 224; Nygren, 2014, S. 82) scheint

11.5 Herausforderungen für die Qualität im crossmedialen Workflow

das eingangs erwähnte Prinzip der Medienhäuser zu sein, crossmediales Arbeiten vor allem als ökonomisches Potenzial auszunutzen (Hofstetter & Schönhagen, 2014, S. 238) beziehungsweise das Potenzial der Crossmedialität durch ökonomische Einsparungen einzuschränken (Hofstetter & Schönhagen, 2014, S. 244; Puppis et al., 2014, S. 5; Schmidt et al., 2022, S. 32). Dabei hat es jedoch „Folgen, wenn das Zusammenspiel von Videos, Texten, Grafiken und Fotos nicht das Ergebnis eines komplexen und mühevollen Kompositionsprozesses ist" (Radü, 2019, S. 252): Weniger Rezipientinnen und Rezipienten werden erreicht und die Auseinandersetzung mit dem Beitrag ist geringer (Radü, 2019, S. 252). Dies bedeutet einen Verlust des Mehrwerts sowohl für Nutzerinnen und Nutzer als auch für die Produzentinnen und Produzenten, die sich im umkämpften medialen Umfeld (Bird, 2008, S. 4949) absetzen wollen und müssen.

Doch der Mehrwert und die Qualität des crossmedialen und digitalen Journalismus wird nicht nur durch die Aufmachung der Beiträge beeinträchtigt – die ökonomischen Restriktionen sind schon im Arbeitsprozess merkbar. So beklagen Journalistinnen und Journalisten vor allem die gestiegene Arbeitsbelastung, die aus der Reduzierung von Ressourcen aufgrund Einsparungen und der gleichzeitigen Übernahme von mehr Aufgaben aufgrund der verschiedenen Kanäle entsteht (Hofstetter & Schönhagen, 2014, S. 242; Puppis et al., 2014, S. 5, 15; Schmidt et al., 2022, S. 33). „While the demand for news, and for new versions for other programmes and platforms, has increased tremendously, resources have not" (Erdal, 2009, S. 226). Für die Journalistinnen und Journalisten äußert sich dies in erhöhtem Zeitdruck, einer schlechteren Stimmung am Arbeitsplatz (z. B. Schmidt et al., 2022, S. 37) sowie längeren Arbeitszeiten (z. B. Hofstetter & Schönhagen, 2014, S. 242). Dabei bestehen nicht nur Sorgen, dass die verschiedenen Kanäle so nicht adäquat bespielt werden können[8] (Erdal, 2009, S. 223; Puppis et al., 2014, S. 15), sondern auch in Bezug auf die Qualität der Recherche: „Ein Zeitungsredakteur führt an, die Zeit gehe letzten Endes ‚immer an der Qualität' dessen ab, was der Journalist mache" (Schmidt et al., 2022, S. 26).

Denn auch wenn ein Mehrwert crossmedialer Arbeitsweisen die Arbeitsteilung und daraus folgend das Ermöglichen längerer Recherchen sein kann, wird dies in der Praxis kaum umgesetzt. Aufgrund des gestiegenen Zeitdrucks bleibe kaum mehr Zeit für umfassende Recherchen (Puppis et al., 2014,

---

[8] Abgesehen davon, dass die Qualität des Materials auch darunter leidet, dass das Equipment unpassend ist (Hofstetter & Schönhagen, 2014, S. 241).

S. 14), auch langfristig können Recherche- und Informantennetzwerke nicht aufrechterhalten werden (Hofstetter & Schönhagen, 2014, S. 243; Puppis et al., 2014, S. 14). Ein Print-Redakteur betont:

> Wir müssen immer schneller werden. Wir müssen mehr leisten, mehr produzieren, mehr Content quasi damit auch schöpfen. Das hat schon einen, sag ich mal, Einfluss darauf, was die Einhaltung von Qualitätsstandards anbelangt. Sei es nun in Richtung Recherche, sei es in Richtung Produzieren. (Schmidt et al., 2022, S. 36).

Statt ausführlicher Vor-Ort-Recherche wird nun auf Google-Suchen und Online-Recherche zurückgegriffen (Hofstetter & Schönhagen, 2014, S. 246; Wyss, 2013, S. 176) und die Abhängigkeit von Pressematerial oder Pressemeldungen steigt (Hofstetter & Schönhagen, 2014, S. 243; Puppis et al., 2014, S. 15). Schließlich kann dies auch zum so genannten *„cut-and-paste journalism"* (Erdal, 2009, S. 228) führen.

Dieser beschreibt die Reproduktion von wortgleichen Inhalten auf verschiedenen Kanälen (Erdal, 2009, S. 226). Auch Lischka (2015) bemerkt, dass „[r]esults reveal multi-channel journalists more frequently [...] clone content between print and online channels" (S. 17). Nicht nur sinkt der Mehrwert für Rezipientinnen und Rezipienten durch identische Inhalte auf verschiedenen Kanälen oder sogar Medien[9], sondern auch durch eine Mehrzahl an Fehlern (Puppis et al., 2014, S. 15) und auf Seiten der Produzentinnen und Produzenten wird das „Unrechtsbewusstsein hinsichtlich eines Informationsdiebstahls oder einer Urheberschutzverletzung immer geringer" (Hohlfeld, 2018, S. 35).[10] Der *„cut-and-paste journalism"* (Erdal, 2009, S. 228) weist jedoch auch auf ein weiteres Phänomen des digitalen Journalismus hin: den „Blitz-Journalismus" (Puppis et al., 2014, S. 16).

Die gesunkene Recherchezeit und der erhöhte Zeitdruck lassen sich auch darauf zurückführen, dass im digitalen Journalismus *„der Onlinekanal das Tempo der gesamten Berichterstattung vorgibt"* (Hofstetter & Schönhagen, 2014, S. 242, H. i. O.). Hier zählt vor allem Schnelligkeit: Interviewte *Inline*-Journalistinnen und -Journalisten „strongly emphasized the need for speed and the importance of timely news, reflecting news production requirements aimed at immediacy and not authenticity, let alone exclusivity" (Vobič & Milojević,

---

9 Denn schließlich werden aufgrund mangelnder Recherchezeit auch Pressemitteilungen übernommen (Puppis et al., 2014, S. 15).
10 Wobei auch die Produzentinnen und Produzenten über diese Form des Journalismus klagen: „what we do is not actually journalism" (Vobič & Milojević, 2014, S. 1032).

2014, S. 1032). Die Zeit ist nicht mehr ausreichend für längere Recherchen (Schmidt et al., 2022, S. 41) – und damit steigt auch die Fehleranfälligkeit (Hofstetter & Schönhagen, 2014, S. 243; Puppis et al., 2014, S. 16).

Gleichzeitig entstehen in Redaktionen, vor allem im Online-Bereich, aufgrund dieser neuen Arbeitsweise neue Spannungen (z. B. Nygren, 2014, S. 94).

> convergence has not led to flattened hierarchies […] old hierarchies are supplemented by new ones; one of them being the emerging division between reporters given more time to research their own stories and do ‚real journalism', and those working mainly with updating or developing news stories that are already created. (Erdal, 2009, S. 225–226).

Das Internet wird als weniger wichtiger Kanal wahrgenommen (Saltzis & Dickinson, 2008, S. 223), beziehungsweise als *„reproductive platform"* behandelt (Erdal, 2009, S. 226). Journalistinnen und Journalisten, die im Online-Bereich arbeiten, haben daher einen geringeren Status inne als diejenigen, die beispielsweise für das Printprodukt schreiben: „They [Print-Redakteurinnen und -Redakteure] regard us [Online-Redakteurinnen und -Redakteure] as a bunch of students. It is constantly implied that ‚old-school' print journalism is the real thing" (Vobič & Milojević, 2014, S. 1033). Und auch die Kommunikation zwischen den Kanälen leidet unter diesem Bild (z. B. Erdal, 2009, S. 226). So berichtet ein Print-Redakteur: „[w]ir haben das Interesse, eine News so lange wie möglich für uns zu behalten, abzurecherchieren und nicht an Online weiterzugeben, damit wir am nächsten Tag den Knaller haben" (Wyss, 2013, S. 182).

Schließlich hat der crossmediale und digitale Journalismus nicht nur mit Herausforderungen im Vor-Produktionsprozess zu kämpfen, auch die Aufmachung und Themenauswahl stehen häufig in der Kritik – Stichwort Clickbait.

Clickbait kann als „ansprechender Medieninhalt, meist in Form einer Überschrift oder eines Bilds, verstanden werden, wobei das Ziel der Generierung von Klicks im Vordergrund steht" (Mayer, 2020, S. 70). Dabei geht es um die „Vermittlung eines spannenden Kerns", der „nachhaltig hinausgezögert wird, um den Rezipienten möglichst häufig und nachhaltig mit Werbeangeboten konfrontierten [sic!] zu können" (Rau, 2020, S. 17). Dieses Mittel wird online besonders häufig eingesetzt, um Leserinnen und Leser auf die eigene Seite zu locken und Verweildauer zu generieren (Vobič & Milojević, 2014, S. 1032). Während in der Literatur auf der einen Seite betont wird, dass Clickbaiting per se keine geringere Qualität bedeutet – so „werden besondere Qualitätskriterien

11. Crossmedia und Qualitätsjournalismus

auf besondere Weise bedient" (Rau, 2020, S. 24)[11] – bestehen auf der anderen Seite Bedenken um die Reputation der Medienunternehmen. Vor allem bei mangelnder Recherche ist das Berichten über unbestätigte Fakten „harmful to both the notion of journalistic integrity and the public good" (Chen et al., 2015, S. 16). Deutsche Journalistinnen und Journalisten beobachten die Verwendung von reißerischen Titeln ebenfalls besorgt: „Dies trage mit zum Vertrauensverlust bei" (Schmidt et al., 2022, S. 34). Ein Fernsehredakteur fügt hinzu: „Es scheine fast, als ob die Klickzahlen die Zuschauerquoten ablösen würden" (Schmidt et al., 2022, S. 34).

Der Fokus auf Klickzahlen und ähnliche Aufmerksamkeitsmetriken ist der nächste Kritikpunkt. Die Nachfrage nach ihrem Angebot nimmt für viele Medienunternehmen eine zunehmende Bedeutung ein (Puppis et al., 2014, S. 20–21). Um diese zu erreichen, stehen Kennzahlen wie Aufrufe, Likes und Shares im Vordergrund – „[w]e hunt for clicks by following what is out there online and what might get our readers' attention" (Vobič & Milojević, 2014, S. 1032). Als Konsequenz verschieben sich journalistische Relevanzkriterien: Nicht mehr die Relevanz eines Themas für Leserinnen und Leser ist ausschlaggebend für einen Beitrag, stattdessen diktieren Klickzahlen das Themenprogramm (Hofstetter & Schönhagen, 2014, S. 242–243; Puppis et al., 2014, S. 21). Dadurch, dass vor allem in den sozialen Medien „belanglose, emotionale und boulevardeske Inhalte – aka *Cat Content*" (Hohlfeld, 2018, S. 35) bevorzugt werden und dementsprechend hohe Aufmerksamkeitsmetriken aufweisen, könnte sich die Themenauswahl in den Redaktionen auch insgesamt in Richtung einer Boulevardisierung des Journalismus verschieben (Puppis et al., 2014, S. 16).

Diese Boulevardisierung – oder Tabloidisierung – ist der dritte Aspekt, der in Bezug auf die Aufmachung von crossmedialem und digitalem Journalismus kritisiert wird. Boulevardisierung selbst beschreibt die Annahme von Techniken aus dem Boulevardjournalismus im Qualitätsjournalismus[12], etwa „shorter, punchier sentences [...] an increasing emphasis on the personal [...] a greater use of visual images [...] as well as increased reliance on such techniques as re-enactments and dramatizations" (Bird, 2008, S. 4948). Vor allem Online-Redakteurinnen und -Redakteure verwenden diese Stilmittel, wie die

---

11 Gemeint sind hiermit vor allem formale und grafische Kriterien (Rau, 2020, S. 24), die die Aufmachung der Beiträge betreffen.
12 Die binäre Unterscheidung zwischen Boulevard- und Qualitätsjournalismus ist jedoch seit langem nicht mehr angemessen (z. B. Lünenborg, 2016, S. 320).

Kritik eines Online-Journalisten am Print-Bereich zeigt: „Zeitungstitel funktionieren im Online nicht. Sie sind zu wenig pointiert, zu wenig boulevardesk, sie machen nicht neugierig, sind langweilig. Man muss sie immer adaptieren, umformulieren, zuspitzen" (Wyss, 2013, S. 182).[13]

Der crossmediale, digitale Journalismus kann – wie der Überblick zeigt – seine Stärken noch nicht ausschöpfen. Zu Lasten des Mehrwerts für Rezipientinnen und Rezipienten gehen vor allem der Zeitdruck in Kombination mit einer höheren Arbeitsbelastung in den Redaktionen, die sich unmittelbar auf die Qualität der Recherche aber auch auf die Bespielung der Kanäle auswirken. Schließlich steht auch die Aufmachung der Beiträge in der Kritik. Ein Todesurteil für die Qualität im crossmedialen Journalismus?

11.6 Fazit

Crossmedialität wird durch Medienhäuser aktuell eher als Werkzeug zur Erzielung von ökonomischem Einsparpotenzial verstanden (Hofstetter & Schönhagen, 2014, S. 238) anstelle als Chance zur Verbesserung des Journalismus. Dabei missachten die Medienhäuser allerdings einen wesentlichen Punkt: den Zahlungswillen der Rezipientinnen und Rezipienten. Denn während zwar das redaktionelle Sparpotenzial ausgenutzt wird, die Qualität der Produkte jedoch eingeschränkt wird, bevorzugen die Nutzerinnen und Nutzer der Angebote eine hohe Qualität dieser – und wären bereit, dafür zu zahlen (Hallermayer et al., 2015, S. 55).

Wenn die Medienhäuser ihren Blick über die Funktion crossmedialer Arbeitsweisen hinaus erheben würden, würden sie bemerken, dass Crossmedialität – wenn richtig verstanden – einen Bestandteil der Wege aus der Krise des Journalismus heraus sein kann.

> Es reicht nicht mehr wie früher nur in einem Medium zuhause zu sein, nur Print, Fernsehen oder Radio zu denken. Auf digitalen Plattformen müssen journalistische Geschichten medienübergreifend verstanden, recherchiert und umgesetzt werden. [...] Eine schlicht eins zu eins auf das Tablet übertragene Zeitung oder Zeitschrift wird auf lange Sicht wohl für kaum einen Verlag mehr ein Verkaufsargument sein, das einen multimedial geprägten Konsumenten überzeugt. (Sturm, 2013, S. 144–145).

---

13 Wobei jedoch die Boulevardisierung der Inhalte in Bezug auf die entstehende Lesernähe auch positiv beurteilt wird (Puppis et al., 2014, S. 16).

11. Crossmedia und Qualitätsjournalismus

Denn schließlich verändern sich auch die Standards journalistischer Qualität im Digitalen (Erdal, 2009, S. 227; Radü, 2019, S. 64). „Quantität in Form von Klickzahlen, Seitenaufrufe etc. vor journalistische Qualität zu stellen, [...] kann und wird auf Dauer die Rezipient:innen, die Qualitätsjournalismus erwarten, nicht überzeugen." (Schmidt et al., 2022, S. 82). An dieser Stelle liegt es an den Medienschaffenden, den Mehrwert der Crossmedialität sowohl für Rezipientinnen und Rezipienten als auch für sie selbst zu erkennen und durch „innovative[] Konzepte" das „Konvergenzpotenzial von publizistischer und ökonomischer Seite" auszunutzen (Schmidt et al., 2022, S. 82).

Zum Pessimismus in der Literatur sei an dieser Stelle gesagt: Entsprechende Studien sind zum Großteil mehrere Jahre alt. Der Journalismus befindet sich in einem laufenden Transformationsprozess und es besteht kaum Zweifel daran, dass sich in wenigen Jahren innerhalb des Berufsfeldes viel ändern kann. Auch Medienschaffende dürften in der Zwischenzeit das über ökonomische Effekte hinausgehende Potenzial der Crossmedialität sowie des digitalen Journalismus erkannt haben: So berichten Journalistinnen und Journalisten aktuell von Verbesserungen der Arbeitssituation durch digitale Formate; „eine qualitative Verschlechterung der eigenen Arbeit" wurde von nur zehn Prozent der Medienschaffenden wahrgenommen (Schmidt et al., 2022, S. 57, 62).

Wenn Medienhäuser dieses Potenzial vollends wahrnehmen und die Möglichkeiten des digitalen und crossmedialen Journalismus ausschöpfen, kann es ihnen gelingen, sich angesichts der Konkurrenz im Digitalen durch innovativen und qualitativen Mehrwert für die Rezipientinnen und Rezipienten von anderen Formaten abzugrenzen und erneut ein „Verkaufsargument" (Sturm, 2013, S. 145) zu schaffen. Dies wäre wünschenswert, geht es schließlich „nicht um Qualität als Selbstzweck, sondern mindestens ebenso um die wirtschaftliche Grundlage von digitalem Journalismus" (Radü, 2019, S. 254).

Transferaufgaben für Workshops
Gruppe 1 (3–5 Teilnehmende)

Folgendes Szenario: Es ist soweit. Nun soll auch der Verantwortliche Redakteur von *faz.net*, der Online-Ausgabe der *Frankfurter Allgemeinen Zeitung* (FAZ), in das Herausgebergremium der gedruckten Zeitung aufgenommen werden. Zumindest planen das der Vorstand der *FAZIT-Stiftung* und die Geschäftsführer. Im Herausgebergremium, der eigentlichen Chefredaktion der *FAZ*, regt sich dagegen Widerstand. Anders als die publizistisch Verantwortlichen hat die Stiftung begriffen, dass eine wirtschaftlich stabile Zukunft der *FAZ* nur möglich ist, wenn sie ihre Inhalte stärker digitalisiert. Bereiten Sie ein Rollenspiel zur Aufführung vor, in dem je eine Vertreterin bzw. ein Vertreter der reformwilligen Stiftung sowie des reformunwilligen Herausgebergremiums und der *faz.net*-Chef das Für und Wider dieser personellen Revolution diskutieren.

Bereiten Sie das Rollenspiel 20–25 Minuten konzeptionell mit den entsprechenden Argumenten vor, danach sollte jede Rollenträgerin bzw. jeder Rollenträger die Vorstellung 20 Minuten lang einüben, die dann vor dem Auditorium zur Aufführung gelangt.

Gruppe 2 (3–5 Teilnehmende)

Die Stimmung in der Reaktion ist angespannt. In der letzten Redaktionssitzung wurde seitens der Geschäftsführung mitgeteilt, dass die lokale Tageszeitung Leserinnen und Leser verloren hat. Die Chefredaktion beauftragt nun ihre Top-Leute, die aktuelle Klimakonferenz COP anhand einer aufwändigen Scrollytelling-Story für die Website aufzuarbeiten, um neue Nutzerinnen und Nutzer zu generieren. Das Konzept soll in der nächsten Redaktionssitzung vor versammelter Redaktion vorgestellt werden. Erarbeiten Sie dafür ein detailliertes scrollbares Konzept, wie die COP multi-, cross- und transmedial aufbereitet werden soll. Beachten Sie dabei unter anderem folgende Aspekte:

Thematische Schwerpunkte & Zugänge – Internetspezifische Merkmale – Mediale Elemente: Text, Audio, Video, 360°-Material, *VR*-Inhalte, Animationen, Grafiken – Interaktive Elemente – Erzählstruktur – Selektivität: Wie viel Entscheidungsmacht über den Story-Verlauf soll bei den Nutzerinnen und Nutzern liegen? – Finanzierungsmodell: Wie finanziert sich das Projekt?

Wichtig ist, dass sich das Konzept bei der Präsentation tatsächlich scrollen lässt, also der finalen Form des Scrollytellings so nah wie möglich kommt. Präsentieren Sie Ihre Ergebnisse in einem Pitch vor dem Seminar.

Gruppe 3 (3–5 Teilnehmende)

Sie sind Mitglieder eines Qualitätsausschusses einer öffentlich-rechtlichen Sendeanstalt und sollen für die Ermittlung des *Public Values* ausgewählter Online-Aktivitäten (*zum Beispiel: Tagesschau auf TikTok: https://www.tiktok.com/@tagesschau, Y-Kollektiv – Folge Antifeminismus: https://www.youtube.com/watch?v=yR8W4vigs-ZU, NDR-Multimedia-Story „Querdenker": https://story.ndr.de/quer-*

denker/index.html) ein Gutachten entlang passgenauer Qualitätskriterien verfassen. Benennen und diskutieren Sie die Qualitätskriterien, die Sie für die Begutachtung heranziehen und wenden Sie diese auf die ausgewählten Stücke an. Erörtern Sie dabei auch die Frage, welche Rolle rezipientenorientierte Qualitätsansprüche spielen und ob man mit den traditionellen Gütekriterien der Qualitätsbewertung die neuen Formate angemessen beurteilen kann.

Sonja Bald

Literaturverzeichnis

Arnold, Klaus (2008). Qualität im Journalismus – ein integratives Konzept. *Publizistik, 53*(4), 488–508. http://dx.doi.org/10.1007/PL00022233

Arnold, Klaus (2016). Qualität im Journalismus. In Klaus Meier & Christoph Neuberger (Hrsg.), *Journalismusforschung. Stand und Perspektiven* (2. Aufl., S. 139–158). Nomos. https://doi.org/10.5771/9783845271422-139

Bachmann, Diana, Eisenegger, Mark, & Ingenhoff, Diana (2021). Defining and measuring news media quality: Comparing the content perspective and the audience perspective. *The International Journal of Press/Politics, 27*(1), 9–37. https://doi.org/10.1177%2F1940161221999666

Bird, S. Elisabeth (2008). Tabloidization. In Wolfgang Donsbach (Hrsg.), *The International Encyclopedia of Communication* (S. 4947–4952). Blackwell.

Bitkom (2022, 17. Februar). *Markt rund um Smartphones wächst auf 36,8 Milliarden Euro.* Digitalverband Bitkom e.V. https://www.bitkom.org/Presse/Presseinformation/Smartphone-Markt-waechst-368-Milliarden-Euro

Chen, Yimin, Conroy, Niall J., & Rubin, Victoria L. (2015). Misleading Online Content: Recognizing Clickbait as "False News". In Association for Computing Machinery (Hrsg.), *WMDD '15: Proceedings of the 2015 ACM on Workshop on Multimodal Deception Detection* [Konferenzband] (S. 15–19). IMMI '15: International Conference on Multimodal Interaction, Seattle, Vereinigte Staaten von Amerika. https://doi.org/10.1145/2823465.2823467

Erdal, Ivar J. (2009). Cross-Media (Re)Production Cultures. *Convergence: The International Journal of Research into New Media Technologies, 15*(2), 215–231. https://doi.org/10.1177%2F1354856508105231

Geuß, Annika (2018). *Bamberger Beiträge zur Kommunikationswissenschaft: Bd. 8. Qualität im Journalismus: Eine Synopse zum aktuellen Forschungsstand* [Bachelorarbeit, Otto-Friedrich-Universität Bamberg]. University of Bamberg Press.

Goderbauer-Marchner, Gabriele (2010). Qualitätsjournalismus im Crossmedia-Zeitalter: Passt das zusammen? In Ralf Hohlfeld, Philipp Müller, Annekathrin Richter, & Franziska Zacher (Hrsg.), *Passauer Schriften zu Kommunikationswissenschaft: Bd. 1. Crossmedia – Wer bleibt auf der Strecke? Beiträge aus Wissenschaft und Praxis* (S. 70–91). LIT.

Hagen, Lutz (1995). *Informationsqualität von Nachrichten. Meßmethoden und ihre Anwendung auf die Dienste von Nachrichtenagenturen.* Westdeutscher Verlag.

Hallermayer, Michael, Menke, Manuel, & Kinnebrock, Susanne (2015). Ist Content King? – Zur Bedeutung neuer Content-Formate. In Thomas Breyer-Mayländer (Hrsg.), *Vom Zeitungsverlag zum Medienhaus. Geschäftsmodelle in Zeiten der Medienkonvergenz* (S. 53–60). Springer Gabler. http://dx.doi.org/10.1007/978-3-658-04100-7

Hofstetter, Brigitte, & Schönhagen, Philomen (2014). Wandel redaktioneller Strukturen und journalistischen Handelns. *SCM Studies in Communication and Media*, 3(2), 228–252. https://doi.org/10.5771/2192-4007-2014-2-228

Hohlfeld, Ralf (2010). Publizistische Qualität in neuen Öffentlichkeiten: Crossmedia als Herausforderung für die Verbindung einer Theorie publizistischer Qualität mit einer Theorie publizistischer Innovation. In Ralf Hohlfeld, Philipp Müller, Annekathrin Richter, & Franziska Zacher (Hrsg.), *Passauer Schriften zu Kommunikationswissenschaft: Bd. 1. Crossmedia – Wer bleibt auf der Strecke? Beiträge aus Wissenschaft und Praxis* (S. 20–36). LIT.

Hohlfeld, Ralf (2018). Crossmedialität im Journalismus. In Andreas Köhler & Kim Otto (Hrsg.), *Crossmedialität im Journalismus und in der Unternehmenskommunikation* (S. 17–42). Springer VS. https://doi.org/10.1007/978-3-658-21744-0_2

Keller, Dieter, & Eggert, Christian (2022). *Zur wirtschaftlichen Lage der deutschen Zeitungen*. Bundesverband Digitalpublisher und Zeitungsverleger e.V. https://www.bdzv.de/fileadmi n/content/7_Alle_Themen/Marktdaten/2022/Branchenbeitrag_2022/BZDV_Branchenb eitrag2022_v2.pdf

Lischka, Juliane A. (2015). How structural multi-platform newsroom features and innovative values alter journalistic cross-channel and cross-sectional working procedures. *Journal of Media Business Studies*, 12(1), 7–28. https://doi.org/10.1080/16522354.2015.1027114

Lünenborg, Margreth (2016). Boulevardisierung im Journalismus. In Klaus Meier & Christian Neuberger (Hrsg.), *Journalismusforschung. Stand und Perspektiven* (2. Aufl., S. 319–338). Nomos.

Mayer, Fabian (2020). Wie viel wissen Sie wirklich über Clickbait? – 7 überraschende Fakten, von denen Sie so noch nie gehört haben! In Markus Appel (Hrsg.), *Die Psychologie des Postfaktischen. Über Fake News, „Lügenpresse", Clickbait und Co* (S. 67–79). Springer. http://dx.doi.org/10.1007/978-3-662-58695-2_7

Meier, Klaus (2016). Crossmedialität. In Klaus Meier & Christoph Neuberger (Hrsg.), *Journalismusforschung. Stand und Perspektiven* (2. Aufl., S. 203–226). Nomos.

Meier, Klaus (2019). Quality in Journalism. In Tim P. Vos & Folker Hanusch (Hrsg.), *The International Encyclopedia of Journalism Studies* (S. 1–8). John Wiley & Sons. https://doi.org/10.1002/9781118841570.iejs0041

Neuberger, Christoph (2013). Public Value im Internet. In Nicole Gonser (Hrsg.), *Die multimediale Zukunft des Qualitätsjournalismus. Public Value und die Aufgaben von Medien* (S. 103–118). Springer VS. https://doi.org/10.1007/978-3-658-01644-9_7

Nygren, Gunnar (2014). Multiskilling in the Newsroom: De-Skilling or Re-Skilling of Journalistic Work? *The Journal of Media Innovations*, 1(2), 75–96. https://doi.org/10.5617/jmi.v1i2.876

Pöttker, Horst (2000). Kompensation von Komplexität. Journalismustheorie als Begründung journalistischer Qualitätsmaßstäbe. In Martin Löffelholz (Hrsg.), *Theorien des Journalismus. Ein diskursives Handbuch* (S. 375–390). Westdeutscher Verlag. https://doi.org/10.100 7/978-3-322-97091-6_19

Puppis, Manuel, Schönhagen, Philomen, Fürst, Silke, Hofstetter, Brigitte, & Meissner, Mike (2014). *Arbeitsbedingungen und Berichterstattungsfreiheit in journalistischen Organisationen*. Universität Freiburg. http://dx.doi.org/10.13140/RG.2.2.19809.72802

Radü, Jens (2019). *Aktuell. Studien zum Journalismus: Bd. 17. New Digital Storytelling. Anspruch, Nutzung und Qualität von Multimedia-Geschichten* [Dissertation, Katholische Universität Eichstätt-Ingolstadt]. Nomos. https://doi.org/10.5771/9783845299273

Rau, Harald (2005). Don Quijote oder der Kampf mit dem Pudding. Die Qualitätsdebatte unter dem Journalismus-Begriff nach Haller in einer Ökonomie der Publizistik. In Christoph Fasel (Hrsg.), *Qualität und Erfolg im Journalismus* (S. 65–82). UVK.

Rau, Harald (2007). *Qualität in einer Ökonomie der Publizistik. Betriebswirtschaftliche Lösungen für die Redaktion.* VS Verlag für Sozialwissenschaften. https://doi.org/10.1007/978-3-531-90415-3

Rau, Harald (2020). Clickbaits. Kommerzialisierung von Kommunikationsprozessen aus heutiger Perspektive. In Jörg Müller-Lietzkow (Hrsg.), *Medienökonomie: Bd. 13. Beyond Digital. Zeit für die global vernetzte Echtzeitmedienwirtschaft – Zeit für neue Theorie?* (S. 13–40). Nomos. https://doi.org/10.5771/9783748905240-13

Saltzis, Konstantinos, & Dickinson, Roger (2008). Inside the changing newsroom: journaliststs' responses to media convergence. *Aslib Proceedings, 60*(3), 216–228. https://doi.org/10.1108/00012530810879097

Schmidt, Burkhardt, Nübel, Rainer, Mack, Simon, & Rölle, Daniel (2022). *Arbeitsdruck – Anpassung – Ausstieg. Wie Journalist:innen die Transformation der Medien erleben.* Otto Brenner Stiftung. https://www.otto-brenner-stiftung.de/fileadmin/user_data/stiftung/02_Wissenschaftsportal/03_Publikationen/AP55_Medienmacher_innen.pdf

Sturm, Simon (2013). *Digitales Storytelling. Eine Einführung in neue Formen des Qualitätsjournalismus.* Springer VS. https://doi.org/10.1007/978-3-658-02013-2

Vobič, Igor, & Milojević, Ana (2014). „What we do is not actually journalism": Role negotiations in online departments of two newspapers in Slovenia and Serbia. *Journalism, 15*(8), 1023–1040. https://doi.org/10.1177%2F1464884913511572

Wyss, Vinzenz (2013). Das Prekariat des Schweizer Journalismus. In Kurt Imhof, Roger Blum, Heinz Bonfadelli, & Otfried Jarren (Hrsg.), *Stratifizierte und segmentierte Öffentlichkeit* (S. 167–186). Springer VS. https://doi.org/10.1007/978-3-658-00348-7_10

12. „It's the economy, stupid!" Die Finanzierung journalistischer Leistung im digitalen Zeitalter

Überblick

Das Kapitel zeigt auf, dass der entscheidende Faktor für die Entwicklung des digitalen und crossmedialen Journalismus in der Finanzierung und wirtschaftlichen Konsolidierung zu finden ist. Der Schwerpunkt liegt auf der Darstellung und Diskussion etablierter und neuer Erlösmodelle. Es wird das Dilemma beschrieben, dass ältere Nutzerinnen und Nutzer journalistischer Medien zwar gewillt sind, für Journalismus zu zahlen, aber nur eine geringe Bereitschaft aufbringen, das langjährige Printabonnement gegen ein Digitalabonnement einzutauschen, während jüngere Nutzerinnen und Nutzer eine höhere Zahlungsbereitschaft für Digitales aufbringen, aber nicht die notwendige Kaufkraft besitzen, journalistische Produkte ausreichend zu alimentieren. Zudem werden die sozialen Risiken dieser Situation beschrieben, die darin bestehen, dass eine solche Zahlungskluft eine Zweiklassengesellschaft hervorbringen könnte, die in *information rich* und *information poor* zerfällt.

Stichworte | Finanzierung, Erlösmodelle, Gratismentalität, Zweiklassengesellschaft

12.1 Ein 150 Jahre altes Geschäftsmodell wankt

„Newspapers have more readers than ever. [...] The problem is that fewer of these consumers are paying" (Isaacson, 2009). Das so genannte goldene Zeitalter des Journalismus ist Geschichte – und mit ihm das Modell des anzeigenfinanzierten Printjournalismus, das mehr als eineinhalb Jahrhunderte die öffentliche Kommunikation in westlichen Gesellschaften geprägt hatte. Die Zeitungsbranche ist unterdessen im Umbruch und auf der Suche nach neuen Geschäftsmodellen, die beständige Erlösquellen garantieren können (Buschow & Wellbrock, 2019, S. 10). Einige Tageszeitungsverlage erzielen zwar auch heute oft noch beachtliche Renditen, jedoch sind diese kaum ein Bruchteil der zehn bis 15 Prozent, die jahrzehntelang den Gewinnstandard im Zeitungswesen repräsentierten. Die ausgeprägte Gratismentalität, die sich in der Frühphase des Internets etabliert hatte, erschwert es den Verlagen, mit digitalen Produkten Gewinne zu erwirtschaften. Vor allem exklusive und aufwändig recherchierte Geschichten lassen sich aufgrund des Mangels an intrinsischer Zahlungsmotivation nur schwer refinanzieren. Das hat gravierende Folgen nicht nur für die Struktur der Medienlandschaft, sondern auch für das demokratische Staatswesen und die Funktionsfähigkeit der freiheitlich-demokratischen Grundordnung (Buschow & Wellbrock, 2019, S. 8–10).

Traditionell wird eine Zeitung durch ein Mischmodell aus Verkaufserlösen und Werbeeinnahmen finanziert. Das konventionelle Anzeigen-Leser-Geschäftsmodell erzielte früher etwa ein Drittel der Einnahmen durch den Verkauf von Zeitungen und Abonnements, während zwei Drittel durch Werbung ergänzt wurden (Röper, 2012). Die Qualität des redaktionellen Inhalts einer Zeitung beeinflusst direkt ihre Attraktivität für Leserinnen und Leser sowie Anzeigenkunden (Kiefer & Steininger, 2014, S. 162–166). Der Lokal- und Regionaljournalismus galt wirtschaftlich lange als stabil. Mit der Digitalisierung haben sich jedoch die Erlösanteile verschoben. Viele Leserinnen und Leser kündigten ihre Abonnements gedruckter Zeitungen, da sie kostenlose Online-Inhalte konsumieren konnten. Werbetreibende verlagerten ihre Budgets auf digitale Plattformen, da Online-Werbung oft gezielter und leichter messbarer ist und Streuverluste minimiert werden konnten.

Die Krux für den Journalismus: Er war auf die Geschäftsfelder der Medienunternehmen angewiesen, um Reichweite zu erzielen, während Medienunternehmen nie einzig auf journalistische Inhalte angewiesen waren, um Einnahmen zu generieren (Altmeppen, 2012). Die Digitalisierung brachte das rund 150 Jahre lang etablierte Geschäftsmodell ins Wanken. Viele Verlage stellten ihre Inhalte kostenlos ins Internet, um Reichweite zu erzielen, was zur Gratismentalität der Rezipientinnen und Rezipienten führte (O'Brien et al., 2020, S. 50). Die Einführung in die Problemstellung zeigt die Herausforderungen der digitalen Transformation für Medienunternehmen. Die Informationsflut im Internet und in den sozialen Medien beeinträchtigt die Wertschätzung für Qualitätsjournalismus und die Qualität der Berichterstattung. Um relevant und wettbewerbsfähig zu bleiben, muss sich der traditionelle Journalismus an die Randbedingungen der Digitalisierung anpassen. Was dabei zu berücksichtigen ist, soll dieser Abschnitt verdeutlichen.

12.2 Wirtschaftliche Situation

Besonders die Zeitungsbranche hat einige schwierige Jahre hinter sich. Die Erosion der Zeitungsauflagen seit den Neunzigerjahren war nicht nur andauernd, sondern hat sich sogar noch leicht beschleunigt. Im ersten Quartal 2023 betrug die Gesamtauflage aller Zeitungen 13,6 Millionen Exemplare. Verglichen mit dem Vorjahr 2022 waren das fast acht Prozent weniger. Dabei erlitten alle Zeitungsarten deutliche Einbußen (Keller & Eggert, 2023). Der Rückgang der Auflagen ist seit über 30 Jahren zu beobachten. Lag die Gesamtauflage der Tageszeitungen in Deutschland 1991 noch bei 27,3 Millionen Exemplaren, reduzierte sie sich bis 2021 auf etwa 12,3 Millionen (Hartung, 2023), 2023 waren es gar nur noch 10,9 Millionen Exemplare. Doch nicht nur auf Leserinnen- und Leserseite schwindet das Interesse an Printprodukten, sondern auch auf dem Werbemarkt. Die finanziellen Folgen für die Zeitungstitel sind drastisch. So nahmen die Vertriebsumsätze 2022 zwar nur um 0,9 Prozent auf 5,04 Milliarden Euro ab. Das Anzeigengeschäft schrumpfte aber um knapp sechs Prozent auf fast 1,8 Milliarden Euro. Insgesamt betrug in 2022 der Gesamtumsatz der Zeitungsbranche 7,59 Milliarden Euro, was einem Minus von drei Prozent im Vergleich zum Vorjahr entsprach. Dass der Umsatzrückgang nicht höher ausfiel, liegt an den digitalen Angeboten, bei denen ein deutliches Plus verzeichnet werden konnte. Erst zum zweiten Mal erzielten die Zeitungsverlage mit ihren digitalen Angeboten mehr als eine Milliarde Umsatz. Am erfolgreichsten hierbei sind die überregionalen Zeitungen, die inzwischen nahezu die Hälfte ihres Gesamtumsatzes mit digitalen Angeboten machen. Regionalzeitungen hinken dieser Entwicklung bislang hinterher. Bei ihnen machten die Digitalerlöse gerade zehn Prozent ihres gesamten Umsatzes aus (Keller & Eggert, 2023). Das zeigt, dass die Umsatzsteigerungen im digitalen Bereich nicht ausreichen, um die Einbußen auf dem Leser- wie auf dem Anzeigenmarkt zu kompensieren. Hinzukommt, dass die Printbranche auch mit explodierenden Preisen für Energie und Zeitungsdruckpapier zu kämpfen hat. So hat sich der Erzeugerpreis für Zeitungsdruckpapier von 2021 auf 2022 verdoppelt. Zuletzt hat er etwas nachgegeben (Keller & Eggert, 2023, S. 12).

12.3 Geändertes Nutzungsverhalten

Der bereits aufgezeigte drastische Rückgang der Auflagen der deutschen Tageszeitungen in den letzten 30 Jahren macht es deutlich: Das Interesse an Printprodukten schwindet. Täglich verbringen Personen in Deutschland im Durchschnitt noch 15 Minuten mit dem Lesen von Print-Produkten. Dies entspricht drei Prozent der durchschnittlichen täglichen Mediennutzung. 2017 waren es noch 31 Minuten (Adler et al., 2023, S. 11–15). In den letzten vier Jahren konstant blieb hingegen der Konsum von Artikeln im Internet (ARD/ZDF, 2023, S. 47). Neben Printprodukten wurde 2023 auch Fernsehsendern und deren Mediatheken sowie Radioprogrammen deutlich weniger Zeit geschenkt als etwa noch 2017. Dennoch ist immer noch fast die Hälfte des täglichen Medienkonsums auf das Fernsehen und Radiohören zurückzuführen. Hingegen hat der Konsum von Inhalten kostenpflichtiger Streamingdienste und von *YouTube*-Videos im selben Zeitraum deutlich zugenommen (Adler et al., 2023, S. 11–15). Erstaunlicherweise korrespondieren die quantitativen Nutzungsdaten nicht mit den Nutzungsmotiven und der qualitativen Leistungsbewertung: Printprodukte können hinsichtlich Glaubwürdigkeit, Kompetenz und Bereitstellung von wichtigen Themen für die Gesellschaft punkten. Und auch der *Public Value*, also der gesellschaftliche Mehrwert der Printprodukte wird von den Nutzerinnen und Nutzern sehr positiv eingeschätzt (Breunig et al., 2020, S. 614–615).

Neben der Nutzungsdauer sind auch die Reichweiten der gedruckten Medien rückläufig, gelesen wird nun mehr Online als Print. Laut der Studie *Massenkommunikation Trends 2023* (ARD/ZDF, 2023, S. 45–50) sind vier von fünf Menschen in Deutschland täglich online. 54 Prozent lesen mindestens einmal pro Woche gedruckte Zeitungen oder Zeitschriften, 56 Prozent nutzen journalistische Online-Artikel und 39 Prozent lesen Nachrichten auf Social Media. Online hat Print also im generellen Mediennutzungsverhalten unterdessen überholt, sogar mit Bezug auf die Informationsnutzung. Deutlicher wird der generelle Mediennutzungswandel beim Betrachten einzelner Altersgruppen: Während sich die regelmäßige Textnutzung insgesamt kaum unterscheidet, zeigt sich bei gedruckten Zeitungen und Magazinen ein deutliches Gefälle von der älteren Leserschaft zur potenziell schwer erreichbaren Zielgruppe der 14- bis 49-Jährigen. Gleichzeitig zeigt sich bei Online-Artikeln ein tendenziell umgekehrtes Nutzungsbild: Hier erreichen auch Tageszeitungsverlage ihre potenziellen Leserinnen und Leser von morgen – sie sind als Zielgruppe also längst nicht verloren (Merkle, 2015, S. 186). Jedoch hat sich durch die Bedeutung des Internets das Mediennutzungsverhalten jüngerer Menschen auch in qualitativer Hinsicht stark verändert. Kümpel (2020, S. 18) untersuchte, welche Kommunikationsangebote junge Erwachsene nutzen, um sich über aktuelle Themen zu informieren. Sie identifiziert fünf Merkmale moderner Nachrichtenerfahrung: Personalisierung, Inzidentalität (Zufälligkeit), Non-Exklusivität, Granularisierung und Sozialität. Diese fördern eine Nachrichtenrezeption, die stärker von individuellen Präferenzen und dem sozialen Kontext beeinflusst wird (Kümpel, 2020, S. 16). Sie stellte fest, dass für die meisten Befragten der jungen Generation die Auseinandersetzung mit Nachrichten eine Nebenbeschäftigung ist, die hauptsächlich über das Smartphone erfolgt, um Langeweile zu vertreiben. Es gibt eine große Abhängigkeit von Push-Nachrichten durch Apps und soziale Medien, die Aufmerksamkeit nur dann lenken, wenn bereits ein Interesse am Thema besteht (Kümpel, 2020, S. 24).

12.4 Bezahlabsicht und Zahlungsbereitschaft: Gratismentalität als Hürde für die Verlage

Die Bezahlabsicht versteht sich als grundlegende Bereitschaft der Verbraucher, überhaupt für ein Wirtschaftsgut zu bezahlen. Damit stellt sie „die entscheidende psychologische Hürde dar, die es zu überwinden gilt, damit Nicht-Zahlende zu Zahlenden werden" (Buschow & Wellbrock, 2019, S. 10). Die Zahlungsbereitschaft wiederum meint den tatsächlichen Betrag, den Nutzerinnen und Nutzer bereit sind, in dem Fall für journalistische Angebote, zu zahlen. Wenn die Bezahlabsicht bei den Rezipientinnen und Rezipienten nicht vorhanden ist, dann ist das Erlöspotenzial der Medienhäuser gering. Dementsprechend ist das Erlöspotenzial bei existenter Bezahlabsicht und gleichzeitig hoher Zahlungsbereitschaft groß (Buschow & Wellbrock, 2019, S. 10).

Trotz des Bewusstseins für die Bedürfnisse der Rezipientinnen und Rezipienten und verschiedener Strategien zur Gewinnung zahlender Nutzerinnen und Nutzer, kämpfen Medienhäuser mit Widerständen. „Der Wertschätzung für digitalen Journalismus steht eine als Gratismentalität bezeichnete Skepsis gegenüber, die von den Anbietern kaum beeinflussbar ist" (Buschow & Wellbrock, 2019, S. 21). Gratismentalität beschreibt die Überzeugung der Konsumentinnen und Konsumenten, nicht für journalistische Inhalte bezahlen zu wollen, sondern sich sogar zum kostenlosen Konsum berechtigt zu fühlen (Buschow & Wellbrock, 2020, S. 49). Viele Menschen konsumieren Inhalte kostenlos, ohne die Arbeit und den Wert dahinter zu schätzen. Das Zitat: „Warum für die Kuh zahlen, wenn es die Milch auch umsonst gibt?" (Buschow & Wellbrock, 2019, S. 17), beschreibt die Einstellung vieler Menschen gegenüber Journalismus im Internet.

Diese Mentalität kann auf ein erlerntes Verhalten zurückgeführt werden, da traditionelle Finanzierungen oft keine direkten Kosten für Nutzer verursachten – sowohl das Free-TV als auch der Online-Journalismus sind in ihren Anfängen ausschließlich werbefinanziert gewesen. Nutzerinnen und Nutzer argumentieren, dass sie durch ihre Aufmerksamkeit für Werbung bereits bezahlen (Niemand et al., 2019). Zudem ist bei vielen Menschen die Überzeugung verankert, jederzeit kostenlosen Zugang zu Internetinhalten zu haben

12. Die Finanzierung journalistischer Leistung im digitalen Zeitalter

(Dou, 2004). In Ländern mit Gebühren für öffentlich-rechtliche Medien herrscht oft die Auffassung, dass digitaler Journalismus ausreichend durch Rundfunkbeiträge finanziert ist (Buschow & Wellbrock, 2020, S. 50).

Diese Entwicklungen lassen bei Medienhäusern die Alarmglocken schrillen. Eine Umfrage des Reuters Institute for the Study of Journalism 2023 mit 303 Chefredakteurinnen und -redakteuren und Geschäftsführerinnen und Geschäftsführern aus 53 Ländern zeigte, dass mit Blick auf die Bezahlabsicht 37 Prozent besorgt über die Erreichung zukünftiger Geschäftsziele waren und 19 Prozent signalisierten keinerlei Zuversicht für das kommende Jahr (Newman, 2023, S. 2, 7). Hinzu kommt das Phänomen der *News Avoidance*, dem Vermeiden von negativen Nachrichten. 72 Prozent der Befragten gaben an, Angst davor zu haben, Konsumentinnen und Konsumenten zu verlieren, da diese kein Interesse mehr an schlechten Nachrichten hätten. Vor allem hinsichtlich der Themen Ukrainekrieg, Nah-Ost-Konflikt und Klimakrise scheinen die Nutzerinnen und Nutzer allmählich gesättigt von düsteren und niederschlagenden Beiträgen (Newman, 2023, S. 18).

Zahlungsbereitschaft wird hauptsächlich über repräsentative Bevölkerungsbefragungen ermittelt. Eine Studie der Zeitungsmarktforschung Gesellschaft der deutschen Zeitungen (ZMG 2021) im Auftrag des Bundesverband Digitalpublisher und Zeitungsverleger (BDZV) ergab, dass fast ein Drittel der Teilnehmerinnen und Teilnehmer noch nie für Nachrichten oder journalistische Inhalte im Internet bezahlt haben. Vier von fünf Befragten gaben an, dass ausreichend journalistische Inhalte kostenlos verfügbar seien. Die Hälfte der Teilnehmerinnen und Teilnehmer findet die Informationen nicht wichtig genug, um dafür zu zahlen. 44 Prozent empfinden die Preise als zu hoch. Ein Drittel der Befragten meinte, die Inhalte entsprächen nicht ihren Bedürfnissen oder seien qualitativ nicht zahlungswürdig. Der Bezahlvorgang wird ebenfalls als zu kompliziert kritisiert. Eine PwC-Umfrage 2019 verdeutlichte ähnliche Gründe für die Nicht-Zahlung digitaler Berichterstattung und zeigte, dass jüngere Menschen eher bereit sind, für Online-Inhalte zu zahlen (PwC, 2019). Die Bezahlabsicht sinkt dann mit zunehmendem Alter.

Es muss allerdings angemerkt werden, dass vor allem die jüngere Generation eine deutlich höhere Digitalkompetenz aufweist und digitale Berichterstattung der Printzeitung vorzieht, während sich bei den älteren Menschen eher das Gegenteil abzeichnet: Da sie – anders als die Jüngeren – meist schon für ein Printabonnement zahlen, sehen sie häufig keine Notwendigkeit, auch noch für digitalen Journalismus Geld auszugeben. Das Dilemma für die Verlage: Die

12.4 Bezahlabsicht und Zahlungsbereitschaft: Gratismentalität als Hürde für die Verlage

Jüngeren würden oft für digitalen Journalismus zahlen, verfügen aber meist nicht über die finanziellen Ressourcen; die Älteren könnten hinsichtlich des Einkommens durchaus zahlen, besitzen aber schon ein Druck-Abo.

Und so ermittelt eine Civey-Studie bei der Frage, welchen Betrag die deutsche Bevölkerung derzeit für journalistische Angebote bezahlen würde, genau diesen Unterschied. Ein Drittel der Befragten ist bereit, fünf bis 15 Euro pro Monat in gedruckte und digitale Produkte zu investieren, ein weiteres Drittel sogar mehr als 15 Euro (Weber, 2020), wobei die Zahlungsbereitschaft mit fortschreitendem Alter größer wird. Die Studie nimmt nämlich den digitalen und den Printjournalismus in den Blick und nicht, wie etwa PwC, nur die Online-Berichterstattung. Es kann also durchaus gefolgert werden, dass sich die konkrete Zahlungsbereitschaft der verschiedenen Altersgruppen je nach Ausgabekanal signifikant unterscheidet.

Eine Untersuchung im Auftrag der Landesanstalt für Medien NRW förderte zutage, dass Leserinnen und Leser eher für Inhalte mit praktischem Mehrwert oder persönlicher Relevanz zahlen. Nachrichten und Reportagen stimulieren eine höhere Bezahlabsicht als Meinungsbeiträge oder Satire. Nutzerinnen und Nutzer wünschen sich auch Orientierungshilfen bei der Vielfalt des Angebots und mehr Transparenz seitens der Medienunternehmen, um das Risiko eines Fehlkaufs zu minimieren (Buschow & Wellbrock, 2019, S. 6–7). Transparente Recherchen und Quellen könnten die Zahlungsbereitschaft steigern, und jede und jeder Vierte würde für weniger Werbung mehr Geld ausgeben. 31 Prozent der Deutschen lehnen jedoch jegliche zusätzlichen Ausgaben für journalistische Angebote ab (Weber, 2020).

Frederik Fischer hat – auf nichtrepräsentative Weise – die Beweggründe der Zahlungsverweigerinnen und -verweigerer untersucht und drei Cluster gebildet: Kein Geld, keine Lust und kein Grund (Fischer, 2019, S. 231). Preise werden oft als zu hoch empfunden, und Flatrate-Dienste wie *Spotify* und *Netflix* setzen einen preislichen Standard, an dem andere Medienangebote gemessen werden. Die Idee, sich nur einer Zeitungsmarke anzuvertrauen, wirkt nicht mehr zeitgemäß (Fischer, 2019, S. 230). Fischer (2019, S. 230) stellt fest, dass selbst zahlungsbereite Leserinnen und Leser den gesellschaftlichen Wert von Journalismus erkennen, aber der konkrete Nutzwert für das eigene Leben oft nicht ersichtlich ist. Etwa der Hälfte der Leserinnen und Leser ist es ein Anliegen, den Journalismus als solchen zu unterstützen, damit die Zukunft des Berufsstandes und der Gesellschaft nicht gefährdet wird. Für viele hat die

Bezahlung aber eher den Charakter einer Spende, als dass der Mehrwert im Vordergrund steht.

Dem Journalismus stehen insofern harte Zeiten bevor. Der Schlüssel zu einer zukunftsfähigen und stabilen Finanzierung journalistischer Angebote ist zwangsläufig ein nutzerorientiertes und -freundliches Erlösmodell. Was erwarten die Nutzerinnen und Nutzer von den verschiedenen Finanzierungsmodellen? Welche Erlösmodelle werden aktuell am häufigsten eingesetzt? Welche Möglichkeiten bieten sich den Medienhäusern, um sowohl eine stabile finanzielle Grundlage zu schaffen und dabei auf die Wünsche und Anliegen der Konsumentinnen und Konsumenten einzugehen? Das sind Fragen, mit denen sich Medienhäuser auseinandersetzen müssen.

12.5 Finanzierungsansätze und Erlösmodelle

In diesem Abschnitt werden etablierte und neue Finanzierungsmodelle vorgestellt. Es soll beschrieben werden, wie Zeitungshäuser und Medienunternehmen aktuell und künftig versuchen wollen, die Bezahlabsicht und Zahlungsbereitschaft ihrer derzeitigen und künftigen Leserinnen und Leser bzw. der aktuellen und potenziellen Nutzerinnen und Nutzer zu erhöhen. Zuvor ist jedoch ein Sachverhalt zu betonen, der sich prinzipiell auf die Finanzierung und Bepreisung des Journalismus auswirkt. Die Digitalisierung und das Internet haben nicht nur neue Herausforderungen für den Journalismus geschaffen, sondern verstärken auch ein grundlegendes Problem: Journalistische Inhalte sind Vertrauensgüter (Lobigs, 2016, S. 82). Das bedeutet, dass potenzielle Kundinnen und Kunden vor dem Kauf nicht sicher einschätzen können, wie gut der Inhalt ist, und auch nach dem Kauf darauf vertrauen müssen, dass das Produkt eine entsprechende Qualität besitzt. Diese Unsicherheit führt dazu, dass der Markt keine Qualitätskontrolle ausübt, wie es bei anderen Produkten der Fall ist. Stattdessen dominiert der reine Preiswettbewerb, wodurch potenziell günstige, oft auch minderwertige Produkte bevorzugt werden. Dies kann zu einem Marktversagen in Bezug auf die Qualität journalistischer Inhalte führen, insbesondere angesichts der vielen kostenlosen Angebote im Internet.

Im Zusammenhang mit der Bedeutung des Journalismus für die Gesellschaft wird deshalb diskutiert, ob es sich um ein meritorisches Gut handelt, also ein Gut mit besonderem gesellschaftlichem Wert, das ohne staatlichen Eingriff nicht in ausreichendem Maß vom Markt bereitgestellt wird (Lobigs, 2016, S. 83; Hösel, 2007, S. 20). Meritorische Güter, etwa Bildungsangebote, haben besondere gesellschaftliche Verdienste und positive Effekte auf Menschen. Da sie aus Sicht des Staates oft zu wenig nachgefragt werden (Musgrave, 2005, S. 127, 130), können sie entweder gefördert oder der Konsum kann verpflichtend gemacht werden (Hösel, 2007, S. 20), auch wenn dies der Konsumentensouveränität widerspricht. Ein staatlicher Eingriff kann unter bestimmten Umständen gerechtfertigt sein, etwa wenn die Nachfrage nach journalistischen Inhalten, die für die Meinungsbildung wichtig sind, zu gering ist (Musgrave, 2005). Es wird jedoch noch diskutiert, ob dies bei Tageszeitungen zutrifft: Harald Rau (2022, S. 1) argumentiert, dass das marktregulierende Element eines meritorischen Guts im Journalismus derzeit noch nicht vollständig gegeben ist. Unabhängig davon, wie man im Falle der Zeitung konkret zu dieser Frage steht: Es ist letztlich wichtig, Wege zu finden, um Qualitätsjournalismus zu finanzieren, also Journalismus mit hoher Qualität und gesellschaftlichem Nutzen.

Dabei gilt es zu beachten, dass die Zeitung als Kuppelprodukt gilt, da sie sowohl für die Leserschaft als auch für die Anzeigenkundschaft einen Mehrwert bietet (Kiefer & Steininger, 2014, S. 162–166). Infolge des Doppelcharakters von Medien als Wirtschafts- und Kulturgut (Heinrich, 2016) und auch weil speziell Zeitungen auf zwei Märkten agieren, dem Leser- und dem Anzeigenmarkt, erscheint es sinnvoll, bei den Finanzierungsformen des Journalismus zwischen marktgetriebenen und gesellschaftsbezogenen Ansätzen zu unterscheiden:

12.6 Marktgetriebene bzw. kommerzielle Ansätze und Erlösmodelle

Das klassische, wenn auch kaum noch praktizierte Modell zur Finanzierung des digitalen bzw. Onlinejournalismus ist weiterhin das sogenannte *Free*-Modell, das alleine über Anzeigen finanziert wird und gänzlich auf kostenpflichtige Inhalte verzichtet. Durch die freie Nutzung kann eine verhältnismäßig hohe Reichweite aufgebaut werden, die vollumfänglich über Werbung monetarisiert wird. Das Modell, das der Gratismentalität des Internets Rechnung trägt, eignet sich damit besonders für Verlage, die hohe Werbeeinnahmen verzeichnen können. Entgegen dem weltweiten Trend, Inhalte im Internet vermehrt kostenpflichtig anzubieten, setzt beispielsweise *Focus Online* nach wie vor auf das *Free*-Modell im Netz (Kansky, 2015, S. 87).

Im diametralen Gegensatz dazu steht die sogenannte harte Bezahlschranke, die auf der Webseite oder der App einer Zeitung installiert ist. Hier spricht man von sogenanntem *Paid Content*. Grundsätzlich unterscheidet man zwischen einer harten und einer freiwilligen Paywall. Ist eine *harte Paywall* installiert, werden sämtliche Inhalte einer Website für Nicht-Abonnentinnen und -Abonnenten verschlossen (Lucas & Schuster, 2023, S. 338). So können Nutzerinnen und Nutzer die Artikel einer Zeitung nur dann lesen, wenn sie dafür zahlen. Diese Form der Schranke findet man vergleichsweise selten: Denn stoßen Seitenbesucherinnen und -besucher auf eine harte Paywall, ist das für sie meist Anlass, die gewünschten Informationen umgehend an einem anderen Ort zu suchen. Zudem verringert eine harte Bezahlschranke die Besucherzahlen einer Webseite. Aus diesem Grund sind zudem weniger Werbekunden bereit, Anzeigen auf solchen Seiten zu schalten. Zeitungen, die dennoch eine harte Paywall besitzen, sind zum Beispiel das *Wall Street Journal, The Times* und die *Financial Times*. Derartige Online-Angebote, die ihre Inhalte ausschließlich hinter eine harte Paywall stellen, gehen häufig davon aus, dass den Nutzerinnen und Nutzern die Qualität der Artikel bekannt ist. Das Modell eignet sich damit besonders für Verlage, deren Digitalstrategie auf Erhalt der Print-Abonnements ausgerichtet ist und die es sich damit leisten können oder wollen, empirisch bis zu zwei Drittel ihrer Leserschaft zu verlieren (Kansky, 2015, S. 88–89).

Bei der *freiwilligen Paywall* wird zwischen dem *Freemium*-Modell und dem *Metered*-Modell unterschieden. Bei ersterem handelt es sich um eine Mischung aus kostenpflichtigen und kostenlosen Inhalten. Einzelne Artikel werden als Premium-Inhalt, in Deutschland als sogenannte PLUS-Artikel gekennzeichnet, und sind nur noch für zahlende Kundinnen und Kunden zugänglich (Lucas & Schuster, 2023, S. 338). Zeitungen, die dieses Modell nutzen, sind in Deutschland beispielsweise *Süddeutsche Zeitung* (*SZ*), *Frankfurter Allgemeine Zeitung* (*FAZ*), *BILD* und das Magazin *Der Spiegel*. Ein positiver Aspekt dieses Erlösmodells ist die Vielfalt der Optionen, da die Verlage auch Inhalte und Angebote, für die eine geringe Zahlungsbereitschaft besteht, kostenlos anbieten können und somit die Zeitung als Wundertüte vermarkten können. Zudem erlaubt das Angebot an kostenfreien Artikeln die Möglichkeit, Kundinnen und Kunden auf die Seite zu locken, auf der exklusive Inhalte ihre Reize entfalten können, für die die Kundinnen und Kunden dann doch zahlen. Die *Conversion Rate* (dt.: Umwandlungs- oder Konversionsrate) ist hier von großer Bedeutung. Als eine zentrale Kennzahl im digitalen Journalismus gibt sie den prozentualen Anteil der Leserinnen und Leser an, die nach dem Konsum von Inhalten zu zahlenden Kundinnen und Kunden werden – sei es durch Abonnements, Spenden oder den Kauf von einzelnen Artikeln. Um möglichst viele Abonnementabschlüsse zu erzielen, setzen viele Medienunternehmen auf verschiedene Strategien zur *Conversion*-Optimierung. Dieser Finanzierungsansatz erfährt zu Beginn der Zwanzigerjahre des 21. Jahrhunderts die größte Beliebtheit bei den Medienhäusern.

Beim *Metered*-Modell hingegen können die Besucherinnen und Besucher eine bestimmte Zahl von Artikeln im Monat lesen, bevor sie bezahlen oder bis zum nächsten Monat warten müssen (Lucas & Schuster, 2023, S. 340). Auf solch ein Modell setzt zum Beispiel *The New York Times*. Auch das *Metered*-Modell verfügt also über keine harte Paywall, die verfügbaren Artikel sind jedoch nicht von vorneherein bestimmt wie im *Freemium*-Modell. Eine *Metered*, englisch für „gemessen", Paywall ist „eine Bezahlschranke, die sich dynamisch an den individuellen Nutzer anpasst. Grundsätzlich sind alle Inhalte auf einer *Metered*-Paywall-Website kostenlos. Doch jedem Nutzer wird nur ein bestimmtes Artikelkontingent pro Monat zugeteilt, auf das er kostenlos zugreifen darf" (IONOS Digital Guide, 2022). Eine *Metered*-Paywall wird in Deutschland beispielsweise vom *Handelsblatt* genutzt. Der große Vorteil ist hier, dass man sich ohne Abonnement ein Bild vom gesamten Angebot machen kann. Allerdings sorgt diese Art der Paywall auch nicht zwangsläufig dafür, dass interessierte Nutzerinnen und Nutzer bezahlen. Zudem lässt sie sich beispielsweise durch das Nutzen von verschiedenen Internet-Browsern und Endgeräten einigermaßen leicht umgehen, weshalb auf vielen Seiten mit *Metered*-Paywall eine Registrierung vorgeschrieben ist. Bei den weichen oder freiwilligen Paywalls existiert zusätzlich zum *Freemium*- und *Metered*-Modell auch noch ein sogenanntes *Hybrid*-Modell. Dieses Modell ist eine Mischung aus *Freemium*- und *Metered*-Modell und wird in Deutschland beispielsweise von der Wochenzeitung *Die Zeit* genutzt. Das meistverbreitete Finanzierungsmodell im Online-Journalismus ist das *Freemium*-Modell, das nach Angaben des BDZV im Jahr 2023 von 104 Zeitungsportalen genutzt wurde, gefolgt vom *Metered*-Modell (29), dem *Hybrid*-Modell (23), der harten Paywall (20) und dem Spendenmodell (2) (Statista, 2024).

Plattformjournalismus bzw. Kiosk-Angebote

Mit dem Aufkommen digitaler Plattformen und dem Wandel des Medienkonsums ins Internet gewinnt der Plattformjournalismus an Bedeutung. Dieser Begriff beschreibt die Bündelung journalistischer Inhalte verschiedener Anbieter auf einer gemeinsamen Plattform (Buschow & Wellbrock, 2019, S. 31), ähnlich wie bei Streaming-Diensten wie *Netflix* oder *Spotify*. Nutzerinnen und Nutzer zahlen oft eine monatliche Flatrate für den Zugang zu allen Inhalten. Ein Beispiel hierfür ist *Readly*, eine digitale Plattform für Zeitschriftenabonnements, die eine breite Palette von Magazinen und Zeitungen gegen eine monatliche Gebühr anbietet. Das niederländische Projekt *Blendle* startete 2014 und nahm ab 2015 zunächst auch in Deutschland seinen Dienst auf, der darin bestand, einzelne Zeitungs- und Zeitschriftenartikel aller möglichen Medienhäuser zu verkaufen – ohne dass die Nutzerinnen und Nutzer eine ganze Ausgabe oder ein Abo erwerben müssen. Im September 2023 ist dieses Bezahlmodell allerdings in Deutschland wieder eingestellt worden. Aus diesem Grund stellt sich die Frage, inwieweit *Spotify* und *Netflix* tatsächlich als Referenz für Plattformen im digitalen Journalismus gelten können (Weber et al., 2022, S. 92). Eine qualitative Untersuchung unter dem Gesichtspunkt, dass Plattformen auf Medienmärkten zentrale Anlaufstellen der Mediennutzung sind, offenbarte, dass es für Medienplattformen „keine einfache, sektorübergreifende Blaupause im Sinne präskriptiver Erfolgsfaktoren gibt" (Weber et al., 2022, S. 92). So fällt der Studie zufolge der Personalisierungsgrad der Journalismus-Plattformen viel geringer aus als bei *Netflix* und *Spotify*, die eine stark ausgeprägte Personalisierung aufweisen (Prey, 2019; Weber et al., 2022, S. 91). Während die kleinste konsumierbare Einheit auf *Spotify*, in dem Fall das einzelne Musikstück, aus den jeweiligen Alben herausgelöst und in Playlists rekombiniert werden kann, können Nutzerinnen und Nutzer auf den noch bestehenden Journalismus-Plattformen die Magazine zwar als Favoriten kennzeichnen, jedoch nicht (wie im Fall von *Blendle*) einzelne Artikel einer Zeitschrift oder Zeitung „aus dem Gesamtverbund des ePaper herauslösen und zu neuen ‚Magazinen'" rekombinieren (Weber et al., 2022, S. 91). In diesem Lichte betrachtet, haben zumindest mit Blick auf den deutschen Markt, die falschen Plattformen überlebt. Grundsätzlich reduziert Plattformjournalismus die Transaktionskosten, da Nutzerinnen und Nutzer nicht mehr auf verschiedenen Websites nach Informationen suchen müssen. Die Bequemlichkeit und Vielfalt dieser Plattformen machen sie für viele Nutzerinnen und Nutzer attraktiv, die keine besondere Bindung an eine Medienmarke haben. Ein weiterer Vorteil ist die Befriedigung der Gesamtinteressen der Nutzerinnen und Nutzer. Plattformen verwenden Algorithmen, um personalisierte Inhalte vorzuschlagen, die auf den bisherigen Interaktionen und Vorlieben der Nutzerinnen und Nutzer basieren. Dieses Modell wird aus Sicht der Konsumentinnen und Konsumenten oft bevorzugt, da es die Entdeckung einer Vielzahl von Artikeln und Berichten erleichtert, ohne dass zusätzliche Kosten entstehen (Prinzing & Pranz, 2020, S. 66–81). Auch die Nutzerbedürfnisse können auf diese

Weise einfacher nach dem sogenannten *User-Needs*-Modell befriedigt werden (Woudstra, 2020). Dazu gehören auch die Möglichkeit bereits erwähnter flexibler Abonnementmodelle wie Testabos, kurze Kündigungsfristen und transparente Preisstrukturen (Buschow & Wellbrock, 2020, S. 5–8). Allerdings gibt es auch Nachteile: Die personalisierten Algorithmen können den Filterblaseneffekt verstärken, da Inhalte basierend auf den Vorlieben der Nutzerinnen und Nutzer vorgeschlagen werden. Zudem sind diese Plattformen profitorientiert, was Transparenz in der Auswahl und Präsentation der Inhalte erfordert. Für etablierte Marken kann es nachteilig sein, aus ihrer vertrauten Umgebung herausgerissen zu werden, es droht eine Form der Kannibalisierung der etablierten Medienangebote.

12.7 Gesellschaftsbezogene Ansätze und alternative Finanzierungsformen

Neben diesen marktwirtschaftlichen Ansätzen und Modellen sind in den vergangenen Jahren vermehrt Lösungsstrategien für die künftige Finanzierung journalistischer Leistungen in den Fokus gerückt, die – ähnlich wie der öffentlich-rechtliche Rundfunk – das Gemeinwohl adressieren, und zwar unabhängig davon, dass Journalismus in jeder Spielart ohnehin dem Gemeinwohl verpflichtet ist und als Synonym für gemeinwohlorientierte Kommunikation gelten kann.

Bereits 2011 stellte die Medienökonomin Marie-Luise Kiefer die Frage, ob sich ein Modell öffentlicher Finanzierung von Journalismus und journalistischen Medien entwickeln lasse, das „mit dem Gebot der Staatsferne und der Pressefreiheit vereinbar" sei (S. 6). Sie bilanzierte seinerzeit, dass weder vom Markt noch von der Adaption des öffentlich-rechtlichen Modells eine Lösung zu erwarten sei (Kiefer, 2011, S. 18). Stattdessen folgt ihr Modell dem „dritten Weg", für dessen Suche die „Trennung zwischen Journalismus und Medien" zentral ist (Kiefer, 2011, S. 19). Stephan Ruß-Mohl (2011, S. 402) kritisierte diese Trennung zwar als „künstlich", gleichwohl erwähnen auch andere Autorinnen und Autoren diesen dritten Weg als möglichen Lösungsansatz, so auch Stephan Weichert (2014): „Vielmehr beschreibt der neue Modus einer ‚Kollektivfinanzierung' einen autonomen, eben einen ‚dritten Weg' jenseits marktwirtschaftlicher Wettbewerbsmodelle und des öffentlich-rechtlichen Systems, der die gesamte Angebotspalette zivilgesellschaftlicher und öffentlicher Zuschüsse auszureizen weiß" (S. 282). Kramp und Weichert (2023, S. 17), Autoren der Studie *Non-Profit-Journalismus*, stellen fest, dass deutliche Uneinigkeit zwischen den traditionellen und den neuen Akteuren im Markt herrscht, wenn es um die Unterstützung von Presse und Journalismus geht. Einige betrachten dies als eine essenzielle regulierende Maßnahme zur notwendigen Förderung der Medienlandschaft, während andere eine Verzerrung des Marktwettbewerbs befürchten. Auch Kramp und Weichert (2023) stellen sich diesbezüglich die Frage, ob sich gemeinnütziger Non-Profit-Journalismus „als dritte Säule neben öffentlich-rechtlicher und kommerzieller Finanzierung darstellen" lässt (S. 18). Die Tatsache, dass Non-Profit-Journalismus dem beschriebenen Ideal näherkommen möchte, macht ihn zu einer attraktiven Lösung und einem Ansatz des *Field Repairings*. *Field Repair* im Journalismus zielt darauf ab, grundlegende Branchenprobleme durch die Einführung neuer Praktiken zu beheben, während *Paradigm Repair* sich darauf konzentriert, Abweichungen von traditionellen journalistischen Standards zu normalisieren (Graves & Konieczna, 2015). Im Verständnis eines dritten Wegs oder einer dritten Säule, mit der ein künftiges Marktversagen verhindert werden kann, hatte Stephan Weichert gemeinsam mit Leif Kramp schon zu Beginn der Zehnerjahre fünf konstruktive Lösungsmodelle erarbeitet (Weichert, 2012).

Die *„zivilgesellschaftliche Lösung"* (Weichert, 2014, S. 283) bedeutet im Prinzip nichts anderes als Crowdfunding. Journalistischer Inhalt wird hier über freiwillige Spenden finanziert. Crowdfunding ist eine Unterart des Crowdsourcing (Mast, 2018, S. 171) und bedeutet, Journalistinnen und Journalisten können auf einer dafür vorgesehenen Plattform eine Idee für ein Projekt vorstellen, zusammen mit der Angabe, wie viel Geld zur Umsetzung benötigt wird. Interessierte haben dann die Möglichkeit, einen Teil des Geldes beizusteuern (Wenzlaff, 2013, S. 151). Im Deutschen spricht man von Schwarmfinanzierung. Die Macht des Crowdfundings liegt nicht in der Qualität der Spenden, sondern in der Quantität der Spenderinnen und Spender (Aitamurto, 2015, S. 190). Gerade das ist das Reizvolle an Crowdfunding – den Gatekeepern des Marktes wird ihre exklusive Macht genommen (Geuter, 2017, S. 354). Durch die Struktur von Crowdfunding sind Journalistinnen und Journalisten direkt in die Ökonomie ihrer Arbeit involviert. Während das Nutzenversprechen eines Artikels im klassischen Journalismus zuerst der Redaktion gefallen muss, wendet man sich beim Crowdfunding direkt an die Masse, an die potenziellen Rezipientinnen und Rezipienten (Aitamurto, 2015, S. 194). Damit fällt durch Crowdfunding die beim klassischen Journalismus gängige Praxis der fiktiven Leserinnen und Leser weg. Hierbei zeichnen Journalistinnen und Journalisten fiktive Bilder ihrer Rezipientinnen und Rezipienten, die sich aus Erwartungen, Interessen und Nutzungsmotiven zusammensetzen. So kann eine größere Wirkung erreicht und die Kommunikationsdistanz zwischen Kommunikatorin oder Kommunikator und Rezipientin oder Rezipient verringert werden (Hohlfeld, 2023, S. 244; Haim, 2019, S. 63). Durch den direkten Kontakt von Journalistinnen und Journalisten mit Leserinnen und Lesern braucht es keine fiktiven Bilder: Die potenziellen Leserinnen und Leser sind real und geben direkt Feedback. Bekannte Beispiele sind bzw. waren als Plattform *Spot.us* in den USA (mittlerweile eingestellt), das niederländische Online-Magazin *De Correspondent* oder in Deutschland *Krautreporter*. Ziel dieser Finanzierung ist es, möglichst unabhängig und werbefrei zu berichten und dabei größtmögliche Transparenz zu gewährleisten. Die fertigen Artikel sind dann am Ende oft, aber nicht immer, kostenlos zugänglich. Weichert (2014) stellt deshalb zur Diskussion, ob Crowdfunding nicht die „ureigenste und ehrlichste Form einer zivilgesellschaftlichen Unterstützung für journalistische Inhalte" (S. 283) sei. Im Gegensatz zum Crowdfunding, das nach dem a priori-Prinzip funktioniert, soll *Social Payment* journalistische Inhalte finanzieren, die schon produziert worden sind (Wenzlaff, 2013, S. 151). Nutzerinnen und Nutzer können kleine Beträge gezielt für einzelne Artikel spenden. Bekannte Plattformanbieter dafür sind *Flattr* oder *Kachingle*. Über einen Button auf der Webseite können die Nutzerinnen und Nutzer selbst bestimmen, für welchen Artikel sie wie viel Geld spenden möchten (Wenzlaff, 2013, S. 150). Da sich die Beträge in der Regel im Cent- bzw. niedrigen Euro-Bereich bewegen, spricht man auch von „Micropayment" (Mast, 2018, S. 166). Dieses Modell findet unter anderem bei der *taz* Anwendung, die auch über Spenden finanziert wird.

Anders sieht es bei der „*stiftungspolitischen Lösung*" aus. Dies ist keine neue Idee, sondern wird seit vielen Jahren von einigen großen Medienhäusern praktiziert, in gewisser Weise auch von der *Frankfurter Allgemeinen Zeitung* (*FAZ*). Hier wird journalistische Arbeit über Stiftungen von Unternehmen oder wie im Falle von *Pro Publica*, einer Investigativ-Journalismus-Redaktion aus den USA, von Privatpersonen unterstützt oder komplett finanziert. Das bedeutet nicht zugleich, dass die Inhalte frei zugänglich sein müssen (Weichert, 2014, S. 284). Unter den 21.800 Stiftungen gibt es allerdings nur 85, die den Journalismus fördern. Ein Problem ist häufig: Stiftungen sind gemeinnützig und dürfen auch nur Unternehmen fördern, die den gleichen Status haben, wenn sie ihre Gemeinnützigkeit behalten möchten. Damit scheidet eine Mehrheit der Medienunternehmen aus (Frühbrodt, 2019, S. 218). Förderer sind hierzulande vor allem Familien oder Einzelpersonen und wenig branchenfremde Unternehmen (Frühbrodt, 2019, S. 222–223). Gefördert werden kaum langfristige Projekte, sondern vorwiegend Preise oder Stipendien (Frühbrodt, 2019, S. 219–220). Eine Ausnahmeerscheinung ist *Correctiv*, ein spendenfinanziertes und gemeinnütziges Recherchezentrum mit Fokus auf investigative Recherchen (Correctiv, 2021; Lilienthal, 2017), das dem US-amerikanischen Vorbild *Pro Publica* ähnelt. Das Recherchekollektiv hatte Ende 2023 mit der Enthüllung über sogenannte Remigrations-Pläne hochrangiger AfD- und CDU-Politikerinnen und -Politiker für großes Aufsehen gesorgt. Zur Umsetzung der Gemeinnützigkeit betreibt *Correctiv* ein „crossmediales Kooperationsmodell" (Lilienthal, 2017, S. 669). Während *Correctiv* seine recherchierten Inhalte kostenlos zur Verfügung stellt, sollen die jeweiligen Medienpartner die Themen mit ihrer Reichweite in die Öffentlichkeit tragen (Lilienthal, 2017, S. 669). *Correctiv* nennt dieses Konzept „Steal Our Stories" und merkt dabei an, dass Geschichten nur unverändert und unter Nennung von *Correctiv* und der Autorin oder des Autors verwendet werden dürfen (Correctiv, o. J.).

Immer wieder gibt es auch Kritik an der Stiftungsfinanzierung. So stellt beispielsweise Holland-Letz (2018) in Frage, ob kritische und uneingeschränkte Berichterstattung über der Stiftung nahestehende Personen überhaupt noch möglich sei. Stiftungsförderung von Journalismus birgt in jedem Fall ein Abhängigkeitsrisiko. Vor allem Organisationen, deren Kapital zum Großteil von Stiftungen kommt, laufen Gefahr, ihre publizistische Freiheit zu verlieren (Mölders, 2019, S. 132). So verfolgen viele Fördermittelgeber stiftungspolitische Eigeninteressen und stellen im Rahmen der Förderung strenge Anforderungen an das Medium (Kramp & Weichert, 2023, S. 82). Begründet werden etwaige Eigeninteressen häufig mit der Freiheit des Stifterwillens (Friedland & Konieczna, 2011, S. 46). Um mögliche Konfliktfelder und Abhängigkeitsrisiken zu vermeiden bzw. zu verringern, sollten gemeinnützige Medien ein möglichst breites Spektrum an Stiftungsförderung anstreben (Kramp & Weichert, 2023, S. 48). Indem sich die Fördermittel auf möglichst viele Stiftungen verteilen, können Abhängigkeiten von einzelnen Stiftungen auf ein Minimum gesenkt werden (Kramp & Weichert, 2023). Zudem ist es ratsam, eine Diversität an Strömungen und Motivationen der Stiftungen anzustreben (Kramp & Weichert, 2023). Sicher ist: Es bedarf klarer Regelungen und transparenter Leitlinien, um unabhängigen Journalismus auch unter solchen Bedingungen zu gewährleisten (Bergmann & Novy, 2013, S. 207).

Die „*medienpolitische Lösung*" sieht theoretisch eine Finanzierung durch öffentliche Gebühren vor, quasi eine „durch öffentlich-rechtliche Gebührengelder getragene ‚Stiftung für Qualitätsjournalismus', bei der sich Interessenten (Journalisten, Redaktionen, Blogger, Online-Portale) beispielsweise um eine

12.7 Gesellschaftsbezogene Ansätze und alternative Finanzierungsformen

Förderung für aufwändige Rechercheprojekte, Exzellenzstipendien und Auslandsaufenthalte im Dienste des Qualitätsjournalismus bewerben können" (Weichert, 2014, S. 284). Weichert (2014, S. 285) rechnet vor: Wenn pro Haushalt und Monat zwei Euro abgegeben würden, würde sich die zur Verfügung stehende Summe bereits auf eine Milliarde Euro jährlich belaufen. Dieses Erlösmodell orientiert sich stark an dem des öffentlich-rechtlichen-Rundfunks. Weichert begründet diesen von öffentlichen Geldern getragenen Ansatz damit, dass der öffentliche Rundfunk in wirtschaftlichen Krisen im Gegensatz zu privaten Medienhäusern immer sehr stabil geblieben sei. Von Skeptikerinnen und Skeptikern und dem Autor selbst werden ein politischer Missbrauch oder eine mögliche Anfälligkeit für staatliche Einflussnahme befürchtet. Im Gegensatz zu den zuvor vorgestellten Modellen handelt es sich bei diesem Modell jedoch um visionäre Überlegungen.

Unter dem Begriff „*wirtschaftspolitische Lösung*" firmiert die Idee einer „Kulturflatrate". Diese Idee meint, dass eine gesetzlich geregelte Zugangsgebühr von Internetprovidern oder Kabelnetzbetreibern entrichtet werden soll, die dann „idealerweise von einer branchenübergreifenden Behörde, die beide Wirtschaftszweige vertritt, zentral verteilt würde" (Weichert, 2014, S. 285). Das heißt, pro Internetanschluss wäre eine kleine Abgabe fällig, die dann an Tätige im Bereich Journalismus und Kunst ausgezahlt werden könnte. Auf diese Weise soll zudem das Problem der Urheberrechtsvergütung im Internet gelöst werden. Auch der *Chaos Computer Club* forderte bereits 2011 eine „Kulturwertmarke", die nach einem ähnlichen Prinzip funktionieren sollte. Auch dieses Modell ist bisher nicht realisiert worden.

Schließlich existiert als fünfter gesellschaftspolitischer Ansatz, um den dritten Weg zu beschreiben, die „*bildungspolitische Lösung*": Öffentliche Einrichtungen wie Bildungseinrichtungen, gemeinnützige Institute, unabhängige Initiativen und Vereine vernetzen, um damit eine publizistische Vielfalt zu gewährleisten (Weichert, 2014, S. 286). Die Idee ist, dass gerade öffentliche Bildungseinrichtungen ohnehin über Budgets für öffentliche, gesellschaftsbezogene Zwecke verfügen, von denen im Verein mit anderen Trägern ein Teil in journalistische Projekte investiert werden soll. Ebenso sollen hier Förderprogramme angestoßen und unterstützt werden. Weichert zufolge könnte es durch die Zusammenarbeit auch zu gegenseitigen Lerneffekten kommen. Im Sinn der Auffassung von Medien als Kulturgütern sieht er den Erhalt des Qualitätsjournalismus auch als bildungspolitische Aufgabe (Weichert, 2014, S. 286).

12. Die Finanzierung journalistischer Leistung im digitalen Zeitalter

Förderung von Gemeinnützigkeit

Eine mögliche Teillösung zur verbesserten flächendeckenden Finanzierung von journalistischen Inhalten stellt die Förderung von gemeinnützigen Medienangeboten dar. Journalismus sollte selbstverständlich immer dem Gemeinwohl dienen und Demokratie und Öffentlichkeit sollten per se von ihm profitieren können – so argumentieren auch Kramp und Weichert (2023). Auch Schraven (2023) sieht in der Förderung von gemeinnützigen und nicht auf Profit angelegten Publikationsangeboten eine Lösung zur Stabilisierung der Demokratie durch Journalismus. Durch bloße steuerliche Vorteile, die als gemeinnützig anerkannte Medien erhalten, gäbe es keinen Markteingriff, so die Argumentation, da diese den existierenden Markt ergänzen: „Der gemeinnützige Journalismus steht nicht im Wettbewerb. Er ergänzt Angebote dort, wo mit der Öffentlichkeit kein Geld mehr verdient werden kann" (Schraven, 2023), dort wo der Markt unvollkommen ist, dort wo das meritorische Gut eine Nachfrageunterstützung erhält. Gemeinnützige Unternehmen werden dabei durch den Staat unterstützt, aber durch die Nachfrage der Bürgerinnen und Bürger finanziert (Schraven, 2023). Die Anerkennung als gemeinnützig sollte Schraven (2023) zufolge an klare Kriterien gebunden sein, um sicherzustellen, dass Medienorganisationen einen öffentlichen Mehrwert bieten und unabhängig von kommerziellen Interessen agieren. Die Förderung gemeinnütziger Medienorganisationen kann dazu beitragen, eine vielfältige Medienlandschaft zu erhalten und sicherzustellen, dass wichtige Informationen für die gesamte Öffentlichkeit zugänglich sind (Schraven, 2023). Eine ausgewogene Berichterstattung und eine kritische Überwachung der Regierung sind für den Erhalt der Demokratie von besonderer Bedeutung. Es ist dabei entscheidend, Mechanismen zu implementieren, die sicherstellen, dass staatliche Unterstützung in keinem Fall dazu führt, dass Medienorganisationen unter Druck gesetzt werden, eine bestimmte Agenda zu fördern oder Lobbyinteressen zu folgen. Klar ist: Sollte die Gemeinnützigkeit staatlich gefördert werden, ist dies kontinuierlich von unabhängigen Gremien zu überprüfen.

Exkurs: Blockchain-Technologie

Wenn die Rede auf alternative Formen der Finanzierung von Journalismus fällt, muss in einem kurzen Exkurs auch die Frage gestreift werden, ob mit Kryptowährungen und der *Blockchain*-Technologie Finanzierungsvorteile und einfache Bezahlweisen kreiert werden können. Prinzipiell bietet die *Blockchain*-Technologie eine innovative Möglichkeit, den Journalismus zu finanzieren, indem sie alternative Modelle und Technologien wie Kryptowährungen,

12.7 Gesellschaftsbezogene Ansätze und alternative Finanzierungsformen

Micropayment-Plattformen und dezentrale Netzwerke zusammenführt. Ein bedeutender Vorteil der *Blockchain* ist ihre Fähigkeit, sichere und transparente Transaktionen zu ermöglichen. Plattformen wie *SatoshiPay* nutzen diese Technologie, um Mikrozahlungen in Kryptowährungen wie Stellar Lumens zu ermöglichen (Elsayed, 2018, S. 4). Dadurch können Leserinnen und Leser kleine Beträge für journalistische Inhalte zahlen, was vor allem für kurze Artikel oder exklusive Inhalte attraktiv ist. Die schnelle und direkte Abwicklung ohne Zwischeninstanzen ist ein Vorteil dieses Systems. Die dezentrale Journalismus-Plattform *Civil* geht noch einen Schritt weiter, indem sie nicht nur Zahlungen ermöglicht, sondern auch die *Governance* von Medienprojekten durch den Erwerb von *CVL*-Tokens in die Hände einer Community legt. Dadurch wird eine stärkere Einbindung der Leserinnen und Leser erreicht, die mitbestimmen können, welche Projekte unterstützt werden. Die eigene *Civil*-Währung – der sogenannte *CVL*-Token – soll in erster Linie nicht wie der Bitcoin als Krypto-Währung dienen, sondern als eine Art Anteilsschein. Dies ermöglicht der Halterin oder dem Halter ein Mitspracherecht und die Teilnahme an der Plattform-*Governance*. Alle Redaktionen, die auf *Civil* publizieren möchten, sind verpflichtet, einen Ethik-Kodex zu unterschreiben und müssen von den *CVL*-Haltern durch eine Abstimmung zugelassen werden. Die ersten Newsrooms, wie die Redaktionen auf *Civil* genannt werden, finanziert die Plattform selbst. Dabei handelt es sich um die Bereiche Lokal-, Auslands- und investigative Berichterstattung, die üblicherweise ein größeres Defizit in der Finanzierung aufweisen (Sigg, 2018). Für unabhängige Journalistinnen und Journalisten und kleine Redaktionen bietet dies die Möglichkeit, ihre Arbeit unkompliziert über Crowdfunding zu finanzieren und gleichzeitig ihre Unabhängigkeit zu wahren. Allerdings bestehen auch erhebliche Herausforderungen. In Deutschland, wo das Finanzsystem gut funktioniert, ist der Bedarf an alternativen Währungen gering. Zudem müssen sich sowohl Medienhäuser als auch das Publikum mit Kryptowährungen und der *Blockchain*-Technologie vertraut machen, was derzeit noch nicht weit verbreitet ist. Dies könnte die Akzeptanz solcher Modelle erschweren. Zusammenfassend lässt sich sagen, dass die *Blockchain*-Technologie vielversprechende Ansätze für die zusätzliche Finanzierung und Bezahlung des Journalismus bietet, insbesondere als Ergänzung zu bestehenden Modellen. Plattformen wie *SatoshiPay* und *Civil* könnten dabei eine wichtige Rolle spielen, aber es ist ungewiss, ob sich diese Ansätze durchsetzen werden. Ihr Erfolg hängt stark von der Akzeptanz und dem Verständnis der Technologie bei Medienhäusern und dem Publikum ab.

12.8 Droht eine Zweiklassengesellschaft im Informationsökosystem?

Es ist evident, dass die künftige Journalismusfinanzierung zwischen der Gratismentalität und den Notwendigkeiten elaborierter, kommerzieller Bezahlformen ausbalanciert werden muss. Finanzierung und normative Grundierung des Journalismus gehen dabei Hand in Hand. Der demokratische Rechtsstaat, der auf dem Prinzip des Pluralismus fußt, um wiederum eine pluralistische Gesellschaft hervorbringen zu können, ist auf ein ausbalanciertes Informationsökosystem angewiesen. Dieses erfordert den ungehinderten Zugang zu professionell recherchierten und geprüften Informationen. Jener eingangs skizzierte Nutzungswandel der über Social Media kostenfrei verbreiteten Nachrichten wirft ein gesellschaftliches Problem auf. Im digitalen Zeitalter drohen die Informationen, die von Relevanz und sozialer Faktizität sind, hinter Paywalls zu verschwinden. Wirtschaftlich betrachtet schrumpft der professionelle Journalismus seit der Jahrtausendwende. Redaktionen werden zusammengelegt, der verschärfte Kampf um das rare, nicht skalierbare Gut der Aufmerksamkeit erhöht für den redaktionellen Journalismus die Notwendigkeit, wirtschaftlich kostendeckend zu arbeiten. Das wiederum begünstigt Finanzierungsformen, die für exklusive, für werthaltige Nachrichten entsprechend hohe Kosten veranschlagen. Wie in diesem Kapitel herausgestellt, sind zwar jüngere Menschen gegenwärtig mit Blick auf digitalen journalistischen Content zahlungswilliger als Ältere, aber eben auch weniger kaufkräftig. Aktuell wirken Mediennutzung und Kaufkraft in der Generationenperspektive prinzipiell ungünstig auf das Funktionieren digitaler Erlösmodelle. Seit dem russischen Angriffskrieg auf die Ukraine im Februar 2022 und der daran anschließenden Energiekrise samt Inflation sind die Haushaltsbudgets schmaler geworden. Da reine Gratisangebote, die nur durch Anzeigen finanziert werden, stark rückläufig sind und sich eine Konzentration hin zu elaborierten *Freemium*-Modellen abzeichnet, könnte die Zukunft des digitalen Journalismus schwarz-weiß aussehen. Diejenige Bevölkerungsgruppe, die zahlfähig und -willig ist, wird in der Lage sein, auf der Basis guter und hochwertiger Informationen gute Entscheidungen zu treffen. Der andere Teil könnte auf den schmaler werdenden freien und kostenlosen Teil des Nachrichtenangebots zurückgeworfen sein, der allenfalls auf Eilmeldungs- und Schlagzeilenniveau angesiedelt ist. Und in der Tat: Es hat sich gezeigt, dass Nutzerinnen und Nutzer, die wegen der Paywalls nicht mehr die Inhalte des klassischen Journalismus rezipieren, sich stattdessen über soziale Netzwerke wie *Facebook* oder *X* (ehemals *Twitter*) informieren (Tóth et al., 2022, S. 173) – mit allen damit verbundenen Risiken wie etwa Fake-News-Anfälligkeit (Tóth et al., 2022, S. 175) und den Folgen einer zunehmenden Polarisierung. Spätestens also, wenn die frei zugänglichen Nachrichten jegliche Informationstiefe vermissen lassen und Social-Media-Plattformen flächendeckend publizierte Desinformation begünstigen, stellen sich Fragen nach der gesellschaftlichen Wirkung. Was passiert langfristig mit einer Gesellschaft, in der Bürgerinnen und Bürger mit niedrigem Einkommen und geringem sozioökonomischen Status und vor allem jüngere Menschen sich den höherwertigen journalistischen Content nicht mehr leisten können oder wollen?

Es entsteht in der Tat die Gefahr einer Zwei-Klassen-Informationsgesellschaft. Es bildet sich unter Umständen künftig eine Kluft „between those who can afford to pay for news, and those who cannot" (Myllylathi, 2014, S. 190). Durch die Einführung der Paywalls wird das anfangs gültige Prinzip der Offenheit im Internet in Frage gestellt. Dadurch, dass nun wieder weniger Menschen Zugang haben, zu wichtiger (politischer) Information im Internet, wird unter demokratietheoretischer Perspektive womöglich der gesamte öffentliche Diskurs geschmälert (Pickard & Williams, 2014), eine neue, verschärfte Wissenskluft droht. Erste Forschungsbefunde legen eine Wirkung mit Blick auf eine zunehmende soziale Polarisierung nahe (Tóth et al., 2022; Geidner & D'Arcy, 2015). Auch für den positiven Zusammenhang zwischen Zahlungsbereitschaft für digitalen journalistischen Content und dem erhöhten Grad der politischen Informiertheit von Nutzerinnen und Nutzern liegen erste empirische Belege vor (Neitzel, 2024, S. 48).

12.9 Fazit

Die krisenhaften Entwicklungen, denen der Journalismus seit rund 20 Jahren unterliegt, kristallisierten unter anderem heraus, dass private Verlage und Medienhäuser noch keine dauerhaft tragfähigen Konzepte für neue Erlösmodelle entwickelt haben und Einsparungen zudem zu erheblichem Investitions- und Innovationsstau geführt haben (Buttkus et al., 2020, S. 14). Wie beeinflussen nun die Befunde die Entwicklung künftiger Erlösmodelle? Da die Mediennutzung dezentraler, differenzierter und individueller wird, müssen künftig auch die Bezahlmodelle noch dezentraler und individualisierter werden (Wenzlaff, 2013, S. 156). Es lohnt sich vermutlich, auf Qualität und das Vertrauen der Leserinnen und Leser zu setzen, denn der *Public Value* von Printprodukten ist

12. Die Finanzierung journalistischer Leistung im digitalen Zeitalter

nach wie vor hoch. Ihn gilt es auf die digitalen Ausspielwege zu übertragen. Fischer (2019, S. 230) hat in einer (nicht repräsentativen) Befragung herausgefunden, dass Leserinnen und Leser unter anderem für Inhalte zahlen, weil deren gesellschaftlicher Mehrwert anerkannt wird. Es gibt also Chancen und Möglichkeiten, tragfähige Erlösmodelle zu entwickeln, wenn sich der Journalismus an seinem Publikum orientiert und seine Stärken nutzt. Wenzlaff (2013) formuliert es folgendermaßen:

> Die Wertschätzung für Journalismus, die sich vor allem in drei knappen Gütern, nämlich Aufmerksamkeit, Reflexion und Reputation, übertragen lässt, lassen sich alle drei monetär abbilden. Journalismus, der Aufmerksamkeit erzeugt, Reflexion ermöglicht und die Reputation der Konsumenten aufwertet, hat immer ein Geschäftsmodell (S. 157).

Dort aber, wo Geschäfte sich wirtschaftlich nicht lohnen, der publizistische Bedarf aber vorhanden ist, wo also ein unvollkommener Markt existiert, kommen der Non-Profit- bzw. gemeinnützige Journalismus zum Zuge (Reuter, 2023, S. 112). Diese Art des Journalismus ist häufig auf Unterstützer und Unterstützerinnen angewiesen. Und obwohl es in Deutschland eine Reihe verschiedener Förderinitiativen, Stiftungen und private Spenderinnen sowie Spender gibt, scheitert es trotzdem noch häufig an der Verstetigung und dauerhaften finanziellen Absicherung alternativer journalistischer Projekte (Kramp & Weichert, 2023, S. 84). Doch genau diese institutionelle Unterstützung beschreiben Friedland und Konieczna (2011, S. 45) als entscheidend für den qualitativ hochwertigen Journalismus und dessen Wahrnehmung in der Öffentlichkeit. Um Innovationen zu initiieren, sollte die deutsche Förderlandschaft zudem das Testen von neuen innovativen Formaten, Verbreitungswegen und Plattformen ermöglichen (Kramp & Weichert, 2023, S. 76). Ob marktgetrieben oder gesellschaftsbasiert – für die künftige Finanzierung des Journalismus lässt sich mit Nohr (2013) vorläufig festhalten: „Das ,Erfolgsmodell' ist nicht in Sicht und auch in der Zukunft kaum mehr wahrscheinlich. Vielmehr werden Zeitungsverlage multiple Geschäftsmodelle (mit multiplen Erlösmodellen) entwickeln müssen" (S. 44).

Transferaufgaben für Workshops
Gruppe 1 (3–5 Teilnehmende)

Der fiktive *Ratzeburger Merkur* beschließt wegen der stark gestiegenen Papier- und Zustellungspreise einen radikalen Schnitt: Künftig soll es bei der traditionellen Lokalzeitung *Online Only* heißen. Die Verlagsführung steht vor der Herausforderung, sämtliche Print-Abos in digitale Abos zu überführen. Sie werden als externe Unternehmensberatung hinzugezogen, um die Finanzierung der digitalen Ausgabe auszugestalten und in diesem Zuge auch ein neues Abo-Modell zu entwickeln. Bei der Gestaltung des Modells müssen Sie neben der konkreten Bepreisung von Leistungen auch den Zeithorizont einer Übergangsphase berücksichtigen und eventuell ein System mit mehreren Zwischenschritten ins Auge fassen. Denken Sie auch an technische Anreizsysteme, mit denen eine sehr alte Leserschaft zur Rezeption des digitalen *Ratzeburger Merkur* bewegt werden kann. Gleichzeitig sollten Sie die insgesamt geringere Wirtschaftskraft, aber potenzielle Zahlungsbereitschaft für digitale Inhalte der jüngeren Zielgruppe im ländlich geprägten Verbreitungsgebiet in Betracht ziehen. Präsentieren Sie der Verlagsleitung, die von der workshopleitenden Gruppe dargestellt wird, das von Ihnen entworfene Modell in anschaulicher Weise.

Gruppe 2 (3–5 Teilnehmende)

Wegen der hohen Umfragewerte für eine rechtspopulistische Partei beschließt die Regierung mit der Mehrheit im Parlament, eine Enquete-Kommission einzurichten, die Vorschläge unterbreiten soll, wie das in Schieflage geratene Informations- und Kommunikationsökosystem der Bundesrepublik wieder gut ausbalanciert werden kann. Es gilt, ein Fortschreiten der Zweiklassengesellschaft in gut Informierte (*information rich*) und schlecht Informierte (*information poor*) sowie eine voranschreitende Wissenskluft zu verhindern. Sie sind Mitglieder der Kommission und sollen dem Bundestag Vorschläge unterbreiten, wie (1) sich journalistische Leistungen auch künftig flächendeckend bezahlen lassen, (2) dabei alle Mitglieder der Gesellschaft an hochwertigen digitalen Informationen partizipieren können, und (3) ein Bewusstsein dafür geschaffen werden kann, dass eine Gratiskultur nicht dazu beiträgt, dass die Bürgerinnen und Bürger gut informiert Entscheidungen treffen. Beziehen Sie in Ihre Überlegungen auch die Möglichkeit für Stiftungsfinanzierung von Teilen der Medienlandschaft und sogar die umstrittene, aber immer wieder erhobene Forderung nach einem öffentlich-rechtlichen Printsystem ein. Bereiten Sie 2 bis 3 Folien vor, priorisieren Sie Ihre Vorschläge und umreißen Sie auch die Umsetzbarkeit der Vorschläge. Die workshopleitende Gruppe befragt Sie im Anschluss danach in einer Anhörung.

Gruppe 3 (3–5 Teilnehmende)

Im Jahr 2050 wird sich nicht nur das Klima auf der Erde stark verändert haben, auch die Informations- und Kommunikationssysteme dürften sich sehr von der heutigen Medienlandschaft unterscheiden. Prüfen Sie vor dem Hintergrund demographischer Entwicklungen in Deutschland, dem künftigen Mediennutzungsverhalten, das sich aus den Veränderungen der vergangenen 20 Jahre ableiten lässt, und den zu antizipierenden technischen Entwicklungen (Cyber-Brillen, HoloLens, holografische Videos, tiefenscharfe Hologramme, elektronisches Papier, Neuralink), wie die Produktion, Rezeption, Finanzierung und Bepreisung journalistischer Inhalte in gut 25 Jahren aussehen könnten.

Legen Sie sich keine Denkverbote auf! Skizzieren Sie eine mediale Zukunft, die nicht von Dauerkrisen, Kriegen und wirtschaftlichen sowie gesellschaftlichen Fehlentwicklungen beeinträchtigt wird, und reflektieren Sie, was das für das redaktionelle journalistische Arbeiten der *next generation* bedeutet. Wählen sie nach Möglichkeit einen optimistischen und konstruktiven Ansatz, um die Zukunft des Journalismus zu umreißen. Skizzieren Sie Ihre Utopie auf 2 bis 3 Folien, gerne auch mit grafischen Veranschaulichungen!

Ralf Hohlfeld

Literaturverzeichnis

Adler, Michael, Hagmann, Justus, & Teichmann, Johanna (2023). *Media Activity Guide 2023*. seven.one. https://www.seven.one/documents/20182/8471213/Media_Activity_Guide_20 2.pdf/4c2f8efd-299d-8d5c-517b-1b7bccb08373?t=1698412849552

Aitamurto, Tanja (2015). The Role of Crowdfunding as a Business Model in Journalism. A Five-Layered Model for Value Creation. In Lucy Bennett, Bertha Chin, & Bethan Jones (Hrsg.), *Crowfunding the Future. Media Industries, Ethics and Digital Society* (S. 189–205). Peter Lang Publishing.

Altmeppen, Klaus-Dieter (2012). Einseitige Tauschgeschäfte: Kriterien der Beschränkung journalistischer Autonomie durch kommerziellen Druck. In Otfried Jarren, Matthias Künzler, & Manuel Puppis (Hrsg.), *Medienwandel oder Medienkrise? Folgen für Medienstrukturen und ihre Erforschung* (S. 37–52). Nomos. https://doi.org/10.5771/9783845236735-35

ARD/ZDF (2023). *ARD/ZDF-Massenkommunikation Trends 2023*. https://www.ard-zdf-massenkommunikation.de/files/Download-Archiv/MK_Trends_2023/Kernergebnisse/Publikationscharts_MK_Trends_2023.pdf

Bergmann, Knut & Novy, Leonard (2013). Zur Konkretisierung der Debatte über philanthropische Finanzierungsmodelle. In Dennis Ballwieser, Leif Kramp, Leonard Novy, & Karsten Wenzlaff (Hrsg.), *Journalismus in der digitalen Moderne: Einsichten - Ansichten - Aussichten* (S. 201–212). Springer Fachmedien. https://doi.org/10.1007/978-3-658-01144-4

Breunig, Christian, Handel, Marlene, Kessler, Bernhard (2020). Massenkommunikation 2020: Nutzungsmotive und Leistungsbewertungen der Medien. *Media Perspektiven, 12*, 602–625. https://www.ard-media.de/fileadmin/user_upload/media-perspektiven/pdf/20 20/1220_Breunig_Handel_Kessler.pdf

Buschow, Christopher, & Wellbrock, Christian-Mathias (2019). *Money for Nothing and Content for Free? Zahlungsbereitschaft für digitaljournalistische Inhalte.* Landesanstalt für Medien NRW. https://www.medienanstalt-nrw.de/fileadmin/user_upload/materials_and _ordering_system/download/L204_Money-for-nothing_LFM-Whitepaper.pdf

Buschow, Christopher, & Wellbrock, Christian-Mathias (2020). *Die Innovationslandschaft des Journalismus in Deutschland.* Landesanstalt für Medien NRW. https://nbn-resolving. org/urn:nbn:de:0168-ssoar-69718-6

Buttkus, Charlotte, Hinze, Florian, & Ryabinin, Igor (2020). *Wozu Non-Profit-Journalismus? Ein Report zu gemeinnützigem Journalismu - Mit Wirkungslogiken, Qualitätskriterien und Tipps für Förder*innen* (1. Aufl.). Phineo.

Chaos Computer Club (2011, 26. April). *Kulturwertmark - Chaos Computer Club (CCC) schlägt neues Vergütungsmodell für Kreative vor.* https://www.ccc.de/system/uploads/65/ original/kulturwertmark-neu.pdf

Correctiv (2021). *Jahresbericht 2021.* https://correctiv.org/wp-content/uploads/2022/10/CO RRECTIV_Jahresbericht_2021.pdf

Correctiv (o. J.). *Steal Our Stories.* https://correctiv.org/ueber-uns/steal-our-stories/

Dou, Wenyu (2004). Will Internet Users Pay for Online Content? *Journal of Advertising Research, 44*(4), 349–359. https://doi.org/10.1017/S0021849904040358

Elsayed, Hebatalla (2018). *Web Content Monetization Using Micropayments* [Masterarbeit, FH Oberösterreich]. https://theses.fh-hagenberg.at/system/files/pdf/Elsayed18.pdf

Fischer, Frederik (2019). Warum zahlen LeserInnen (nicht) für Journalismus im Netz? In Jan Krone (Hrsg.), *Medienwandel kompakt 2017-2019. Schlaglichter der Veränderung in Kommunikation, Medienwirtschaft, Medienpolitik und Medienrecht - Ausgewählte Netzveröffentlichungen* (S. 229–236). Springer VS. https://doi.org/10.1007/978-3-658-27319-4 _38

Friedland, Lewis A., & Konieczna, Magda (2011). *Finanzierung journalistischer Aktivitäten durch gemeinnützige Organisationen in den USA.* Technische Universität Dortmund, Institut für Journalistik.

Frühbrodt, Lutz (2019). Warum Stiftungen den Journalismus stärker fördern sollten. In Jan Krone (Hrsg.), *Medienwandel kompakt 2017-2019. Schlaglichter der Veränderung in Kommunikation, Medienwirtschaft, Medienpolitik und Medienrecht - Ausgewählte Netzveröffentlichungen* (S. 217–223). Springer VS. https://doi.org/10.1007/978-3-658-27319-4 _36

Geidner, Nick, & D'Arcy, Denae (2015). The effects of micropayments on online news story selection and engagement. *New Media & Society, 17*(4), 611–628. http://dx.doi.org/10.1177 /1461444813508930

Geuter, Jürgen (2017). Crowdwashing. In Christoph Kappes, Jan Krone, & Leonard Novy (Hrsg.), *Medienwandel kompakt 2014-2016. Netzveröffentlichungen zu Medienökonomie, Medienpolitik & Journalismus* (S. 353–356). Springer VS.

12. Die Finanzierung journalistischer Leistung im digitalen Zeitalter

Graves, Lucas, & Konieczna, Magda (2015). Sharing the News: Journalistic Collaboration as Field Repair. *International Journal of Communication, 9,* 1966–1984. https://ijoc.org/index.php/ijoc/article/viewFile/3381/1412

Haim, Mario (2019). *Die Orientierung von Online-Journalismus an seinen Publika: Anforderung, Antizipation, Anspruch.* Springer VS. https://doi.org/10.1007/978-3-658-25546-6

Hartung, Helmut (2023, 15. Mai). Regionale Tageszeitungen stehen unter doppeltem Druck. Politik & Kultur: Zeitung des Deutschen Kulturrates. https://politikkultur.de/allgemein/regionale-tageszeitungen-stehen-unter-doppeltem-druck/

Heinrich, Jürgen (2016). Mediengüter zwischen Wirtschafts- und Kulturgut. In Jan Krone & Tassilo Pellegrini (Hrsg.), *Handbuch Medienökonomie.* Springer VS. https://doi.org/10.1007/978-3-658-09632-8_8-1

Hohlfeld, Ralf (2023). Journalistische Beobachtung des Publikums. In Klaus Meier & Christoph Neuberger (Hrsg.), *Aktuell. Studien zum Journalismus: Bd. 1. Journalismusforschung: Stand und Perspektiven* (3. Aufl., S. 243–268). Nomos. https://doi.org/10.5771/9783748928522-243

Holland-Letz, Matthias (2018). Wenn Stiftungen den Journalismus finanzieren – wer recherchiert dann kritisch zu Stiftungen? *Forschungsjournal Soziale Bewegungen, 30*(4), 91–98. https://doi.org/10.1515/fjsb-2017-0090

Hösel, Ulrike (2007) *Volkswirtschaftliche Diskussionsbeiträge: Nr. 92. Die Konzepte öffentlicher und meritorischer Güter: Darstellung, Diskussion und ihre Anwendung auf die freien Berufe am Beispiel der Ärzte und Rechtsanwälte.* Universität Potsdam. https://publishup.uni-potsdam.de/opus4-ubp/frontdoor/deliver/index/docId/1488/file/vwd92.pdf

IONOS Digital Guide (2022, 17. August). Paywall – Definition der Bezahlschranken. https://www.ionos.de/digitalguide/online-marketing/verkaufen-im-internet/paywall/

Isaacson, Walter (2009, 5. Februar). *How to Save Your Newspaper.* TIME. http://content.time.com/time/subscriber/article/0,33009,1877402-1,00.html

Kansky, Holger (2015). Paid Content-Modelle in der Übersicht. In Thomas Breyer-Mayländer (Hrsg.), *Vom Zeitungsverlag zum Medienhaus. Geschäftsmodelle in Zeiten der Medienkonvergenz* (S. 83–102). Springer VS. https://doi.org/10.1007/978-3-658-04100-7_8

Keller, Dieter, & Eggert, Christian (2023). *Zur wirtschaftlichen Lage der deutschen Zeitungen 2023.* BDZV. https://www.bdzv.de/fileadmin/content/7_Alle_Themen/Marktdaten/2023/Branchenbeitrag_2023/230831_BZDV_Branchenbeitrag2023.pdf

Kiefer, Marie L. (2011). Die schwierige Finanzierung des Journalismus. *Medien & Kommunikationswissenschaft, 59*(1), 5–22. http://dx.doi.org/10.5771/1615-634x-2011-1-5

Kiefer, Marie L., & Steininger, Christian (2014). *Medienökonomik.* Oldenbourg Wissenschaftsverlag.

Kramp, Leif, & Weichert, Stephan (2023). *OBS-Arbeitsheft: Nr. 112. Whitepaper Non-Profit-Journalismus.* Otto Brenner Stiftung. https://www.otto-brenner-stiftung.de/fileadmin/user_data/stiftung/02_Wissenschaftsportal/03_Publikationen/AH112_Nonprofit_Journalismus.pdf

Kümpel, Anna Sophie (2020). Nebenbei, mobil und ohne Ziel? Eine Mehrmethodenstudie zu Nachrichtennutzung und -verständnis von jungen Erwachsenen. *Medien & Kommunikationswissenschaft, 68*(1-2), 11–31. https://doi.org/10.5771/1615-634X-2020-1-2-11

Lilienthal, Volker (2017). Recherchejournalismus für das Gemeinwohl. Correctiv – eine Journalismusorganisation neuen Typs in der Entwicklung. *Medien & Kommunikationswissenschaft, 65*(4), 659–81. https://doi.org/10.5771/1615-634X-2017-4-659

Literaturverzeichnis

Lobigs, Frank (2016). Finanzierung des Journalismus – von langsamen und schnellen Disruptionen. In Klaus Meier & Christoph Neuberger (Hrsg.), *Aktuell. Studien zum Journalismus: Bd. 1. Journalismusforschung. Stand und Perspektiven* (2. Aufl., S. 69–138). Nomos. https://doi.org/10.5771/9783845271422-69

Lucas, Christian & Schuster, Gabriele (2023). *Innovatives und digitales Marketing in der Praxis Insights, Strategien und Impulse für Unternehmen*. Springer Gabler. https://doi.org/10.1007/978-3-658-38210-0

Mast, Claudia (2018). *ABC des Journalismus. Ein Handbuch* (13. Aufl.). Herbert von Halem Verlag.

Merkle, Thorsten (2015). Junge Leser – Zielgruppen für Zeitungsverlage? In Thomas Breyer-Mavländer (Hrsg.), *Vom Zeitungsverlag zum Medienhaus: Geschäftsmodelle in Zeiten der Medienkonvergenz* (S. 185–192). Springer Gabler. https://doi.org/10.1007/978-3-658-0410 0-7_17

Mölders, Marc (2019). *Die Korrektur der Gesellschaft: Irritationsgestaltung am Beispiel des Investigativ-Journalismus* (1. Aufl.). transcript Verlag. https://doi.org/10.14361/9783839449 998

Musgrave, Richard A. (2005). Merit Goods. In Amaresh Bagchi (Hrsg.), *Readings in Public Finance* (S. 126–131). Oxford University Press.

Myllylahti, Merja (2014). Newspaper paywalls—the hype and the reality: A study of how paid news content impacts on media corporation revenues. *Digital Journalism, 2*(2), 179–194. https://doi.org/10.1080/21670811.2013.813214

Neitzel, Rocko (2024). *Wer nicht zahlt bleibt dumm? Der Einfluss der Nutzung von digitalen Gratisinhalten und journalistischen Bezahlinhalten auf die politische Informiertheit.* [Bachelorarbeit, Universität Passau].

Newman, Nic (2023). *Journalism, Media, and Technology Trends and Predictions 2023*. Reuters Institute for the Study of Journalism. https://reutersinstitute.politics.ox.ac.uk/sites/default/files/2023-01/Journalism_media_and_technology_trends_and_predictions_2023.pdf

Niemand, Thomas, Mai, Robert, & Kraus, Sascha (2019). The Zero-price Effect in Freemium Business Models. The Moderating Effects of Free Mentality and Price-Quality Inference. *Psychology and Marketing, 36*(8), 773–790. https://doi.org/10.1002/mar.21211

Nohr, Holger (2013). Zeitungen auf der Suche nach digitalen Geschäftsmodellen. In Bettina Schwarzer & Sarah Spitzer (Hrsg.), *Online-Medien-Management: Bd. 2. Zeitungsverlage im digitalen Wandel. Aktuelle Entwicklungen auf dem deutschen Zeitungsmarkt* (S. 11–50). Nomos. https://doi.org/10.5771/9783845246871-11

O'Brien, Daniel, Wellbrock, Christian, & Buschow, Christopher (2020). „Free or Nothing" – Gratis-Mentalität im Internet und Zahlungsbereitschaft für Digitaljournalismus. In Christian-Mathias Wellbrock & Christopher Buschow (Hrsg.), *Money for Nothing and Content for Free? Paid Content, Plattformen und Zahlungsbereitschaft im digitalen Journalismus* (S. 47–68). Nomos. https://doi.org/10.5771/9783748907251-47

Pickard, Victor & Williams, Alex T. (2014). Salvation or folly? The promises and perils of digital paywalls. *Digital Journalism, 2*(2), 195–213. https://doi.org/10.1080/21670811.2013.865967

Prey, Robert (2019). Knowing Me, Knowing You: Datafication on Music Streaming Platforms. In Michael Ahlers, Lorenz Grünewald-Schukalla, Martin Lücke, & Matthias Rauch (Hrsg.), *Jahrbuch für Musikwirtschafts- und Musikkulturforschung. Big Data und Musik* (S. 9–21). Springer VS. https://doi.org/10.1007/978-3-658-21220-9_2

Prinzing, Marlis, & Pranz, Sebastian (2020). Deliberativer Plattformjournalismus – Wunsch oder Wirklichkeit? In Jonas Schützeneder, Klaus Meier, & Nina Springer (Hrsg.), *Neujustierung der Journalistik/Journalismusforschung in der digitalen Gesellschaft: Proceedings zur Jahrestagung der Fachgruppe Journalistik/Journalismusforschung der Deutschen Gesellschaft für Publizistik- und Kommunikationswissenschaft 2019* [Konferenzband] (S. 65–81). DGPuK, Eichstätt, Deutschland. https://doi.org/10.21241/ssoar.70821

PwC (2019). *Bevölkerungsbefragung zur Nutzung von Online-Medienangeboten.* https://www.pwc.de/de/technologie-medien-und-telekommunikation/pwc-befragung-nutzung-online-medienangebote.pdf

Rau, Harald (2022). Media Meritocracy. A Question of Preferences. Interpretations of the Context of Need Decide on the Supply Policy of Mass Media. In Jan Krone & Tassilo Pellegrini (Hrsg.), *Handbook of Media and Communication Economics.* Springer. https://doi.org/10.1007/978-3-658-34048-3_9-2

Reuter, Stephanie (2023). Non-Profit-Journalismus – eine medienpolitische Weichenstellung für die kommende Dekade. In Jupp Legrand, Benedikt Linden, & Hans-Jürgen Arlt (Hrsg.), *Welche Öffentlichkeit brauchen wir?* (S. 111–124) Springer VS. https://doi.org/10.1007/978-3-658-39629-9_10

Röper, Horst (2012, 05. September). *Zeitungsfinanzierung.* bpb. https://www.bpb.de/themen/medien-journalismus/lokaljournalismus/151250/zeitungsfinanzierung/

Ruß-Mohl, Stephan (2011). Der Dritte Weg – eine Sackgasse in Zeiten der Medienkonvergenz. Replik auf den Beitrag von Marie Luise Kiefer in M&K 1/2011. *Medien & Kommunikationswissenschaft, 59*(3), 401–414. https://doi.org/10.5771/1615-634x-2011-3-401

Schraven, David (2023, 26. Oktober). *Die Bundesregierung muss gemeinnützigen Journalismus endlich möglich machen.* Netzpolitik. https://netzpolitik.org/2023/jahressteuergesetz-die-bundesregierung-muss-gemeinnuetzigen-journalismus-endlich-moeglich-machen/

Sigg, Pascal (2018, 21. Juni). *Eine digitale Genossenschaft für zukunftsfähigen Journalismus.* MEDIENWOCHE. https://medienwoche.ch/2018/06/21/eine-digitale-genossenschaft-fuer-zukunftsfaehigen-journalismus/

Statista (2024, 29. Januar). *Paid-Content - Modelle deutscher Zeitungsportale 2023.* https://de.statista.com/statistik/daten/studie/274882/umfrage/paid-content-modelle-deutscher-zeitungsportale/

Tóth, Tamás, Goyanes, Manuel, Demeter, Marton, & Campos-Freire, Francisco (2022). Social Implications of Paywall in a Polarized Society: Representations, Inequalities, and Effects of Citizens' Political Knowledge. In Jorge Vázquez-Herrero, Alba Silva-Rodríguez, María-Cruz Negreira-Rey, Carlos Toural-Bran, & Xosé López-García (Hrsg.), *Total Journalism. Studies in Big Data* (S. 169–179). Springer. https://doi.org/10.1007/978-3-030-88028-6_13

Weber, Markus (2020, 22. September). *Journalistische Inhalte: So steigt die Zahlungsbereitschaft.* W&V. https://www.wuv.de/medien/journalistische_inhalte_so_steigt_die_zahlungsbereitschaft

Weber, Jonas, Buschow, Christopher, & Will, Andreas (2022). Netflix und Spotify als Blaupause? Ein Vergleich abonnementbasierter Journalismusplattformen mit Spotify und Netflix. In Hardy Gundlach (Hrsg.), *Internet-Intermediäre und virtuelle Plattformen medienökonomisch betrachtet: Proceedings zur Jahrestagung der Fachgruppe Medienökonomie der Deutschen Gesellschaft für Publizistik- und Kommunikationswissenschaft 2021* [Konferenzband] (S. 83–96). DGPuK, Eichstätt, Deutschland. https://doi.org/10.21241/ssoar.78713

Weichert, Stephan (2012, 03. Dezember). *Über das schwierige Geschäft des Journalismus.* Vocer. https://www.vocer.org/ueber-das-schwierige-geschaeft-des-journalismus/

Weichert, Stephan (2014). Über das schwierige Geschäft des Journalismus. In Christoph Kappes, Jan Krone, & Leonard Novy (Hrsg.), *Medienwandel kompakt 2011–2013. Netzveröffentlichungen zu Medienökonomie, Medienpolitik & Journalismus* (S. 281–289). Springer VS. https://doi.org/10.1007/978-3-658-00849-9_50

Wenzlaff, Karsten (2013). Bezahlbarer Journalismus in der digitalen Moderne. In Leif Kramp, Leonard Novy, Dennis Ballwieser, & Karsten Wenzlaff (Hrsg.), *Journalismus in der digitalen Moderne. Einsichten – Ansichten – Aussichten* (S. 147–158). Springer VS. https://doi.org/10.1007/978-3-658-01144-4_12

Woudstra, Jacqueline (2020, 28. Oktober). *5 Questions about the User Needs, with Dmitry Shishkin*. Smartocto. https://smartocto.com/blog/5-questions-about-user-needs/

ZMG (2021, 10. März). *Studie Digitaler Journalismus. Ältere und Jüngere ticken anders.* https://zmg.de/studien/studien-display/studie-digitaler-journalismus?utm_source=chatgpt.com

Register

A

Algorithmisierung 153
Arbeit 16, 57, 62, 63, 76–78, 82–84, 89, 106,
    108, 120, 126, 130, 135, 137, 138, 145, 154, 155,
    165, 194, 200, 206, 214, 223, 232, 233, 237
- Arbeitsplatzsicherheit 87
- Arbeitszufriedenheit 18, 65, 78, 82, 88
Audience Metrics 18, 64, 116, 121–125, 130,
    136, 145
Augmented Virtuality 182
Autonomie 18, 73, 83, 124, 126, 165, 167
- externe 83
- interne 83

B

Beanspruchung 18, 73, 76–78
Belastung 18, 73, 76–79, 81, 188, 191, 193
Berichterstattung, ereignisfreie 159, 172
Blog 29, 117, 135
Boulevardisierung 124, 212, 213
Burnout 87, 88

C

Chatbot 154, 166, 171
Clickbait 139, 211
Cognitive Apprenticeship-Modell 107, 108
Computer-Assisted-Reporting (CAR) 19, 152,
    156–159, 162
Conversion Rate 228
Copenhagen Psychosocial Questionnaire 89,
    91
Crowdfunding 160, 232, 233, 237

D

Demand-Controll-Modell (DCM) 77, 79
Demand-Controll-Support-Modell
    (DCSM) 79, 89
Digitalisierung 15, 17, 25, 27, 29, 31, 36, 37, 56,
    67, 73, 75, 100, 101, 132, 133, 144, 145, 153,
    154, 159, 200, 220, 226
Disintermediation 119, 124
Diskursethik 141

E

Eingabe-Verarbeitung-Ausgabe-Modell 162
Einheit, publizistische 34, 35

F

Freemium-Modell 228, 229

G

Gate
- Gateadvisor 30, 31, 37
- Gatekeeper 30, 37, 133, 232
- Gatewatcher 30, 37
Gemeinnützigkeit 233, 234, 236
Gesundheit 73, 75, 79, 87–89
Gratismentalität 199, 219, 220, 223, 227, 238
Gut, meritorisches 226, 236

H

Hassrede 135, 136
Hypermedialität 107

I

Internationalisierung 25–27, 36, 37
Inzivilität 140–142

J

Journalism 123, 139, 152–163, 178, 192, 201,
    206, 210, 211, 224
- Algorithmic 153, 154, 156, 160–162
- *Computational* 152, 154–158, 161, 163
- cut-and-paste journalismus 50
- Data 84, 153, 156, 157, 159, 160, 162, 163
- New 45, 130, 142, 143, 157, 164, 178, 186,
    229
Journalismus, partizipativer 121

K

Kernqualität 202
KI 64, 84, 152–154, 163, 165–167, 169–171
- schwache 163
- starke 163, 169, 171
Kommerzialisierung 25–27, 37, 73
Kompetenz 17, 18, 22, 27, 56–61, 64, 66, 75,
    100, 102–109, 111, 138, 139, 153, 191, 203, 222
- Basiskompetenz 57, 58, 60, 61, 103, 106
- Crossmedia-Kompetenz 108, 109
- Fachkompetenz 56, 57, 60, 102, 103, 105
- Handlungskompetenz 57–60, 64, 103, 105,
    112
- Sachkompetenz 56–58, 60, 62, 103–105

Kontrolle 18, 30–32, 73, 77, 81–84, 87, 89, 90, 136
Konvergenz 27, 28, 34, 42–51, 64, 65, 86, 87, 89, 208
- Konvergenzindex 48
- Medienkonvergenz 15, 17, 25, 27, 37, 42, 43, 106
- redaktionelle 42–46, 48–51, 65, 86, 87, 89
Konzentration 26, 31, 32, 36, 238
- Marktkonzentration 25, 27, 31, 43
- Pressekonzentration 34
- Themenkonzentration 36

L

Learning 154, 164, 171
- Deep Learning 154, 171
- Machine Learning 154
Liberalisierung 25–27, 37

M

Media-Sharing-Plattform 118, 119
Meinungsmacht, vorherrschende 36
Messengerdienst 118
Metered-Modell 228, 229
Microblogging-Netzwerk 117
Moderation 135, 141, 143–147
Multimedialität 120, 207
Multiskilling 21, 56, 62–65, 81, 84
- Medien-Multiskilling 62, 63
- Technik-Multiskilling 62, 63
- Themen-Multiskilling 62

N

Nachrichtenfaktor(en) 139, 142
Natural Language Generation (NLG) 162, 163, 165
Netiquette 136, 140, 145, 146
Netzwerkgesellschaft 29
News 31, 50, 64, 123, 124, 134, 138, 153, 164, 186, 190, 208, 211, 224, 239
- Hard 123, 124
- News Avoidance 224
- Newsdesk 17, 42, 45, 47, 49, 56, 83
- Newsroomintegration 43, 46, 50, 51
- Soft 50, 123, 134

O

Online-Foren und Communities 118
Orientierung, soziale 102–104

P

Paradoxon 187
- der Genauigkeit 186
- der Objektivität 186
Paywall 144, 228, 229
- freiwillige 228
- harte 228, 229
Plattformisierung 25, 29, 31, 73, 75
Prosumer 119, 132
Public Value 222, 239
Pull-Medium 120

Q

Qualität 16, 19, 20, 26, 51, 63, 65, 67, 106, 110, 125, 130, 140, 141, 143, 144, 165, 167, 171, 177, 199–203, 205–209, 211, 213, 214, 220, 226–228, 232, 239
- Qualitätsperspektive 202, 203
Qualität: Qualitätsmodell für die Journalistenausbildung 103
Qualitätsperspektive
- funktional-professionelle 202
- integrative und multiperspektivische 203
- markt- und publikumsorientierte 202
- werte- und kodexorientierte 202

R

Reality 19, 177, 180, 182, 183, 185, 191–193, 195
- Augmented (AR) 19, 177, 180, 182, 183, 188, 193, 207
- Mixed 182, 183
- Reality-Virtuality Continuum 182
- Virtual Reality (VR) 19, 177, 180–188, 190–194, 207, 215
Redaktionsmanagement 107

S

Social 16, 18, 19, 29, 37, 60, 74, 75, 83, 109, 111, 116–123, 126, 130, 137, 138, 144, 147, 157, 166, 222, 238, 239
- Social Bookmarking 118
- Social Payment 233
- Social Survey Movement 156

T

Tabloidisierung 212
Technologien 19, 58, 75, 152, 153, 160, 162–167, 180, 182, 183, 188, 191, 193, 194, 236, 237
- assistierende 164
- distribuierende 164–166

- generative 164, 165
Themenöffentlichkeit, digitale 29
Traffic 123, 131
Troll 142, 143

U

Unterstützung, soziale 73, 79–81, 84, 85, 87, 90
User Generated Content (UGC) 119, 124

V

Virtual Reality (VR)
- Computer Generated Imagery (CGI) 181, 182, 184, 190, 194
- echte 181
- *filmische* 181
- volumetrisch 181, 184

Z

Zentralredaktion 35
Zuschauermarktanteilsmodell 36
Zwei-Klassen-Informationsgesellschaft 239